전쟁과 개 고양이 대학살

인간의 전쟁에서 지워진 동물 학살의 역사, 재구성하다

시드니 트리스트, 토미 애킨스, 앨버트 셰발리어에게,

그리고 그들에 앞선 옛 런던 사람들에게 이 책을 바칩니다.

동물과 역사가와
인간들의 전쟁

애완동물 연대기 :
학살은 예고되었는가?

1939년 9월 : 4일 만에
동물 40만 마리가
살해당했다

2차 대전 영국의 동물은 어떻게 달
랐고 무엇을 상징했나? | 무엇으
로 동물의 역사를 쓸 것인가 | 동물
을 주인공으로 역사를 쓰는 사람의
문제 | 무엇으로 동물의 역사를 쓸
것인가 | 유년의 기억과 가족 이야
기 | 1차 대전의 기억이 2차 대전의
동물에게 미친 영향 | 교배의 본질

기존 서사의 분열 :
누구를 위한
'가짜 전쟁'이었나?

피신한 어린이와 동물 : 사
라진 관계 | 9월 대학살의
역풍이 시작되다 | 무너진
됭케르크 서사 | 동물과 인
간의 식단 변화 | 누구를 위
해 줄을 섰는가 | 동물 음식
과 인간 음식의 구분이 사라
지다 | 종을 넘나드는 식생
활과 정부의 규제 | 잉꼬, 야
생 조류, 인간의 지식 | '음식
낭비에 관한 명령'의 영향

희미해진 경계 : 누가 누구를 보호했는가?

동물-인간의 유대 강화와 전시 상태

감정, 효용, 사기 :
전시의 동물-인간 관계

대학살의 역풍이 시작되다
무엇이 동물의 생사를
결정했는가

통종의 경험 : 전시의 음식과 식생활

변한 것과 변하지 않은 것,
2차 대전의 동물을 기억하는 법과 잊는 법

동물과 인간의 식단 변화 | 누구를 위해 줄을 섰는가
일상으로 돌아가다 | 기억 상실과 기념비 | 정상으로의 복귀

인간의 전쟁에서 지워진
동물 학살의 역사,
재구성하다

전쟁과 개 고양이 대학살

힐다 킨 지음
오윤성 옮김

THE GREAT CAT AND DOG MASSACRE

책공장더불어

추천사

전시의 삶을 스냅숏처럼 포착한… 이 책은 다리가 둘인 인간만이 아니라 다리가 넷인 동물도 역사에서 '모든 사람'의 일원으로 인정받아 마땅하다고 말한다.

《뉴욕타임즈*New York Times*》

제2차 세계대전 동안 엄청나게 많은 사람이 죽었기에 어느 누구 하나 이 주제를 드러내어 비판하지 못했다. 이 책은 영국 역사의 불편한 한 챕터를 밝혀 준다.

《월스트리트 저널*Wall Street Journal*》

연민어린 히스테리가 발생했던 그 기이하고도 유의미한 순간들을 발굴한 책. 흔들림 없는 제국이라는 초상에 의문을 제기하고, 곤란함을 내색하지 않는 '꼿꼿한 윗입술stiff upper lip'에 스민 공포와 비이성을 시사한다.

《로스앤젤레스 북리뷰*Los Angele Review of Books*》

굉장히 중요한 책이다. 종이접기로 접힌 종이 한 장처럼, 비극적인 주제에 새로운 관점들을 보여 준다. 이 책은 우리에게 종간 포용성의 놀랄만한 모델을 제공함으로써 역사적 이해를 재구성한다. 킨이 어떻게 이걸 해냈는지 알기 위해 다시 읽을 것이다.

캐롤 J. 애덤스Carol J. Adams(《육식의 성정치*The Sexual Politics of Meat*》저자)

저자가 이 책 속에 수집한 제2차 세계대전 당시의 삶에 대한 내밀하고도 감동적인 기억, 슬프기도 하고 행복하기도 한 그 이야기에는 동물이 등장하는 경우가 많다. 진정한 친구가 누구인지는 제일 힘든 시기에 알 수 있는 법.

《동물윤리학 저널*Journal of Animal Ethics*》

이 책은 영국의 '인간들의 전쟁'에서 중요하지만 무시됐던 이야기들을 훌륭하게 전해 준다. 전쟁이 발발하고 애완동물 수십만 마리의 불필요한 학살을 재구성한 킨의 이야기는 독자들의 기억 속에 오래 기억될 것이다. 전쟁 시작 후 6년간의 갈등을 거치면서 동물과 인간의 관계가 변화하고 세심하게 회복된 것 또한 오래 기억될 것이다.

제리 화이트Jerry White(《20세기 런던 : 도시와 사람들London in the Twentieth Century: A City and Its People》저자)

1939년 영국이 독일에 선전포고를 한 직후 영국에서 벌어진 애완동물의 대학살을 시작으로, 킨의 강렬한 이야기는 인간에 길들여진 동물들이 국내 전선에서 겪은 다양한 삶을 탐구했다. 현대인이 '애완동물의 홀로코스트'라고 비판한 것을 제외하면, 대부분 이러한 경험은 인간이 아닌 비인간 동물에 의해 공유되었다. 개개 반려동물의 가치와 지위가 높아지고 공식적으로 인정되는 것을 기록했을 뿐 아니라 그들의 삶의 증거를 모음으로써 킨은 흔히 '인간들의 전쟁'이라고 불려왔던 것에 신선한 관점을 던진다.

해리엇 리트보Harriet Ritvo(《소와 하이브리드 얼룩말 : 동물과 역사에 관한 에세이Cows and Hybrid Zebras: Essays on Animals and History》저자)

사람들은 영국 전쟁에 관해 모든 것이 다 밝혀졌다고 생각한다. 하지만 이 책은 국내 전선에서의 위협에도 불구하고 문제를 차분히 처리했다는 영국 사람들의 관점을 바꿀 것이다. 킨은 동물 권리의 관점으로 동물을 전시 서사에 끌어들일 뿐만 아니라, 역사가들이 전시 경험을 다루어 왔던 방식에 도전한다. 이 책은 우리가 몰랐던 동물 학살의 이야기를 재구성했을 뿐만 아니라, 그 과정에서 동물과 인간이 교류하는 방식에 대한 깊은 관점을 제공하는 놀랍도록 풍부하고 상세한 역사서다.

리처드 오버리Richard Overy(《폭격 전쟁 : 유럽 1939-1945 The Bombing War: Europe 1939-1945》저자)

다각적인 역사 서술이다. … 제2차 세계대전 이전까지 애완동물의 가치부터, 이 전쟁에 대비한다는 개념(즉 전쟁에 맞선 '행동'이라는 관념)에 따른 사람들의 급격한 (또한 흔히 무모한) 행동, 이 전쟁이 동물 권리에 대한 생각에 미친 영향까지, 저자는 여러 차원에서 질문을 던짐으로써 전시 영국의 심리를 그려낸다.

《뉴요커*New Yorker*》

우리가 동물에 대해 이처럼 놀랍도록 상반된 태도를 가지고 있다는 데 할 말을 잃었다.

《데일리메일*Daily Mail*》

탁월한 기술과 구체적인 논증, 예리한 분석을 포함한 이 책은 인간 곁의 동물이 전쟁으로 인해 고통받은 동시에 전쟁에 일조했던 현실을 조목조목 알려준다.

《리터러리 리뷰*Literary Review*》

제2차 세계대전 첫 주에 최대 75만 마리의 동물이 왜 죽었는지에 관한 충격적이고 흥미로운 이야기다.

《데일리 익스프레스*Daily Express*》

이 책은 더없이 충격적인 역사상의 사건을 다루며… 흥미롭고 상세한 설명이 넘쳐난다. 제2차 세계대전 때나 지금이나 '내 반려동물의 운명은 내가 결정한다'는 인간의 태도에 대해 의문을 제기한다.

《타임스 리터러리 서플먼트*Times Literary Supplement*》

충실한 연구를 토대로 훌륭하게 써낸 책이다. 동물을 전쟁 서사의 엄연한 주체로 세움으로써 '인간들의 전쟁'이라 불렸던 역사적 이해를 재구성하는 데 도움을 준다. 킨은 어떻게 동물과 인간이 의미 있게 상호작용했는지를 복구하고, 이 과정을 통해 역사가들이 전쟁의 경험을 해석했던 방식에 도전한다. 이런 이유로, 이 책은 동물에 관해 연구하는 역사가들뿐만 아니라 가정생활, 기억, 전쟁,

영국의 역사에 관해 관심이 있는 이들도 읽어야 할 책이다.

《영국학 저널*Journal of British Studies*》

침착하고 인내심 있는 영국인에 대한 이야기가 널리 인식되어 있지만 그것이 다가 아니었음을 확실히 보여 준다. 킨은 애완동물 주인, 그들의 아이들, 수의사, 동물 구조대원, 정치가, 동물들의 많은 경험을 총체적으로 조명하는 일화, 편지, 뉴스를 철저하게 수집했다. 이는 널리 선전된 현상이 아니었고, 전후에는 곧 잊혀졌다. 그렇기에 이 책이 중요한 역사적 기록이 된다. 제 수명보다 일찍 생명을 빼앗긴 동물들에게 바치는 책이다.

《에코릿 북스*EcoLit Books*》

놀랍다. … 이 놀라운 책은 충격적인 사건으로 시작한다. 제2차 세계대전이 일어난 첫 주 4일 동안 런던에서 약 40만 마리의 개와 고양이가 살해당했다. 킨은 의심할 여지없이 독자들에게 자신과 주변 동물에 대한 자신의 태도를 다시 생각하게 만드는 독창적이고 도전적인 책을 썼다.

《서클스*Cercles*》

이 책을 통해 킨은 동물을 위하여 상상력에 기초한 역사 쓰기를 시도한다. … 특히 학제간 연구를 하는 독자들에게 이 책의 흥미로운 점은 상상적인 접근법을 넘어, 동물들의 종속적인 지위가 전경으로 부각되는 역사에 대한 과정과 가능성을 열어줬다는 것이다. 이런 유형의 역사는 학문의 틀 안에 갇힌 관심사와 이야기의 재구성을 넘어서는 타당성을 갖고 있다. 또한 수의학의 관행과 가르침에 대해서도 많은 가치가 있는 책이다.

사회와동물연구소*Society & Animals*

차례

영국에서 주로 쓰는 제2차 세계대전 전쟁 용어

총력전Total War 국가 또는 국가 구성원들이 총체적인 힘을 기울여서 하는 전쟁. (고려대한
국어대사전) 이 책에서 총력전이라는 단어는 비록 구체적 군사 행동이 아니더라도 전쟁을
직간접적으로 겪고 있는 인간과 동물의 행위 모두를 포함하는 의미로 여러 번 사용되고
있다.
국내 전선 Home Front 제1차 세계대전에서 완전 배급제와 공습 등을 겪은 영국 일반 국민
의 전면적인 전쟁 참여를 "국내/가정 전선"이라고 불리게 되었으며, 제2차 세계대전에서
도 마찬가지로 비슷한 의미로 영국 내에서의 일반적인 국민의 전쟁 참여를 묘사하는 데
흔히 사용된다. (영문 위키피디아 참조)
가짜 전쟁A Pony War 본격적인 전투 전의 전쟁 상태나 전쟁이 시작되었으나 전투가 없는
상태, 혹은 전쟁 중이지만 평온한 상태 등을 가리킨다. (그랜드영한사전, 금성출판사 참조)

1장
동물과 역사가와 인간들의 전쟁

적지 않은 영국인이 무엇보다 먼저 애완동물을 걱정했다. [1]

나는 이 전쟁을 주제로 책을 쓸 생각은 없었다. 내가 '이 전쟁'이라고 짧게 부르는 전쟁은 제2차 세계대전(1939~1945)이다. 왜냐하면 내가 1950~1960년대 런던에서 유년기를 보내는 동안 가족이나 주변 사람의 대화에서 들은 유일한 전쟁이었고, 금요일 저녁마다 부모님과 함께 극장에 가서 본 영화에 나온 유일한 전쟁이었기 때문이다. 내가 속한 세대는 2차 대전으로부터 비롯된 이미지와 이야기를 보고 들으며 자랐다. 역사가 제프 일리Geoff Eley가 말한 대로 우리 '전후 세대'는 이 전쟁의 영향 속에서 성장했지만 사실 전쟁에 대한 우리의 기억은 전적으로 전쟁이 끝난 후에 만들어졌다. [2] 나는 전쟁 중에 교회에서 수입이 막혀 너무도 희귀해진 바나나 한 조각을 경품으로 걸고 신도들에게 복권을 팔았다는 이야기를 아직도 기억한다. 뒤뜰의 앤더슨식 방공호Anderson shelter(수용 인원이 6

명인 작은 방공호)에서 자는 것을 싫어했던 할아버지가 어느 날 아침에 일어났더니 밤사이 폭격으로 침실 창문이 산산조각 나 침대를 뒤덮고 있더란다. 공습 중에 잠도 깨지 않고 푹 잤다고 한 이야기도 기억한다. 이모는 해크니Hackney에 폭탄이 떨어진 소리를 듣고, 그 동네에 사는 언니의 생사를 확인하려고 유리 조각으로 뒤덮인 거리를 뒤지고 다녔다고 했다. 이처럼 내가 겪지도 않은 사건들이 친척들의 이야기를 통해 내 유년기의 일부를 이루었다. 나와 달리 무던한 식성의 부모님이 드물게 가리는 음식이 있었다. 전쟁 때의 궁핍했던 생활이 떠오른다며 토끼고기와 흰콩을 유독 싫어했다. 이런 일화들은 내 가족만의 것이 아니고 내 세대만의 것도 아니다. 2차 대전을 직접 경험한 적 없는 전후 여러 세대가 다 아는 이야기다.

지금도 2차 대전은 영국의 국가적 기억과 국민 문화에 큰 비중을 차지한다. 그 시절을 주제로 한 프로그램이 텔레비전이나 라디오 방송에 일주일에 최소 한 번은 나온다.[3] 2차 대전이 발발하기까지의 과정, 1940년 5월 독일군에 포위당했던 약 34만 명의 병력을 철수시킨 됭케르크 작전, 윈스턴 처칠이 1945년 전후 선거에서 실권할 때까지 총리로서 수행한 역할 등은 다큐멘터리의 단골 주제다. 근래에는 하나둘 세상을 떠나고 있는 참전용사의 회고담이 시청자의 심금을 울린다. 이 전쟁을 소재로 한 소설이나 영화 등의 픽션도 여전히 인기가 많다. 2차 대전 당시 헤이스팅스를 무대로 한 탐정극 〈포일의 전쟁Foyle's War〉이 여러 시리즈로 제작되었고, 철저하게 계급을 기반으로 하여 조직되었던 민병대라는 소재를 가볍게 풍자한 코믹 시트콤 〈아빠의 군대Dad's Army〉는 1968년에 처음 방송된 이후 지금까지 토요일 밤 안방극장의 인기 프로그램이다. 이러니 우리가 이 전쟁에 대해 '잘 안다'고 생각하는 것도 당연한 일이다.

이런 다큐멘터리와 픽션의 토대에는 2차 대전이 대체로 '훌륭한' 전쟁이었다는 관념이 굳건히 자리하고 있다.[4] 수백만 명의 군인과 민간인, 집시와 수많은 유대인이 살해당한 것은 사실이지만, 돌이켜 보니 이 전쟁은 무엇보다 (독일의 팽창 정책이 아니라) 파시즘에 맞선 싸움이었고, 영국이 근래에 중동이나 아프가니스탄에서 치른 전쟁에 비하면 훨씬 명분이 있는, 마땅히 치러야 했던 전쟁이었다는 식의 해석이 깔려 있다. 또 하나, 2차 대전에 관한 재현을 뒷받침하는 것은 '인간들의 전쟁People's war'이라는 관념이다. 영국은 침략당하지도 항복하지도 않았다는 점에서 유럽 대륙과는 사정이 달랐지만, 어쨌든 많은 사람이 하나로 뭉쳐 나치에 단호하게 맞섰으며 강한 회복력으로 공습을 견뎌냈다는 식의 해석이다. 그 시절은 국민 전체의 이익이 계급의 이익을 뛰어넘었던 때로 '기억된다'. 이주민을 적대시하는 극우파도, 신자유주의 시대 들어 공동체가 와해되는 것을 개탄하는 좌파도 모두 그 시절을 일종의 황금기로 회고한다. 그래서 '잃어버린 확신'[5]을 되찾으려는 움직임도 나타나고 있다. BBC 방송국은 '인간들의 전쟁'이라는 이름의 웹사이트(2003~2006)를 개설하여 고령자 가족의 사연을 대신 투고해 줄 '이야기 수집가'를 모집했다. 이 프로젝트가 보여 준 것은 2차 대전이 영국의 국가적 기억과 국민 정체성에 미치는 현재 진행형의 영향력만이 아니었다. "언젠가 마지막 생존자마저 세상을 떠났을 때 우리가 반드시 지켜야 하는 것을 잃게 되리라는 불안감"이었다.[6]

내 할아버지가 방공호 사용을 거부했다는 사연은 특별하지 않다. 그는 유리 파편이 쏟아지더라도 꼭 자기 침대에서 자는 자신만의 방식으로 히틀러에게 저항했다. 국가는 사기 진작을 위해 이런 단호한 저항의 언어와 이미지를 계획적으로 장려했다. "1939년 9월 전쟁이 발발했을 때 신화의 각본은 이미 다 쓰여 있었다."[7] 전쟁 당시에 '인간들의 전쟁'이라는 표현은 1940년 9월부터 1941년 5월까지 지속된 이른바 런던 대공습 기간을 지칭했다. 그중에서도 초반의 57일 연속 폭격이 당시에 (그리고 이후로도) 특히 중요한 의미를 지녔다.[8] 대공습에 앞서 1940년 여름에 진행된 영국 본토 항공전부터가 "콘스터블이 그린 풍경과 렌이 설계한 교회와 디킨스, 피프스, 셰익스피어가 누빈 런던의 상공에서 벌어진 전쟁"으로 규정되었다.[9] 이처럼 전쟁 당시 런던이라는 도시는 국민을 전쟁에 동원하는 수단으로, 국가의 선전 목적에 도용되었다.[10] 연기와 화염에 휩싸인 세인트폴 대성당의 이미지는 비단 런던이나 도시만이 아니라 이 나라 전체를

연기에 휩싸인 세인트폴 대성당. 1940년경 (LHW/18/16, Bishopsgate Institute)

상징했다. 인간들의 전쟁이라는 신화는 학자들이 아무리 그 허상을 파헤쳐도 "지금까지 대중의 상상력 깊이 박혀 있다."[11]

물론 어떤 나라나 민족이든 자신들이 원하는 방식대로 과거의 이야기를 기억하고 후대에 전승하고자 한다. 예를 들어 오사 라르손, 헤닝 만켈, 요 네스뵈 등 스칸디나비아 지역의 소설가들은 자기 나라에는 나치 동조자가 없었고 레지스탕스가 대세였다는 2차 대전 신화에 주목한다. 요 네스뵈Jo Nesbø는 《레드브레스트Rødstrupe》(2013)가 "히틀러에게 적극적으로 저항했다는 노르웨이인의 신화적 자기 이미지"에 균열을 내는 소설이라고 설명한다.[12] 그는 나치에 가담하여 동부전선에 자원한 약 6,000명의 노르웨이 젊은이 중 한 사람이었던 부친의 이야기를 바탕으로 오늘날 노르웨이의 오래된 정치적 유산을 드러낸다. 이 소설에는 뉘우치지 않는 파시스트가 2차 대전에 대한 회고록을 쓰면서 나치 부역의 흔적을 무시하며 노르웨이의 과거를 세탁하는 역사가를 비판한다. 영국의 기억은 이와는 성격이 다소 다르지만, 검토와 비판이 필요한 것은 똑같다.[13]

내가 속한 세대나 그다음 세대의 많은 사람이 직접 겪지도 않은 이 전쟁을 '잘 안다'고 생각하듯이 나 또한 그랬다. 그러다가 몇 년 전 《동물권 : 1800년 이후 영국의 정치적·사회적 변화Animal Rights: Political and Social Change in Britain since 1800》를 쓰면서 생각이 달라졌다.[14] 그 계기는 앵거스 칼더Angus Calder의 중요한 저작 《인간들의 전쟁The People's War》(1969)에서 다음과 같은 놀라운 표현을 처음 접한 것이었다. "(전쟁이 시작되었을 때) 사람들이 거리의 닥스훈트에게 돌을 던지는 일은 없었다. 그러나 집집마다 혼란에 빠지면서 애완동물 홀로코스트holocaust of pets가 발생했다. 동물병원 앞에 살해당한 동물 사체가 무더기로 쌓였다."[15] 앵거스 칼더만 '애완동물 홀로코스트'라는 표현을 쓴 것은 아니다. 전쟁의 초기 몇 달을 분석한 E. S. 터너E. S. Turner의 《국내 전선의 가짜 전쟁The Phoney War on the Home Front》(1961)에서도 1939년 9월에 애완동물 홀로코스트가 벌어졌다고 나온다. "어떤 관점에서 보더라도 이 도살slaughter은 대체로 불필요했다."[16]

시간이 지난 후에 나는 '애완동물 홀로코스트holocaust of pet'나 '대학살massacre'이라는 용어가 나중에 만들어진 게 아니라 당시에도 이미 그 일을 설명하는 데 쓰였다는 사실을 알게 되었다. 《옥스퍼드 영어사전》은 홀로코스트의 여러 뜻을 세심하게 정의하면서 "나치에 의한 유대인 대량 학살"이라는 의미는 1942년 이후에야 새롭게 생겼다고 설명하고 있다. 그전까지 홀로코스트는 대규모의 희생 또는 살인을 뜻했고, 이 단어는 바로 그런 의미에서 1939년 9월 런던에서 최소 40만 마리의 '애완' 고양이와 개가 무의미하게 살해당한 사건을 설명하는 데 쓰였다. 홀로코스트는 분명 '대량의 도살이나 살인' 또는 불로 완전히 태운 대규모 번제(기독교에서 구약 시대에 동물을 태워 제물로 바치는 제사)를 가리켰다.[17] 이는 결코 일상적인 살해가 아니다. 지역 행정부, 중앙정부, 수의학계, 동물복지단체가 한목소리로 이 '번제'에 반대했다. 전쟁이 막 시작된 시점이긴 했어도 국가는 그런 행동을 요구하지 않았다.

'훌륭한 전쟁', '사람들이 하나로 뭉친 전쟁'이라는 집단 기억 속에 이때의 동물 학살 사건은 들어 있지 않다. 이 전쟁에서 반려동물이 맡았던 역할은 지금까지 학술 연구의 주제가 된 적이 없다. 대중적인 책에서 드물게 다루어진 적도 있지만 **동물**이 실제로 무슨 일을 했는지 분석하기보다는 주로 **인간**이 어떤 감정을 느꼈는지에 초점을 맞췄다. 비인간 동물 nonhuman animal(이하 동물)[18]이 이 전쟁 중 국내 전선을 선전하거나 시각화하는 데 맡았던 중대한 역할은 학술서와 대중서를 통틀어 아직 어떤 책에서도 본격적으로 분석되지 않았다. 무엇보다 인간과 생사를 함께했던, 혹은 인간에 의해 생사가 갈렸던 동물의 존재 자체가 지금까지의 역사 서술에서 배제되어 왔다. 앞으로 밝히겠지만 이렇게 된 데는 이유가 있다. 전쟁 첫 국면에 자행된 동물 학살은 인간이 공포와 공황에 빠져 저지른 사건으로 볼 수만은 없지만, 그들이 굳건한 정신으로 전쟁의 어려움을 극복했다는 기존의 믿음과 정면으로 부딪힌다. "이 전쟁 중 영국에서 신경증이나 정신병이 조금이라도 눈에 띄게 증가했다는 증거는 전혀 없었다."는 것이 역사학계의 정설이다.[19]

우리가 기억하지 못하는 이 사건은 '인간의' 위기로 규정되는 시기에 반려동물이 얼마나 손쉽게 처분당할 수 있었는지를 보여 준다. 그런 전쟁 행위는 망각된다. 그런데 또 하나 잊혀진 것이 있다. 마치 살인범과 피해자가 함께 고생하고 서로 의지하는 과정에서 둘 사이의 구분이 모호해지고 때로 동류가 되듯이 2차 대전 중에 동물과 인간의 관계가 달라지고 깊어졌다는 사실이다.

이 책은 '인간들의 전쟁'이라는 기존 수사에 동물을 '부록'으로 추가하려는 시도가 아니다. 나는 그 이상을 하려고 한다. 역사의 초점을 인간에서 동물로 옮기고자 한다. 또한 동물-인간 관계의 변화를 탐구하되, 나의 관점은 포용심도 아니고 21세기식 '반차별주의'도 아니다. 동물은 실제로 존재하고 활동했으며 인간은 거기에 관여했다. 우리가 그 진상을 파악한다면 2차 대전에 관한 여러 추정, 우리 부모와 조부모 세대가 이 '홀륭한 전쟁'에서 맡았던 역할과 이 전쟁에 대해 가졌던 다소 나태한 추정을 검토하고 비판할 수 있다는 것이 나의 관점이다. 실제 상황과는 관계없이 스스로를 '동물 애호가'로 즐겨 정의하는 영국 사람들에게 1939년 9월에 자행된 사건은 그들이 즐겨 되새기는 이야기들의 진위를 묻는다. '인간들의 전쟁'은 잘못된 이름이라고 말한다.

2차 대전 영국의 동물은 어떻게 달랐고
무엇을 상징했나 _____

동물은 영국 밖에도 있었다. 2차 대전 당시의 동물에 대한 기록은 여러 나라에 있다. 익명 작가의 《함락된 도시의 여자 : 1945년 봄의 기록*Eine Frau in Berlin*》(1959)은 독일에서도 반려동물이 폭격을 피해야 했다고 전한다. 이때의 폭격은 연합군의 소행이었다.

> 폭격 소리에 잠에서 깼다. 침대 밖으로 뻗어 있는 내 손을 무언가가 핥고 있었다. 집주인이 두고 간 테리어 폭셀Foxel이었다. 이런, 폭셀, 착하지, 겁먹지 마, 이 방엔 우리뿐이니까.[20]

미국의 저널리스트 윌리엄 샤이어William Shirer는 도시의 반려동물과 농촌의 가축 모두가 처한 어려움에 대해 썼다.

> 덴마크에서는 젖소 300만 마리, 돼지 300만 마리, 암탉 2500만 마

리가 북아메리카, 남아메리카, 만주에서 수입하는 사료를 먹고
산다. 사료 수입이 중단된 지금 덴마크는 자국의 가장 중요한 생
계 수단인 가축을 대량 도살해야 하는 실정이다.[21]

1940년 6월 14일 독일군이 파리에 진군한 날 그곳에서 들은 소리는
아마도 농촌에서 온 피난민들이 파리에 버리고 간 소 떼의 울음소리였을
것이다.[22]

영국의 상황은 이와 상당히 달랐다. 인간들의 전쟁이라는 개념이 널리
퍼져 사람들의 생각에 침투되다시피 했기에 영국에서는 (예나 지금이나)
'표상'이 대중적, 문화적 기억에서 중요한 부분을 차지하고 있다.[23] 이 전
쟁에서 영국의 동물에게 벌어진 일과 동물-인간 관계의 성격을 제대로
이해하려면 그러한 사건들을 '표상적으로'도 검토해야 한다. 그 사건들
이 인간들의 전쟁이라는 표상 내에서 일어난 것이기 때문이다.

이 전쟁은 인간만의 경험이 아니었다. 동물은 각 가정이 겪은 경험에
서 빼놓을 수 없는 일부였다. 동물은 인간과 마찬가지로 고통을 겪었을
뿐 아니라 자기 자신과 인간이 신체적·정서적으로 살아남는 데 중요한
역할을 적극적으로 수행했다. 나는 인간이 특히 전쟁 초기에 반려동물을
어떻게 대했는지 설명하면서, 집에 사는 수많은 동물이 어떤 일을 겪었
는지 알게 된 뒤에도 이 전쟁이 '훌륭한' 전쟁이었다는 견해를 유지할 수
있는지 물을 것이다. 필립 하월Philip Howell은 1차 대전에 대한 글에서 "개
는 인간의 반려라는 특별한 지위를 박탈당하기가 특히 쉬웠다."라고 썼
다.[24] 나는 2차 대전에서도 개는 물론 각종 반려동물이 그와 똑같은 상
황에 처했음을 밝힐 것이다.

2차 대전이 가까워지면서 동물(과 영국인이 자부하는 동물 우호적 태도)은 야만적인 나치에게 공격당하는 문명을 상징하게 되었다. 루이스 맥니스Louis MacNeice의 시 〈가을 일기Autumn Journal〉는 이 관념을 독특하게 형상화해서 보여 준다. 시인은 런던 프림로즈 힐에서 개를 잃어버린 일, 택시 기사가 트럭을 타고 집결하는 군인들을 보며 "이거 흥분되네요."라고 말한 일을 기록한다. 그러다 경찰서에서 개를 되찾으면서 질서가 회복된다.

> 개가 사라진 것을 알고
> 생각했다. "구체제가 이렇게 막을 내리는구나."
> 그러나 세인트존스 우드 경찰서에 있다는 소식을 듣고
> 비를 뚫고 개를 찾아왔다.[25]

맥니스는 다른 작품에서도 이와 유사한 정서, 즉 곧 다가올 재앙이 인간과 동물의 세계 양쪽에 드리우는 영향에 대해 썼다. 영국박물관 열람실에서 글을 쓰던 그는 새들을 바라보며 이렇게 생각한다. "영국박물관의 회랑은 평화의 진수다. 많은 사람이 거리에서 박물관으로 들어와 계단에 앉아 점심을 먹고, 비둘기가 그 부스러기를 먹는다. 벌써 많은 피난민이 동면을 시작하고 있다."[26] 이 전쟁 내내, 그리고 그 후에도 동물은 충실, 안정, 문명을 상징했다. 영국인은 반려동물에 우호적인 반면 나치는 그렇지 않듯이 연합군의 대의는 정당하나 나치의 대의는 그렇지 않다는 식의 구분 짓기가 꾸준히 반복되었다. 그러나 조너선 버트Jonathan Burt가 지적한 대로, **오로지** 기호나 이미지로만 소비되는 동물은 역사의 밖으로 밀려나는 수밖에 없다. "그런 역할은 상징에 불과하다. 역사의 전개

를 반영하지만 진실로 그 일부는 아니다."[27] 상징이 되어 버린 동물은 역사가 쓰이는 중요한 과정에서 너무나도 빈번히 지워진다.

동물은, 혹은 더 정확히 말해 동물이라는 표상은 인간의 전쟁 경험에 중요한 역할을 했다. 인간은 동물을 다양한 용도로 이용했다. 국가 차원에서 그러했고 가정 내에서도 마찬가지였다. 대표적인 예가 캐나다로 피난한 어린이에게 발자국으로 '서명'한 편지를 보낸 개 처미Chummy다. 이 개가 편지의 내용을 알았을 리 없다.[28] 또 다른 개 아스타Asta는 가족이었던 어린이에게 주기적으로 편지를 썼다. 아이는 개가 대공습을 피해 시골에 가서 안전하고 행복하게 살고 있다고 알았지만 개는 진작에 죽임을 당했다. '아스타의 편지'는 아이의 이모가 쓴 것이다.[29]

개의 이미지는 특히 대중 신문에서 매우 영국적인 사기 진작의 수단으로 이용되었다. 미국인 저널리스트 윌리엄 샤이어는 1930년대 말 전쟁이 발발하기 전까지 베를린에서 독일인과 비독일인 양쪽의 행동을 관찰하고 기사를 썼다. 8월 하순에 영국 기자들이 모두 본국으로 돌아가자 갑자기 그 혼자 호텔에 남았다. 이 경험 많은 기자도 전쟁이 선포된 후 영국대사관 직원들이 나눈 대화의 의미를 제대로 이해하지 못하고 이렇게 썼다. "영국 사람들은 개에 대한 이야기 따위를 하고 있었다."[30] 반면 영국 기자들은 그런 정서를 완벽하게 이해했다.

주독 영국대사 네빌 헨더슨 경Sir Nevile Henderson이 전쟁이 선포된 직후 귀국하는 장면에는 작은 개 히피Hippy가 대사관 직원의 품에 꼭 안긴 모습으로 함께 찍혔다. 히피는 19세기 말 오스트리아 남부에서 수색견으로 개량된 닥스브라케 종이었는데도[31] 신문에는 선전 목적으로 닥스훈트라고 소개되었다. 지난 1차 대전 때 영국인들은 닥스훈트를 독일 개라

주독 영국대사로 베를린에서 함께 지내던 시절 네빌 헨더슨 경과 히피

고 적의를 표출했지만, 이제는 그런 신경질적인 반응을 보이지 않는 성숙한 국민임을 드러내기 위해서였다.[32] 그러나 실제 개의 운명에는 관심이 덜했다. 히피는 개 식품 제조사인 스프래트의 직원에게 인수되어 당시 절차에 따라 웨스트 해크우드West Hackwood 검역소에 반년이나 격리되어 있었다.

1940년 3월에 히피와 재회한 헨더슨은 "원래의 활기와 명랑함을 찾아볼 수 없었다."고 썼다. 격리에 큰 영향을 받은 히피는 얼마 후 황달로 사망했다. 이 일에 대해 헨더슨은 이렇게 단언했다. "그는 9년이 넘는 시간 동안 내 삶의 일부, 아주 큰 부분이었다. 내가 다시 얻지 못할 무언가가 그의 죽음과 함께 사라졌다. 그 무엇도 그의 자리를 채울 수 없을 것이다. 히피가 나와 함께하기 위해 나를 기다리지 않는 다음 생은 상상조차 할 수 없다."[33] 헨더슨의 삶에서 히피는 이렇게 중요했지만, 그의 공식 전기 작가는 이렇게 감동적으로 묘사된 둘의 관계를 "별난 공상"이라고 규정했다. 그런 감정 표출이 헨더슨 같은 고위직 남자에게 어울리지 않는다고 보았기 때문일 것이다.[34]

일간지 《데일리 미러*Daily Mirror*》[35]는 히피의 이미지를 게재하기 하루 전날 그와 정반대되는 이미지를 게재했다. 주영 독일대사 리벤트로프Ribbentrop가 런던에서 키우다가 버리고 갔다는 차우차우 종 베어첸Baerchen의 사진이었다. 기사는 개가 잔인한 주인을 원망하고 있다고 설명했다. "개에게서 미움과 잔인함의 냄새가 났다. 그 냄새에는 나를 움츠러들게 하는 무언가가 있었다."[36] 《데일리 미러》의 한 머리기사는 이 두 마리의 개가 경험한 서로 다른 대우가 이 전쟁의 명분을 대변한다고 주장했다. "이것이 영국의 적이다. 우리는 애완동물에 대해서마저 어떠한 정의도, 인간적 감정도 보이지 않는 나치즘 본유의 잔혹성에 맞서 싸우는 것이다."[37] 양국의 차이를 실천으로 입증하기라도 하려는 듯 200명에 가까운 영국인이 베어첸을 입양하겠다고 나섰다.[38] 고양이와 개의 삶이 청각과 후각에 의존한다면, 인간은 시각에 의존한다. 아마 입양 후보자들은 베어첸의 사진과 설명을 보고 도덕적 동기를 느꼈을 것이다.[39]

그러나 베어첸과 히피는 상징물이 아니라 실재하는 동물이었다. 둘 다막 시작된 전쟁 때문에 구체적인 피해를 입었다. 살던 집을 잃은 것이다. 아이러니하게도 독일대사가 버리고 간 베어첸은 곧 새 집을 찾았지만 히피는 몇 달 동안 검역소에 갇혔다. 아마도 베어첸은 히피보다 더 괜찮게 살았을 것이다. 하지만 전쟁 초에 매우 중요해 보였고 연합군의 대의를 완벽하게 표상하는 듯했던 두 동물을, 이제 그 누구도 기억하지 않는다. 그 이유는 이들의 이야기가 '인간들의 전쟁', 나치에 '홀로 맞선 영국'이라는 더 넓은, 인간의 이야기 안으로 **흡수**되었고, 그 결과 거의 인간만의 이야기가 우리에게 전해졌기 때문이다. 이들에게는 고유의 특징이 있었고, 인간들만의 서사를 허물 충분한 힘을 가졌지만 시간이 흐르면서 모두 거의 잊혔다.

고양이 페이스Faith의 이야기도 동물이 어떤 방식으로 인간의 이야기에 편입되었다가 결국 잊히는지를 보여 준다. 페이스는 세인트폴 대성당 맞은편에 있던 세인트어거스틴 앤드 세인트페이스 교회에 사는 고양이였다. 1940년 9월 대공습 초기에 페이스는 폭발로 생긴 불길과 쏟아지는 벽돌 속에서 어린 새끼들을 제 몸으로 감싸 지켜냈다. 어미와 새끼 모두 살아남았다. 한때 교회에 걸려 있던 사진 속 페이스는 두 발을 앞으로 가지런히 모으고 꼿꼿이 앉아 있었다. 사진에는 "지붕과 석조가 폭발했으나… 페이스는 침착하고 굳건한 자세로 도움의 손길을 기다렸다."는 설명이 붙어 있었다.[40] 여기서는 꼿꼿이 앉은 '굳건한' 이미지가 고양이를 인간들의 전쟁이라는 인간 서사에 편입시킨다. 원래 고양이는 어린 새끼가 있는 경우에도 위험한 일이 닥치면 안전한 곳을 찾아 숨는다. 그렇게 안전을 확보했다면 굳이 인간의 도움을 기다릴 필요가 없다. 후에 전국공습대비동물위원회NARPAC, National Air Raid Precautions Animals' Committee(이하 동물위원회)가 보고한 대로, 고양이와 개는 이런 식으로 숨는 습성 덕분에 인간이 예상했던 것보다 훨씬 덜 다쳤다.[41]

페이스는 홀로 굳건히 선 세인트폴 대성당의 이미지를, 나아가 전시 영국의 이미지를 집약한 상징물이 되었다. 사람들은 이 신화 만들기를 통해 페이스라는 고양이를 알게 되었지만, 하나의 엄연한 생명체로서의 페이스는 그 후 거의 잊혀졌고 기껏해야 하나의 상징물로 또는 인간 신화의 일부로 변형되었다.[42] 또한 그의 고유한 특징도 함께 망각되었다. 페이스는 '동물은 우리를 닮았다', 심지어 전쟁 중에도 인간의 방식을 모방한다는 주장을 편리하게 입증하는 이미지로만 존재했다. 그런데 이 전쟁이 동물을 단지 표상으로만 소비한 것은 아니다. 이 전쟁은 실제로 살아 있는 존재로서의 동물의 삶을 좌우하고 동물과 인간의 상호 관계를 결정하는 기틀이 되었다.

동물의 역사를 새로 쓰는
어려움과 가능성 ____

지금까지 동물과 인간의 관계를 다룬 역사가는 많지 않았다. 전쟁이나 경제를 연구하는 역사가들은 오래전부터 수많은 주제 중 하나로 동물을 포함시키긴 했지만, 전쟁사 연구는 주로 최전선의 군사 활동, 작전, 전략에 주목했다.[43] 경제사 연구에서는 말의 역할이 널리 논의되고 분석되었다. F. M. L. 톰프슨F. M. L. Thompson 교수는 40여 년 전 취임 강의에서 "얼마나 오랫동안 얼마나 고되게 일했으면 마력이 자연스럽게 증기기관과 내연기관의 힘을 나타내는 단위가 되었겠는가"라며 말이 수행한 중노동에 대해 설명했다.[44] 최근에 맥셰인McShane과 타르Tarr는 미국의 도시에서 말은 "네 발 달린 노동자"였다고 규정했다.[45] 반면 사회사와 문화사에서 동물이 연구 주제가 되기 시작한 것은 최근의 일이다. 어떤 의미에서는 놀라울 정도다. 1960~1970년대에는 새로운 화제와 인물을 발굴하여 그동안의 전형적인 역사 서술에서 간과되고 배제되었던 사건들에 초점을 맞추는 획기적인 작업이 진행되었다. E. P. 톰프슨E. P. Thompson은《영국 노동자 계급의 형성The Making of the English Working-Class》(1963)에서 "후대의 엄청난 폄하로부터" 자신의 온 주제를 '구출해' 내고자 했다.[46] 실라 로보섬Sheila Rowbotham의《가려진 역사 : 300년간의 여성 억압과 그에 대한 저항Hidden from History: Three Hundred Years of Women's Oppression and the Fight against》(1973)은 역사학계가 그동안 외면했던 주제에 정당한 무게를 실어 주었다는 점에서 혁신적이었다.*

이 시기에 계급과 젠더를 주제로 한 역사서는 출간되었지만 동물은 여전히 진지한 연구 대상이 아니었다. 동물학자 에리카 퍼지Erica Fudge가 지적한 대로 1974년에 와서야《사회사 저널Journal of Social History》에 〈가정의 애완동물과 도시적 소외〉라는 제목의 조롱 섞인 논문이 실리는 정도였다. 이 글은 당시 새롭게 등장한 연구 주제들을 다음과 같이 비판했다.

> 애완동물이 사회사의 최신 '유행'이 될 거라고 말하면 경솔하게
> 들리겠지만 이런저런 인종 집단(과 이제는 여성)을 다 살핀 역사가

---

* 여성사 서술의 영향력을 확대하는 일, 즉 여성이 단순히 '부록'이 될 수 없음을 밝힘으로써 기성 역사학의 개념 체계와 초점을 뒤흔드는 일은 후속 연구로 남겨졌다. 실라 로보섬의 연구는 여성의 존재부터 인식하고 인정하는 것으로 기존의 역사를 근본적으로 바꾸어 놓았다. 실제 여성사를 편찬하는 작업은 그 후에 이루어졌다.

들에게는 새로운 장난감이 필요할 것이다. … 오랫동안 지독한 사회적 차별에 시달려 온 또 하나의 대규모 집단인 왼손잡이도 주목해 마땅하나 이들에게는 집단의식이 희미하다. 그렇다면 애완동물은 어떨까? 분명 여기에, 목소리를 얻지 못한 이들의 궁극의 역사가 있을 것이다.[47)]

이 글은 분명 비꼬는 어조로 쓰였고 저자가 반려동물보다 여성과 소수 인종에 더 적대적이라는 사실을 여지없이 드러내고는 있지만, 동물이라는 주제가 제대로 다루어진 적이 한 번도 없다는 사실만큼은 잘 반영하고 있다. 그러나 이 글이 쓰인 뒤로도 학술 담론에는 여전히 반려동물의 역할, 가령 가족의 성격 및 구성의 변천이나 여성의 생활에서 동물이 맡은 역할이 이상할 정도로 빠져 있다.

일례로 영국 왕실의 이미지를 긍정적으로 구축하는 데 한몫했던 동물들이 이상하다 싶을 정도로 주목받지 못했다. 왕실 사진집에는 19~20세기 독일계 영국 왕가의 개들이 반려동물로서 얼마나 중요한 역할을 맡았는지 시각적으로 입증하고 있다.[48)] 20세기 초반에는 시저Caesar가 썼다고 하는 두툼한 책 《주인님이 어디 갔지?Where's Master?》가 출간 후 몇 주만에 10만 부가 팔렸다(에드워드 7세의 애완견이었던 시저는 왕이 죽었을 때 말 뒤편에서 운구를 이끌었다). 이 엄청난 판매량은 영국인이 왕실만큼이나 개에게 관심이 많았다는 사실을 대변한다. "나는 왕들 앞에서 행진하고 있어요. 나는 역사가 없어요. 혈통도 없지요. 상류층이 아니에요. 하지만 나는 그를 사랑했고 그에게 충성을 다했습니다."[49)] 왕실의 공식 사진집에서 알 수 있듯 개는 피사체로서 인기가 많았을 뿐 아니라 역대 왕족의 일

빅토리아 여왕과 샤프Sharp,
1867년 밸모럴성 (Libby Hall
collection, Bishopsgate Institute)

상에서 적극적인 역할을 맡았다.[50] 이에 관한 학술적 분석이 없다는 사실이 놀라울 정도다. 그래서 동물 연구자 조너선 버트는 "20세기 동물의 역사는 딱히 제대로 연구된 적이 없다."라고 단언할 수 있었다.[51] 그는 동물 연구 분야에 나타나는 특정한 방향성에 좌절하면서 "동물을 인간의 관념으로부터 방법론적으로 해방시키기"를 강력하게 요청하고 "동물을 중앙 무대에 세워야 한다."고 주장한다.[52] 이러한 초점 이동은 해리엇 리트보Harriet Ritvo나 케슬린 케이트Kathleen Kete의 연구에서 발견된다. 이들은 전일적全一的 역사 서술을 통해 "문화를 재사고하는 방법으로 동물을 제시"하는 흐름을 만들고 있다.[53] 이는 역사학계의 오래된 화제, 즉 전쟁 같은 '이미 익숙한' 화제를 '동물이라는 렌즈'를 통해 바라보자는 정도의 의미가 아니다.

동물 연구 분야의 일부 학자들은 동물의 사회적 역할이 중요하며 분석할 가치가 있다고 보면서도, 동물을 주인공으로 삼아 역사를 쓰는 것은 애초에 불가능하고 생각한다. 특히 캐리 울프Cary Wolfe가 이 가능성을 계속 배척해 왔다.

> 역사학을 예로 들면, 이 학문이 더 넓은 주변과 맺는 **외적** 관계를 탈인간주의 관점에서 사고하는 학자는 비인간 주제의 존재를 진지하게 고려할 것이고 결국엔 학문 주변의 변화가 요구하는 동물의 문제에 학문으로써 응답하려는 강박을 진지하게 고려할 것이다. 그렇더라도 이 학자의 **내적** 학문성은 여전히 철두철미한 인간주의를 유지할 것이다.[54]

달리 말하면, 역사학이라는 학문의 구조 자체가 동물을 역사의 초점으로 삼겠다는 역사가의 의지보다 중요하다는 주장이다. 그러나 이러한 입장은 동물의 지난 삶에 대한 현존하는 자료를 무시하는 오류에 빠지기 쉽다. 그뿐 아니라 역사학이 과거를 소환하고 나아가 상상하는 데 있어 다른 다양한 학문의 여러 측면을 수용하면서 발전하는 학문임을 부정하는 오류에 빠지기 쉽다.[55] 약 20년 전에 시작된 동물사 연구는 동물의 삶에서도 '고유한' 측면에

에드워드 7세 장례 행렬의 시저. 에드워드 왕의 애완견이었던 시저는 운구 행렬에 함께했다.
(Libby Hall collection, Bishopsgate Institute)

초점을 맞추어, 그 전에는 주목받지 못했던 생체 해부나 동물원 같은 주
제를 다루어 왔다.[56] 인간 중심적 서사를 동물의 관점에서 다시 쓰는 연
구는 여전히 소수다. 동물의 존재가 역사학의 관습적인 시선을 교란하고
비판할 수 있다는 인식은 여전히 매우 새롭게 받아들여진다. 예를 들어
표준적인 영국 사회사에서는 1911년의 보험법이 현대적 복지국가 건설
의 첫걸음이었으며, 1945년 노동당 정부가 제한적인 연금과 복지 혜택
으로나마 그 과업을 완수했다는 것이 통설이다. 그러나 1911년의 보험
법은 국가가 승인한 의료연구위원회의 동물 실험을 암묵적으로 허가한
최초의 법이기도 했다.[57] 이렇게 접근하게 되면 일견 무난하고 긍정적
인 (그리고 너무도 인간적인) 과거가 뒤흔들린다. 1948년 영국 정부는 국민
보건제도National Health Service를 시행하여 사회복지를 한층 더 강화했는데,
당시 일부 동물 운동가가 비판한 대로 이 제도는 생체 해부라는 잔인하

고 비도덕적인 관행을 공식적으로 정당화하기도 했다.[58] 우리가 이처럼 중요한 사회입법에 새로운 질문을 던질 수 있다면 복지 정책에서 동물이 담당하는 역할을 규명할 수 있을 것이다. 나아가 국민보건제도 등의 정책을 전적으로 긍정하는 시선과 그것을 뒷받침하는 정책을 결코 긍정적이지 않은 동물-인간 관계에 이의를 제기할 수 있을 것이다.

동물을 주인공으로
역사를 쓰는 사람의 문제 _____

어떤 주제의 역사든 역사의 집필에는 자료와 이를 분석하여 독자에게 제시할 저자가 필요하다. 지금까지 동물-인간 역사를 연구하는 학자들은 저자의 역할과 책무를 따지기보다는 집필에 필요한 사료의 성격에 더 주목하는 경향을 보였다. 예를 들어 도로시 브랜츠Dorothee Brantz는 인간의 자료를 이용하는 어려움을 다음과 같이 설명했다. "동물의 역사를 쓰려면 동물의 **역사적** 삶을 복구하려는 욕망과 동물 삶의 모든 기록물이 인간에 의해 쓰였다는 사실 사이에서 절충점을 찾아내야만 한다. 따라서 이 역사가 결국 재현일 **뿐**인지 아닌지의 문제가 동물 연구라는 신생 분야의 중요한 논점일 수밖에 없다."[59]

여기서 브랜츠는 (이전에 일어난 사건이라는 뜻의) '과거'와 '역사'의 차이를 뭉개고 있다. 역사를 쓰는 것은 과거의 특정한 측면에 특별한 지위를 부여하는 글쓰기 그리고/또는 분석이다. 브랜츠는 별 의도 없이 과거와 역사를 뭉갰을 수 있으나 이 뭉갬은 결코 사소하지 않다. 동물의 것이든 인간의 것이든 역사를 쓰려면 먼저 그들에게 **'과거'**가 존재했다는 것부터 인식해야 한다. 동물 연구 분야의 대다수 학자가 (최소한 특정) 동물에게 **과거**가 있다는 사실에 이의를 제기하지는 않을 것이다. 인간의 것이든 동물의 것이든 어떤 과거가 '역사'가 되느냐 마느냐를 결정하는 권한은 주제 자체가 아니라 글을 쓰는 사람, 그 주제의 역사를 구축하기로 결정한 사람에게 있다. 이 구분은 중요하다.[60] 아무리 보수적인 역사가라도 동물이 과거의 여러 **사건**에 한몫했다는 데 동의할 것이다. 역사를 구성물로 보든 복원물로 보든, 모든 역사가는 그 역사 탄생의 주역이다. '과거'와 '역사'의 차이를 뭉개면 혼란이 발생한다. 이 뭉갬에 내포된 실증주의적 접근법에서는 자료 또는 사료가 역사 쓰기 과정에서 유일하게 가치 있는 것으로 강조된다. 여러 시간과 여러 장소에서 이 접근법은 각 나라와 공동체와 개인이 그때그때 써낸 역사를 부정한다.[61]

앞서 언급한 E. P. 톰프슨, 실라 로보섬 같은 역사가가 노동자 계급 여성과 남성을 주제로 정치사에 가까운 사회사를 쓰기로 결정했을 때, 그들은 흔히 말하는 일차 사료(주인공이 직접 쓴 자료)의 부족함을 걸림돌로 여기지 않았다. 그들은 새로운 역사 서술을 위해 자신이 해야 할 일을 잘 알았다. 만약 지금 시점에 로보섬처럼 여성의 역사 300년을 200쪽이 채 안 되는 글로 정리하려는 학자가 있다면 그는 아주 용감한 (또는 아둔한) 사람일 것이다. 그런 시도는 방법론 면에서 미심쩍을 뿐 아니라 물리적으로도 불가능하다. 역사가가 마음만 먹으면 여성의 삶에 관한 방대한 자료를 얼마든지 찾을 수 있다는 당연한 사실을 이제 우리가 알기 때문이다.[62] 톰프슨과 로보섬 등 계급과 젠더 분야의 선구적인 역사가는 자료가 부족하다는 기존의 한계를 자신만의 방식으로 뛰어넘어, 자신이 택

한 주제들의 행위에 행위자성을 과감하게 불어넣었다.[63]

무엇으로 동물의 역사를
쓸 것인가 _____

"인간이 저술한 글도 인간의 관점으로 축소되지 않는, 과거에 대한 귀중한 통찰을 내놓을 수 있다."라고 에티엔 벤슨Etienne Benson이 말했다.[64] 이 전쟁은 당대의 자료가 아직 그대로 있어서 우리는 자료를 뒤져 동물의 자취를 찾아낼 수 있다. 물론 어쩔 수 없이, 일부 자료는 이 전쟁을 신화화하는 '인간의' 서사에 편입되어 있다. 그렇지만 이 전쟁이 그저 인간만의 이야기가 아니었다는 사실은 당대의 공적 기록물에서도 발견된다. 그 안에 기록된 동물은 이 전쟁의 사건들과 무관한 존재가 아니고 정서적 위안의 수단도 아니다. 오히려 전쟁 서사에 없어서는 안 될 일부다. 어떤 기관의 공식 출간물에는 이 전쟁 내내 인간과 함께했던 동물의 존재가 기록되어 있다. 《1940~1941년의 최전선 : 영국 민간방위대의 공식 역사Front Line 1940-1941: The Official Story of the Civil Defence of Britain》(1942)가 좋은 예다. 한 소방수가 런던의 이스트 인디아 부두에서 다음과 같은 풍경을 본다.

하늘을 올려다보면 때때로 이상한 광경이 눈에 들어왔다. 비둘기 떼가 밤새 머리 위를 맴돌고 있었다. 그들은 이 비자연적인 여명을 이해하지 못하고 길을 잃은 듯했다. 주변이 해가 떠오를 때

처럼 온통 밝았다. 그 빛에 비둘기들이 하얗게 보였다. 평화의 새
들이 그 아래 광경과 기묘한 대조를 이루었다.[65]

　전쟁 당시 지역 행정부의 역할을 기록한 공식 문서에도 동물이 기록
되어 있다. 이스트 엔드 스테프니구의 지역 단체장인 프랭크 르위Frank
Lewey는 "동물의 피해를 예방하고 완화하기 위해 설립된 공식 기구"인[66]
동물위원회의 역할을 강조했다. 동물 구조 활동으로 신망을 얻은 이 기
관에 대해 르위는 이렇게 설명한다.

　　동물위원회는 세간의 주목을 거의 받지 못했다. 공습을 당한 지
　　역 밖의 대다수 사람들은 존재조차 몰랐다. 그러나 이 위원회의
　　성원들은 대단한 용기를 보여 주었다. 뜨겁고 위험한 폐허를 돌
　　아다니며 날뛰는 개를 수색하고 흥분한 고양이를 구조하는 일은
　　인간을 도우러 다니는 것만큼, 아니 어쩌면 그보다 더 큰 용기가
　　필요한 일이다. [67]

　런던 동부 베스널 그린구에서 1946년에 펴낸 책자에는 1940년 10
월 어느 날 헤어 마시의 그레이트 이스턴 마구간에 떨어진 폭탄의 충
격이 묘사되어 있다. 이곳에는 근처 리버풀 스트리트 종착역을 이용하
는 철도회사의 말들이 살았다. 그런데 많은 말이 폭탄의 직접적인 충격
이나 파편으로 인한 치명상으로 사망했다.[68] 이들의 죽음은 실시간으
로 알려질 만큼 중요하게 여겨졌다. 지역 민병대 문서에도 동물들의 곤
경이 공식적으로 기록되었다. 포플러구의 공습대비 총 관리자는 1945

년 6월 고별 간행물에서 이렇게 회고했다. "이 황폐화된 밤 풍경 중에서도 가장 애처로운 광경은 떠돌이 개와 고양이의 행동이었다. … 그 황량한 장소 어디에 사람이 보이거나 곁에 있기만 해도 좋아하는 모습이 안쓰러웠다."[69] 소방 업무를 위해 전문적으로 훈련받은 개는 파괴된 주거 지역에서 인간과 동물을 일상적으로 수색했고, 그들의 활동상은 사진에 담겼다.[70]

전시 언론은 동물에 관한 특종을 보도했다. 1939년 9월 대학살은《타임스》,《데일리 텔레그래프》,《데일리 미러》,《뉴스 오브 더 월드》등 모든 주요 신문과《이스트 런던 애드버타이저》,《서던 데일리 에코》등의 지역 신문에 보도되었다. 런던동물원과 휩스네이드동물원에 관한 기사, 피폭된 지역에서 동물을 구출했다는 기사 등이 신문에 실렸다.《혼시 저널 Hornsey Journal》은 다음과 같은 전형적인 사건을 보도했다. "한 무리의 사람들이 '절대 죽지 않았을 거예요'라며 노인을 위로하고 있었다. 그때 구조대원이 파편 더미에서 고양이를 데리고 나타났다. 사람들이 말한 대로 고양이는 필사적으로 발톱을 세워 구조자에게 매달렸다."[71]

동물이 수의사의 기록물에 등장하는 것은 예상 가능한 일이지만 정부 관료의 비망록에도 동물이 등장한다. 영국의 국가기록보관소National Archives에는 전쟁 당시 공무원들이 작성한 다양한 기록이 다수 남아 있다. 개의 교배와 사육, 인간과 동물의 공동 피신, 농촌 가축의 부상, 전시 내각에서 생쥐 퇴치사로 고용된 고양이 점보Jumbo 등에 대한 내용이다.[72] BBC 라디오 방송은 전쟁이 막 일어난 때와 그 이후에 반려동물에게 일어난 일을 전했고, 그 원고가 지금도 남아 있다. 지금까지 이 전쟁 중 동물의 존재와 관련된 역사 서술이 부족했던 이유는 결코 공개된 사료가 부족해서가 아니다. 그보다는 그 자료로 어떤 이야기를 구축할 것인지가 문제일 것이다.

동물이 일상생활을 어떻게 영위했고 가족 안에서 어떤 역할을 했는지를 가장 생생하게 보여 주는 자료는 개인의 일기와 편지다. 이런 자료에는 출간된 것도 있고 출간되지 않은 것도 있다.[73] 특히 어떤 사람들은 동물과 관련된 일이 반드시 기록해야 할 만큼 중요하다는 생각으로 일기를 쓰기 시작했다. 1939년 9월 15일에 한 공학자는 "(일기를 쓰겠다는) 이 결심이 얼마나 오래갈지는 모르겠지만, 일기를 쓴다고 해서 나쁠 것은 없으니 가능하면 이 사태가 끝날 때까지 일기를 쓸 것이다."라고 썼고 실제로 그렇게 했다.[74] 글래디스 콕스Gwladys Cox라는 중년 여성과 그 남편은 전쟁 발발 당시 겨우 생후 7개월이었던 꿀색 눈의 줄무늬 고양이 밥Bob과 함께 런던 북서부 웨스트 햄스테드에 살았다. 콕스는 일기 쓰기를 전쟁 중에 자신이 할 수 있는 일 중 하나라고 생각해서 집이 무너졌을 때도 성실하게 일기를 썼다. "전쟁 일기를 쓴다는 것은 생각보다 어려운 일이다."[75] 콕스는 본인의 집 안에서, 공동 주택에서, 더 넓게는 그 지역에서 동물과 인간이 맺은 관계들을 예리하게 관찰했다.

동물의 삶에 대한 자료는 바로 이런 이야기에서 찾아낼 수 있다. 당대의 개인적인 관찰과 기록은 비록 인간을 통해 전해지지만, 동물이 이 세상에 존재했으며 인간과 함께했다는 흔적이 거기에 들어 있다. 1940년 10월에 콕스와 밥이 살던 건물 맨 위층이 소이탄에 파괴되자 이 가족은 아래층 이웃에게 신세를 지게 되었다. 인간들의 삶이 혼란에 빠졌고, 밥의 삶 또한 다른 방식으로 혼란에 빠졌다. 콕스는 "밥이 뜰을 이용하면 좋겠다는 생각에" 그를 밖으로 데리고 나갔다. 하지만 "밥은 그럴 생각이 없었다! 그때까지 뜰을 본 적도 전혀 없고 흙을 밟아본 적도 별로 없는 밤은 낯선 환경에 신경을 곤두세우다가 식당으로 돌아와 부드러운 카펫 위에 엉덩이를 내려 자세를 잡았다. 나와 남편은 바로 흔적을 말끔히 치웠다. 다행히 이웃인 메리는 고양이를 좋아하는 사람이었고 스넵스 씨는 앞을 보지 못하기에 누구도 그 일을 알지 못했다."[76] 이 고양이의 배변 습관이 그 자체로 2차 대전의 역사를 다시 쓰기 위한 중요한 자료라고 주장하는 것은 **아니다.** 하지만 문화 이론가 발터 벤야민Walter Benjamin의 말대로 "중요함과 사소함을 구분하지 않고 모든 사건을 기록하는 사람은 다음과 같은 진리에 따라 행동한다. 이 세상에서 벌어진 일이라면 그 어떤 것도 역사 앞에 사라진 일로 여겨져서는 안 된다는 진리."[77] 저 사소해 보이는 사건은 당시 실재하는 동물의 삶이 전쟁 때문에 혼란에 빠졌다는 **사실**을 증언한다. 침범했는지를 알려준다. 콕스가 그런 일을 기록하기로 결정한 덕분에 이 사건은 2차 대전을 새로운 관점에서 다시 돌아보고자 하는 이들 앞에서 사라지지 않았다.

콕스의 일기 외에도 많은 기록물이 이름을 가진 개별 동물이 전쟁 기간에 보인 각각의 행동을 묘사하고 있다. 범죄학자이자 저술가인 프린니위드 테니슨 제시Fryniwyd Tennyson Jesse가 미국의 친구들에게 보낸 편지는 수집, 출간되었다. 여기에는 고양이 두 마리가 그의 집에 오게 된 사연이 쓰여 있다. 건물에 생쥐가 들끓자 프린니위드는 "버려진 고양이를 입양하기로 하고 왕립동물학대방지협회RSPCA, Royal Society for the Prevention of Cruelty to Animals에 전화를 걸었다."[78] 그런데 새 집에 온 고양이 머프 Muff가 며칠 만에 도망쳤다. 다행히 보름 만에 발견되었지만 그사이에 사고를 당해 뒷다리에 심한 부상을 입었고, 그 몸으로는 쥐를 잡을 수 없었다. "그래서 머프는 호사를 누리는 고양이, 즉 기쁨만 주는 고양이가 되었고 우리는 쥐 문제를 해결할 방법을 계속 찾아야 했다." 이를 위해 프린니위드는 작은 새끼 고양이 퍼킨Perkin을 입양했다.[79] 그는 두 고양이의 관계를 다음과 같이 묘사한다. 둘은 한 접시로 함께 밥을 먹고, 함께 자고, 늘 서로가 보이는 곳에서 지냈다.[80] 사람이 디저트를 먹을 때 퍼킨을 식탁 위에 올려주면, 그가 접시에 담긴 견과를 바닥으로 떨어뜨리고 (뒷다리 장애 때문에 식탁에 뛰어오르지 못하는) 머프가 그것을 가지고 놀았다.

후에 살펴보겠지만 프린니위드의 기록에서 두 고양이는 독자적으로 존재하는 동물인 동시에 저자의 감정을 담는 매개물이었다. 그의 이야기는 소소하고 개인적이지만 의미는 결코 작지 않다. 이런 종류의 이야기는 더 널리 알려진 대중적 전쟁 서사 안에 동물의 자리를 만들어 낼 뿐만 아니라, 동물 또한 전쟁을 경험했고 전쟁으로부터 영향을 받았다는 사실을 드러낸다. 한 일기 작가는 가스 마스크의 필요성에 대한 강의에 참석했을 때 미스 코든Miss Corden의 개가 "눈에 띄게 몸을 떨었고" 인간들은 "모두 뻣뻣하게 얼어붙었다."라고 썼다. 이 이야기가 우리의 전쟁에 대한 생각을 바꿀 만한 심오한 사상을 제시하는 것은 아닐지라도, 동물과 인간이 같은 공간과 같은 사건을 함께 경험했다는 **사실**을 상기시킨다.[81] 우리가 거기에 있었다. 그들도 우리와 함께 거기에 있었다.

동물의 자취는 때로 훨씬 더 굵직한 전쟁 서사에 통합되었다. 캐나다로 피신한 베릴 마이어트Beryl Myatt에게 보내는 편지에 찍혀 있던 반려견 처미의 발자국은 원래 사소한 흔적이었다. 그런데 베릴이 탄 베나레스호가 수뢰에 격침당해 베릴이 바다에서 실종되는 바람에 발자국 편지는 끝내 전해지지 못했다. 캐나다로 피난하던 어린이들이 표적이 된 이 공격은 대중의 큰 관심을 불러일으켰고, 이 사건 이후 북아메리카로의 피난이 중단되었다.[82] 이와 비슷하게 한 애완 카나리아는 국민의 억류라는 굵직한 전쟁 서사에 통합되었다. 이 카나리아는 평소에 동네 애완동물 가게의 주인인 이탈리아인 아자리오Azario에게 발톱 손질을 받았다. 당시 청소년이었던 콜린 페리Colin Perry의 일기에 따르면 카나리아는 아란도라 스타Arandora Star호 침몰사건*[83]으로 발톱 미용사를 잃었다. "형 앨런Alan이 우리 집 카나리아를 그에게 데려가 발톱을 깎아준 것이 겨우 몇 주 전이다. 우리가 가게에서 금붕어 어항에 넣을 해초를 산 것도 겨우 몇 주 전이다." 아자리오는 42년간 투팅에서 살았는데 전쟁이 선포되자 "즉시 경찰에 끌려가 억류당했다. … 어퍼 투팅가에서 애완동물 가게를 운영하던 노인을 갑자기 잡아가서는 대서양에서 죽게 하다니 믿을 수 없는 일이다. 이제 그는 자신의 애완동물들과 함께 있을 것이다."[84]

동물을 묘사한 모든 일기가 대중에게 공개되지는 않았을 것이다. 그러나 공개된 일기에 대해서도 거기 나오는 동물의 존재는 대개 역사적 분석에서 배제되고 색인에도 거의 실리지 않는다. 넬라 라스트Nella Last가 '매스 옵저베이션Mass Observation'**의 의뢰를 받아 쓴 일기(1939~1966)는

---

* 이탈리아인 포로와 영국 피난민을 태우고 캐나다로 향하던 여객선 아란도라 스타호가 1940년 7월 2일 독일의 어뢰 공격을 받아 침몰했다._편집자

** 1937년에 설립된 영국의 사회연구단체. 일반인의 일기와 설문조사 답변을 토대로 영국인의 일상생활을 기록해 왔다._옮긴이

1981년에 책으로 출간된 후 비평가들의 큰 관심을 받았고 텔레비전 영화로도 제작되었지만, 정식으로 출간된 책의 여러 항목에 중요하게 등장하는 고양이 미스터 머피Mr. Murphy와 개 솔Sol은 지금까지도 철저하게 무시당하고 있다.[85] 매스 옵저베이션은 일상생활의 온갖 측면에 관한 상세한 사실과 의견을 취합하여 독자에게 유용한 서비스를 제공했지만 당연하게도 "우리 자신의 인류학 서술"이라는 적하에 작가들이 일기에 기록할 내용의 범위에 당연히 제한을 두었다.[86] 그러한 성격의 일기에까지 기록된 동물의 존재를 분석하지 않는다면 인간의 일상을 이루는 불가결한 부분을 무시하는 셈이다.

유년의 기억과
가족 이야기 _____

동물-인간의 관계에 대한 자료는 수년에 걸쳐 전승되는 일가족 안의 기억과 이야기에도 다수 남아 있다. 사람들에게 요청하면 그들은 나이 많은 친척에게 물어 전쟁 중에 가족과 함께 살았던 반려동물의 이야기를 밝혀내 준다. 클레어Clare는 자신의 모친을 인터뷰한 후 아스타Asta(앞에서 소개한 편지 쓰는 개)가 모친의 삶과 그 가족의 삶에 들어오게 된 과정을 나에게 설명했다.

전쟁 당시 할아버지는 세인트폴 대성당 화재 감시반에서 활동했다. 어느 이른 아침, 이스트 엔드의 클럽 로우Club Row* 길로 귀가하던 할아버지는 강아지를 파는 남루한 차림의 남자에게 붙들렸다. 수중에 10실링짜리 지폐 한 장밖에 없었지만 남자와 강아지가 불쌍해 그 강아지를 집에 데려오게 되었다. 세 아이에, 편찮은 모친에, 이미 고양이 한 마리를 기르고 있었던 할머니는 당황했지만 착한 사람답게 털이 빳빳한 실리엄 종 강아지를 거두었다. 그들은 윌리엄 파월William Powell과 미나 로이Mina Loy의 영화에 나오는 개 이름을 따서 그를 아스타라고 불렀다.[87]

　　BBC가 웹사이트를 열어 전쟁에 대한 기억을 수집했을 때 사람들이 투고한 사연에도 당연히 반려동물이 등장했다. 전쟁 발발 당시 열한 살이었던 존 힐리John Healey의 회고담에서 고양이 첨Chum은 전형적인 역할을 맡고 있다. 이 이야기는 존의 딸이 기록했는데 딸의 고양이가 "올해 들어 동물병원에 수없이 다녀왔다."는 이야기를 들은 존은 그때까지 기록으로 남긴 적 없는 유년의 기억을 되살렸다. 그때와 지금이 대비되면서 요즘 고양이와 달리 첨은 사는 동안 병원에 단 두 번만 다녀왔다는 기억이 떠오른 것이다.[88]

　　전시이자 유년기라는 이 특수한 시간은 몇 년 전 매스 옵저베이션이 동물-인간 관계를 주제로 진행한 설문조사에서도 눈에 띄었다. 많은 응답자가 고령자였기 때문에 그들에게 이 시기는 전쟁으로 유년을 침해당

---

* 　19세기 초부터 1983년까지 런던 최대의 애완동물 시장이 있던 곳.

한 시간이었다. 이들에게 동물은 평범한 유년기의 일부가 아니라 전쟁 중인 유년기의 일부였다. 회고담 중에는 유머가 넘치는 것도 있었다. 가령 코 밑에 검은 얼룩이 있는 고양이의 이름은 히틀러Hitler였다.

> 이 고양이는 낮에 거실을 드나들어도 되는 유일한 존재였다. 오후에 학교를 마치고 집에 돌아오면 고양이는 늘 할머니의 의자 밑에서 자고 있었다. 할머니가 고양이에게 "우유를 줄까?"라고 자주 물어보았던 걸 보면 고양이를 특별히 아끼셨던 것 같다. 삼촌 B는 음식을 줄 때 히틀러식 경례를 흉내 내어 오른발을 드는 법을 고양이에게 가르쳤고 할머니는 그 모습을 보며 웃다가 눈물까지 흘리셨다.[89]

이런 유년기 경험은 훗날 그들이 맺는 관계에 큰 영향을 미쳤다. 1935년생인 한 응답자는 이렇게 회고했다.

> 여섯 살 때인 1940년 크리스마스에 아버지가 "예쁜 애완동물 사진책"을 선물로 주셨다. 나는 그것을 지금도 가지고 있다. 개와 고양이 사진이 가장 많았지만 그 밖에 잉꼬, 생쥐, 토끼, 새끼 양한 쌍, 새끼 돼지, 병아리, 새끼 당나귀, 조랑말도 물론 있고, 런던동물원 애완동물 코너의 원숭이까지 있었다. … 내 삶은 동물 덕분에 질적으로 향상되었다.[90]

보통 18~21세가 개인이 정치적·정서적으로 성인이 되는 시기로 기억에 각인된다면[91] 5~15세는 동물-인간 관계가 결정적으로 형성되는 시기라고 볼 수 있다. 자유민주당 소속 정치인 셜리 윌리엄스Shirley Williams는 자서전에서 자신이 10대였던 1944년에 평화주의자인 어머니 베라 브리튼Vera Brittain이 공습 때마다 공황 상태가 되어 울부짖는 폭스 테리어 강아지를 "조심스러워하면서도 냉정하게" 죽이는 것을 보고 적대감을 느꼈던 일을 회고했다.[92] 모친은 개의 마음 상태에 대해서는 관심이 없었다. "수많은 일에 이해가 깊은 어머니는 개가 발작을 일으켜 어린 매리언Marian을 물지도 모른다고 생각했다. 내가 조르고 애원하고 소리쳐도 소용없었다. 어머니는 결정을 바꾸지 않았다. 겁먹은 강아지는 안락사당했고 나는 미국으로 (피난) 가는 일에 대해 그때까지 느껴본 적 없는 강한 적의를 느꼈다."[93] 이런 종류의 유년 시절의 기억은 오래 지속된다. 연구자에게 질문받기 전까지는 글이나 말로 명확하게 표현한 적이 없는 경우에도 그렇다.

이 책에서는 1939년 9월에 일어난 개와 고양이의 대학살에 대해 살피고, 동물과 인간이 이 총력전을 함께 경험하고 때로는 똑같이 경험하면서 맺은 관계에 대해 알아볼 것이다. 리처드 오버리Richard Overy의 《폭탄 전쟁The Bombing War》은 2차 대전을 "모든 시민이 각자 한 역할을 맡았으며, 전사戰士 정체성을 민간인 전사의 새로운 이상들로 확장하는 관점이 강화된" 총력전으로 설득력 있게 분석했다.[94] 국가는 국민경제를 철저하게 재편했고 민간인을 국가의 행동에 통합하고자 했다.[95] 킹King과 앤드루스Andrews에 따르면 식량과 의복 배급제를 실시한 것이 이 전쟁을 가내 공간으로 확장하는 데 결정적이었다. 또한 가정과 정체성의 감각을 부여하는 가내 활동이 특히 여성에게 있어 여의치 않아졌다.[96] 비록 계급 격차는 조금도 줄지 않았지만, 특정 식자재의 유통이 중단되고, 창문으로 빛을 들일 수 없고, 여행이 제한되는 등 모든 사람의 삶이 가정과 일터 양쪽에서 점점 통제되고 있었다. 실업률이 떨어졌고, 평균 소득이 물가 이상으로 상승했다. 여성도 남성과 더불어 병역에 소집되었다.*[97] 1945~1953년의 런던 광역 경찰청장 해럴드 스콧 경Sir Harold Scott이 단언한 대로 "전시에 범죄가 증가한 이유는 그저 위반할 법이 더 많아서였다."[98] 총력전의 현실적인 결과는 무엇보다 인명 피해였다. 6년간의 전쟁 동안 영국에서는 공습으로 인해 민간인 6만 595명이 사망했고, 8만 6,182명이 치명상을 입었다.[99] 그러나 인간만 죽은 게 아니었다. 40만 마리의 고양이와 개가 전쟁 첫 주에 사망했다. '적'의 공격 때문이 아니라 그들 각자의 주인이 내린 결정 때문이었다.

국내 전선에서의 동물 그리고 동물-인간 관계에 대한 역사를 쓴다는 것은 단순한 작업이 아니다. 이 일에 본격적으로 뛰어든 연구자라면 누구나 넘쳐나는 모순과 서로 반대되는 설명, 어긋나는 기록을 마주하게 된다. "대공습의 기억에서 고양이는 놀라울 만큼 중요한 역할을 맡는다."[100]라고 단언하며 전쟁에서 동물이 맡은 역할을 인식한 매스 옵저베이션의 창립자 톰 해리슨Tom Harrisson은 1970년에 와서는 "한편 적잖은 영국인이 **무엇보다 먼저** 카나리아 등… 애완동물을 걱정했다."[101]고 썼다. 그는 과거의 전쟁에서 동물이 지녔던 중요성을 기억할 의도로 책을

---

* 1차 대전 종결 후 경제침체, 높은 인플레이션, 높은 실업률 등의 이유로 2차 대전이 발발했다. 전쟁 중에는 군수산업, 기간산업 등의 일자리가 많이 생겨 실업률이 떨어졌고, 평균 소득이 상승했다. 인플레이션은 국가적 물자 관리로 억제되었다._편집자

썼는데, 한편으로는 많은 독자가 그와 같은 방식으로 생각하지 않으리란 것을 잘 알고 있었다. 동물의 역사는 중심 이야기에 부속되는 이야기, 전쟁의 중심 서사 '한편'에 있는 일화라는 것을 잘 알았다. 그러나 동물이 한편에 머물지 않고 중앙 무대에 오를 때 인간들의 전쟁, 훌륭한 전쟁이라는 관념이 흔들리기 시작한다. 1939~1945년은 다른 모든 전쟁과 마찬가지로 단절의 시간이었다. 이 단절은 인간-동물의 관계에 있어서도 좋은 쪽과 나쁜 쪽, **양 방향**의 변화로 나타났다. 이번 장에서 이미 밝혀지기 시작했듯이, 우리에게는 새로운 역사를 쓸 자료가 있다. 영국인에게 이 전쟁은 전쟁 후로부터 지금까지 다시는 똑같이 반복된 적 없는 아주 특별한 순간이었다.

순간은 맥락 안에 존재한다. 전쟁을 시작하겠다는 결정은 하늘에서 뚝 떨어진 것이 아니다. 또한 이 전쟁 중에 목격된 동물-인간의 특별한 관계는 1939년 이전에 이미 징후가 나타나고 있었다. 다음 장에서는 20세기 초의 동물-인간 관계의 고찰을 통해 이후 벌어질 대학살의 배경을 살피고, 과연 그것이 예견 가능한 일이었는지 확인할 것이다.

2장

애완동물 연대기 : 학살은 예고되었는가?

그를 집 안에 들이세요. … 당신 옆에 있게 하고, 가는 곳마다 함께 데려가세요.
그러면 그가 얼마나 놀라운 즐거움을 줄 수 있는지 알 수 있을 것입니다.[1]

1차 대전의 기억이
2차 대전의 동물에게 미친 영향 _____

1930년대 사람들은 여러 면에서 21세기 사람들과 달랐고, 그들과 함
께한 반려동물도 21세기의 반려동물과 달랐다. 해리엇 리트보는 19세
기의 동물-인간 관계에 관해 쓴 글에서, 그 관계의 형성에 계급과 젠더
가 맡은 역할을 강조했다. 가령 고양이는 "독립성을 추구하는 고양이
의 욕망에 남몰래 공감하는" 사람이 좋아할 만한 동물이었다.[2] 19세기
에 동물보호운동이 시작된 이유 중 하나가 "동물을 하류층의 폭력으로
부터 보호"하는 것이었다면, 20세기 동물복지단체의 역할은 그동안 비
난의 대상이었던 노동자 계급에게 반려동물 돌봄 서비스를 제공하는 쪽

아픈동물을위한진료소, 1920년경 이스트 런던 (Libby Hall collection, Bishopsgate Institute)

으로 확장되었다.[3] 왕립동물학대방지협회, 아픈동물을위한진료소People's Dispensary for Sick Animals, 말못하는친구들동맹Our Dumb Friends League(현재의 블루크로스Blue Cross) 등의 단체가 운영하는 동물병원이 도시에서 점차 늘었다는 것은 일반인이 애완동물을 키우는 경우가 증가했고, 치료를 위해 기꺼이 동물병원을 찾아갔다는 사실을 의미한다. 동물-인간 관계는 계급과 젠더에 따라 차이가 있었지만, 1920~1930년대에 나타난 가장 중요한 변화는 계급이나 젠더를 뛰어넘어 인간과 특정 동물이 가정이라는 공간을 공유하게 된 것이다.

20세기 들어 동물-인간 관계에 처음으로 문제를 일으킨 전쟁은 당연히 2차 대전이 아니었다. 근래에는 특히 픽션을 통해 1차 대전 기간의 동물의 존재(그중에서도 말, 노새, 당나귀)가 인식되고 있으나, 이 시기의 반려동물에 대한 관심은 여전히 낮다. 1939년에 살았던 사람이 20여 년 전의 사건을 기억하는 것은 가능한 일이지만, 수명이 짧은 동물에게는 불가능한 일이다. 무엇보다 1939년 여름에 살고 있던 그 어떤 고양이, 개, 토끼, 카나리아도 20여 년 전의 전쟁을 경험하지 않았을 것이다. 따라서 인간이 애완동물에게 어떤 행동을 했다면 그 이유는 그 동물이 지난 전쟁 때 보인 행동 때문이 아니다. 1차 대전의 경험과 2차 대전 중 행동이 어떤 식으론가 연관되었다면 그것은 (개별 동물과는 무관한) 인간의 경험 때문이었다. 나아가 전간기(1차 대전 종결에서 2차 대전 발발까지의 시기)인 1920~1930년대에 가정에서 맺어진 동물-인간 관계의 전반적인 성격 때문이었다.

1차 대전 때 인간이 동물을 어떻게 대했는지에 대해 사람들은 각자 다른 기억을 가지고 있었다. 어떤 사람은 의회에서 일부 하원의원들이 모든 종류의 애완동물에 대해 반감을 표출한 일과 그때의 분위기를 기억했을 것이다. 생체 해부에 적극적으로 찬성한 인물인 필립 매그너스 경Sir Philip Magnus은 개가 식량을 축내고 런던 도로의 위생을 해친다는 이유로 도시에서 개를 추방하려고 했다(성공하지는 못했다). 그는 '바람직하지 않은' 개, 다시 말해 품종이 아닌 떠돌이 개와 잡종 개를 "한꺼번에 금지해야 한다."고 주장했다.[4] 에식스주 첼름스퍼드의 보수당 하원의원 어니스트 프레티먼Ernest Pretyman은 개가 "매우 다양한 면에서 유용하지만, 도시에는 유용한 목적에 기여하지 않는 개가 많으므로 그 수를 줄이는 것이 바람직"하다고 주장했다.[5] 켄넬 클럽*은 항상 우생학적으로 개를 구분했는데, 이제 그 관점을 인간 계급에까지 똑같이 적용하려고 했다. 정부는 전쟁 중에 광견병이 유행할지 모른다는, 현실보다는 공포에 가까운 가능성을 근거로 도시에 서식하는 '쓸모 없는' 잡종 개를 경계했다.[6] 정부는 개를 품종과 잡종으로 분류했을 뿐 아니라 효용과 정서라는 기준으로도 나누려고 했는데, 이는 계급 및 젠더의 구분과도 어느 정도 맞물려 있었다. 그 의도는 개와 인간의 관계를 파악하여 개를 어떻게 취급할지를 결정하겠다는 것이었다. 가령 농촌의 개는 유용한 경제적 기능을 제공한다고 평가되었다. 이를테면 전국양사육자연합National Sheep Breeders Association은 도시의 "수많은 쓸모 없는 개"가 인간의 식량을 먹고 있다는 이유에서 도시 개의 보유세 인상을 요구했다.[7] 빅토리아 시대 수십 년간 깨끗하고 무해한 애완동물로 찬양받았던 기니피그마저 음식 재료로 취급되기 시작했다. "자른 버섯과 함께 갈색이 나도록 끓인 스튜는 훌륭한 요리가 된다."[8]

반면 어떤 사람들은 의회가 동물을 억압하는 정책을 내놓을 때마다 격렬하게 반대한 동물단체, 헌신적인 운동가의 활약, 《타임스》에 실린 편지, 어려움 속에서도 동물과 함께하는 삶을 지켜낸 사람들의 일화를 **기억했**을 것이다.[9] 1차 대전 때 전국개보호동맹The National Canine Defence League은 "개를 싫어하는 사람들은 애국심이나 인간의 식량을 지키려는 마음으로 행동하는 것이 아니다. 그들은 나라의 처지를 이용하여 자신의

---

* 개의 품종과 혈통을 관리하는 협회로 각 나라마다 있다._편집자

이기적이고 악의적인 목적을 이루려는 것뿐이다."라며 개를 향한 적개심을 비판했다.[10] 사람들은 구할 수 있는 물자 안에서 동물을 먹이려고 안간힘을 썼다. 도그 비스킷dog biscuit*은 배급 품목이 아니었으나 '1917년의 밀·호밀·쌀 제한령'은 개가 먹을 음식의 영양 성분을 규제하는 결과로 이어졌다. 동물 피를 끓여 굳힌 것을 먹은 개가 있었는가 하면,[11] 생선 찌꺼기나 동물 내장에 마당에서 직접 키운 당근, 허브, 감자를 곁들여 먹은 개도 있었다.[12] 존 샌드맨John Sandeman이라는 반려인은 자신의 개가 도그 비스킷은 고사하고 원래 쓰레기로 버리는 연골과 껍질만 먹고 살아간다고 설명했다. "이 개를 희생시키는 것은 어떻게 해서든 막아야 할 잔인하고 부당한 일이라고 생각한다. 개를 기르지 않는 사람들이 개를 문제 삼으며 큰 소리를 내는 것은 무지함 때문이다."[13]

여러 하원의원이 개를 문제 삼기는 했어도 주인 있는 애완견을 죽이라는 지시 사항이 제안되거나 통과된 적은 없었다. 재무장관은 1918년 5월 하원에서 "일각에서는 예상하고 있는 듯한 개 처분 명령은 계획에 없다."라고 공식적으로 해명해야만 했다.[14] 필립 하월이 자세히 분석한 대로, 정치계가 특정한 종류의 개를 쓸어내 버리거나 개 전체를 전멸할 계획을 구체화한 적은 결코 없었다.[15]

고양이 또한 그들을 불필요한 지출의 원인으로 보고 적개심을 보이는 여론에 직면했다. 《타임스》는 런던에 있는 어떤 '고양이 보호소'가 독일인이 구금되거나 추방당할 때 버리고 간 고양이를 수용하고 있다고 맹비

---

* 19세기 후반 영국의 스프래트사가 처음 개발한 상업용 사료._편집자

난했다. 비난의 이유는 비용이었다. "제국을 위한 푼돈조차 아쉬운 지금 고양이 운운할 여유가 있는가?"[16] 어떤 독자는 고양이를 "어슬렁거리는 질병의 매개체 무리"로 여긴 반면[17] 어떤 독자는 저장 물품을 갉아먹는 설치류나 들판의 씨앗을 쪼아먹는 조류를 예방하는 데 고양이가 쓸모 있다고 생각했다. 이 점에서는 평범한 '야옹이'가 쇼를 위해 교배된 고양이보다 훨씬 쓸모 있다고 여겨졌다. 고양이가 선페스트bubonic plague(가장 흔한 형태의 흑사병)를 예방한다고 옹호하는 사람도 있었다. 게다가 쥐는 매해 1500만 파운드어치의 식량을 먹어치우는 문젯거리였다. 《타임스》의 지면에서는[18] 고양이의 효용과 비용을 따지는 논쟁이 벌어졌다. 전국에 약 1500만 마리가 있다는 고양이에게 세금을 부과하는 것이 (실행 가능성이 매우 낮긴 해도) 하나의 해결책으로 제시되었고, 쥐 퇴치를 전담하는 공식 부서를 만들어야 한다는 주장도 있었다.[19] 그런 부서가 있다면 고양이는 쥐잡이로, 상이용사는 고양이 감독으로 고용할 수 있었다.[20] 이와 대조적으로, 1916년 램버스 캣쇼에 전시된 고양이에 대해 《타임스》는 그들이 "분홍색과 파란색의 비단 쿠션 위에" 편히 앉아 있고 "말끔하게 꾸며진 모든 고양이가 토실토실했다. 뚱뚱한 고양이도 많았다."라는 적대적 논평을 내놓았다.[21] 캣쇼 주최 측은 유복한 환경에서 사는 품종 고양이에 대한 비난을 피하려 수익금을 상이용사를 위한 '스타 앤드 가터 요양원'에 기부했다.[22] 이러한 구분짓기는 개와 인간에게도 똑같이 적용되어, 램버스 도그쇼에 참가하는 말끔하게 단장한 통통한 개의 풍족한 삶과 참호에서 겨울을 보내는 인간의 곤경이 비교되었다. "이제는 레스토랑에서 개에게 먹일 비싼 요리를 산다는 사람들의 이야기가 사실로 믿겨진다."[23]

그러나 나중에 동물 우호적인 태도를 문명인다운 행동으로 규정하는 수사가 등장하는 것처럼 1차 대전 때도 많은 개인과 동물복지단체가 고양이와 개를 적대시하는 것은 "적에게 투항하는 것"이라고 주장했다. 1917년 4월 한 일기 작가는 동물에게 먹이를 주지 않는 "어처구니없는 상황"을 개탄하며 이렇게 썼다. "우리가 야수와 싸우고 있다고 우리 자신이 야수가 되어야 하는가?"[24] 반려동물에 우호적인 행동이 대영제국 측 대의의 정당성을 입증한다는 이 기조는 2차 대전 때 다시 등장한다.

이처럼 동물-인간 관계에 관한 논의 중 일부는 1차 대전을 계기로 시작되었지만, 동물과 인간 사이의 상호작용이 하나의 **유형**으로 확립된 때는 다음 수십 년간이다. 인간의 변화는 인간과 함께 살아가는 동물에게 고스란히 영향을 끼쳤다. 한 역사가의 표현을 빌리면 "지금까지 우리 삶의 방식에는 산업혁명, 도시화, 세계화라는 막대한 변화가 있었다. 이런 모든 변화는 인간과 동물의 삶에 영향을 미쳤고 지금도 미치고 있다. … 지금 애완동물의 삶은 1800년도 애완동물의 삶과 같지 않다."[25] 인간과 동물의 관계만 달라진 것이 아니라 이들이 공유하는 (또는 공유하지 않는) 공간의 물리적인 조건이 변화했으며, 이는 다시 동물-인간 관계의 형성에 영향을 미쳤다.[26]

동물이 머물 공간은
집 안? 집 밖? _____

1939년도 《타임스》에 따르면 "20세기에 새롭게 애완동물이 된 종은

앵무새뿐이며" 2차 대전이 일어날 무렵의 영국에는 300만~400만 마리의 앵무새가 살았다.[27] 1939년 수의사 존 클래비John Clabby 준장은 개와 고양이 200만 마리, 말과 소 5만 마리, 양과 돼지 2만 4,000마리가 런던에 살고 있다고 추정했다.[28] 우리는 이 숫자들을 통해 어떤 종류의 동물이 장기간 인간과 생활 공간을 공유했을지 짐작할 수 있으나 그 관계의 성격이나 구체적인 생활에 대해서는 알 수 없다.[29]

개는 수천 년 전부터 인간의 반려동물이었지만,[30] **집 안**(또는 밖)이라는 물리적 공간을 통해 규정되는 개의 위상은 1920~1930년대 들어 달라졌다.[31] 반려견을 기르기에 알맞은 장소에 대한 의견은 동물보호단체나 개 전문가마다 모두 달랐다. 그중에서도 영향력이 컸던 사람은 1차 대전 때 에어데일 등 다양한 품종의 개를 훈련시킨 것으로 유명한 에드윈 리처드슨Edwin Richardson 대령이다. 그는《영국의 전쟁견, 그 훈련과 심리British War Dogs, Their Training and Psychology》(1920)에서 역시 개 훈련가로 일한 부인의 훈련법을 소개했다. 가령 전쟁견사관학교에 들어온 한 불매스티프 종 개에 대해 쓰기를, 지난 4년간 단 한 번도 짧은 쇠줄을 벗은 적이 없어 "얼마나 사나워졌는지 우리는 이 개와 아무것도 할 수 없을 듯했다. 아내는 이 동물의 사나운 행동이 매우 쇠약해진 민감한 성격에서 비롯되었음을 알았고, 만약 신뢰를 구축할 수 있다면 마음의 고통과 공포로 인한 사나움이 사라지리라고 믿었다." 리처드슨 부인은 오랜 시간을 들여 개와 신체적으로 접촉했다. "큰 갈색 머리에 손을 얹고, 부드러운 귀를 쓰다듬는 것이 허용되자" 짧은 쇠줄을 일반 목줄로 교체했다.[32] 리처드슨은 동물을 다루는 일에는 특별한 재능이 필요하며, 개를 좋아하고 그들과 생산적으로 교류할 수 있는 사람을 교관으로 선발해야 한다고 생각했다. 핵심은 관계 구축이었다. 개는 훈련이 필요하지만, 더 중요한 것은 개를 훈련시키는 사람도 훈련이 필요하다는 점이다.[33]

켄넬 클럽의 회장 아서 크록스턴-스미스Arthur Croxton-Smith는 전간기에 이 접근법을 일부 채택하여, 개를 집 밖에 사슬로 묶어 두는 관행을 강하게 비판했다. "실제 학대에 가까운 매우 열악한 환경이다. 그들로부터 아낌없이 제공받는 헌신에 대해서 우리는 짧은 사슬로 낡은 통에 묶어 두는 것 말고 더 잘 보답할 방법이 없는가?" 그는 리처드슨 부인과 같은 결론에 도달했다.

"이로 인해 개가 우울하거나 사나워지는 것은 놀랄 일이 아니다."[34] 한발 더 나아가, 크록스턴-스미스는 당시의 기준에 맞서[35] 개가 사는 장소를 본격적으로 문제 삼았다. "개가 집 안에 사는 것이 불편하다면 다른 모든 장난감에 대해서도 그렇게 생각해야 맞다."[36] 래브라도처럼 '일하는 개'도 머무는 물리적 공간이 달라지면 동물-인간 관계가 달라지는 결과로 이어질 수 있었다. "그를 집 안에 들이세요. … 당신 옆에 있게 하고, 가는 곳마다 데리고 다니세요. 그러면 그가 얼마나 놀라운 즐거움을 줄 수 있는지 알 수 있을 것입니다."[37] 다시 말해 인간의 공간에 들이는 공감 어린 행동이 (개뿐만 아니라) 인간에게 정서적 보상을 준다는 뜻이다. 개를 밖에서 기르는 것에 반대한 전국개보호동맹은 개를 "천성적으로 자유를 사랑하는 동물"로 재정의하고, 개를 사슬에 묶는 행위는 "잔인할 뿐 아니라 개의 건강을 해치는 일이며, 원래 온순한 개마저 사납게 만들 수 있다."고 주장했다.[38] "내 친구는 내가 돕는다."는 신조하에 약 40만 명의 회원을 보유했던 테일-웨거스 클럽Tail-Waggers

왕립동물학대방지협회의 캠페인. 개에게 뛰어다닐 수 있는 긴 줄과 넓은 집을 제공하자는 내용이다. 1930년경 (courtesy of RSPCA)

Club*은 "집 안의 개는 신의 선물이 될 수 있다."고 단언했다. 이는 단순한 비유가 아니라 당시 가정 내에서 인간과 개 사이에 나타나기 시작한 변화를 포착한 표현이었다.[39] 여기에 담긴 주장은 인간과 개는 필요한 바가 각각 달라도 서로에게 이로운 관계를 얼마든지 맺을 수 있다는 것이었다.

개 외의 다른 동물과 인간의 관계에서도 집 안팎에 머물 공간을 정하는 것이 중요했다.[40] 하지만 고양이가 머물 곳을 지정하는 데 신경 쓰는 사람은 거의 없었다. 고양이는 맡은 역할에 따라, 가령 쥐 사냥인지 애정 제공인지에 따라 집의 이런저런 장소에 머물렀지만, 인간이 개에게 장소를 정해 주듯 고양이가 있을 곳을 지정하는 경우는 많지 않았다. 이 차이는 인간이 고양이를 독립적인 동물로 생각한다는 것을 의미하는 동시에 한 장소에 너무 오래 머무르지 않는 고양이의 **습성**을 보여 준다.

교배의
본질 _____

인간이 다양한 품종의 동물을 교배한 (또는 교배하지 않은) 결과 반려동물은 다양한 신체적·정서적 특징을 가지게 되었다. 인간의 개입은 동

---

* 등록비를 받고, 훈련을 강조하는 등 사람의 책임감을 강조한 새로운 형태의 동물보호단체._편집자

시대 인간이 요구하는 조건을 충족하는 동물로 만들어 냈다. 개별 동물이 원하는 '짝짓기'와 무관하게 인간이 택한 선택적 교배는 태어나는 개의 유형과 수량에 구체적으로 미쳤다. 당시 애완견의 모습은 오늘날과 상당히 달랐다.[41] 인간이 개입하는 이런 식의 과도한 교배에 반대한 한 관계자는 그레이트데인이 "거의 당나귀로 보일 정도로 몸집이 커졌다."고 썼다.[42] 1차 대전 후에는 저먼셰퍼드가 큰 인기를 끌어 켄넬 클럽에 가장 많이 등록된 품종 1위를 차지했다. 유럽 전장에서 저먼셰퍼드를 접한 "귀환병들이 운명의 바퀴를 돌린 것"이다.[43] 1920년대에 영국은 번식 산업을 확장하기 위해 독일에서 개를 수입하기까지 했다.[44] 독일 개로 통했던 닥스훈트는 지난 1차 대전 중에 인기가 급감했고 켄넬 클럽에 등록된 수가 "비참할 정도로 추락"했던 것을 생각하면 아이러니가 아닐 수 없다.[45] 켄넬 클럽에 등록된 품종 개들은 잡종과 달리 그때그때 인간이 선호하는 조건에 맞추어 교배되었다. 이처럼 인간의 태도는 특정 품종의 존재와 유전적 변화에 구체적으로 영향을 미쳤다.[46]

고양이 또한 외모와 지능 두 가지 목적으로 교배되었다. 리처드슨 대령은 1929년에 다음과 같이 썼다. "전보다 교육 수준이 높아진 인간들이 고양이 품종을 더 다양하게 개량하기를 원해서 번식에 개입한 이래 고양이의 지능은 얼마나 높아졌을까?"[47] 샴은 원래 흔히 볼 수 없는 종이었다.[48] 출판업자 마이클 조지프Michael Joseph는 1930년 8월 (카오스 고양이 민나Minna에 이어) 새끼 샴 찰스Charles를 특별히 선택하여 데려온 일[49]에 대해 다음과 같이 썼다. "지금(1943)은 영국 본토 대부분의 지역에서 샴이 제법 눈에 띄지만 1930년만 해도 한 번도 본 적 없는 사람이 많았다." 그러다 보니 기차 검표원이 찰스를 마모셋(중남미에 사는 작은 원숭이)으로 착각한 일도 있었다.[50] 조지프는 2차 대전 중에도 여전히 독자들에게 "샴의 목소리는 일반 고양이와는 전혀 다르다."며 샴 고유의 특징을 자세히 설명해야 했다.[51]

반려동물의
식생활과 의료 경험 _____

과거 인간의 식생활과 여가 활동은 현재보다 계절의 영향을 더 많이 받았고, 동물의 삶도 계절에 큰 영향을 받았다. 개 물품을 제조하는 회사인 밥마틴Bob Martin*은 개는 계절에 따라 혈액 상태가 바뀌어서 개의 혈액이 여름에는 과열되고, 추위를 대비해서 털이 자라야 하는 가을에는 묽어진다고 했다.[52] 아픈동물을위한진료소는 3월은 "바람의 달이니 개를 운동시킬 때 절대 꾸물거리지 말고, 빠르게 걷게 하세요."라고 권했다.[53] 전국개보호동맹은 개를 더욱 다정하게 대하라고 권했다. "겨울에는 개에게 따뜻한 음식을 주세요. 개는 변덕스러운 친구가 아니지만 그래도 속이 따뜻해지면 좋아합니다. … 춥고 축축한 날에는 집 안에 들이세요. 개들은 진흙과 빗물 속에 엎드려 있는 것을 정말로 좋아하지 않습니다." 이는 분명 동물을 의인화하는 관점이긴 하지만, 이런 지침의 목적 중 하나는 (개가 복종하기를 기대하지 말고) 인간의 행동을 바꾸라는 것이었

---

* 1892년에 설립된 회사로 개, 고양이 등 반려동물의 식품, 영양제 등을 판매한다.

다. 이 단체는 개를 억지로 끌고 다니면 안 되는 이유에 대해서도 개가 다칠 수 있어서(라는 명백한 이유)가 아니라 "당신이 개를 훔쳐 가는 것으로 사람들이 오해할 수 있기 때문"이라고 설명했다.[54]

인간은 집 안팎의 공간을 동물과 공유하기 시작했지만, 음식에서만큼은 인간의 것과 동물의 것을 구분하는 경향이 있었다. 동물을 위한 음식은 19세기 중반부터 공장에서 생산되었다.[55] 그러나 어느 계급의 가정에서든 애완동물은 대체로 사람과 같은 시간에 밥을 먹었으므로 인간이 먹는 음식을 나눠 먹는 일이 잦았다. 빅토리아 여왕도 자신의 애견 이슬리Islay와 습관적으로 음식을 나눠 먹었다.[56] 1930년대에 쥐를 잡으려는 목적으로 입양되었던 고양이 첨Chum도 일상적으로 인간의 음식을 먹었다.

> 우리는 고양이 음식을 따로 사지 않았다. 어머니는 우리 점심처럼 고기 한 조각과 채소 두 종류로 고양이에게 밥을 차려 주었다. 때로는 특별한 간식도 주었다. 동네에 고양이용 고기를 파는 행상이 오곤 했지만, … 우리 고양이는 이미 구운 쇠고기와 푸딩을 먹고 살았기 때문에 거기서 뭘 살 일이 없었다."[57]

이런 경우가 흔한 것은 아니었다. 인간이 고양이에게 주는 음식은 고양이의 위상에 따라 결정되는 경향이 있었다.[58] 쇼를 위해 교배된 품종 고양이에게는 아주 특별한 식단이 제공되었다.[59] 교배로 태어난 고양이는 잡종 고양이와는 다른 종의 동물로까지 여겨졌다. 집에서 기르는 잡종 고양이에게는 정해진 역할이 있었다. "거의 모든 가정에서 고양이를 기르는 목적은 애완동물 또는 쥐잡이였다." 이 사용 가치 개념은 인간이 고양이의 특징이라고 여기는 독립성, 즉 이 동물은 "대체로 혼자서 잘 살 수 있다는 생각"과 연관되어 있었다.[60] 사람들은 고양이에게 주로 생선 조각을 먹였고, 그 밖에도 '고양이용 고기'로 불리던 말고기를 생으로 혹은 조리해서 먹였다. 말고기 장사는 우편함에 고기 꼬치를 배달하기도 했다.

스스로 먹이를 구할 수 없는 개에게는 흔히 여러 종류의 동물 내장을 먹였다. 매스 옵저베이션의 한 응답자는 "가스불 위의 묵직한 냄비에서는 역한 내장 잡탕이 늘 부글거리고 있었다."고 회고했다. 1920년대에는 소의 내장 중 인간이 먹기에 적합하지 않은 것으로 분류된 '찌꺼기'가 푸줏간마다 걸려 있었다. 앞서 말한 응답자와 살던 페키니즈 개들은 삶은 찌꺼기를 신문지 위에 부어 주면 그걸 먹었고 아무 문제없이 살았다고 한다.[61]

과거의 반려동물은 지금과 달리 의학적 치료를 쉽게 받지 못했고, 1948년 국민보건제도가 도입되기 전까지는 인간도 비슷한 처지였다. 20세기 초부터 셜리Sherly나 밥마틴 같은 회사에서 동물용 특허 의약품을 팔았지만 반려동물의 질병과 그들에게 알맞은 치료에 관한 수의학적 전문 지식은 20세기 초반 내내 초보적인 단계에 멈춰 있었다.[62] 수의사 프레더릭 홉데이Frederick Hobday는 운 좋게도 부촌인 켄싱턴에 작은 동물병원을 열었는데 이때의 경험이 1930년대에 그가 왕립수의과대학Royal Veterinary College(이하 왕립수의대)의 학장으로서 빈민을위한병원Poor People's Clinic을 개원하는 데 귀중한 자산이 되었다.[63] 모든 동물이 수의학적 치료로 생명을 연장하지 못했기 때문에 동물들의 삶은 전반적으로 위태로웠다. 가

고양이용 고기를 파는 행상과 고양이 손님. 1920년경 (LHW 5-29, Bishopsgate Institute)

령 개가 잘 걸리는 병인 디스템퍼는 전염성이 높고 목숨까지 위협하는 질병으로 "매년 수십 마리가 이 병으로 세상을 떠났다." 디스템퍼 바이러스는 소화기, 호흡기, 신경계에 문제를 일으켰고 이 병에 걸린 많은 개는 몇 달 안에 사망했다.[64] 뉴펀들랜드 강아지 브루스Bruce는 디스템퍼에 걸린 지 몇 달 만에 죽었다. 이 개의 가족은 여든두 살이 되어서도 어릴 적 브루스의 죽음에 "또 마음이 무너져 내렸어!"[65]라고 반응했던 일을 생생하게 기억했다. 1930년대 들어 백신으로 예방할 수 있게 되기까지[66] 디스템퍼는 개의 상태나 품종에 관계없이 걸릴 수 있는 흔한 질병이었다. 작가 에이다 골즈워디Ada Galsworthy는 남편 존John의 희곡에 등장하는 인물의 이름을 딴 올드잉글리시시프도그 비즈Biz와 조이Joey, 둘 사이에 태어난 여섯 마리의 "매혹적인" 강아지에 관해 이렇게 썼다.

> 새끼들은 너무나 발랄하고 건강했다. 그러나 이럴 수가! 한 마리를 빼고 모두 시간 차를 두고 끔찍한 디스템퍼에 걸려서 또는 그후유증인 수막염으로 죽었다. 살아남은 플뢰르는 … 크기가 작고 특징이 별로 없지만 … 머리가 아주 좋았다.[67]

이 시대의 개와 고양이가 수의학적 치료나 관리를 일상적으로 받은 것은 아니었지만 많은 사람이 반려동물의 건강을 유지하는 데 신경을 썼다. 1930년대에 쓰인 애완동물 주인을 위한 안내서에는 "일반인은 애완동물을 건강하게 돌보고 질병을 올바르게 치료하는 방법에 매우 무지하다."라고 평했다.[68] 한편 개 주인을 위한 용품으로 발톱깎이뿐 아니라 이빨 뽑는 집게까지 판매된 것을 보면, 개가 겪는 건강 문제를 사람들이 직

접 해결하려 했다는 것과 개가 이를 당연히 견뎌낼 수 있다고 믿었음을 짐작할 수 있다.[69]

전문 자격이 없는 동물 애호가 중에도 훈련받은 수의사 못지않게 박식한 이들이 있었고, 이들은 많은 수의사를 위협하는 존재였다. 하지만 아픈동물을위한진료소 런던 본부를 방문한 한 수의사는 진료를 기다리는 100마리가 넘는 동물을 목격하고 이렇게 쓰기도 했다.

> 동물들의 고통을 줄여 주고 있는 신사는 '돌팔이'였지만 그는 내가 왕립수의대에서 배운 그 모든 것보다 훌륭한 방법으로 동물을 진찰했다. 그는 동물을 간병한 경험이 30년이나 되었고, 수완이 대단했다. 그는 내가 아는 여느 수의사보다 훨씬 더 좋은 실력과 정성으로 동물을 다루었다.[70]

가난한 동물 주인에게는 이런 일이 문제가 되지 않지만 수의사들에겐 문제가 되었다. 그래서 수의학계와 특히 아픈동물을위한진료소 같은 동물복지단체 간에 무자격 인력 고용에 대한 분쟁이 끈질기게 벌어졌다.[71]

기초적인 치료는 집에서 이루어졌다. 일례로 고양이 블래키Blackie의 주인은 블래키의 새끼들을 물에 빠트려 익사시켰고, 블래키의 충치를 마취도 하지 않고 집게로 뽑았다.[72] 경험 많은 수의사 W. 해밀턴 커크W. Hamilton Kirk는 《개와 고양이 수의사를 위한 (임상 및 방사선과) 진단 지표 Index of Diagnosis (Clinical and Radiological) for the Canine and Feline Surgeon》(1939) 서문에 자신이 받은 수의학 훈련에는 고양이와 개에 대한 관심이 부족했다고 썼다. 그는 자신의 병원보다는 왕립수의대 병원의 개·고양이 치료 사레를 바탕으로 진단법을 발전시켰다.[73] 이에 따르면 아픈 고양이에게 필요한 것은 단순히 약을 먹이는 것만이 아니라 "친절한 말과 달래는 손길"이었다. 상태에 따라 보리죽, 칡가루를 탄 우유, 아스피린 등이 효과가 있을 수 있다고도 했다.[74] 이런 자료는 인간이 대체로 고양이에게 친절하지 않았고 수의학적 지식이 **부족**했다는 사실을 두루 재확인해 준다. 인간의 온정과 인간 치료법이 동물의 임상 진단과 투약을 거의 대체하고 있었으니 말이다. 저자는 음료, 알약, 민간요법 등 아픈 인간에게 주로 행해지던 당대의 지식을 고양이에게 그대로 적용하면서 특히 '간호'를 강조했다.

이처럼 동물을 의인화하는 사고는 개보다도 고양이에게 유독 도드라졌다. 고양이가 조금이라도 감기 증상을 보이면 "즉시 볕이 잘 드는 방에, 그러나 너무 더워서는 안 되고 적당히 따뜻한 곳에 격리"하라고 했다. "외풍이 없어야 숨 쉬기가 편하므로 방이 지나치게 크지 않은 편이 훨씬 좋다."[75]고도 했다. 이러한 접근법이 고양이에게 가장 좋은 방법일 때도 있었다. 커크는 고양이가 고통을 오래 참지 못하는 민감한 동물인 데다 "무엇을 하든 그들을 위한 것임을 좀처럼 깨닫지 못하는 듯"하다고 썼다.[76] 우리는 이를 단순히 고양이에게 인간을 투사한 것으로 일축하기보다는 소홀하게 취급되는 경향이 있었던 고양이의 지위를 높이려는 시도로 이해할 수도 있다. 이는 '전문적이지 않은' 수의학 지식이라도 그것이 두 종 사이에 특별한 교감대를 만들어 내는 역할을 했음을 짐작하게 하는 실례다.[77]

이처럼 수의사들은 소동물의 질병에 대해서는 아는 바가 거의 없었던 데다 말이나 소처럼 농촌에서 평생 일하며 사는 가치 있는 동물에 비해

소동물의 위상을 낮게 여겨 개나 고양이를 치료하러 왕진하는 일은 별로 없었다.[78] 하지만 왕립수의대 학장을 지낸 프레더릭 홉데이가 1938년에 쓴 글에 따르면 대도시에서는 변화가 나타나기 시작하여 "거의 전적으로 정서적 가치만을 가지는" 개, 고양이, 카나리아, 앵무가 개인 동물병원이나 동물단체 병원에서 치료를 받았다.[79] 예를 들어 이스트 런던 포플러 구에 있는 왕립동물학대방지협회의 병원은 개원한 다음 해인 1937년의 《연례 보고서》에서 개, 고양이, 염소, 거북, 앵무는 물론 마모셋 한 마리와 오리 한 마리를 치료했다고 보고했다.[80] 또 첫해보다 사망한 동물이 줄었다면서 "이제 사람들은 동물에게 질병의 징후가 나타나자마자 그들을 병원에 데려온다는 점에서 동물 복지에 대한 관심이 커지고 있다."는 낙관적인 해석을 내놓았다.[81]

존재, 행위자성,
독립성 _____

동물의 행위자성*과 독립성은 2차 대전 기간에 가서 더욱 중요하게 나타나지만, 물론 어느 정도는 1930년대에도 다양한 동물에게 나타났고 인간은 거기에 다양하게 반응했다. 1934년에 쓰인 한 안내서에는 고양이

---

* 개별적인 선호를 표현할 수 있다는 의미로 주류에서 밀려난 소수자의 행위 주체성을 강조하는 의미로 쓰인다. 행위자성을 지닌 동물은 도덕적 행위의 주체다._편집자

에게 친절하게 대하기를 독려하면서 고양이를 "혼자의 힘으로 살아갈 수 있는", "독립성을 타고난 피조물"이라고 표현했다. 혼자 살 수 있다는 특징은 자연히 고양이에게 밥을 주는 시간과 방법에도 영향을 주었다.[82] 말에게는 고양이와 똑같은 독립성이 요구되지 않았다. 평생을 말과 함께한 페가수스Pegasus는 균형이야말로 승마의 필수조건이라고 보았다. 이 특정한 관계 맺기는 예나 지금이나 똑같아서, 말은 인간이 요구하는 속도에서 인간이 통제하는 방식으로 움직여야 하고, 기수는 말의 행동에 맞추어 본인의 움직임과 무게를 조정하고 배분해야 한다.[83] 말과 인간은 서로 무관하게, 그러나 또 맞추어 움직여야 한다. 가령 로런스 홀먼 Laurance Holman은 말 트럼프Trump를 타다가 말이 자신을 "멋지게" 떨군 뒤에야 비로소 트럼프를 타는 방법을 배웠다. "이제 그는 훌륭하게 달린다. 우리는 서로를 잘 이해한다."[84] 트럼프의 움직임은 부적절하지 않았다. 인간이 적절하게 대응하는 법을 몰랐을 뿐이다. 시대가 달라지면서 말과 균형을 맞추는 **방법**이 달라지기는 했다. 페가수스는 목소리를 이용하라고 권했다. 또 채찍은 되도록 아끼되 필요할 때는 말을 간지럽히는 것이 아니라 "한두 번만 날카롭게 후려쳐서 말이 기억할 수 있게 하라."고 권했다.[85]

개는 인간과의 관계에서 더욱 까다로운 요구를 충족시켜야 했다. 낮에는 밖을 떠돌더라도, 인간이 주는 먹이를 원한다면 자율적인 삶을 포기하고 인간과 함께하는 삶을 받아들여야 했다.[86] 인간과 함께 산책하는 삶이란 곧 줄에 매여 제지당하는 삶을 뜻했다. 심지어 배변까지 통제당했다. 테일-웨거스 클럽은 개에게 도랑에 배변하는 법을 훈련하라고 권고했다. "사람들이 다니는 길에 실례하도록 놔두지 말고 도랑을 이용하는 법을 훈련하세요." 이 '실례'의 주범은 사람에게 즉각적으로 통제당하지 않는 개들, 아침에 일어나면 사람의 감독 없이 "시장을 마음대로 돌아다니는" 개들이었다. 개는 자유롭게 돌아다니는 동물이 아니라 훈련받도록 태어난 동물로 여겨졌다. 훈련받은 개는 인간이 요구하는 대로 행동하고, 명령에 따라 엎드리고, 겨울에도 따뜻한 곳을 찾지 않았다.[87] 물론 뒤집어 말하면 훈련받지 않은 개는 그렇게 행동하지 않는다는 뜻이다. 적절한 통제라는 새로운 개념을 옹호한 집단은 개에게 적대적인 사람들이 아니었다. 개를 특정한 방식으로 소유해야 한다고 주장하고, 그러한 믿음을 공유하는 공동체를 꾸리고자 한 새로운 집단(테일-웨거스 클럽)이었다.[88]

이처럼 인간은 개의 자율성을 다르게 생각하기 시작했고, 그 과정에서 개는 인간 곁에 있기를 좋아하는 충직한 친구로 재정의되었다. 이런 생각은 19세기에 혼자 도시의 거리를 산책하도록 허용된 개들이 스스로 귀가하는 사례가 알려지면서 힘을 얻었다. 특히 에든버러에 사는 그레이프라이어즈 바비Greyfriars Bobby는 매일 혼자 시내를 돌아다니다가 밤이면 꼭 죽은 주인의 무덤으로 돌아가서 자는 것으로 유명해졌다.[89] 개들이 사람이 많은 장소에 빈번하게 나타났다는 사실은 그들이 인간의 속박에서 벗어나 대도시의 풍경을 자기들만의 경로로 마음껏 누볐다는 것을 의미한다. 그리고도 개들이 매번 인간에게 돌아간 이유는 애정과 종속 때문이었다.[90] 1930년대에 개는 (목걸이 착용 및 세금* 납부라는 형태로) 인간의 소유물로 법에 명시된 데 따라 의무적으로 훈련을 받아야 했다.[91] 이

---

* 영국은 1796년에 최초로 유기견, 광견병 등의 문제로 애완견 세금을 도입했다.

제 개의 역할은 독립적으로 산책하는 것이 아니라 인간의 가족이 되는 것이었다. 고양이가 독립적이고 자유로운 영혼을 가진, 돌봄이 거의 필요하지 않은 동물로 여겨졌다면 개는 인간의 관심과 지도가 필요한 동물로 여겨졌다.

동물 사이의
관계 _____

개와 고양이는 인간만이 아니라 그들끼리도 교류할 수 있고 실제로 교류했지만, 인간이 이에 늘 호의적인 것은 아니었다. 다음은 20세기 초한 작가가 부정적으로 쓴 글이다. "암컷 고양이를 혼자 두면 잡종 새끼를 끊임없이 낳으며 허약해질 테고, 페르시안 고양이는 출산할 때마다 털이점점 빠져 볼품없어질 것이다. 그것이 아니면 여기저기 떠돌며 낯선 고양이들과 어울리다가 끝내 도둑맞을 것이다."[92] 중성화수술은 지금만큼일반적이지 않았다. 이유는 여러 가지인데 동물의 행위자성이나 선택과는 무관했다. 1919년의 동물마취법에 따라 수의사는 생후 6개월 이하의수컷 새끼 고양이를 거세할 때 전신마취를 하지 않아도 되었다. 이를 비인도적이라고 비판하는 수의사도 있었으나 해당 조항은 1960년대에 가서야 바뀌었다.[93] 암컷 고양이의 중성화는 정확한 양으로 투여하기가 어려운 클로로포름을 사용해야 했기에 절차가 더 복잡했고 출혈, 복막염, 쇼크 등의 부작용이 발생할 수 있었다.[94] 그런 이유에서인지 영화배우제임스 메이슨James Mason처럼 부유한 인간과 함께 살았던 고양이들조차

중성화수술을 하지 않았다.[95]

고양이가 인간과의 관계 안에서만 존재했을 리가 없다. 고양이는 그들끼리의 반려 관계에도 의지했다. 이 양상은 특히 인간이 유기한 고양이들에게서 목격되었기 때문에 동물단체들은 이를 부정적으로 여겼다. 수십 년 후 도시에 사는 여우가 주로 쓰레기, 비둘기, 생쥐, 쥐를 먹어치우게 되듯 버려진 고양이도 같은 기능을 수행했다. 즉 "런던 대부분 지역에서 쥐들은 고양이와의 전쟁으로 인해 하수구를 통해 지하로 쫓겨 내려갔다."[96] 길잃고굶주린고양이와개를위한런던보호시설London Institution for Lost and Starving Cats and Dogs에 들어온 고양이들은 인간이 없는 환경에서 고양이끼리 교류했다.

집 밖의 고양이들은 공간을 다른 식으로 살았다. 잡지 《동물 화보Animal Pictorial》는 "길고양이들은 어두운 구석에 숨어 산다. 매년 수십만 마리가 도살당하는 실정이다."라고 전했다.[97] 표현에 담긴 감정을 배제하고 본다면, 집에 사는 고양이 외에도 수많은 고양이가 같은 도시 안에 존재하는 '동물만의 영토'에 가까운 장소에서 살아갔음을 알 수 있다.[98] 또한 이 잡지는 다른 고양이들과는 관계를 맺으면서 인간과 관계 맺지 않는, '표준'에서 벗어난 고양이들의 사진을 지면에 실었다. 여기서도 비난의 어조를 배제하고 보면 우리는 제인 알저Jane Alger와 스티븐 알저Steven Alger가 최근 미국의 유기동물 보호소에 사는 고양이의 삶을 연구, 분석한 대로 이곳의 고양이들 또한 개별적으로 행동하기보다는 무리 지어 서로 교류했다는 **사실**을 알 수 있다.[99] 어린 인간과 달리 어린 동물은 대개 살아남을 수 있으면 부모와 떨어져서 살았다. 동물복지단체가 반대했지만 동물을 생산하고 판매하는 사람들은 구매자가 돈을 지불하고 난

후에야 새끼들을 보여 주었다.[100]

1930년대에 동물을
죽이는 방법 _____

동물보호단체와 수의학계가 최선을 다했음에도 모든 동물이 인도적인 방법으로 도살당하지는 않았다. 인간 가족과 함께 사는 동물도 마찬가지였다. 한 고령의 동물 애호가는 주인이 없거나 병에 걸린 동물이 어떻게 처분되었는지를 생생히 기억했다. 그는 소방서에 보내진 개와 고양이에 대해 이렇게 회고했다.

> 우리가 기다리며 지켜보는 동안 소방관들은 고양이를 캐비닛에 넣은 뒤 유리 덮개 밑을 살피며 가스를 틀었다. 개는 특수한 목걸이를 채우고 금속판 위에 세운 다음 스위치를 켰다. 잡종 개와 고양이가 사고를 치면 사람들은 흔히 이렇게 소리쳤다. "이 녀석, 한 번만 더 이러면 소방서에 보내 버릴 거야!"

이 응답자는 "당시가 더 잔인하거나 냉담했던 것은 아니고 그때는 그냥 다들 그렇게 했다."[101]라고 회고한다. 실제로 동물이 '사고'를 치면 죽음이라는 처벌이 내려지기도 했다. 많은 사례 중 하나가 1930년대의 웰시시프도그 스프리그Sprig에게 일어난 일이다. 스프리그는 갈색과 흰색이 섞인 털에 "사랑스러운 진갈색 눈"을 가진 개였다. 사슬에 묶여 집 밖에 사는 개가 아니라 주로 주방이나 뜰에서 지냈으며, 도그 비스킷을 먹고 살았고, 점심 때는 인간과 똑같은 음식을 먹었다. 그러던 어느 날 이 사랑스러운 개가 그 집 아이를 심하게 물었고 "그의 운명이 정해졌다."

> 나는 스프리그가 처분당하러 떠날 때까지 차고에 함께 앉아 눈물을 흘리며 그의 머리를 쓰다듬었다. 그 일을 어머니에게 알린 것이 후회스러웠다. 하지만 돌이킬 수 없는 일이었다. 서너 해는 더 같이 살 수 있었을 텐데.[102]

잡종인 개나 고양이가 낳은 새끼는 일상적으로 죽임을 당했다. 새끼 고양이는 물에 빠뜨려 익사시키거나 "뒷다리를 잡고 벽에 내동댕이쳤는데 태어난 지 며칠밖에 안 된 새끼에게는 이 방법이 물에 빠뜨리는 것만큼 확실했다. 암컷 고양이에게 중성화수술을 시키는 일이 흔하지 않았던 시절이라 새끼가 아주 많이 태어났다."[103] 1930년대에 블래키의 새끼들도 그렇게 죽었다. "할아버지가 새끼들을 익사시켰다."[104] 가끔 살해 계획이 순조롭지 않은 경우도 있었다. 한 응답자는 잊지 못할 익사 사고를 회고했다.

> 그날 아버지가 쇳덩이를 새끼 고양이에게 묶을 때 끈이 지나치게 길었던 일을, 작은 털뭉치가 다시 물 위로 나오려고 발버둥치던 모습을 나는 지금까지 한 순간도 잊지 못했다. 가장 끔찍했던 것은 아버지가 물 위로 올라온 고양이를 다시 물에 집어넣고 버둥거리기를 멈출 때까지 누르면서 흐느끼던 소리였다.[105]

이 이야기는 동물을 익사시키는 행위가 널리 행해졌지만 복잡한 감정이 배제된 것은 아니었음을 알려준다. 또 다른 고양이 애호가는 이렇게 회고한다. "어느 날 운하 위 다리를 건너는데 할머니가 '네 할아버지가 저기서 새끼 고양이들을 익사시켰지'라고 알려 주셨다." 여기서 과거의 이야기는 일종의 "역사적 정보"로 다루어진다. 이런 역사는 이 가족만의 것이 아니라 동물 살해가 거의 보편적이고 일상적으로 행해졌던 더 넓은 풍경의 일부였다.[106]

동물의 심리를
이해하다 _____

리처드슨 대령이 1차 대전 당시 개의 훈련에 적용한 심리학 언어는 그 이후 개의 관리 방법을 설명하는 데 널리 쓰이게 되었다(반면 고양이에 관한 책에는 '관리'라는 용어가 쓰이지 않았다). 한 책에 따르면 "개는 추론 능력이 없을 수도 있다. 심리학에서 말하는 정확히 그 의미로는 말이다. 하지만 어느 경우에든 우리는 개들이 이타적인 존재라는 사실을 인정해야만 한다."[107] 1939년에 출간된 한 익살스러운 책은 "아직은 정신분석학이 개의 세계에 진입하지 못했지만 분명 때가 되면 우리만의 프로이트와 융이 등장할 것."[108]이라고 농담조로 말했지만, 조지 5세의 개를 돌본 수의사 프레더릭 커슨스Frederick Cousens는 1930년대에 이미 개 관리법과 관련된 자신의 교과서적인 저서에 심리에 관한 항목을 새로 추가하면서 "이 관점에서 개의 성격과 본성을 다룬 최초의 시도"라고 썼다.[109] 그는 "우리가 개가 되지 않는 한 개의 정신을 완벽하게 이해할 수 없지만" 그럼에도 그 가능성을 옹호하는 이유는 "상식만으로도 개가 우리 자신과 어떤 유사성을 가지고 있음을 확신할 수 있기 때문"이었다.[110]

커슨스는 개의 기억력, 상상력, 감정 등 열일곱 가지의 능력을 열거하고 그런 측면에서 인간과 개가 비슷하다고 주장했다.[111] 그는 개가 그들끼리 소통하며, 그들만의 언어를 가지고 있다고 보았다. 또한 개는 누군가에게 친구가 되어 주는 등 많은 방면에서 인간을 능가한다면서 "우정의 본질은 친구를 갖는 것이 아니라 친구로 있어 주는 것"이라는 격언을 덧붙였다.[112] 비록 개가 되지 않고도 인간이 개를 충분히 이해할 수 있다는 이러한 접근법은 최근의 철학적 관점과는 다소 상반되지만, 여기서의 핵심은 **관계**의 중요성, 다시 말해 개와 인간 **모두**가 관계맺기의 적극적인 참여자라는 사실이다.[113] 당시의 수의학이 동물의 감정을 21세기만큼 정밀하게 분석하는 수준은 아니었지만, 이러한 접근법의 첫 시도는 2차 대전 이전에 나타났고 이후 전쟁 기간 동안 강화되었다.

지금과 마찬가지로 전간기의 반려동물은 인간을 위해 특정한 기능을 해야 했다.[114] 노동자 계급의 사람들은 일을 하는 대가로 고양이에게 숙소를 제공했다. 사실 이 관계는 고용인과 하인의 관계라는 명백한 권력관계와 다르지 않았다.[115] 이 관점에서 고양이는 애정의 대상이 아니라 거의 피고용자였다. "집에서 고양이를 기른다면 생선 조각, 우유 한 접시, 매일 갈아 주는 깨끗한 물 한 사발이면 충분하다."[116] 1930년대부터 수의사로 일한 메리 브랭커Mary Brancker 박사는 "많은 고양이가 마치 물건이나 다름없이 당연히 '거기 있는 것'으로 취급받았다. 사람들은 대체로 쥐를 잡으려고 고양이를 길렀지 애완동물로 생각하지 않았다."라고 냉정하게 회고했다. 1930년대에 피시앤칩스를 파는 가게 위층에 있던 한 가정에서는 "설치류가 집에 들어오지 못하게 하려고 늘 한 마리 또는 여러 마리의 고양이를 길렀다."[117] 한 고령의 남성은 어린 시절에 집에 살았던 고양이를 회고하면서 "그 어린 나이에 생각하기에도 고양이들은 급료랄까 그런 걸 받고 그만큼 일해야 하니까 사람과 친구가 될 시간은 없어 보였다."[118] 어떤 사람은 집에 늘 고양이가 있었으나 "애완동물이라기보다는 집에 생쥐가 눌러앉지 않게 막는 수단에 가까웠다."고 기억했다.[119]

1930년대에 어린 시절을 보낸 응답자는 그 시절 집에서 고양이와 그의 새끼들과 함께 놀았던 기억을 들려주지만, 여기서 우리는 모든 고양이가 그런 대우를 받지는 않았다는 사실을 더욱 통렬하게 인식하게 된다. 고양이가 같은 대우를 받지 않았다는 사실을 온전히 알게 되었다.

> 특히 기쁜 순간은 우리 고양이가 새끼 네 마리를 낳았을 때였다. 모든 고양이가 내 무릎에 뛰어올라와 자리를 잡고 잠든 순간만큼 즐거웠던 때가 없다. 먹이는 주로 내가 주었는데 때로는 간식을 주려고 용돈을 털어 연어 통조림을 샀다. 때로 먹일 것이 없을 때는 마마이트Marmite(영국인이 빵에 발라서 먹는 잼 또는 그 제품명)를 바른 샌드위치를 주었다.[120]

인간은 고양이를 (또한 개를) 직관적인 방식으로는 결코 이해하지 못했다. 동물을 이해하려면 안내서가 필요했다(지금도 여전히 필요하다).[121] 20세기 초에 작성된 많은 안내서들이 고양이에게 쥐 잡는 법을 어떻게 훈련시킬 것인가를 집중적으로 다루었다. 이는 쥐잡기가 고양이의 본능적 행동이라는 생각과는 어긋하는 것이었다. 즉 고양이에게 쥐잡기를 시키려면 **인간이** 그에 필요한 특정한 행동을 해야 했다. 어떤 안내서는 고양이가 하루 동안 굶어야 쥐를 잡는다고 했다.[122] 또 다른 안내서는 그런 방법이 잘못되었다고 반박했다.[123] 가령 한 안내서에 따르면 참을 수 없을 만큼 굶주린 고양이는 "음식을 훔치기 일쑤고, 올라가서는 안 되는 찬장 선반이나 주방 식탁에 올라간다."[124] 우리는 이렇게 모순된 설명들로부터 '어떤 고양이는 쥐를 잡았다'는 결론과 '어떤 고양이는 쥐를 잡지 않았다'라는 결론에 동시에 이를 수 있다(더 중요한 것은 당시 사람들이 쥐잡기를 고양이의 특성으로 보지 않았다는 결론에도 이를 수 있다). 그러나 사람들은 고양이에게 쥐를 잡도록 훈련하는 것은 가능하다고 여기면서도 고양이에게 특정 경로로 산책하는 법을 훈련할 수는 없다고 생각했다.[125]

1937년 왕립동물학대방지협회 회장 로버트 가워 경Sir Robert Gower이 "동물에 대한 처우가 전반적으로 개선되었다."고 발언했을 때 그의 말을 반박하는 사람은 없었다.[126] 이듬해인 1938년에 이 협회가 발간한 《연례 보고서》는 심각한 학대 사례가 전년보다 줄었다고 밝혔다. 또 동물이 겪는 고통과 피해가 인간의 분노나 취기 등으로 인한 돌발적인 폭력보다는 굶주림과 장기적인 방치 때문에 일어난다고 주장했다.[127] 그렇지만 인간의 학대는 여전히 고질적인 문제였다. 여러 동물보호단체들이 동물을 방치하는 문제를 다양한 방식으로 해결하고자 했다. 예를 들어 테일-웨거스 클럽에 가입하려면 주인이 2실링을 내고 인식 목걸이와 안내서를 받아야 했다.[128] 1928년에는 "고양이의 위상을 전반적으로 높이고" 고양이가 "감정과 고통을 느끼는 마음을 가졌고 인간의 보살핌이 필요함"을 강조하기 위해 고양이보호동맹Cats Protection League이 조직되었다.[129] 이 단체는 테일-웨거스를 모방하여 '테일웨이버스tailwavers' 계획을 수립하기도 했다.[130] 왕립동물학대방지협회가 생긴 지 100여 년이 지난 후에 그리고 개보호협회가 생긴 지 수십 년이 흐른 후에야 고양이 복지를 목표로 하는 단체가 등장한 것을 보면, 시민사회 안에서 고양이의 위상이 낮았으며 이들을 배려하고 보호하는 법적 장치가 부족했음을 알 수 있다.

요컨대 2차 대전 이전에는 그 시기 특유의 동물-인간 관계가 존재했다. 특정 품종의 동물들이 존재했고, 고양이에게는 쥐잡이 등의 역할이, 개에게는 훈련받은 산책 동반자 등의 역할이 분명하게 정해져 있었다. 젠더와 계급에 상관 없이, 사람들이 반려동물에게 더 큰 반응을 보이기 시작했다. 비록 지금에 비하면 애정을 겉으로 드러내지 않았고 수의학적 지식도 부족했지만, 반려동물에 대한 인간의 이해와 공감은 점점 커져가는 것으로 보였다. 동물의 감정에 관한 연구는 미진한 수준이었어도 개에 대한 심리학적 접근은 개를 생각하는 방식이 전과 달라졌음을 의미한다. 이 시기의 새로운 양상들은 동물과 인간의 '관계'라는 용어로 설명하기에 충분하다.

국가의 늑장과
수의학계의 로비 _____

지금까지 나는 가정 내의 인간-동물 관계에 초점을 맞추었다. 그러나 이와 함께 2차 대전 시기에 국가제도가 인간과 동물의 삶을 결정하는 명시적 프레임을 구축했다는 사실에도 초점을 맞추어야 한다. 물론 이전에도 새로운 법을 도입하여 동물을 보호하려는 다양한 시도가 있었지만 대부분 성공하지 못했다. 특히 개의 생체 해부를 금지하려는 운동은 대중들의 큰 지지를 받았음에도 실패했다. 이스트 런던 웨스트햄에서 20년 넘게 하원의원으로 활동한 토머스 그로브즈Thomas Groves는 동물에게 행해지는 연간 실험 횟수를 정기적으로 폭로했다.[131] 생체 해부 대상 중 하나는 일요 동물 시장에서 팔리지 못한 개들로, '나이프 맨knife man'이라고 불리는 남자가 트럭에 실어 데려갔다."[132] 1926년에는 전국개보호동맹이 개의 생체 해부를 금지하는 법안을 통과시키고자 청원을 주도하여 100만 명(오늘날 의회에 안건을 발의하는 데 필요한 인원의 네 배)의 서명을 얻었다.[133] 반려동물이 아닌 동물의 복지는 보다 성공적으로 개선되었다. 1933년에는 식용으로 도축되는 동물은 반드시 먼저 기절시켜야 한다는 규제가 네 번째 시도 만에 법제화되었다.[134] 또 공연동물보호동맹Performing Animals Defence League이 서커스, 로데오, 음악당 등에서 일하는 동물의 처우를 개선하고자 대대적인 운동을 벌인 끝에, 유독 잔인한 방식으로 동물을 훈련시킨다고 알려진 외국인 조련사의 영국 내 고용 건수를 제한하는 법이 통과되었다.[135]

그러나 반려동물의 위상과 복지에 대한 무관심은 특히 전쟁을 대비하는 과정, 정확히는 대비하지 않은 과정에서 두드러지게 나타났다. 국가는 공황을 예방하기 위해 공습이 발생할 경우 민간인을 보호할 계획을 어느 정도 세우고 있었지만, 모든 종류의 동물은 이 논의에서 배제되었다.[136] 정부는 특히 애완동물의 처우에 개입하기를 주저했다.[137] 여기에는 여러 가지 이유가 있었다. 일단 지난 전쟁에서 정부가 가정 내 동물에 대해 보인 태도로 인해 벌어진 대중의 동요가 영향을 미쳤을 것이다. 앞서 살핀 대로 1차 대전 때 의회는 개를 도살하는 방안을 논의했다가(고양이는 고려 대상이 아니었다) 대중의 반발을 샀다. 경찰도 지난 전쟁에서의 역할을 떠올리며 고민했다. 1차 대전 때 경찰은 원주인이 나타날 때까지 (그뒤 도살할 때까지) 동물을 보호하는 기간을 일주일에서 사흘로 줄였다. 경찰은 다가오는 전쟁에서 이 잠재적 부담을 피하고 싶어했다.[138] 1939년 3월 런던 광역 경찰청장은 동물 문제는 최우선 사항이 아니라고 판단했다. "공습이 발생할 경우에 수행해야 할 더 중요한 많은 임무를 고려하건대 떠돌이 동물과 관련하여 수행하는 활동을 확장하기는 불가능하며, 평상시 수준으로 유지하는 것조차 어렵다."[139]

국가가 동물을 고려하는 태도에 영향을 미친 또 한 가지 요인은 당시 반려동물의, 특히 고양이의 낮은 위상이었다. 다름 아니라 고양이보호동맹의 설립 목적 중 하나가 고도의 지능과 감각을 가진 이 동물에 대한 이해를 개선하고, 그만큼 고양이의 위상을 높이는 것이었다.[140] 한편 수의학계의 위상도 국가의 미온적인 전쟁 대책에 영향을 미쳤다. 당시 수의학계는 정부의 행동을 제때 끌어낼 만큼 충분한 영향력을 발휘하지 못했던 것으로 보인다.[141] 이전까지 수의사들은 로비 활동을 통해 정부의 행동을 촉구해 왔다. 저명한 수의사인 로버트 스토디Robert Stordy 대령은 1936년에 왕립동물학대방지협회를 대표하여 내전 중인 스페인에 가서 구호 활동을 지휘했다. 그는 마드리드에 고양이와 개가 보이지 않았으며 사람들이 죽은 노새의 고기를 먹었다고 기록했다.[142] 이러한 종류의 지식을 바탕으로 전국수의학협회National Veterinary Medical Association는 전쟁 중에 동물을 보호할 만한 기관의 창설을 내무부에 요구했다.[143]

1939년 9월 2차 대전이 시작되기 2년 전, 정부가 조금도 움직이지 않는 상황에서 수의학계와 왕립동물학대방지협회는 전시에 동물을 보호할 대책을 마련하고자 행동에 나섰다. 공습 발생 시 "가정과 사육장의 동물 보호 문제와 관련하여 제기되는 질문들"에 대해 내무장관에게 조언을 하기 위해서 전국수의학협회와 왕립육군수의사단의 구성원으로 이루어진 위원회가 설립되었다. (여기에 동물보호단체는 포함되지 않았다. 당시 단체들은 주로 작은 반려동물의 건강 문제를 다루었다.)[144] 내무부가 이에 충분한 관심을 보이지 않자[145] 전국수의학협회는 독가스 공격이 동물에 미칠 영향(및 그로부터 다시 인간에게 미칠 수 있는 연쇄 영향)에 대한 보고서와 동물을 공습으로부터 보호하기 위해 필요한 대책에 관한 보고서를 준비했다.[146] 왕립동물학대방지협회도 정부의 공식 대응이 계속 늦어지는 데 문제를 느끼고 1939년 4월, 소도시의 말을 위한 실질적인 공습 대비책을 논의하는 자리를 마련했다. 이 회의에는 전국수의학협회, 말 복지 관련 단체 등 19개 단체의 대표가 참석했다.[147] 논의의 초점은 (오락 목적으로만 기르는 말이 아니라) 물품을 운송하는 일하는 말과, 공습 중 말이 공포에 빠졌을 때 인간에게 미칠 영향이었다. 전보다 수가 줄기는 했어도 런던에만 약 4만 마리의 말이 일하고 있었다. 나중에는 석유가 배급 품목이 되고 운송용 말에 대한 규제가 풀리면서 런던 내에서 일하는 말이 다시 늘어나게 된다.[148] 이를 수의학계에서는 "말이 귀환하고 있다."고 표현했다.[149] 1939년 4월 회의에서 독가스가 말에게 미치는 영향과 통제를 벗어난 말을 다루는 방법은 논의되었으나 고양이, 개, 집에서 키우는 조류 등 애완동물은 논의 대상이 아니었다.[150]

막후의 로비에도 불구하고 모든 관계 단체를 아우르는 상부기관은 1939년 8월에서야 전국공습대비동물위원회National Air Raid Precautions Animals' Committee라는 형태로 창설되었다.[151] 내무부의 공습대비처가 국왕의 인장을 받아 창설한 이 위원회의 활동 목표는 "전쟁 중 동물에게 영향을 미치는 모든 문제에 대해 조언하는 것"이었다.[152] 그러나 이 기관에 정부의 예산은 전혀 편성되지 않았고, 결국 그로 인해 내부 불화가 발생하며 조직이 여러 갈래로 분열했다. 정부가 재정을 지원하지 않은 데는 1939년 4월 런던 광역 경찰청장 풀링Pulling이 정부 인사들에 밝힌 입장이 영향을 미쳤던 것으로 보인다.

> 저는 동물단체들의 정치적 내분에 대해 잘 알고 있습니다. 하지만 최근 대다수 동물단체 사무국장들이 확인해 준 것에 따르면 그들은 **공적 자금을 요구하는 일 없이** 단체가 보유한 모든 자원과 서비스를 제공하기를 열망하고 있다는 것입니다. … 경솔한 말일 수도 있습니다만, 제가 보기에는 이미 여러 달 전에 내무부에 그렇게 제안했지만 아직까지 거의 응답을 받지 못한 것에 대해 그들 중 다수가 상당히 실망하고 있습니다.[153]

동물위원회는 독특한 기관이었다. 의장은 내무부의 H. E. 데일H. E. Dale이 맡았고, 수의학계 단체의 대표들이 요직을 맡았다. 수석 행정관은 (왕립동물학대방지협회의 이사이기도 한) 로버트 스토디 대령,[154] 차관은 전국수의학협회의 명예 사무국장 울리지Woolridge 교수였다. 그 밖에도 전국수의학협회장 해리 스틸-바저Harry Steele-Bodger가 연락관으로 참여했고, 런던광역 경찰청은 L. T. 포스터L. T. Foster라는 직원을 파견했다.[155] 이 위원회에는 배터시보호소, 아픈동물을위한진료소, 전국개보호동맹, 말못하는친구들동맹, 왕립동물학대방지협회, 말쉼터Home of Rest for Horses 등 동물복지단체 대표도 포함되었다.[156] (고양이보호동맹은 초대받지 못했다. 당시의 고양이와 고양이 옹호 단체의 낮은 위상을 또 한 번 확인할 수 있다.) 배터시보호소, 아픈동물을위한진료소, 전국개보호동맹은 전적으로 애완동물에 초점을 맞춘 단체로, 동물병원이 거의 없는 도시 빈민 지역에서 활동하고 있었다. 하지만 반려동물은 동물위원회의 주요 소관이 아니었다. 이 단체가 공식적으로 중점을 둔 것은 **경제적** 쓸모가 있다고 여겨지는 동물, 즉 주로 농촌 지역에 사는 동물이었다. 동물위원회의 활동 목표는 광범위하고 실용주의적이었다. (살아서든 죽어서든) 경제적 가치가 있는 동물을 보호하는 것, 중요한 동물(운송용 동물과 농촌 가축)에게 식량을 안정적으로 공급하는 것, 공황에 빠지거나 독가스에 오염된 동물로부터 인간을 보호하는 것 그리고 동물의 피해를 예방하고 완화하는 것이었다.[157] 사실상 이 위원회의 가장 중요한 임무는 적의 공격으로 인해 치명상을 입은 동물을 구조하여 인간의 식량으로 전환하는 것, 그럼으로써 암시장 거래를 막는 일이 될 것으로 예상되었다.[158]

그렇지만 동물위원회는 수의사, 경찰 대표, 동물보호단체 등 다양한 동물과 각각의 방식으로 관계를 맺는 여러 집단을 한자리에 불러모은 최초의 공식 기관이었다. 애초에 이 위원회가 다루려고 한 동물은 소수의 특정한 동물이었다.[159] 위원회는 반려동물에게 별다른 관심을 보이지 않았다. 이 시점의 반려동물은 인간의 사기를 진작하고, 피폭 현장에서 인간을 찾아내고, 인간의 정서에 도움을 주는 '중요한' 동물로 인정받지 못했기 때문이다. 그러한 역할은 추후에, 전쟁이 본격화되면서 공식적으로 인정받게 된다.

스토디 대령은 전쟁이 선포되기 겨우 며칠 전에 "공습이 발생할 경우 동물을 보호할" 대책을 마련하라는 요청을 받았다.[160) 수의사는 무보수로 활동하기를 요구받았고, 그들이 직접 부담하는 지출에 대해서만 비용이 지급될 것이라는 통보를 받았다. 그럼에도 수의사 750명이 "거의 인정받지 못하는 국가봉사"에 곧바로 참여했다.[161) 동물위원회의 뒤늦은 결성은 전쟁이 시작되었을 때 수많은 개와 고양이에게 치명적인 결과를 가져왔다.[162) 동물위원회가 추정한 전국의 동물 수는 개와 고양이 600만~700만 마리, 닭과 오리 5,600만 마리 이상, 가축 3,750만 마리였다. 이는 "가정 내 동물의 수가 사람 수의 거의 두 배라는 뜻"이었다.[163) 동물위원회는 시골로 피신할 때는 동물을 함께 데려가라고 구체적으로 권고했고, 동물을 죽여서는 안 된다고 분명히 강조했다.

> 집에 계속 머무르는 사람은 동물을 죽여서는 안 됩니다. 동물은 인간만큼 위험하지 않게 지낼 수 있으며, 전국공습대비동물위원회는 … 당신의 동물이 다치더라도 즉각 치료받을 수 있게, 또 너무나 치명적인 부상을 입어 치료가 불가능하다면 그 고통을 없앨 수 있게 준비하고 있습니다. 동물을 처분해서는 안 되는 또 하나의 중요한 이유는 도시에 쥐와 생쥐가 들끓지 않게 하는 데 그들이 매우 중요한 역할을 하기 때문입니다.[164)

그러나 동물위원회는 권고안을 너무 늦게 발표했고, 수의학계의 지침은 더욱 늦게 나왔다. 수의사들은 1939년 8월 마지막 주가 되어서야, 가능하면 전쟁이 시작되기 전에 동물을 시골로 보내거나 임시 보호소에 맡기라는 지침을 공식 발표했다.[165] 이러한 선택지는 아마도 부유층을 대상으로 한 것이었겠지만, 경제적으로 어려운 사람들이 이용할 수 있는 피신 방법과 비공식적인 조치도 존재했다. 《수의학 기록*Veterinary Record*》에 애완동물을 죽이려는 사람들을 만류할 방법을 포함한 수의사 대상 지침이 실린 것은 9월 16일이었다. 그러니까 런던에서만 40만 마리의 고양이와 개가 살해당하고 1주일이 지나서였다. 이 지침에 실린, 개와 고양이를 죽여서는 안 되는 이유는 다음과 같다. "개와 고양이는 포화와 천둥을 구분하지 못한다.", "주인과 동물이 같은 공간에 있다면 인간이나 동물이나 위험한 정도는 똑같다.", "동물도 피신할 수 있다." 이 마지막 논거와 관련해서는 해밀턴 공작부인 니나Nina가 운영하고 있던 조직이 상세하게 설명하고 있다.[166]

전쟁이 본격화되면서 동물이라는 단어에 말이나 소, 또는 식용동물만이 아니라 반려동물도 포함하는 말임을 모든 관계자가 뒤늦게 깨닫게 된다. 인간이 개와 고양이, 앵무 등 반려동물의 존재를 제때에 인식하지 못한 결과 1939년 9월 첫 주에, 특히 런던에서 동물들이 돌이킬 수 없는 피해를 입었다. 국가는 애완동물을 죽이기로 한 사람들의 결정에 직접 관여하지는 않았지만 제때 행동에 나서지도 않았다. 이것이 1939년 9월에 인간과 동물의 관계가 철저히 무너진 한 이유였다.

3장
1939년 9월 :
4일 만에 동물 40만 마리가 살해당했다

충실한 친구를 불필요하게 죽이는 것은 전쟁이 당신의 집에 숨어들게 하는 또 한 방법입니다.[1]

1939년 9월 3일 영국이 독일에 선전포고를 하자 "불안한 전망과 함께 일종의 안도감이 빠르게 퍼져 나갔다."[2] 당시의 많은 저술가가 이 전쟁, 특히 국내 전선을 심리학적·심리치료적 관점에서 분석했다. 후에 매튜 톰슨Mathew Thomson이 지적한 대로 전시의 심리학은 "민주적인 생활 방식을 지켜내는 문제"와 긴밀히 연결되어 있었다.[3] 이 전쟁은 심리학을 응용하고 그 방향을 바꾸었으며 "인간의 주체성과 행정적 목표 사이의 관계를 계산하는 새로운 방법을 이끌어 냈다."[4] 심리학자들은 적극적인 '행동'의 가치에 주목했다. 일반 시민은 훈련받은 군인과 달리 공습이라는 상황을 현실적으로 상상할 수 없는 탓에 "도피나 보복이 불가능한 입장에서 수동성을 강제당하는" 고통을 겪게 된다고 심리학자들은 주장했다. 그렇게 되면 보이지 않는 적이 아니라 눈앞의 '아군'에게 감정을 분출할 수도 있었다.[5] 사회행정 분야의 저명한 역사가 리처드 티트머스Richard Titmuss에 따르면 오히려 "공습에 대한 공포가 실제 공습보다 더 심각했다."[6] '고립주의적 개인주의'에 대응할 수 있는 해결책은 할 일을 만들어 내어 무력감을 물리치는 것이었다.[7] 2차 대전 때 태비스톡 병원Tavistock clinic에서 일했고 후에 정신분석가가 되는 윌프레드 비온Wilfred Bion은 시민들이 직장과 가정 양쪽에서 참여 의식을 느끼는 것이 중요하며, 그러려면 '각 부대의 리더'가 그 목표를 최우선으로 삼아 행동해야 한다고 주장했다.[8] 전쟁이 시작된 그 주 주말, 런던 시민들은 적극적으로 행동하기 시작했다. 그들은 자식들을 도시보다 안전하다는 시골로 보냈고, 암막 커튼을 만들었으며, 채소를 심을 텃밭을 일구었다. 그리고 애완동물을 죽였다.

심리학자들은 인간이 '아군' 중에서도 애완동물을 죽이는 방식으로 행동하리라고는 예상하지 못했다. 프로이트의 상담실에는 차우차우 룬Lun이 늘 함께 있었지만 인간의 정신을 치료하는 의사들 시야에 동물은 들어오지 않았다. 이 때문에 인간이 애완동물을 죽이는 행위는 공황의 징후로 규정되지 않았다. 9월 3일 첫 공습경보가 발령되었을 때 사람들은 정부의 권고대로 침착하게 대응하며 방공호를 찾아 들어갔다. 《데일리 텔레그래프》는 "공황 사태는 없었고 사람들은 차분하게 대응했다."고 보도했다.[9] 한 군사 전문가가 1920년대에 "런던이 수일간 거대한 아수라장이 되고, 사람들은 병원에 쇄도하고, 교통은 끊기고, 노숙자들은 도와 달라고 비명을 지르고, 도시가 복마전이 될 것이다."[10]라고 신경질적으로 예언했던 것과는 전혀 다른 상황이 전개되었다. 사람들은 아이들을 피신시키라는 정부의 권고와 등화관제 명령을 충실히 따랐다. 하지만 전시에 반려동물을 어떻게 돌보아야 하는지에 대한 정부, 수의사, 동물보호단체의 조언은 무시했다.

1장에서 논했듯이 전쟁 첫 주에 언론은 독일대사가 버리고 간 차우차우 베어첸을 들먹이며, 영국이 싸우고 있는 적은 "나치즘 본유의 잔혹성"[11]이라고 설명했다. 언론이 영국인은 동물을 아끼고 사랑하는 국민이라고 규정한 바로 그 주에, 런던에서만 개와 고양이 40만 마리가 도살당했다는 기사가 보도되었다. 40만이라는 숫자는 훗날 왕립동물학대방지협회, 왕립육군수의사단의 공식 역사를 편찬한 존 클래비 준장이 함께 확증한 통계다.[12] 이는 비교적 보수적인 추정으로, 왕립동물학대방지협회 회장 로버트 가워 경은 75만 마리가 도살당했다고 추정했다.[13] 40만 마리라면 당시 런던에 살던 개와 고양이 전체의 약 26퍼센트에 해당한다.[14] 전쟁 첫 주에 런던에서 살해당한 동물의 수는 전쟁 기간을 통틀어 영국 전체에서 공습으로 인해 사망한 민간인 수의 여섯 배가 넘는다.[15] 여기서 중요한 것은 40만 마리의 동물이 도살당한 전쟁 첫 주는 물론이고 그 후 1940년 3월까지 런던 및 영국 전역에 폭탄이 단 한 개도 떨어지지 않았다는 사실이다.[16] 수많은 동물의 죽음은 주인들의 결정이고 선택이었다. 영국 정부는 동물을 죽이라는 명령이나 비상조치를 선포하지 않았다. 전쟁 첫 주에 살해당한 동물의 수는 평소 런던의 동물보호단체들이 한 해 동안 안락사시키던 애완동물 수의 세 배가 넘었다(일상적인 도살의 대상은 주로 중병에 걸리거나 버려진 애완동물이었다).[17] 이 대학살은 단 며칠 사이에 벌어졌다. 동물 애호가와 동물단체는 이 사태에 충격을 받았다. 전국개보호동맹은 이 사건을 '9월의 홀로코스트'라고 불렀다.[18] 1939년 9월 7일 《타임스》는 수많은 개와 고양이가 도살당했으며 동물복지단체가 운영하는 센터들이 "이미 동물 사체로 가득한데 매일 수천 마리가 새로 들어오고 있다."고 보도했다.[19] 세계에서 가장 오래된 동물보호단체인 왕립동물학대방지협회는 런던 병원의 인력을 두 배로 늘렸고, 런던의 본부에도 야간 인력을 고용했으며, 안락사 설비를 세 배로 확충해 둔 상태였다.[20] 협회는 9월의 대학살에 다급히 대응한 것이 아니라 공습이 시작되면 벌어질 상황을 예상하고 미리 대비하고 있었다. 각 병원은 클로로포름과 석 달치의 안락사 약물을 여분으로 구비했다. 협회의 비상 대책에는 "첫 한 달여 동안은 모든 병원과 본부에 동물을 안락사해 달라는 요구가 빗발칠 것으로 예상된다."고 쓰여 있었다.[21]

왕립동물학대방지협회가 발행한 잡지 《동물 세계Animal World》는 "다른 동물복지단체의 병원도 같은 일을 했다. 전쟁 첫 주에 밤낮으로 안락사 작업이 계속되었다."라고 정확히 지적했다.[22] 광견병 히스테리가 발생한 1890년대에 개를 보호하기 위해 결성된 전국개보호동맹은 얼마나 많은 동물이 도살당했는지 클로로포름이 다 소진되었을 정도라고 밝혔다.[23] 가난한 사람의 애완동물에게 수의학적 치료를 제공하기 위해 1917년 이스트 런던에 개설된 아픈동물을위한진료소에서도 같은 일이 벌어졌다. 이 단체는 죽임을 당하기 위해 진료소로 끌려오는 수천 마리의 동물에 거의 압도될 지경이라고 말했다. 전쟁이 선포되기 하루 전 아픈동물을위한진료소는 "런던 내 모든 소각로가 전부 가동되고 있다."는 정보를 입수했다.[24] "밤에는 등화관제 때문에 불을 꺼야 하는 탓에 소각로가 사체를 충분히 빠른 속도로 태우지 못하는 경우도 있었다."[25] 아픈동물을위한진료소의 정책은 동물을 불필요하게 죽여서는 안 된다는 것이었는데도 수백 명의 사람들이 "공습 위협이 현실화되기 전에, 혹은 적의 위협이 명확한 형태를 띠기 전에 일찌감치" 자신의 동물을 안락사시켜야 한다며 "고집을 꺾지 않았다."고 보고했다.[26] 런던 북부의 작은 시설인 우드그린동물보호소에는 사람들이 개와 고양이를 넘기려고 거의 800미터나 줄을 섰다. 일요일이었던 9월 3일부터 이틀간 이 보호소는 반려동물 536마리를 죽였다.[27] 또 그후에는 많은 사람들이 이 보호소에 동물을 버렸다. 보호소의 회계 담당자는 자금난을 호소하며 통렬하게 물었다.

> 수십 마리의 동물이 버려져 서서히 굶어죽어 가고 있다는 사실을 아십니까? 고양이들이 먹을 것이 없어 지나가는 여성의 장바구니에 뛰어오르지만 아무 소용 없다는 사실을 아십니까? 뼈만 남은 개들이 음식 찌꺼기라도 찾으려고 쓰레기통을 뒤진다는 사실을 아십니까? 우리는 밤이며 낮이며 매시간 도움을 구하는 그들의 애원을 듣고 있습니다. 돈이 부족하다는 이유로 그들을 운명에 내맡겨야 하나요?[28]

배터시보호소는 1860년부터 런던의 떠돌이 개를(후에는 고양이도) 거두어 가족을 찾아주는 일을 했다.[29] 그러나 1939년에는 사람들이 자기 애완동물을 죽이려고 런던 남서부 배터시보호소와 이스트 런던 보우 분소를 찾아왔다. 1939년 《연례 보고서》에 따르면 "다른 시설에서 죽였다고 이야기되는 규모"에 비하면 배터시보호소에서는 동물을 거의 죽이지 않았다. 이는 사무국장 힐리 터트Healey Tutt가 사람들에게 동물을 다시 집에 데려가라고 끈질기게 설득한 덕분이었다. 《연례 보고서》에는 "그의 조언을 받아들였던 사람 중 많은 이가 우리에게 감사 편지를 보내고 있다."는 소식을 기쁘게 전했다.[30] 9월 초에 얼마나 많은 반려동물이 도살 당했던지 여러 지역의회와 동물단체, 수의대 병원에서 동물 사체를 처분하기가 불가능할 정도였다. 이에 아픈동물을위한진료소가 요양원 내 초지를 제공했고, 이 단체의 보고에 따르면 약 50만 마리가 그곳에 매장되었다.[31]

동물보호단체들과 동물운동가들은 전쟁 첫 주의 대학살을 즉시 비난했다. 그들이 보기에 이 사태는 전쟁의 불가피한 결과도 아니었고 "영국인은 이겨낼 수 있다."는 전시 선전 사례도 아니었다. 오히려 단호한 행동이라는 선전 관념에 위배되는, 굳건함이 부족해 보이는 행동이었고 언론도 이 사건을 부정적으로 보도했다. 인기 디제이 크리스토퍼 스톤Christopher Stone은 1939년 11월 전국 방송에서 이렇게 말했다. "충실한 친구를 불필요하게 죽이는 것은 전쟁이 당신의 집에 숨어들게 하는 또한 방법입니다."[32] 개 브리더이자 저술가인 미트퍼드 브루스Mitford Bruce 소령은 비록 동물의 권리를 옹호하는 사람은 아니었지만 개를 죽인 사람들을 비난했다. 그는 1939년 11월《타임스》에 "그저 그들의 생명을 지키기가 불편하다는 이유, 전혀 이유가 될 수 없는 이유, 주인으로서 마땅히 가져야 하는 의무를 가지지 못했다는 사실을 보여 주는 그 이유로 많은 애완견이 도살당하고 있다는 증거가 매일 나오고 있다."라고 썼다. 그는 음식이나 방공호가 부족해서라는 주장을 다음과 같이 일축했다. 말고기를 먹이면 되었다. 독가스가 새어 들지 않는 개집을 살 수 있었으며, 애완동물도 피신할 수 있는 방공호에는 개집이 준비되어 있었다.[33] 9월의 대학살을 기록한 자료는 사설 병원보다는 동물보호단체의 병원이 훨씬 많았다. 브루스가 나열한 예시는 동물 살해 행위가 특정 계급이나 젠더에 국한되지 않았음을 알 수 있다.

대학살이 벌어졌지만 애완동물을 죽인 사람은 소수였고 다수는 그들을 지켰다. 해밀턴 공작부인 니나가 썼듯이 그 다수에는 노동자 계급의 사람들이 포함되어 있었다. 니나는 런던의 동물들을 솔즈베리 근처에 있는 자신의 피난처로 피신시킨 후 "동물들은 가난한 환경에서 사는 주인에게 무한히 소중한 존재였다. 때로는 주인의 유일한 친구였고, 주인에게 자녀가 있든 없든 동물들은 주인의 아이였다."고 썼다. 니나는 애완동물을 위해 대책을 세운 이들에게는 호의적인 태도를 보인 반면, 한 도살장에서만 수천 마리의 개와 고양이가 죽임을 당했고 "런던의 어느 동물병원"에서는 트럭 세 대분의 사체가 실려 나왔다고 맹비난했다.[34] 그는 이러한 현실과 국가 주도 선전을 대조했다. "우리는 이 일이 외국에서 일어났다면 경악했을 것이다. 소위 동물을 사랑한다는 영국에서 이런 일이 벌어졌다는 사실을 다른 나라의 친구들에게 어떻게 설명할 것인가?"[35]

공황은
없었다 _____

사람들은 특정한 관행들을 통해 문명을 유지했다. 가령 "전쟁이 선포된 다음 날 아침, 많은 사람이 도서관에 가서 책을 반납했다."[36] 이 사람들은 자신의 개와 고양이를 죽인 이들과 같은 사람이었을 수도 있고 다른 사람이었을 수도 있다. 이 '가짜 전쟁'(독일의 폴란드 침공에 대해 영국과 프랑스가 선전포고한 1939년 9월부터 1940년 5월까지의 시기. 연합군과 독일 간의 전면적 충돌은 거의 없었다_편집자)의 국면, 혹은 다른 표현으로 "어두운 권태"[37]나 "무기력한 묵종"[38]의 시간에 대해서는 여러 가지 다른 해석이 있다. (대체로 그 안에 동물은 존재하지 않는다.) 가령 버지니아 울프 Virginia Woolf가 보기에는 암막 커튼을 만드는 일마저도 "뭐라도 할 일이 있다는 점에서 즐거운 진정제이지만, 너무도 미지근하고 무미"[39]한 행동이었다. 어떤 사람들에게는 1939년 가을이 김 빠지는 시간이었다. "우리에게는 전쟁 상황에 대비한 모든 기관이 있다. 그런데 전쟁 상황만 없다. 그 결과는 환멸과 불평이다."[40] 이 시기에는 등화관제는 있었지만 배급제는 아직 없었다. (배급제는 이듬해 1월에 시작되었다.) 그동안 정부는 공황과 사회 혼란이 일어날 가능성에만 대비했다. 개인의 권태와 당황스러움은 미처 예견하지 못했다.[41] 매스 옵저베이션의 톰 해리슨에 따르면 조사한 가정의 38퍼센트가 1939년 9월까지 암막 커튼 등의 공습 대비책을 전혀 갖추고 있지 않았다.[42] 전쟁에 앞서 홀데인 Haldane, 랭던-데이비스 Langdon-Davies 등 정신과 의사와 저널리스트는 사람들에게 "뭐라도 할 것"이 필요하다고 경고했다. 모두에게 "쓸모 있는 일"과 "들어갈 구멍"이 필요하다는 것이었다.[43] 각자 어떻게든 안정감을 확보해야 했다. 예를 들어 창문에 쌓아 놓은 모래 주머니는 보호 효과는 없었지만 나름의 쓸모가 있었다. 1차 대전 때 장교로 복무한 발터 슈미데베르크 Walter Schmideberg가 이 주장을 뒷받침하는 일화를 소개했다. 지난 전쟁에서 "한 노처녀"는 체펠린 비행선 Zeppelinluftschiff(20세기 초에 독일이 개발한 경식 비행선)의 공격을 막고자 머리에 쓰레받기를 묶고 손에 성경을 들었다. 슈미데베르크는 덧붙였다. "웃을 만한 이야기겠지만 심리치료 관점에서는 그 행위가 그에게 큰 도움이 되었다."[44] 커튼을 만들고 채마밭을 일구는 행위가 어떤 면에서는 그와 비슷하게 '쓸모 있는' 일이었다. 이러한 행위는 '정상'의 삶에서 벗어나 총력전 상황에 대비하기 시작한 변화를 겉으로 드러내 주었다. 공습이 시작되지도 않았다는 사실은 중요하지 않았다. 애완동물을 없애는 행위도 그런 일 중 하나였다.

전쟁 발발 몇 달 전, 매스 옵저베이션은 전쟁이 선포되면 사람들이 어떤 행동을 취할 생각인지 조사하고 그 결과를 공개했다. 한 42세 여성은 이렇게 답변했다. "나는 얼마 전부터 교묘히 독을 모으고 있다. 나와 남편과 아이 전부에게 치사량이 될 만큼 충분히 모았다. 나는 지난 전쟁을 기억한다. 또다시 전쟁을 겪고 싶지 않고 아이들이 전쟁을 겪게 하고 싶지 않다. 그들에게 알리지 않고 그냥 그렇게 할 것이다." 이 여성은 특별한 사례가 아니었다. 한 45세 남성은 이렇게 설명했다. "나는 두 아들을 죽이는 편을 택하겠다. 전쟁이 벌어질 것 같으면 그들에게 독을 먹일 것이다." 33세 여성은 자신의 두 아이에 대해 이렇게 말했다. "전쟁이 나면 아이들을 먼저 죽이고 나도 죽겠다. 여기에 폭탄이 떨어진다면 나는 그렇게 할 것이다."[45] 그러나 사람들은 전쟁이 시작되었을 때도, 두려워하던 공습이 시작되었을 때도 실제로 인간 가족을 죽이지는 않았다.[46] 정신과 의사들은 전쟁신경증이 전혀 발생하지 **않았다고** 보고했다.[47] 그러나 분명 어떤 사람들은 그런 심리를 반려동물에게 적용했다.

전시에 어떤 종류의 정신건강 서비스가 급히 필요한지 파악할 목적으로 런던에서 결성되었던 봉사단체는 1941년에 "민간인 가운데 전쟁신경증은 전혀 발생하지 않았다."는 결론을 내렸다.[48] 수십 년 후 니콜라스 로즈Nikolas Rose의 연구도 이 견해를 뒷받침했다. "1940~1941년의 공습

이후 정신과 병원의 진찰 건수는 오히려 감소했다. … 이 전쟁 중 영국에서 신경증이나 정신병이 눈에 띄게 증가했다는 증거는 전혀 없었다."[49] 일부 전문가는 전쟁이 선포되면 몇 주 안에 정신과 병동 입원자가 증가할 것으로 예측했지만 그런 일은 일어나지 않았다. 정신적 피해를 위한 비상 시설은 찾는 사람이 없어 활동을 접었다. "폭격신경증은 없었다."[50] 공습이 시작되면 공황이 발생하리라는 예상과는 달리, 공황이 없는 놀라운 일이 벌어진 것이다. 따라서 1939년 9월에 인간이 공황에 빠져 반려동물을 죽였다는 주장은 지나치게 안이할 뿐더러 당시의 정신의학적 증거에도 들어맞지 않는다. 9월의 동물 대학살 원인을 공황에서 찾는 것은 그것이 사람들의 불가해하고 비이성적인 대응이었을 뿐이지 숙고한 결정이 아니라고 설명한다. 하지만 이런 '이론'은 "급작스러운 공황"이 1년 전인 1938년 9월의 뮌헨 위기 때보다 오히려 줄었다는 당대의 정설과도 모순된다.[51]

1938년의 공황 :
뮌헨 위기와 애완동물 살해 _____

1939년 9월 왕립동물학대방지협회는 전쟁 발발에 조직적으로 대비하고 있었다. 협회가 (다른 동물보호단체도) 1938년 9월의 '뮌헨 위기'를 경험했기 때문이다. 9월 말에 체임벌린Chamberlain 총리가 뮌헨에서 히틀러를 만난 후 전쟁 연기를 명시한 '종잇조각'을 들고 돌아왔을 때는 이미 수천 명의 중산층이 자동차로 런던을 빠져나간 후였다. 방독면이 보급되었고 공원에는 "열광적인 곡괭이질"로 참호가 파였는데, 이 때문에 "급작스러운 공황"이 발생했다는 설명도 있다.[52] 전문 수의사는 아니지만 동물을 치료한 버스터 로이드-존스Buster Lloyd-Jones는 뮌헨 위기 때 동물들이 받았던 충격을 상세히 기억했다.

> 내가 아는 애완동물을 아끼던 착한 사람들이 공황에 빠져서 그들을 죽여 달라고 데리고 왔다. 내가 아무리 부탁하고 설득하고 화를 내도 고집을 꺾지 않았다. 내가 몇몇 동물에게는 새 집을 찾아주었지만 그마저도 점점 더 불가능해졌다. 많은 동물이 안락사를 당하는 수밖에 없었다.[53]

정신과 의사 윌프레드 트로터Wilfred Trotter는 당시 분위기를 이렇게 묘사했다. "1938년 9월과 10월에 런던에 있었던 사람이라면 누구나 사람들의 도덕 의식이 달라졌음을 알아차렸을 것이다. 도망갈 능력만 있다면 공공연히 달아났고, 담대해 보였던 사람들도 통제 불가능한 불안을 호소했다."[54] 매스 옵저베이션의 톰 해리슨과 찰스 매지Charles Madge 역시 "공포가 … 커지고 커져 거의 공황에 이르렀다."라고 논평했다.[55] 시인 루이스 맥니스Louis MacNeice는 극적인 언어를 동원하여 당시 사람들의 행동을 사지에 몰린 동물이 보이는 공포에 비유했다. "뮌헨 위기 동안 런던을 덮친 두려움은 산불에 갇힌 짐승이 공포로 이를 딱딱 맞부딪치는 상황과 같았다."[56]

아이린 바이어스Irene Byers는 뮌헨 위기 중에 고양이 퍼시Percy와 함께 이스트 서식스주 벡스힐로 거처를 옮겼다. 교육부 공무원이었던 남편 시릴Cyril은 런던에 남아 계속 출근했는데 그는 아이린에게 가혹한 일을 지시했다. "고양이 퍼시를 죽이시오." 아이린은 반감을 억누르고 남편의 명령을 따르려니 "가슴이 무너질 것 같았다." 아이들도 눈물을 흘렸다. 시어머니의 중재로 퍼시는 목숨을 구했고, 위기가 끝났으며, 고양이는 시릴을 "강아지처럼" 따랐다. 아이린은 모호한 글을 남겼다. "이제는 밤이 더없이 조용하다." 그 이유가 공습이 없기 때문인지 더 이상 울고 다툴 일이 없기 때문인지는 명확히 알 수 없다.[57]

1938년 9월, 이틀 사이에 3,000명이 왕립동물학대방지협회 본부를 찾아와 도움을 청했다.[58] 전국개보호동맹도 같은 일을 겪었다. 많은 사람이 자기 개를 죽여 달라고 했으나 이 단체는 그러기를 거부하고 체임벌린과 히틀러의 회담이 어떻게 끝날지 지켜보자며 사람들을 만류했다. 나아가 전국개보호동맹은 실제로 전쟁이 발생하면 런던 사람들이 피난을 가기 전에 개를 안전하게 맡길 수 있는 장소 목록을 작성했다.[59] 배터시보호소는 "비상사태가 발생할 경우에 대비하여 다급히" 계획을 세웠으나 "다행히 당분간은 소란이 멈췄다."라고 보고했다.[60] 1906년 런던 빅토리아에 첫 병원을 개원한 말못하는친구들동맹에도 "셀 수 없이" 많은 사람이 도움을 청하러 왔다. "절망감 또는 공황에 빠진 많은 사람이 자신의 불안을 조금이라도 덜겠다며 애완동물을 당장 안락사시켜 달라고 요구했다." 이 단체는 사람들에게 "성급하게 행동하려 들지 말라고" 촉구했으나 "말을 따르지 않는 경우가 많았다." 1938년에 공황에 빠진 인간이 모두 가난한 빈민은 아니었다. 단체에 따르면 "많은 사람이 차에 짐을 높이 싣고 비교적 안전한 시골로 바삐 도망치는 도중에, 상황이 개선되든 개선되지 않든 상관없이 개나 고양이를 우리에게 맡겨 두겠다며 차를 멈추고 오래 기다렸다."[61] 단체는 그러한 행동을 나치 점령지에서 피신해 온 사람들의 행동과 비교하며 비난했다. "그들은 지독한 어려움 속에서도 애완동물을 지키려고 최선을 다하지 않았는가?"[62] 1938년에는 많은 사람이 불시에 허를 찔려 공황에 빠진 탓에 반려동물을 불필요하게 죽였다. 그로부터 1년 후에 일어난 실제 전쟁은 완전히 뜻밖의 사건이 아니었다(정계와 동물보호단체 모두 전쟁을 예상하고 있었다).[63]

배터시보호소, 말못하는친구들동맹과 달리 고양이보호동맹은 침착하게 대응할 수 없었던 것 같다. 이 단체는 설립 때부터 늘 고양이의 낮은 위상을 예리하게 인식하고 있었다. 사무국장 A. A. 스튜어드A. A. Steward는 뮌헨 위기를 돌아보면서 고양이 주인은 고양이를 보호하기 위해 주도적으로 방법을 찾아야 한다고 경고했다. 그 방법이란 독가스가 새어 들지 않는 방을 준비해서 인간과 고양이가 함께 지내는 것, 인간과 고양이가 함께 들어갈 방공호를 뜰에 설치하는 것 등이었다. 고양이에게 가스 마스크를 (그런 마스크가 존재한다는 가정하에) 씌우는 방법은 생각조차 할 수 없는 "엄청난 학대" 행위라고 표현했다. 가스를 막아 주는 상자에 고양이를 넣는 방법은 질식 사고의 우려가 있으므로 위험하다고 단정했다. 불길하게도 이 단체는 지난 전쟁에서 "대륙의" 집 잃은 고양이가 어떤 피해를 입었는지 아는 사람이라면 "주저하지 않고 그런 안타까운 일이 일어나지 않도록 고양이를 전쟁의 참사로부터 안전하게 지킬 수 있는 결정을 내릴 것"이라고 예상하기도 했다.[64] 고양이보호동맹은 고양이들의 위상이 낮기 때문에 전쟁이 일어나면 좋은 대우를 받지 못할 것이라고 예상해 이 권고안을 발표했다. 그러나 이후 살펴보겠지만, 이 전쟁을 통해 인간과 고양이의 관계는 전보다 더 개선되었으며, 두 종이 강력한 정서적 유대관계를 맺는 일도 많았다.

살해의 방식 :
일상적인 도살, 뮌헨 위기, 전쟁의 시작 _____

1930년대 초에 유기견을 도살하는 방법은 전문 수의사가 시행해도 물리적인 고통이 따를 수 있었다. 청산가리는 효과가 매우 빠르긴 했지만 "극도로 고통스러운 경련"을 일으켰다.[65] 한 수의사는 "나 자신이나 내 개들에게 쓸 방법을 선택하라고 한다면, 모르핀 주사를 맞고 잠시 후 약효가 나타나면 클로로포름을 천천히 투여하는 방법을 택하겠다."라고 썼다.[66] 브랭커Brancker 박사의 병원에서는 약물을 주사했고 개의 경우엔 알약을 먹이기도 했다. 둘 다 효과는 "아주 빨랐다" 그러나 "그리 유쾌한 끝"은 아니었고(수의사에게 '끔찍한' 업무였다), 그보다는 가스가 "더 친절한 방법일" 듯했다.[67] 1933년 6월에는 해밀턴 공작부인 니나가 창립한 동물옹호협회Animal Defence Society의 주최로 주인 없는 개를 죽이는 방법을 논하는 자리가 마련되었다. 이 협회 회장 린드 아프 하게비는 "죽음은 … 일부에서 짐작하는 것과 달리 결코 단순한 일이 아니다. … 최선의 방식마저도 실패할 수 있고 실제로 실패한다."고 설명했다. 여러 수의사가 일반인 청중 앞에서 자신이 사용하는 도살 방식에 대해 설명했다. 웨이크필드 라이너Wakefield Rainer 중령은 전국개보호동맹의 크로이던 병원에서 채택한 전기충격법을 옹호했다. 200~350볼트의 전기로 동물을 기절시킨 다음, 흉곽 안으로 클로로포름을 주사하는 방식이었다. 그는 "고정하는 장치를 사용하지 않으므로 공포를 일으키지 않는다."고 설명했다. 그는 배터시보호소에서 쓰고 있던 클로로포름 스프레이법이나 일산화탄소 가스법은 동물이 빠르게 기절하지 않고 "강력한 마취제에 짧고 격렬하게 저항한다."는 이유로 반대했다. 그러나 클로로포름이 충분히 빠르게 작용한다는 반론도 나왔다. 이스트 런던의 한 보호소에서 일하는 두보이스 Dubois라는 여성은 그곳에서 1만 3,000마리가 넘는 동물을 클로로포름으로 안락사시켰다면서, 그 방법은 공기가 충분하고 동물의 위가 비어 있을 때 가장 효과적이라고 설명했다.[68]

　1934년에는 배터시보호소도 전국개보호동맹이 사용하던 전기충격법을 도입했다.[69] 전국수의학협회의 특별위원회에 속한 저명한 연구자들 또한 동물을 대량으로 도살할 방법을 탐색했는데 전기충격법을 실험한 뒤, 배터시보호소가 도입한 "이 새로운 방식에 매우 만족한다."라고 평가했다. 보호소는 평상시에는 안락사를 할 때 다른 동물이 죽어 가는 모습을 보고 공포감을 느끼지 않도록 따로따로 분리해서 죽였다.[70] 1937년, 전국수의학협회는 왕립수의대 교수 울리지와 라이트Wright 등이 포함된 특별위원회를 구성하여 동물을 안락사시키는 여러 방법을 탐색했다. 이들의 목표는 동물을 "한꺼번에" "인도적으로 도살하는" 가장 효율적인 방식을 "모든 방면으로 연구하는 것"이었다.[71] 이 연구는 전시의 특수한 요구 때문이 **아니라** 일상적인 안락사 시행을 위한 것이었다. 이들은 죽어 가는 동물의 "고통과 불편을 최소화"할 방법을 찾는 데 주력했다. 이 위원회에 따르면 동물의 관점에서 가장 인도적인 방식은 정맥주사였다.[72] "대량 도살 방법을 채택할 타당한 이유는 경제성 말고는 없는" 것으로 보였다.[73] 어쨌든 이들이 내린 결론은, 동시에 여러 동물의 의식을 잃게 하기란 불가능하다는 것을 고려할 때 버려진 동물이 많은 경우라면 동물복지단체가 쓰는 기존 방식 중에서는 전기충격법이 가장 낫고, 따라서 그 방식을 "강력히 권한다"는 것이었다.[74] 이 위원회의 활동 목표는 많은 수의 동물을 죽이는 효율적인 방법을 찾는 것이었으나, 보고서의 그 어디에도 전쟁에 관한 언급은 없었다. 그들은 평상시의 '일상적인' 도살 문제에 대한 해결책을 찾고자 했다.[75]

그 많은 반려동물이 그토록 짧은 기간에 살해당한 이유를 이해하려면, 또한 한편으로는 다수의 반려동물이 살해당하지 않은 이유를 이해하려면, 인간과 동물이 전쟁 중에 맺은 관계만이 아니라 전쟁이 발발하기 전에 각 가정에서 맺고 있던 구체적인 관계를 조명해야 한다. 1939년 9월에 동물의 생사를 가른 가장 결정적인 원인은 계급이나 젠더 등의 차이가 아니라 바로 관계였다. 다음의 네 가지의 사례가 이를 입증한다.

네 가지 이야기,
각각의 삶 _____

허트퍼드셔주에 사는 맑스Marx에게 1939년 8월 말은 덥다는 것 외에 특별할 것이 없는 날이었다. 프렌치푸들인 맑스는 새끼 자고새를 잡으려 했지만 어미새가 근처를 천천히 맴돌며 꽥꽥거리며 방해하는 바람에 실패했다. 맑스는 건강한 개였지만[76] 더위 때문에 쇠약해진 듯했다. 특히 8월 마지막 주에는 귀에 서캐가 바글바글할 정도로 상태가 엉망이었다. 작가 조지 오웰George Orwell의 아내 아일린Eileen이 살균 비누과 벼룩 가루,

식초를 이용해 털을 빗겨 문제를 해결해 주었다.[77] 9월 초 전쟁이 선포되었을 때 맑스는 어떤 식으론가 반응했겠지만 오웰은 이를 일기에 기록하지 않았다. 전쟁은 인간과 맑스의 관계에 아무런 영향을 미치지 않은 듯하다. 오웰이 일기에 애완동물에 관해 적었다는 사실부터가 매우 놀라운 이유는 그가 동물보호 활동가들을 비난하기로 유명했기 때문이다. "나라 전체에 동물 숭배가 유행하고 있는데 이는 아마도 농업이 쇠퇴하고 출생률이 하락한 결과일 것이다."[78]

검은색 리트리버 앵거스Angus에게 8월 말은 평소와 다른 시간이었다. 내성적인 성격의 의사인 그의 주인이 병역에 소집되었다. 다른 가족은 동물을 좋아하지 않았기에 주인은 앵거스가 잘 지낼 만한 장소를 찾기 전에는 마음 편히 집을 떠날 수 없었다. 앵거스는 운이 좋았다.[79] 1938년 뮌헨 위기 때 다수의 국민들이 곧 전쟁이 시작되리라는 공포에 사로잡혀 공황에 빠지고, 그로 인해 동물에게 벌어진 일을 해밀턴 공작부인 니나는 잊지 않고 있었기 때문이다.[80] 니나는 그때와 같은 경솔한 도살이 또다시 발생해서는 안 된다는 생각에 센트럴 런던 피카딜리가에 있는 동물옹호협회의 보호소에 동물을 데려오면 자신이 솔즈베리 근처 별장에 마련해 둔 동물보호구역에 데려가 주겠다고 라디오 방송을 통해 약속했다.[81] 니나는 세인트존스 우드의 자택에도 임시로 개 사육장을 설치하고 울타리에 개를 묶어 두었다. 평범한 고양이든 혈통 있는 고양이든 상관 없이 고양이도 이곳에 함께 머물렀다.[82] 앵거스는 다른 동물들과 함께 안전하게 피신했다. 피신하는 어린이들이 이름표를 차듯 "나는 앵거스입니다."라고 쓰인 이름표를 찼다. 이 동물들은 런던의 공습 위험에서 멀리 떨어진 피난처에서 전쟁을 무사히 넘길 수 있었다.

흰색과 검은색이 섞인 페르시안 잡종 고양이 룰루Lulu는 어릴 적부터 어렵게 살았다. 1930년 두 살이었던 룰루는 센트럴 런던의 마블 아치 근처를 떠돌며 함께 살 인간을 찾고 있었다. 제대로 먹지도 못한 채 눈에는 늘 눈물이 흐르고 털이 엉켜 있었다. 다행히 룰루는 마침내 인간의 집에 잠자리를 얻었으나 그다지 좋은 대우를 받지는 못했다. 중성화수술을 한 채 음식점에서 살던 룰루는 고양이용이라고 부르던 고기(사실은 쓸모가 다해 도살당한 말의 고기) 약간으로 매일 끼니를 때웠는데 그나마도 가게가 문을 닫는 일요일에는 "어떤 음식물 찌꺼기든 먹으며 버텨야 했다." 그때의 룰루는 "런던에 사는 다른 수만 마리 고양이처럼 겨우 목숨을 유지할 정도의 음식을 먹고 살았다. 그것으로는 충분히 성장하기 어려웠다."[83] 맑스가 그랬듯 룰루도 벼룩투성이였다. 이후 룰루를 입양한 사람이 처음 빗질을 했을 때 몸에서 벼룩이 69마리나 나왔다고 했다. 동네에서 룰루를 모르는 사람이나 동물은 없었다. 동네 하숙집 주인은 룰루가 새끼일 적에 누군가에게 머리를 걷어차여 눈을 다쳤고, 그 때문에 눈썹이 안쪽으로 자라니 눈썹을 주기적으로 뽑아 줘야 한다고 조언하기도 했다.[84] 사회성 좋은 고양이였던 룰루는 같은 집에 살던 고양이가 큰 개에게 공격당하자 구하러 달려들었고, 아픈 고양이와는 난롯가의 잠자리를 나누어 쓰거나 숨바꼭질을 하며 놀았다. 또 쥐를 그렇게 잘 잡으면서도 새는 절대 공격하지 않았다.[85]

룰루에 대한 이처럼 상세한 이야기는 그의 죽음을 알리는, 어쩌면 추도문이라는 말이 더 어울릴 만한 긴 부고에서 찾아낸 것이다. 고양이보호동맹의 소식지 《고양이Cat》에 룰루에 관한 글이 연속으로 실렸다. 룰루의 주인은 자신의 고양이를 아낀 것이 분명했다. "내가 룰루를 떠올리

동물보호구역으로 떠나는 개들. 1939년 9월 [출처 : 해밀턴 공작부인 니나의 《페른 연대기 *Chronicles of Ferne*》(Ernest Bell Library)]

면서 누군가에게 '당신은 고양이 같네요'라고 말한다면 그것은 인간에게 할 수 있는 최고의 찬사일 것이다."[86] 그러나 평범하다면 평범한 이 고양이의 이야기가 이토록 자세하게 기록되어 우리에게 전해지는 이유는 그를 그토록 다정한 존재로 묘사했던 주인이 그를 죽였기 때문이다. 룰루의 주인은 "전쟁이 시작되었고 나는 먼 곳으로 소집되었다." 룰루를 데려갈 수 없었던 그는 "룰루를 다른 사람에게 맡기거나 전쟁의 위험에 노출시키는 것은 생각할 수도 없었다."고 썼다. 룰루가 죽고 남겨진 주인은 "말로 표현할 수 없는 상실감과 비애"를 느꼈다.[87] 여기에 내포된 의미는 그 둘은 "다른 누구도" 대신할 수 없는 특별한 사이였고 따라서 죽음이 더 나은 선택지였다는 것이다.

흰토끼 미니Minnie도 살해당했다. 나에게 이 이야기를 들려준 사람은 미니를 죽인 사람의 손자였다. 이 이야기는 메인Mayne이라는 남자에서 시작해 딸에게 그리고 다시 딸의 아들에게 전해졌다. 미니는 그렇게 그들의 기억 속에 여전히 존재하고 있었다. 웨스트 런던 사우스얼 지방에 있는 토끼장에 살던 미니는 웨스트 런던 변두리에 사는 메인 일가의 애완동물이 되었다. 두 딸 앨리슨과 매들렌은 미니를 인형 유모차에 싣고 돌아다니곤 했다. 전쟁이 선포되자 메인은 가족과 함께 해안 별장으로 피신하기로 했다. 자가용을 몰고 익숙한 목적지로 갈 계획이면서도 메인은 미니를 데려가지 않기로 했다. 미니를 죽인 것은 메인의 친구였다. 메인의 친구는 토끼를 총으로 쏜 다음 가죽을 벗기고 몸통을 토막 냈다. 메인의 부인이 그 고기로 파이를 만들었다. 메인 부부는 딸들에게 어떤 재료로 파이를 만들었는지 알려주었다. 앨리슨은 살짝 화를 냈지만 가족이었던 토끼의 고기를 즐겁게 먹으면서 "누군가 먹어야 하는 거라면 우리가 먹는 게 낫다."고 했다. 하지만 매들렌은 식사 내내 눈물을 쏟았고 미니를 절대 먹으려 하지 않았다.[88] 한때 가족이었던 동물이 한낱 고기가 되는 일이 당시에는 드물지 않았으나 이 가족에게는 잊지 못할, 후세에 전할 만큼 중요한 사건이었다.

네 개의 각기 다른 이야기에서 볼 수 있듯 전쟁 발발과 함께 동물이 마주한 운명과 종착지는 모두 달랐다. 고양이 룰루는 스스로 자신이 최고의 주인이라고 생각한 인간에게 살해당했다. 토끼 미니는 냉혹하다 싶은 방식으로 살해당했으나 가족이 직접 죽이지는 않았다. 개 앵거스는 인간의 도움으로 도시 밖으로 피신했다. 개 맑스는 전쟁에 어떤 영향도 받지 않았다. 이처럼 구체적인 이야기들을 통해 알 수 있는 것은, 비록 동물 수십만 마리가 거의 일시에 살해당했어도 인간이 자기 애완동물을 죽이거나 죽이지 않은 것은 결코 하나의 이유로 설명되지 않는다는 점이다. 필리스 브룩Phyllis Brook은 그해 9월 초 블루크로스Blue Cross의 활동을 설명하는 글에서 일부 동물 살해자들은 "너무도 가슴 아파했다."라고 썼다. 다른 많은 사람은 "스스로 알아서 살라."며 동물을 버렸다고도 썼다.[89] 특히 흥미로운 것은 "우리는 전쟁을 이미 한 번 겪었으니 이번 전쟁도 끝까지 겪어낼 것이다."라는 고령자들의 태도였다.[90] 사람들의 일기에는 동물을 죽였다는 기록보다는 동물과 계속 함께 살았다거나 도시 밖으로 피신시켰다는 기록이 더 많이 발견된다. 물론 이를 해석하는 방법은 여러 가지다. 동물을 죽인 일이 중요하지 않아서 일기에 쓰지 않았다는 해석도 가능하다.

무엇이 동물의 생사를 결정했는가 _____

앞서 살핀 대로 런던의 독일대사관에 베어첸을 버리고 간 독일대사 리벤트로프는 '미개한' 인간으로 여겨졌다. 이후 독일 국민은 개를 대량 살해했다는 혐의로 맹비난을 받았다. 그러나 1939년 9월 런던에서 자신의 고양이와 개를 죽인 사람들은 그들의 행위가 독일인과 같다고 생각하지 않았다. 다시 강조하지만 특정 반려동물이 살거나 혹은 죽은 이유는 단 하나의 관점으로 설명할 수 없다. 내게 편지를 보내온 어떤 사람은 "나의 할머니는 2차 대전이 시작되었을 때 고양이를 안락사했다. 1차 대전 때의 폭격을 기억한 할머니는 고양이가 집을 잃고 겁 먹은 채 헤매는 일을 차마 상상할 수 없어서 그랬다고 했다." 할머니가 손주에게 들려준 이 이야기는 비록 상세한 부분은 빠져 있지만 아마 있는 그대로의 이야기일 것이다. 그러나 이것은 인간의 감정과 경험에 대한 진술이다.[91] 반려동물의 생사가 반드시 그 동물의 상황(연령, 금전적 가치, 품종 등)에 의해 결정된 것은 아니었으며, 인간의 구체적인 현실(징집 등)이 결정한 것은 더더욱 아니었다. 그보다는 동물과 인간이 그전부터 맺고 있던 관계가 생사를 가른 관건이었다. 페니 그린Penny Green은 이렇게 회고한다.

> 당시 열두 살이었던 나의 아버지와 할머니는 사람들이 온갖 종류의 애완동물을 데리고 길에 줄을 선 모습을 보았다. 아버지가 할머니에게 무슨 일이냐고 묻자 할머니는 폭탄이 떨어지더라도 피해를 입지 않도록 애완동물을 죽이려는 것이라고 알려주었다. 예쁜 노랑 고양이를 데리고 온 여자가 줄에 서 있었다. 아버지는 화를 냈고 할머니는 아들의 걸음을 재촉했다. 이후 일어난 이야기를 간단히 요약하면, 아버지와 할머니는 그 노랑 고양이를 데리고 집으로 와서 그에게 찰리Charlie라는 이름을 붙여 주고 대공습 기간을 무사히 넘겼다! 찰리는 독일 공군의 공격도 극복하고 오래 살았다.[92]

이 가족의 이야기가 지니는 특별한 가치는 9월의 대학살을 다르게 바라보는 관점을 제공한다는 것이다. 첫째, 이 이야기는 세대를 통해 전해 내려온 이야기로 당시에 어린아이였던 사람의 이야기다. 그러므로 여기서 동물을 죽이는 사람들에 대한 설명("할머니는 내 아버지를 애지중지했고 동물도 사랑했다")은 어린이에게 들려준 것이며 그 이야기가 그대로 후대로 전해졌다. 동물을 죽인 (혹은 구조한) 당사자들은 죽은 지 이미 오래되었지만 "동물이 피해를 입지 않도록" 죽였다는 생각은 여러 세대에 걸쳐 마치 세균처럼 지금까지 살아남았다. 둘째, 그러나 이 이야기의 핵심은 단순히 동물 살해에 대한 긍정적인 해명이 전승되었다는 것이 아니다. 고양이를 구한 할머니는 동물을 죽이려고 줄 서서 기다리던 이들과 같은 지역 주민이었지만, 그 일이 있기 전부터 분명히 '동물 애호가'라고 할 수 있는 사람이었다. 이전부터 형성된 동물과의 관계가 할머니의 태도에 영향을 미쳤고, 그것이 고양이 찰리를 구했다.

이 이야기는 특별한 사례가 아니다. 거듭 말하지만 우리가 이 전쟁 중 동물에 대해 듣는 이야기 중 다수는 성인의 기억이기 이전에 어린아이의 이야기다. 이제 80대에 접어든 폴 플럼리Paul Plumley는 반려견의 죽음에 대해 다음과 같이 회상했다.

> 전쟁이 시작되었을 때 나는 다섯 살 아이였는데 어머니가 나에게 아직 어린 웰시콜리 개를 수의사에게 데려가 안락사시키라고 했다. 다섯 살짜리가 걷기엔 무척 먼 길이었다! 하지만 나는 내가 하고 있는 일에 대해서 그리 깊이 생각하지 않았다.[93]

이 사람의 회고에 드러나는 무미건조함은 미술 비평가이자 개 애호가로 유명한 브라이언 수엘Brian Sewell의 감정적인 회고와 뚜렷하게 대조된다. 그는 프린스Prince라는 래브라도와 맺었던 관계에 관해 여러 지면에 글을 썼다. 그의 자서전 앞부분에는 전쟁이 발발하여 가족이 잉글랜드 남동부 위츠테이블을 빠져나올 때 계부 로버트가 프린스를 죽인 일이 다음과 같이 묘사되어 있다.

> 로버트는 그를 총으로 쏜 뒤 파도에 쓸려 가도록 시체를 해변에 그대로 두었다. 나는 차 안에서 여행가방 사이에 끼어 앉은 채 프린스가 해변가로 끌려가는 모습을 보았고 총소리를 들었다. 지금 같았으면 울었겠지만 그때 나는 울지 않았다. 다만 차갑고 단단한, 복수심 가득 찬 반감이 기억 속에 자리 잡았다.[94]

이 가족 안에서 프린스와 깊은 관계를 맺었던 인간은 로버트가 아니라 브라이언이었다. 나이가 들어 이 사건을 회고하는 태도에 어린 시절의 정서가 섞여 있다. 그의 계부는 전쟁에 소집되지도 않았고 당시 위츠테이블은 피난을 떠나지 않아도 되는 지역이었다. 이 개의 죽음을 결정한 요인은 외부의 현실이 아니라 가족 안에 존재했던 인간과 동물의 관계였다.

전쟁 당시에 성인이었던 사람이 남긴 어떤 기록은 9월의 대학살을 더 넓은 맥락에서 바라보게 한다. 일기 작가이며 동물 애호가인 글래디스 콕스는 9월 둘째 주에 런던으로 돌아와서 이웃의 미스 폭스와 나눈 대화를 기록했다. 폭스 씨의 친구인 의사 도빈Dobbin은 언제 소집될지 모르는 상황이었다. "도빈 씨가 언제 소집될지 모르는 상황이라 고양이와 새끼 두 마리를 죽였다는 이야기를 폭스 씨가 웃는 얼굴로 이야기하는 것이었다." 전쟁 내내 자신의 고양이 밥을 챙기느라 고생하던 콕스는 다음과 같이 썼다.

> 런던에서는 말 그대로 고양이 대학살이 벌어졌고, 신문에 따르
> 면 그로 인해 일부 지역에 설치류가 창궐할 위험이 있다고 한다.
> 그래서 이제는 정부가 사람들에게 되도록이면 애완동물을 살려
> 두라고 간청하고 있다.[95]

전쟁 당시에 그웬 브라운Gwen Brown은 어린아이가 아니라 10대 청소
년이었고, 웨스턴 런던 지역 치즈윅에 살았는데 이웃의 개였던 보르조이
두 마리가 살해당한 일을 이렇게 기억한다.

> 아마도 그들이 내가 처음 본 보르조이 종의 개였을 것이다. … 정
> 말 예뻤다. 나는 그들을 귀여워했다. 그런데 그 일에 우리는 물론
> 온 동네가 충격을 받았다. 다들 고양이나 개를 기르고 있었고, 그
> 때는 아직 아무 일도 일어나지 않았다. 전쟁이 선포되자마자 공
> 습 사이렌이 울렸다. 잘못 울린 경보였을 뿐인데도 모두가 그 끔
> 찍한 소리에 질겁했다. … 전쟁은 일요일에 시작되었는데 그 남
> 자는 화요일인가 수요일에, 아니 월요일인가, 잘 모르겠지만 어
> 쨌든, 아주아주 급하게 그들을 죽였다. 그 일을 두고 온 동네가
> 떠들썩했다.

그웬의 개 스페이디Spady는 계속 가족과 함께 살다가 1943년에 죽었
다. 그웬은 공황이 전염병처럼 퍼졌다는 추정을 반박하듯 이렇게 썼다.

"개들은 대문 앞에 앉아 있거나 혼자 여기저기 돌아다녔다. 피난을 간 개가 있었을지도 모르지만 우리가 보르조이의 일에 큰 충격을 받은 이유는 그 동네에서 동물을 죽인 다른 이야기를 듣지 못했기 때문이다."[96] 이 회고담은 여러 이유에서 예외적이다. 글래디스 콕스가 사건을 실시간으로 기록했다면 그웬 브라운은 이 이야기를 최근에 들려주었다. 또 자기 가족이 기르던 개만이 아니라 이웃의 개에 대해서도 이야기했다. 가족의 이야기를 하는 사람들은 당시에는 나이가 너무 어려 이웃의 상황까지 파악하지 못했다. 그들이 기억하는 동물은 주로 자기 가족 안의 동물이지 이웃의 동물이 아니다. 살해당한 개들이 희귀한 품종이었다는 사실도 10대의 기억에 각인되는 데 한몫했던 것 같다. 어린아이는 동물을 죽이는 일에 대해 알지 못했던 반면 청소년이었던 그웬은 개를 사랑하는 사람으로서 동네에서 일어난 불필요한 죽음을 목격했고 이 특별한 이야기를 전해 줄 수 있었다.

센트럴 런던의 유스턴에 사는 작은 개 보니Bonny는 운명을 거슬러 살아남았다. 그의 반려인은 상점에서 일하던 40세 여성으로, 전쟁 중에 《매스 옵저베이션》의 인터뷰에 응했다. 그는 보니의 원래 주인이 보니를 죽이려는 것을 막으려고 어쩔 도리 없이 개를 데려오게 되었다고 설명했다.

> 내가 이 개를 데려온 지는 얼마 되지 않았다. 처음에는 데려올 생각이 전혀 없었다. 런던은 개가 살기에 적합한 곳이 아니라고 생각해서다. 하지만 갈 곳이 없다고 했다. 손님이 그런 이야기를 몇 번이나 했다. 그는 건강 문제 때문에 시골로 떠나야 하는 상황이

었다. 어느 날 손님이 개를 가게로 데려와 나에게 보여 주었다. 이렇게 사랑스러운 개를 죽인다니(그 방법밖에는 없다고 했다) 도저히 가만있을 수 없었다. 그래서 내가 개를 데려가겠다고 했다.

"처음에는 개가 하도 울어서 성가셨지만 곧 안정을 찾았고 아무런 문제도 일으키지 않았다. 얼마나 귀여운지! 이제는 보니와 떨어져서는 살 수 없을 것 같다. 보니는 나에게 서류도 가져다 주고 내가 부탁하는 일은 다 해 준다. 그렇지, 보니?" 그는 개의 애교 있는 행동을 자신이 베푼 온정에 대한 보답이라고 해석했다.[97] 이런 기록은 단순히 개(또는 인간)의 이야기가 아니라 둘이서 **함께** 만든 관계에 대한 이야기다. 그리고 그 특정한 관계를 맺는 과정에서 개와 인간 양쪽의 삶이 달라졌다.

동물원 동물을
죽이다 _____

전쟁이 시작되면서 애초에 '가정'의 보호와는 관계없었던 동물 또한 운명이 달라졌다. 볼거리 및 교육 자료로서 동물원에 갇혀 살던 동물 중 다수가 도살당했다. 잉글랜드 남서부 브리스틀동물원은 북극곰을 죽이고 그 공간을 방공호 출입구로 개축했다. 이곳의 붉은털원숭이들은 정부가 밥값을 댄다는 조건으로 동물학자 솔리 주커먼Solly Zuckerman의 실험실로 보내졌다.[98] 에식스주 사우스엔드의 커살동물원Kursaal zoo은 사자를 몰살했고, 이어 다른 모든 동물도 '처분'한 뒤 폐장했다.[99]

런던동물원London Zoo은 제국의 전시실이자 '문명화된' 행동을 장려하는 교육의 장이라 자부하던 시설이었다. 런던동물원은 관람객이 안내서를 참고하면서 특정 동물을 잘 관찰하면 본인의 습관과 행동을 문명화된 방향으로 바꿀 수 있다고 주장해 왔다.[100] 그러한 태도가 전쟁이 시작되자마자 달라졌다. 런던동물원은 독사를 모조리 살해했고 일부 독이 없는 뱀도 죽였다. 비단구렁이는 큰 나무 상자에 격리했고, 검은과부거미 한 마리는 목을 잘랐다.[101] 조류 중에서 특정 종의 몇 마리는 "스스로 안전하게 살아갈 수 있을 것이 확실"하다는 이유로 방사되었다(그렇다면 왜 평소에는 풀어 주지 않았을까?). 이후 리젠츠파크Regents Park에는 이때 풀려난 황조롱이, 왜가리, 솔개가 날아다녔다.[102] 민물고기는 연못에 방류했고 수족관의 해양동물은 모두 죽였다.[103] 판다와 코끼리는 휩스네이드동물원Whipsnade으로 옮겼다. 그런데 휩스네이드는 런던에서 온 동물의 거처를 마련한다고 어린 수컷 아프리카코끼리 한 마리를 죽였다.[104]

사람들은 동물원 동물의 처지를 걱정했다. 런던동물원은 "남아도는 몇 마리"와 "대부분 늙은" 동물을 죽였을 뿐이라고 해명했다.[105] "우리 동물원의 동물 구성이 조금 달라졌지만 일반 관객은 전혀 눈치채지 못할 수준"[106]이라고 했다. 이들이 고려한 것은 살아 있는 동물을 죽이는 문제가 아니라 선택적 도살이 인간에게 미칠 정서적 영향이었다. 그러나 동물원의 동물 살해는 반려동물 살해와 마찬가지로 충동적이고 불필요한 행위로 밝혀졌다. 대중 유흥 장소에 대한 금지령은 2주 만에 해제되었고, 런던동물원도 다시 문을 열었다.[107] 그 해 말에는 예산을 편성하여 동물 135마리를 새로 들이기까지 했다. "겨울잠쥐 한 마리의 일주일 유지비는 1실링"이었다.[108]

인간에 대한 동물의 위상, 역할, 관계는 이 전쟁 중에 완전히 달라졌다. 어떤 종류의 동물은 전쟁 초기에 수가 줄지 않았다. 사람들이 '집토끼'를 계속 기른 것은 애완동물로서가 아니라 식량이라는 기능을 위해서였다. 이 전쟁을 어릴 때 겪은 한 여성은 회고한다. "나의 부모님은 토끼와 닭을 길러 내다 팔거나 다른 식량과 맞바꾸었다. 나는 귀와 눈이 분홍색인 흰색 앙고라 한 마리를 아꼈다. 하지만 다른 모든 토끼와 마찬가지로 살이 충분히 오르자 도축되어 고기로 먹혔다. 나는 그때부터 고기를 전혀 먹을 수 없게 되었고 지금까지 채식을 하며 살고 있다."[109] 시골에 사는 야생 토끼는 살해당했다. "곡식을 축내는 야생 토끼는 국민의 적이었고, 온순하고 살찐 토끼는 국민의 구원자였다."[110] 처음에는 밭이나 숲에 피해를 주거나 초지를 황폐화시키는 토끼들이 도살 대상이었다. 1940년 5월에 이르면 토끼의 습성과 상관없이 모든 야생 토끼에 대한 도살이 법으로 의무화되었다. 이후에는 떼까마귀, 쥐, 산비둘기와 그들의 둥지, 알이 제거 대상이 되었다.[111]

여러 종류의 동물이 죽음의 위협에 시달리는 중에도, 일부 순종 동물은 특별한 지위를 누렸다. 특정 품종 동물의 번식은 전쟁 중에도 이어졌다. 《스코티시 데일리 익스프레스Scottish Daily Express》에 따르면, 1차 대전 후처럼 독일로부터 개를 수입하는 사태를 미연에 방지하고자 "스코틀랜드의 최상위 품종의 개는 미국과 영국의 식민지로 보내졌다. 또한 공습으로 인해 희귀 품종이 절멸되는 위험을 막고자 수상 경력이 있는 여러 유명한 개와 오래된 혈통을 가진 개 대다수가 전쟁 기간 동안 몸을 피했다."[112] 전국쥐클럽National Mouse Club의 회원, 기니피그 애호가 등 다른 동물 종의 사육자들도 품종을 보존하는 데 특별히 신경을 썼다.[113] 일기 작가 헤이

절 프로스트Hazel Frost는 어른이 되면 멋진 가수이자 피아니스트, 간호사이자 기니피그 사육자가 되겠다고 선언한 청소년이었다. 그는 전쟁 중에 '털과깃털클럽Fur and Feather Club' 회원으로 기니피그를 사육하고 판매했으며, 기니피그들의 길지 않은 삶을 자기 가족의 삶과 동등하게 기록했다.[114]

> 할아버지는 오후 세 시에 임종을 맞이했다. 옷을 거의 다 갖춰 입은 채 바닥에 누워 숨을 거둔 것을 도로시가 발견했다. (이 집의 기니피그 중 한 마리인) 지니는 오후 9시에 의식을 잃은 뒤 숨을 거두었다. 둘 다 오래 살다가 떠났다.[115]

대학살의
전후 맥락 _____

2차 대전 첫 주의 동물 살해는 기본적으로 개별 가정에서 일어난 일이었다. 하지만 그 각각의 죽음이 모여 대학살을 이루었다. 물론 이 사건은 인간이 전시나 평시에 자행한 첫 번째 동물 학살이 아니었다. 동물연구그룹Animals Studies Group이 출간한 《동물 살해Killing Animals》에 따르면 동물 살해는 "모든 동물-인간 관계의 구조적 특징"이다.[116] 책의 결론부에서 다이애나 로널드Diana Donald는 이렇게 지적한다. "동물 살해에는 절대적이고 근본적으로 구별되는 두 종류의 살해가 있다. 하나는 의도적으로 시야 밖으로 밀어낸 살해, 즉 살해자의 의식으로부터 제거되고 다른 이

노퍽주 힐사이드동물보호구역에는 도살되지 않고 이곳에서 수명이 다할 때까지 산 동물들의
무덤이 있다. 2003년경

들의 시야에서도 감추어진 살해다. 또 하나는 죽음 이후에 어떤 방식으로든 추모되고 표상되는 살해다."[117] 사람들은 동물의 죽음을 시각적 이미지로 재현하는 것을 금기시했다. 그런 의미에서 노퍽주 힐사이드동물보호구역Hillside Animal Sanctuary에서 볼 수 있는 소 등 큰 '가축'들의 무덤은 눈에 띄는 예외다. 이곳으로 구조되어 온 동물은 도살되지 않고 수명이 다할 때까지 안전하게 살고, 죽은 뒤에는 보호구역 중앙의 작은 묘지에 묻힌다. 묘지 주변에서는 소들이 풀을 뜯는다. 무덤은 단순하지만 큼직하고, 수수한 나무 십자가로 장식되어 있다.[118] 힐사이드동물보호구역의 특히 놀라운 점은 통상 도살장에서 도축되어 고기가 되는 농장동물이 묘지라는 매우 시각적인 표식을 통해 반려동물의 위상, 나아가 인간의 위

상을 얻었다는 데 있다.[119] 2차 대전을 추모하는 기념물들이 지금까지도 대중적인 인기를 얻고 있는 반면, 이 전쟁에서 학살된 수많은 개와 고양이의 죽음은 여전히 사람들의 시야 밖으로 밀려나 있다. 그들의 유해가 있는 아픈동물을위한진료소의 묘지에는 공식 추모 명판조차 없다.

사람들은 도살장의 동물 살해를 '대학살'이라고 부르지 않는다. 전쟁에서 수많은 사람이 한꺼번에 죽는 사태에도 보통은 대학살이라는 말을 쓰지 않는다. 반면 1939년 런던의 동물 살해에는 **당시에** 이미 대학살이라는 표현이 쓰였다.[120] 전쟁에 관해서도 대학살이라는 용어는 예외적인 상황에만 붙는다. 1968년 베트남전쟁에서 미군이 비무장 민간인 500여 명을 살해한 사건은 마이라이 대학살로 불린다. 반면에 베트남과 캄보디아에서 네이팜탄 공격과 고엽제 살포로 수많은 사람이 사망한 사건은 대학살이라고 부르지 않는다.[121]

사람들이 전쟁 중 동물의 떼죽음을 우려하기 시작한 것은 수많은 동물이 사망한 보어전쟁Boer Wars(1899~1902년 영국과 트란스발공화국이 벌인 전쟁) 때였다. 영국군은 전쟁에 투입할 말과 노새를 남아메리카에서 남아프리카로 대거 수송했으나, 1만 6,000여 마리 이상이 전투 현장에 도착하기도 전 고된 항해 중에 죽었다. 전장에서 죽은 동물은 40만 마리가 넘었는데, 주된 사망 원인은 인간의 부주의와 식량 부족이었다.[122] 사람들은 동물이 그렇게 죽은 데 대해 분노했다. 왕립육군수의사단은 2년 반 동안 이 전쟁에서 총에 맞아 죽은 동물은 고작 163마리, 포화로 사망한 동물은 단 3마리라고 추정했다.[123] 왕립육군수의사단의 클래비 준장은 이렇게 말했다. "지금까지 영국의 전쟁 역사에서 동물의 생명과 공적 자금을 이처럼 계획적으로 희생한 경우는 없었다."[124] 동물 운동가들은 동물이 상륙한 지점인 남아프리카공화국 엘리자베스 항구와 영국 양쪽에 다양한 기념물을 사건 직후에 세웠다.[125] 이 일을 계기로 영국군은 1차 대전에 임해서는 전문 인력으로 구성된 수의과 부대와 동물병원을 창설하는 등 동물에 대한 처우를 조금 더 개선했다. 하지만 보어전쟁에 동원된 말, 당나귀, 노새는 계획적이고 의도적으로 죽인 것이 아니기 때문에 당대의 목격자나 역사가들은 이 사건을 대학살이라고 기술하지 않았다.

동물 '대학살'이 비판의 초점이 된 것은 최근 몇십 년 사이의 일이다. 첫 번째 사례는 낸시 제이콥스Nancy Jacobs의 1983년 남아프리카공화국 보푸타츠와나에서 발생한 당나귀 대학살 연구다. 내용을 요약하면 남아프리카공화국에서 '홈랜드(자치구)' 보푸타츠와나로 '독립'한 츠와나의 토착 지배층은 빈민층의 당나귀가 아니라 소에게 풀을 먹여야 한다고 주장했다. 그에 따라 당나귀 2만 마리가 도살당했다. 이 사건은 이후 "철저히 정치화"되어 아파르트헤이트에 반대하는 명분이 되기에 이른다.[126] 제이콥스는 이 연구에서 부분적으로 구술사적 접근을 채택했다. 그 이유 중 하나는 공개된 자료에서는 당나귀 대학살이 거의 언급되지 않았기 때문이다.[127] 제이콥스는 빈민층이 당나귀를 함께 살아가는 존재로 여기긴 했으나 동물의 삶은 인간이 결정하고, 인간이 대변하는 관계였다고 기술했다. 당나귀를 "물질적 대상"이 아니라 "역사적 주제"로 만들기 위해 노력하는 과정에서 제이콥스는 인간과 동물의 관계가 "인간과 인간의 관계"를 반영하는 양상에 집중한다.[128]

두 번째 '대학살' 사례는 제이콥스의 연구에도 필연적으로 언급된 로버트 단턴Robert Darnton의 1970년에 쓴 유명한 에세이 〈노동자 반란 :

생셰브랑가의 고양이 대학살Workers Revolt: The Great Cat Massacre of Rue Saint Severin)*에 등장한다. 여기서 단턴은 1830년대 후반 파리에서 벌어진 한 사건을 분석했다.[129] 자크 뱅상Jacques Vincent의 인쇄소에서 일하던 직공들은 형편없는 식사와 처우를 받았다. 밤이면 숙소 근처에서 우는 길고양이 때문에 잠을 이루지 못하자 이들은 고용인 부부에게 앙갚음하려고 그들의 침실 앞에서 고양이인 척 시끄럽게 울었다. 그러자 고용인 부부는 그들에게 길고양이를 죽이라고 명령하고, 직공들은 눈에 보이는 대로 고양이를 잡아 죽이면서 고용인의 아내가 기르던 회색 고양이까지 죽였다. 이에 남편이 분노하자 직공들은 "기쁨과 소란과 웃음"으로 화답했다.[130]

책 제목에서 알 수 있듯 단턴은 이 이야기를 노동자 반란의 모범 사례로 분석했다. 문화사 연구자인 그는 이 사건 주변의 여러 서사를 탐색했다. 단턴은 실제로 고양이가 살해당한 사실을 확인하고, 서양의 여러 문화에서 고양이가 어떻게 재현되고 취급되는지 설명했다. 그러나 이 역사가는 어디까지나 직공들이 고용인을 어떻게 조롱했고 어떤 의식과 상징물을 능숙하게 활용했는지에 초점을 맞추었지 동물 살해에는 주목하지 않았다. 단턴은 이 사건이 "말이 아니라 행동으로 달성한 환유법적 모욕으로, 고양이가 부르주아의 삶에서 차지했던 특별한 지위를 이용하여 급소를 찔렀다."고 썼다.[131] 제목에서 분명히 드러나듯 이 역사 서술

---

* 제목은 단행본 제목이 아니라 안에 실린 글(표제작에 해당하는) 한 편의 제목이다. 저자가 '노동자 반란'이라는 제목을 중요하게 설명하느라 단편 제목을 인용한 것으로 보인다_옮긴이

에서 고양이는 인간의 이야기에 흡수되어, 인간의 활동을 탐색하는 도구로 이용되었다. 또한 하나의 상징물로서 각 문화에서 어떻게 재현되었는지 분석되었다. 생세브랑가의 고양이는 고용인 가정에서 애지중지 사랑받는다는 이유로 살해당했다. 즉, 이 고양이들은 단순히 쥐잡이가 아니었다. 이들이 부유한 여성과의 관계에서 특별한 역할을 맡지 않았더라면 죽지 않았을 수도 있다. 또한 이런 방식으로 거론되지도 않았을 것이다.

조금 덜 알려진 세 번째 '대학살' 사례는 2010년 칸 영화제에서 황금종려상을 수상한 애니메이션 영화 〈역사의 개들Chiennes D' Histoire〉이다(영어권에서는 원제보다 뜻이 모호한 '울부짖는 섬Barking Island'으로 번역되었다). 아르메니아계 프랑스인 감독 세르주 아베디키앙Serge Avedikian은 1910년 콘스탄티노플에서 거리의 떠돌이 개들을 잡아 무인도에 한꺼번에 옮겨 놓고 서서히 굶겨 죽인 사건을 다룬다. 실제로 그런 일이 있었다(감독에 따르면 도살을 막으려고 개입한 사람들도 있었다). 그러나 감독은 개들의 죽음을 아르메니아인 학살을 예고하는 상징으로 그렸고, 비평가들도 마찬가지로 해석했다. 감독은 튀르키예나 아르메니아인 공동체 밖에 있는 사람들에게 이 동물 대학살을 알리는 데에는 성공했지만 그 개들은 개로서의 존재는 완전히 잊히고 단지 인간의 죽음을 가리키는 비유로만 이해되었다.[132]

1939년 런던의 개와 고양이 대학살은 앞의 사례들과 다르다. 이 대학살은 2차 대전의 시작을 가리키는 비유로 쓰이기는 하지만 단지 그 기능만 하는 것이 아니다. 콘스탄티노플과 보푸타츠와나에서 발생한 사건과 달리 런던의 대학살은 국가 기관에 의해 촉발되지 않았다.[133] 또한 18세기 파리에서 일어난 일처럼 '계략'에서 시작된 것도 아니다. 런던 대학살은 동물복지단체 및 국가가 승인한 기관인 동물위원회가 내린 지침 "집에 계속 머무르는 사람은 자신의 동물을 죽여서는 안 된다."[134]와는 반대로 행해졌다.

애완동물을 살릴지 죽일지 결정한 것은 개인, 즉 살아온 환경이 저마다 다르고 동물과 맺은 관계의 유형과 깊이가 다른 개별적 인간들이었다. 9월의 대학살은 어떤 관계에서는 돌이킬 수 없는 상처를 남겼다. 그러나 앞으로 살펴보겠지만, 이후 6년간의 전쟁을 통해 반려인과 반려동물의 관계는 점점 더 강해진다.

4장
기존 서사의 분열 : 누구를 위한 '가짜 전쟁'이었나?

등화관제가 고양이를 매우 불안하게 만들었다. …
집 안에 있는 시간이 평소보다 길어졌고, 당황하고 동요하는 증상을 보였다.[1]

1939년 가을과 겨울에 영국 본토는 폭격당하지 않았지만 이 시기를 전면전에 포함하는 것이 맞다. 이 시기를 '가짜 전쟁'이라고 부르는 경우가 있으나 이 첫 국면은 엄연히 2차 대전의 일부로서 인간과 동물 모두에게 해를 입혔으며, 이때부터 동물-인간 관계의 여러 측면에 변화가 나타났다. 삶의 물리적 환경이 변했고, 그때까지의 일상이 무너지기 시작했다. 가령 미국대사 조지프 케네디Joseph Kennedy의 말을 비롯하여 전쟁 선포 후에도 하이드파크의 로텐 로우를 멋지게 거닐던 많은 말이 런던 밖으로 옮겨졌다. 런던에 남은 말의 일부는 정부가 운송용으로 전환했고, 또 다른 300마리는 전쟁 초에 프랑스 정부에 팔았다.[2] 육군성은 말 판매업자들에게 명부를 제출하도록 했다. 영국 육군은 5~10살의 "몸통이 두껍고 등이 짧고 갈비뼈는 둥글며 골격, 자질, 동작이 뛰어나며", "울통불통하거나 파손된 땅에서도 무거운 짐을 끌 수 있는" 민첩한 짐수레용 말이 필요했다.[3] 사업가 로런스 홀먼을 태우고 매일 하이드파크를 걷던 말 마리아나Mariana와 트럼프Trump는 그 일을 지속했지만 먹는 음식이 달라졌다. 곡물이 부족해지면서 "맛없는 저질 건초"만 먹어야 했다. 그 결과 많은 말이 폐 질환과 만성 기침에 시달렸다.[4]

당장 폭격의 위협이 없었는데도 등화관제가 전격적으로 시행되자 도시의 모습이 완전히 달라졌다. 앵거스 칼더가 정확히 지적했듯이 초기의 등화관제는 "이 전쟁의 특성 중에서도 사람들의 생활 환경을 가장 전면적으로 바꾸어 놓았다."[5] 도시의 풍경 자체가 달라졌고, 이 때문에 사람들은 종종 길을 잃었다. 1939년 12월까지 런던에서 발생한 인명 사고 횟수는 평소보다 여덟 배 많았다.[6] 그러나 달라진 것은 인간의 삶만이 아니었다. 화려하게 빛나던 런던 거리의 간판과 광고판이 "검은 벨벳의 장막"으로 대체되었다.[7] 그러자 도시 근교나 시골에만 살던 새들이 런던에 나타났다. 등화관제 이후 센트럴 런던에는 부엉이가 특히 늘었다.[8] 한 미국인 저널리스트는 "노란 달이 빛나고, 하이드파크 안쪽에서 부엉이가 울기 시작했다. 부엉이라니, 좀처럼 믿을 수 없었다."고 썼다.[9] 한 여성은 전쟁이 시작된 뒤 일기에 이렇게 썼다. "이렇게 빛이 적은데 나방은 어느 빛에 날아들어 살아야 하나?"[10]

등화관제는 반려동물의 일상적인 습관에도 영향을 미쳤다. 해질 무렵 집의 창가나 발코니에 앉아 있기를 좋아하던 고양이들은 이제 창문을 가려야 해서 그 습관을 유지할 수 없었다. 또 "실내에 공기가 부족해지고 통풍이 안 되는 탓에 고양이의 식욕부진, 소화불량, 피부 질환 등이 늘어난 것으로 추측되었다."[11] 고양이보호동맹은 고양이 복지를 위한 구체적인 조언을 내놓았다. "먹이를 규칙적으로 주십시오. 풀리지 않는 목걸이를 채워 신원을 확인할 수 있게 하십시오. 무엇보다도 **밤에는 집 밖에 나가지 못하게 하십시오.**"[12] 밤에는 고양이를 집 안에 두라는 당부가 특별히 강조되어 있는 것은 사람들이 이전까지 이 조언을 잘 지키지 않았음을 짐작할 수 있다. 사무국장 앨버트 스튜어드는 그전에도 이렇게 호소했다. "밤에 고양이를 밖에 내놓지 마세요. 공공 방공호에 데려갈 생각은 하지 마세요. 고양이 우는 소리가 시끄럽다고 멋대로 약을 먹이지 마세요."[13]

동물은 인간과 마찬가지로 컴컴한 길에서 교통사고를 당해 죽었다. 동물의 이동을 제한하라는 조언을 인간이 새겨듣지 않은 탓이었다. 가령 런던 남동부에 사는 "사랑스러운 검은색 새끼 고양이" 니거Nigger는 밤에 집 안에만 있지 않았고 그러다 등화관제 중 차에 치여 죽었다.[14] 이와 달리 책임감 있게 고양이의 밤 외출을 제한했던 사람들은 고양이를 안전하게 지킬 수 있었을 뿐만 아니라 고양이와 더 많은 시간을 함께했다. 다음은 시골에 사는 한 고양이 주인이《고양이》에 기고한 글의 일부다.

> 등화관제가 고양이를 매우 불안하게 만들었다. 그는 마당에 있으면서 방에 불이 켜지면 가족이 안에 있다는 걸 아는 아이였다. '등화관제' 연습 첫날, 그는 평소 들어오던 시각에 집에 들어오지 않았다. 우리는 마당을 구석구석 뒤지다가 고양이가 창 아래 계단에 앉아 있는 것을 발견했다. 문이 반쯤 열려 있었는데 빛이 없어서 들어오지 못했던 것이다. 그 후 그는 집 안에 있는 시간이 평소보다 길어졌고, 당황하고 동요하는 증상을 보였다.[15]

이 주인은 고양이의 행동이 평소와 다른 것을 알아채고 있었기에 어디에 있는지 찾아낼 수 있었다. 또한 고양이가 무슨 생각을 하고 있는지도 헤아리려고 했다. 어둠 속에서는 조심해야 하는 등 전쟁으로 인해 달라진 환경은 인간과 동물이 함께 경험했으며 **나아가** 동물-인간 관계에 영향을 미쳤다. 이렇듯 변화된 물리적 환경은 종마다 다른 능력을 좀 더 상세하게 드러냈다.《고양이》독자들은 희미한 어둠 속에서 고양이가 인간에 비해 좀 더 잘 볼 수 있는 것이 사실이지만, 완전한 어둠 속에서는 그들 역시 볼 수 없다는 사실을 알게 되었다.[16] 이 사실은 자신의 고양이가 밤에 사람 침대에서 함께 자기 시작했다고 기고한 사람들의 관찰에 의해 증명되었다. 칠흑 같은 어둠 때문에 불안해진 고양이가 집 안을 더듬더듬 가로질러 오는 모습에 주인은 "바깥으로 빛이 새어 나가지 않는 바닥에 야간등을 설치하여 이 문제를 해결"했다. 그는 "고양이가 두려움 없이 돌아다닐 수 있을 만큼은 빛이 있어야 고양이가 주변에서 일어나는 변화를 알아차리고 적응할 수 있다."고 썼다.[17]

전국개보호동맹의 경고에도 불구하고 1930년대의 개 주인들은 개가 혼자 밖을 돌아다니게 놔두었다.[18] 그러다 전쟁이 시작되고서야 마침내 그러한 행태가 줄어들기 시작했다. 폭격이 발생했을 때 밖에 나간 개를 찾으려면 긴급 구조대의 힘을 빌려야 하는 등 상황이 복잡했기 때문이다. 등화관제는 개의 삶도 바꾸어 놓았다. 개 용품 제조회사 밥마틴은 다음과 같이 권고했다. "모두의 안전을 위해 날이 저문 뒤에는 개를 밖에 데리고 나가지 마세요."[19] 전국개보호동맹은 야광 목줄이나 목걸이를 채우면 개가 등화관제 중에 더 안전할 것이라고 권고했다.[20] 물론 모두가 이 조언을 그대로 따르지는 않았다. 예컨대 대형 푸들인 무셰Mouche는 산책할 때 작은 램프를 달았고, 무셰가 길모퉁이에서 기다리면 주인이 그 빛을 보고 따라왔다.[21] 일부 광고업자는 등화관제 체제를 기발하게 이용했다. 《타임스》에 다음과 같은 광고가 실렸다. "불을 끄세요. 하얀 페키니즈 종을 키우세요. 귀여운 강아지가 2기니guineas부터."[22]

사람들은 공습과 화재에 대비하여 집 안에 물이나 모래를 저장했는데, 동물은 이런 내부 공간의 변화에도 영향을 받았다. 프린니위드 테니슨의 집에 사는 새끼 고양이 퍼킨은 계단참마다 놓아둔 모래 양동이의 "용도를 화장실로 오해"했다. 프린니위드는 새 모래를 채운 뒤 "퍼킨이 똑같은 실수를 반복하지 않도록" 양동이 위에 판지를 덮어 두었다.[23]

등화관제는 야외 활동에도 영향을 미쳤다. 밤에 열리는 그레이하운드 경주가 중단되었다. 사람들이 많이 모이는 곳은 폭격당하기 쉽다는 이유에서였다. 몇 주 만에 경주가 다시 열리기는 했지만 조명을 켤 수 없어 저녁에는 경주를 할 수 없었고, 공습 경보가 발령되면 행사는 금지되었다. 그레이하운드 경주는 토요일 오후나 공휴일에만 열렸다.[24]

피신한 어린이와 동물 :
사라진 관계 _____

역사가들은 지금까지 1939년 가을의 국내 전선을 다룰 때 대체로 전쟁이 시작된 후 국가 정책에 따라 피신한 400만 명의 어린이들과 어머니들의 시련에 초점을 맞췄다.[25] 인간의 대이동이라는 이 거대 서사에서 실제로 피난을 떠난 어린이들이 전체의 절반이 안 된다는 사실은 쉽게 간과된다(특히 많은 외동아이들이 집에 그대로 있거나 개인적인 경로로 피신했다).[26] 이는 정부 당국이 계산했던 예상치보다 30퍼센트 낮았다.[27] 아마도 많은 부모가 자식을 낯선 사람에게 맡기는 위험성이 도시에서 목숨을 잃을 가능성보다 크다고 느꼈거나 집에서 함께 지내며 서로 의지하는 편이 낫다고 생각해 피신 절차가 시작되기 전에 마음을 바꾸었을 것이다. 또한 전쟁이 시작되었지만 이른바 공황에 빠지지 않고 오히려 미래를 긍정적으로 내다본 부모도 많았을 것이다. 게다가 아이들을 피난 보냈던 부모들도 결정을 재빠르게 번복해서 얼마 지나지 않아 수많은 아이들이 곧 런던으로 돌아왔다.

서식스의 자택을 피난처로 제공했던 작가 버지니아 울프는 배터시에서 아이들을 데리고 피난 온 여성 8명 사이에서 일어난 언쟁을 기록으로 남겼다. 9월 5일 화요일, 그러니까 전쟁이 선포되고 단 이틀 만에, 울프의 집으로 피난 온 사람 중 일부가 런던으로 돌아갔다.[28] 이 사태를 분석할 때 동물은 간과되기 일쑤다. 하지만 사실은 동물들이 중요한 역할을 담당했다.

자녀를 외지로 보냈다가 후회나 불안 때문에 결정을 번복하여 런던으로 다시 데려오는 것은 가능했다. 하지만 이미 죽은 고양이와 개를 다시 데려오는 일은 당연히 가능하지 않았다. 전쟁이 시작된 9월에 아이들과 애완동물의 처지는 실제로 서로 밀접하게 관련되어 있다. 처음에 언론은 피난을 간 아이들에게 편지를 써서 집의 애완동물에게 생긴 일을 설명하라고 부모에게 권고했다. 9월 4일자 《데일리 미러》는 어머니들을 다음과 같이 독려했다.

아이들이 집에 애완동물을 두고 갔다면 그 동물이 어떻게 되었 는지에 대해 편지로 알리는 것이 좋다. 시골 사는 친구에게 보냈 다든지 멀리 안전한 곳으로 옮겼다는 식으로 말이다. 동물에게 강한 책임감을 느끼는 많은 아이들이 애완동물을 걱정하고 있을 것이다.[29]

9월 2일자《데일리 익스프레스》는 피난 간 아이들이 '임시 부모'와 함 께 찍은 사진을 실었다. 아이들이 문제없이 '적응'하고 있음을 보여 주기 위한 이 사진에서 한 어린이가 커다란 검은 고양이를 쓰다듬는 모습은 효과를 한층 강화했다.[30]

잉글랜드 남서부 데번주에 사는 여성 힐Hill은 런던에서 피난 온 한 아 이와 노르웨이 왕의 이름을 딴 올라프Olaf라는 사모예드 한 마리를 집에 피신시켰다. 올라프는 보호자가 병역에 소집되어서 이곳에 왔다. 올라프 와 어린이, 힐이 함께 포즈를 취한 사진은 마치 가족 사진 같다.[31]

후대 역사가들은 어린이와 동물이 맺었던 관계에 주목하지 않지만 당 시만 해도 그 관계가 중요하게 여겨졌다. 케임브리지 지역에 피난을 간 아동을 연구한 자료가 그 증거다. 수전 아이삭스Susan Isaacs는 책의 서문 에 "사람은 가족에 대한 사랑과 가족 곁에서 느끼는 기쁨만으로도 살아 갈 힘을 얻는다."고 썼다. 아이들이 그렇게 빨리 집으로 돌아간 것은 바 로 그 뿌리 깊은 정서적 요구 때문이었다. "그 절박한 욕구는 자기 보호 의 원칙과 사회의 강력한 요구, 당국의 요청을 압도했다."[32] 아이삭스 가 정의하는 가족에 애완동물이 포함되는지는 분명하지 않지만, 아이들 의 대답에는 애완동물 또한 가족의 일원이라는 인식이 분명히 드러나 있다.

아이삭스가 조사한 아이들은 노동자 계급 지역인 노스 런던의 이슬링턴과 토트넘에서 왔다. 아이들에게 30분 동안 글을 써 달라고 요청하면서 케임브리지에 와서 좋아하게 된 것과 런던 집에 있는 그리운 것을 알려 달라고 했다.[33] 남자아이들이 케임브리지에 와서 좋아하게 된 것 중 12위가 가축, 15위가 애완동물이었다. 여자아이들은 가축이나 애완동물을 '좋아하는 것'으로 꼽지 않았다. 대신 런던 집에 있는 그리운 것의 상위에 동물이 등장했다. 여자아이들이 그리워한 것 3위, 남자아이들이 그리워한 것 8위가 애완동물이었다. 이처럼 동물과 가정을 묶어서 생각하는 경향은 단순히 대중매체가 만들어 낸 허상이 아니었다. 애완동물과 함께한 경험과 일상생활은 아이들의 기억 속에 **함께** 존재했다. 한 13세 남자아이는 이렇게 썼다. "나는 우리 집 개와 고양이가 그립고 금요일, 토요일, 월요일에 영화를 보러 가던 게 그립다."[34]

다음은 6세의 남자아이가 피난 와 있는 케임브리지의 동물에 대해 이야기한 것을 정리한 내용이다.

> 이 아이는 강가에 오리를 구경하러 가기를 좋아한다. 소들이 도살장에 들어가는 모습은 보기 싫어한다. 아이가 사는 곳 바로 옆이 도살장이라 소를 도살할 때 나는 총소리가 그대로 들린다. 아이는 곧 토트넘으로 돌아가겠지만 케임브리지가 더 마음에 든다고 말한다.[35]

이 어린이가 '농촌 동물'과 맺은 혼란스러운 관계는 현재 동물권 운동가로 활동하고 있는 앨리스 그리핀Alice Griffin의 글에도 똑같이 나타난다. 런던의 부둣가인 데트퍼드에서 웨일스의 농가로 피신한 그리핀은 동물과 함께 많은 시간을 보냈다. 그는 그곳 동물들의 낮은 위상을 일찌감치 인식했고, 총을 들고 밖에 나갔다 온 '톰 아저씨'에게 무슨 일이 벌어졌느냐고 물었다.

> 나이 많은 양치기 개 넬리Nelly가 병에 걸려서 더 이상 아프지 않도록 총으로 죽였다고 했다. 아저씨는 총을 갖다 놓으러 방을 나갔다가 한참 후에 돌아왔다. 동물은 "제 몫을 다하지" 못하면 쓸모가 없었다. 이곳에 애완동물 같은 것은 없었다.[36]

동물은 피난민의 경험과 기억에서 빼놓을 수 없는 중요한 부분을 차지하고 있다. 수전 아이삭스는 아이들과 함께 피난을 온 런던의 교사들도 인터뷰했다. 한 교사는 아동을 따로따로 개인 집에 피신시키기보다는 단체로 야영지나 호스텔에 피신시키는 것이 바람직하다고 주장했다. 그 이유 중 하나는 그런 곳이라면 애완동물을 기를 수 있었기 때문이다. 다른 한 교사는 모든 아이들이 집에 두고 온 애완동물을 그리워하고 있으나 학교처럼 사람이 많은 공간에서는 애완동물을 기르기가 불가능하다고 했다.[37] 아이들이 피난 온 농가나 '대리 부모'의 집에서 만나는 동물이 '진짜' 동물이었다면, 집에 두고 온 개와 고양이는 동물인 동시에 전쟁이 가족의 삶을 무너뜨리기 이전의 시간과 장소를 대변하는 **'상징물'**이었다. 노동자 계급 지역인 런던 중부의 버몬지에서 남서부에 있는 테딩턴의 조부모 집으로 피난을 간 질 워츠Jill Watts는 '풍운의 고아'가 된 그들 남매에게 동물이 얼마나 중요한 역할을 했는지 기록했다.

> 그곳에는 그레이잉글리시시프도그 팅커Tinker가 있었고 서랍장
> 밑에는 팅커의 낡은 침대가 있었고 카나리아 조이Joey도 있었다.
> 할아버지는 할머니에게 늘 카나리아를 선물했는데 새의 이름은
> 매번 조이였다. 여름에 햇빛이 비치는 안뜰에 새장을 내놓으면
> 조이는 거기서 노래를 했고, 겨울에 새장을 실내에 들여놓으면
> 씨앗을 여기저기 흘렸다. 할아버지는 카나리아를 보면 배를 타
> 던 옛날 생각이 난다고 했다.

이런 서사에서 나타나듯 동물은 인간이 매일 겪는 긍정적이기도 하
고 부정적이기도 한 다양한 일상 경험의 일부였다. 특히 어린이들의 이
야기에서는 동물의 죽음이라는 경험이 눈에 띄게 큰 부분을 차지했다.
아이삭스의 연구에서 아버지가 목수고 "그다지 명석하지는 않은" 한 8세
남자아이는 이런 글을 제출했다. "나는 우리 집 개를 좋아한다. 나는 우
리 집 고양이를 좋아한다. 나는 할머니네 개를 좋아한다. 개가 죽었는데
할머니는 안 울었다. 내가 무덤을 만들어 줬는데 딴 개가 달려와서 무덤
이 무너져 버렸다."[38]

정신분석가 도로시 벌링엄Dorothy Burlingham과 안나 프로이트Anna Freud
의 전쟁 시기에 대한 연구에서도 애완동물을 가족 개념에 포함하는 태
도, 이별과 단절의 개념에도 애완동물을 포함해서 생각하는 태도가 나타
났다. 1942년, 두 사람은 에식스주 첼름스퍼드 근처의 한 보육원에서 피
난 온 런던의 어린이들 및 유럽 난민 어린이들을 분석했다.[39] 이 연구는

"평범한 어린이들의 예민한 정서 세계"를 구조화했다는 점에서 중요한 의미가 있다.[40] 이 아이들이 '평범한' 가정생활에서 떨어져 나온 것은 순전히 전쟁 때문이었다. "모든 아동이 결국엔 '집'으로 돌아가리라고 생각했다. 그 집이 이미 무너지고 없다는 사실을 다들 알면서도 그렇게 믿었다."[41] 또한 이 아이들은 애완동물이 집의 한 구성원으로 인간들과 함께 폭격을 겪었다고 회상했다. 인간과 동물의 죽음을 경험한 한 아이는 이렇게 기억했다. "엄마와 나는 식탁 밑에 있었지만 불쌍한 내 동생은 혼자 침대에 있다가 돌에 깔렸고 우리 야옹이는 그만 놓치고 말았다."[42] 이처럼 동물은 전쟁을 피해 집을 떠나온 아이들의 이야기에 다양한 모습으로 등장했다. 그런데 아이들만이 아니라 동물 또한 특수한 방식으로 전쟁을 피해 런던을 떠났다.

동물과 어린이를 가족의 중요한 구성원으로 여긴 사람들은 당연히 동물을 죽이지 않고 그들과 함께 피난을 갔다. 스테프니에 살던 노동자 계급 커시Kirsch 가족과 그들의 반려 고양이 블래키는 기차를 타고 버킹엄셔주 하이 위컴으로 향했다. 안타깝게도 블래키는 달리는 기차에서는 잘 버티다가 목적지에 도착하자 밖으로 튀어 나가 버렸다. 커시 가족은 끝내 고양이를 찾지 못했고, 특히 어린 실비아가 걱정을 많이 했다.[43] 보다 순조롭게 몸을 피한 고양이도 있다. 어느 가족(어머니와 아이들, 바구니 속 고양이 한 마리)이 미들랜즈 역에 도착했다. 아직 피난처가 준비되어 있지 않은 상태였지만 이들은 대책이 마련될 때까지 근처 영화관에서 모두 안전하게 기다릴 수 있었다.[44] 어떤 가족은 왕립동물학대방지협회 힐링던 지부에 자신들의 개를 보호해 달라고 요청했다. 이후 이 개는 노동자 계급 지역인 런던 남부 케닝턴의 주민들과 함께 피난을 떠났다.[45] 데번주

비드퍼드로 향하는 기차 안에서는 한 여성이 "불안해하는 커다란 검은 고양이를 내내 안고" 여섯 시간 동안 힘들게 서서 가는 모습이 목격되었다.[46]

반려동물은 어린이와 마찬가지로 새로운 장소로 이동해서 새로운 인간에게 보호받기도 했다. 앞서 소개한 해밀턴 공작부인 니나와 동물옹호협회 같은 동물보호단체는 다양한 '공식' 계획을 마련했다. 코로넬 리처드슨Colonel Richardson 대령이 1차 대전 중에 설립한 해크브리지 켄넬스Hackbridge Kennels 훈련소는 2차 대전이 시작되자 기능을 개 피난소로 바꾸고 전쟁이 끝날 때까지 동물을 보호했다.[47] 아픈동물을위한진료소는 동물을 수용할 수 있는 장소들을 목록으로 만들어 둔 상태였으며, 런던 광역 경찰청장은 모든 동물복지단체가 "런던 밖에서 동물을 안전하게 수용할 만한 장소를 등록하고 수집하고 분류하고 알리고 준비하는 작업을 기꺼이 맡을 것"이라고 확언했다.[48] 고양이보호동맹 또한 전쟁이 끝날 때까지 고양이를 임시로 맡아줄 회원을 모집하여 고양이를 피난시켰다.[49] 랭커셔주 볼턴에 있는 리도 극장의 주인 버나드 씨는 위탁 가정을 수배해서 900마리의 동물을 피신시켰다.[50] 1930년대 초에 전국 50만 마리의 개를 등록시켰던 테일-웨거스 클럽에는 갈 곳 없는 개에게 좋은 환경을 제공하겠다는 사람들의 편지가 넘쳐났다.[51] 이 단체는 개가 아닌 고양이 애호가인 노스 런던의 미스 바넷Barnett에게 특별히 감사의 말을 전했다. 그는 고양이 22마리에게 피난처를 제공했는데 그들을 모두 (개가 아닌데도) 테일-웨거스 클럽에 등록시킨 후 식별 목걸이와 메달을 만들어 주었기 때문이다.[52]

동물들은 비공식 경로를 통해서도 피신했다. 옥스퍼드셔주 월링퍼드에 사는 애니 블랙우드Anie Blackwood는 런던에 살던 잉꼬 조이Joey에게 자신의 집을 피난처로 제공했다. 그런데 이 똑똑한 새는 새장을 직접 열고 날아가더니 돌아오지 않았다. 블랙우드는 이에 굴하지 않고 요크셔 테리어 피클스Pickles에게도 피난처를 제공했다. 다행히 피클스는 전쟁이 끝날 때까지 무사했지만 그의 가족이 그를 찾으러 오지 않았다.[53) 고양이 라푼젤Rapunzel은 "제발 살려 주세요. 내 이름은 라푼젤입니다."라는 팻말을 달고 무자격 수의사 로이드-존스Lloyd-Jones의 사무실에 나타났다. 더 이상 동물을 수용할 공간이 없던 로이드-존스는 어쩔 수 없이 라푼젤을 상자에 넣어 안락사시키려다가 마지막에 마음을 바꾼다. 이고양이는 이후로 14년을 더 살면서 로이드-존스가 가는 모든 곳에, 대중교통으로 멀리 가는 곳까지도 동행했다.[54) 요컨대 사정상 반려동물을 기르기 어려워진 사람들이 이용할 수 있는 임시 보호소가 영국 전역에 있었다. 일부는 상업 시설이었지만 동물 애호가들이 무료로 제공하는 시설도 많았다. 어느 계급의 가정이든 애완동물을 피신시킬 기회가 있었던 것이다. 죽이지 않고도 문제를 해결할 방법이 있었다. 도살이 유일한 선택지는 아니었다.

지금까지 살펴본 대로 동물은 인간과 다를 바 없이 등화관제 체제에 영향을 받았고 어린이와 마찬가지로 피난길에 올랐다. 그러나 첫장에서 밝혔듯 나는 '인간들의 전쟁'이라는 **기존** 서사에 동물을 추가함으로써 그 개념을 강화할 생각이 없다. 내가 쓰고 있는 역사는 이를 테면 1980년대에 몇몇 관대한 역사가가 기존의 '위대한' 노동운동사에 여성을 부록처럼 추가했던 것과는 다르다. 그와 달리 젠더가 기존 역사학을 비판하고 무너뜨릴 수 있는 주제임을 이해한 역사가도 있었는데[55) 나 역시 동물이 존재하는 역사를 씀으로써 동물이 인간과 더불어 2차 대전을 경험했다는 사실 그리고 더 중요하게는 **인간** 활동에 관한 기존 역사가 동물의 존재로 인해 교란된다는 사실을 밝히고자 하는 것이다. 동물이 총력전에 보인 반응은 결코 사소하지 않았다. 동물은 단순히 인간 활동의 보조자가 아니라 인간과 다르게 행동함으로써 인간의 반응에 **영향**을 미친 독자적인 행위자였다. 대공습에 관한 주류 역사에서는 방공호에 들어간 인간, 불만을 터뜨리면서도 배급 식량으로 버틴 인간, "승리를 위한 텃밭"을 가꾼 인간, 공습이 끝난 후 다시 우뚝 일어선 인간을 이야기한다. 그러나 동물을 능동적인 행위자로 인정하면 개별 인간이 홀로 위기를 헤쳐나갔다는 이야기가 달라진다. 전쟁 후반에 한 저널리스트는 이렇게 썼다. "고양이는 언제 폭탄이 떨어질지 아는 것 같다. 고양이들은 폭탄이 떨어지기 전에 몸을 숨기고, 많은 고양이가 안전한 곳을 찾아간다."[56]

동물의 행위자성을 "동물과 역사의 난제"로 보는 역사가도 있다. 예를 들어 도로시 브랜츠Dorothee Brantz는 행위자성을 **인간**의 구성물을 직접적으로 변화시키는 능력으로 규정하고, 그에 따라 동물을 행위자에서 완전히 제외시켜야 한다고 주장한다. 그러나 이 문제는 역사가가 어떤 주제를 선택하느냐에 따라 얼마든지 달라질 수 있다. 가령 가정생활의 역사에서는 특정한 동물을 쉽게 행위자로 인정할 수 있을 것이다.[57] 동물이 가족의 구성 자체부터 일상의 패턴, 사교 모임 개최, 개들의 친분을 토대로 형성되는 인간관계 등에 영향을 미친다는 점에서 그렇다. 마찬가지로 2차 대전 공습 중에 동물은 여러 가지 행동으로 그들 자신과 반려인간의 삶을 바꾸었다. 예컨대 공습 경보가 울린다고 해서 개들이 무조건

밖으로 도망간 것은 아니다. 때로는 인간의 시야 안에서 움직이면서 인간이 공습에 대처하는 방식에 영향을 미쳤다. 동물의 행위자성을 좀 더 수월하게 인정하는 학자도 있다. 가령 수 도널드슨Sue Donaldson과 윌 킴리카Will Kymlicka는 동물에게 다양한 종류의 행위자성이 발견된다고 주장한다. "동물은 인간에게 정착하지 않는 삶을 선택하기도 하고, 반대로 인간에게 정착함으로써 얻을 수 있는 기회를 누리려 하기도 한다. 인간은 동물이 자유롭게 살아가도록 내버려 두는 쪽을 선택할 수도 있고, 그들을 사냥하거나 포획하거나 사육하여 인간의 요구와 욕구를 충족하는 쪽을 선택할 수도 있다. 만약 우리가 동물에게 개입하기를 멈춘다면 인간과 동물이 맺는 관계는 크게 줄어들 것이다."[58] 어떻게 보면 2차 대전 중에 동물은 보호자로 하여금 그들의 행동을 관찰하고 해석하는 법을 익혀 인간 본인(및 동물)의 안전을 도모하도록 훈련했다. 물론 그전에도 어떤 사람은 동물의 일정한 특질을 인식했다. 가령 개에게는 '인간적인 면'이 있다며 그러한 특질을 긍정적으로 평가하기도 했고, 개는 "진정한 전우며, 인간과 거의 똑같은 감정을 가진 반려"라는 실로 대단한 찬사도 있었다.[59] 하지만 개와 고양이가 냄새로 길을 찾거나 (복종을 강요하는 호루라기 소리가 아닌) 특정한 소리를 듣는 **특유의** 능력이 있다는 사실을 알아보는 인간은 많지 않았다. 전쟁으로 개와 고양이에게 새로운 능력이 생긴 것이 아니었지만, 이제 그 특별한 능력이 동물 자신과 인간 모두에게 전보다 더 중요해졌다. 사람들은 동물의 독자적인 특성을 인식하고 그 가치를 알아보기 시작했다. 동물들은 **스스로** 살아남기 위해 그러한 능력을 사용했고, 그럼으로써 결국 동물-인간 관계를 한층 강화했다.

9월 대학살의
역풍이 시작되다 _____

　　개와 고양이의 대학살, 피난, 등화관제, 일상의 변화 등 1939년 9월에 벌어진 사건들을 하나하나 들여다볼수록 '가짜' 전쟁이라는 개념이 동물의 관점에서는 얼마나 부정확한 용어인지 점점 더 명백해진다. 9월 초의 불필요한 학살 이후 시민, 정치인, 정부 부처는 이 사건에 다양한 방식으로 반응했다. 한 동물 잡지는 이렇게 기록했다. "많은 사람들이 성급한 행동을 후회하고 다시금 새로운 애완동물을 데려와 키우기 시작했다."[60] 또 다른 매체는 수많은 사람이 "너무도 쉽게 휩쓸리는 바람에 충직한 친구를 살해한 것을 뉘우치고 있다."고 보도했다.[61] 1939년 9월 중순 정부는 "설치류가 창궐할 위험" 때문에 "사람들에게 되도록이면 애완동물을 죽이지 말라고 호소"했다.[62] 전쟁 초, 수많은 사람이 애완동물을 죽인 그 시점에 작가 테니슨 제시는 집에 넘쳐나는 쥐를 잡을 고양이를 데려오기로 결심했다.

> 버려진 고양이를 데려오는 게 좋을 것 같아 왕립동물학대방지협회에 전화를 걸었다.
> "고양이에 대해서 물어보고 싶은 게 있어요."
> 수화기를 통해 무척 지친 목소리가 대답했다. "아 네, 고양이를 죽이시려나 보군요."
> "아니요," 내가 소리쳤다. "저는 고양이를 데려오고 싶은데요."
> 그러자 저쪽에서 말했다. "네? 고양이를 입양하시겠다고요? 기다

리세요. 절대로 전화 끊지 마시고요."[63]

그렇게 고양이 머프Muff가 그의 삶에 들어왔다. 1939년 12월에 이르면 런던에는 새끼 고양이를 구하는 "아우성"이 높아졌고 그 때문에 고양이 가격이 올랐다. 일기 작가 글래디스 콕스의 남편은 "우리 집 고양이 밥Bob을 쥐잡이로 취직시킬까?"라며 농반진반으로 말했다.[64]

한 수의사는《이스턴 데일리 프레스Eastern Daily Press》에 여러 동료의 견해를 전했다. "가장 필요한 것은 동물들이 거리를 제멋대로 배회하지 않게 하는 것이다. … 사람들이 아무 이유 없이 자신의 애완동물을 희생시키는 것은 소름 끼치는 일이다."[65] "동물의 불필요한 고통"을 예방하기 위해[66] 출범한 전국공습대비동물위원회의 수석 행정관 로버트 스토디 대령은 9월의 사건에 대해 "그런 도살을 예방하려고 모든 노력을 기울였음에도 수만 마리의 가치 있는 동물이 성급하게 안락사당했다. 가난한 사람들만 동물단체의 병원을 이용한 것이 아니다. 많은 부유한 사람들 또한 자신의 애완동물을 안락사시켰다." 내무부에 보관된 이 보고서의 해당 구절 여백에는 익명의 관료가 연필로 쓴 75만이라는 숫자가 남아 있다.[67] 9월에 일어난 도살에 대한 반성의 국면은 1940년 초반까지 이어지다 일단락되었다. 역사가 필립 지글러Philip Ziegler는 "1940년 봄까지 많은 사람들이 전쟁이 시작되었을 때 발생한 애완동물 대학살을 애도하고 있었다."고 간결하게 정리한다.[68] 1939년 9월부터 1940년 초까지를 '진짜' 전쟁으로, 전면전의 일부가 아니라 '가짜' 전쟁으로만 파악해서는 '희생', '도살', '불필요한' 같은 표현의 무거운 무게가 설명되지 않는다. 또한 '한탄'의 감정이 곧바로 나타났다는 데서 우리는 사람들이 이 사건**만큼은** 기억에서 지우고 싶어 한 이유를 짐작할 수 있다. 1940년 봄에 이르면 동물-인간 관계는 새로운 국면에 접어든다.

무너진 됭케르크
서사 _____

2차 대전의 첫 국면은 언제 끝났는가? 적의 영국 본토 공격으로 인한 최초의 생명 피해는 1939년 11월에 발생했다. 독일군이 스코틀랜드 셰틀랜드제도에 가한 단발성 폭격으로 토끼 한 마리가 사망한 것이다.[69] 하지만 이때 '가짜' 전쟁이 끝났다고 보는 사람은 별로 없다. 대다수는 1940년 5월에 끝났다고 본다. 1940년 5월 영국 본토에 대한 폭격이 본격화되기 시작했고,[70] 1940년 5월 말 영국군이 독일군에 밀려 됭케르크에서 철수한 사건이 벌어졌기 때문이다.

1940년 5월 독일군이 프랑스를 침략하자 영국군은 됭케르크 해안까지 밀려났다. 그달 26일까지 영국군의 비전투 인력 2만 8,000명은 도버로 건너왔으나 30만 명 이상의 병사가 아직 프랑스 해안에 남아 있었다.[71] 영국군은 독일 나치가 공중 폭격을 퍼붓는 등 상황이 불리했지만 어쨌든 수십만 병사를 철수시키는 데 성공했다. 그러나 이 후퇴 사건은 실제와는 다르게 신화화되었다. 가령 '카토Cato'라는 저널리스트 집단은 이 군사적 패배를 적군에 맞선 영국 '시민'의 승리로 그렸다. 전쟁 선전에서는 영국 해군의 군함이 아니라 후퇴 작전을 도우러 프랑스로 건너간 '작은 배들'이 십분 강조되었다. 전시 내각총리에 막 부임한 처칠

됭케르크에서 마지막으로 탈출한 개

Churchill은 "철수에 성공했다고 해서 전쟁에서 이겼다고 할 수는 없다."는 것을 알고 있었고 됭케르크전투를 전략적 실패로 판단했지만[72] 당시 (그리고 이후 대중의 기억에도) 이 사건은 회복력과 굳건함 그리고 위기 극복의 대표적인 사례로 회자되었고 이후 대중의 기억에도 그렇게 남았다. 또 그처럼 "어떻게든 해내는" 능력이 영국인의 특유의 장점으로 미화되었다.[73] 결국 이 신화는 "인간들의 전쟁"이라는 서사의 한 챕터가 되었다. 그러나 이는 전부 인간의 이야기일 뿐이다. 실상은 그와 달랐다. 됭케르크에 관한 기억과 기록에는 동물이, 특히 개가 전면에 등장한다.

폭탄이 떨어지는 해변에서 떠돌이 개들은 인간 곁에 모여 함께 구조를 기다렸다. 최근의 저작이나 대중적 기억에서는 대부분 삭제되었지만, 이 개들은 됭케르크 사건에서 결코 삭제될 수 없는 존재다. 많은 병사가 프랑스의 전장에서 자신을 따라다니던 개(주로 프랑스인이 피난길에 유기한 개였고 독일군이 기르던 개도 있었다)와 함께 본국에 송환되기를 간절히 바랐다. 작가 프랜시스 파트리지Frances Partridge는 영국 남부 해변에서 딕 렌들Dick Rendel 대령이 겪은 이야기를 기록했다. 됭케르크에서 탈출한 이들이 모인 그곳에는 누가 생존자고, 누가 시신인지 분간할 수 없는 참혹한 광경이 펼쳐져 있었다.

> 그런 참사의 한가운데에서 … 남자들이 해변에 우리를 만드는 모습이 보였다.
> "무슨 용도로 만드는 겁니까?"
> "개 우리입니다."
> "무슨 개요?"

"프랑스에서 온 개들 있잖습니까. 병사들이 데려온 떠돌이들."

"그 개들은 앞으로 어떻게 되는 건가요?"

"구조자의 이름과 연락처를 정확히 표시한 다음 검역소로 보낼 겁니다."[74]

이처럼 사람들이 전쟁의 참사 속에서도 동물을 연민했다는 이야기, 야만성에 맞서 문명인답게 행동했다는 이야기는 왕립동물학대방지협회의 기록에도 등장한다. 딕이 보기에 됭케르크의 개들이 퇴각하는 병사들에게 보인 애착은 "그러한 상황에서도 우리 병사들이 보호가 필요한 개들에게 인간성을 발휘했다는 증거"였다.[75] 이 인간성이라는 개념과 인간성과 동물성의 구분이 훨씬 나중에 쓰인 회고록에는 또 다르게 표현되어 있다.

나치 독일군은 불쌍한 도망자들을 죽이려고 했다. 우리는 사람과 말과 마차가 하늘 높이 솟구치는 끔찍한 모습을 목격했다. 사람의 팔다리가 잘리고 몸이 산산 조각나는 모습이 잊히지 않는다. 우리는 사람들이 조각나 공중으로 튀어오르는 것을 보았다. 그나마 동물은 우리가 어떻게 해 줄 수 있었다. 내장이 터진 말은 총으로 목숨을 끊어 줄 수 있었다. 그러나 인간은 우리가 어떻게 할 수 없었다. 응급처치를 멈출 수 없었다. 그건 살인이었으니까.[76]

왕립육군의료단에서는 일반 병사들이 "군의관의 승인을 얻어 봉합 도구로 소의 상처를 꿰매 주었다. … 소들이 고통 때문에 한두 번 음메 하고 울었지만 … 그렇게라도 해야 했다."[77] 이처럼 극단적인 상황에서는 아이러니하게도 인간이 아니라 동물이기 때문에 고통을 완화할 수 있었다. 그 방법이 죽음이었더라도 말이다.

그러나 1939년 9월에 이미 분명히 드러났듯이, 위기의 순간에 형성되는 인간과 동물의 관계 역시 결코 획일적이지 않고 단순하지도 않았다.[78] 가령 '블래키Blackie'라는 작은 개는 주인인 병사에게 위험을 알리려고 짖다가 같은 편의 다른 인간의 총에 맞았다. "이 바보야! 적이 가까이 있는데 소리를 내면 어떡해!" 이에 대해 블래키의 주인이었던 병사는 나중에 이렇게 말했다. "개와 나는 그동안 정말 가까워진 사이였기 때문에 마음이 너무나 아팠다."[79] 됭케르크에서 온 개들에 대한 사연 중 일부는 왕립동물학대방지협회나 렌들 대령이 전한 감동적인 이야기를 뒷받침한다. 가령 프랑스 말만 알아듣던 한 테리어 잡종 개는 해군 소위의 부친이 목사로 있는 "교구교회의 식구가 되었다."[80] 구조 작업을 위해 해협을 여섯 번이나 오간 한 수병은 중간에 육지로 올라가 "아주 특별한 생명을 피신시켰다. 됭케르크의 파편과 잔해 속에 숨어 있던 떠돌이 고양이였다." 그는 고양이를 상의 안쪽에 넣어 몰래 영국으로 데려왔고, 그 고양이는 "가족의 총애를 받는 애완 고양이"로 오랫동안 행복하게 살았다.[81] 그러나 이와 완전히 상반된 동물-인간 관계도 함께 발견된다. 한 수병은 헌병대의 태도를 다음과 같이 기억했다.

병사들이 나타났을 때 너무도 안타까운 일이 벌어졌다. 많은 병사가 그곳에서 만난 개를 기르고 있었고, 그들이 개와 함께 나타나자 헌병대가 개를 총으로 쏘아 항구에 내던졌다. 그럴 때마다 병사들을 배에 태우던 수병들이 야유를 보냈다. 이 개들을 영국에 데려가면 안 되는 이유를 우리는 알 수 없었다.[82]

바다 건너 영국에 도착한 모든 개가 갈 곳을 찾은 것도 아니었다. 켄트주 해안 민병대의 로드니 포스터Rodney Foster는 6월 1일자 일기에 "왕립동물학대방지협회 조사관이 병사들과 함께 건너온 개 수십 마리를 죽이느라 쉴 틈이 없었다."라고 기록했다.[83]

수많은 됭케르크 '미담'의 원천인 카토의 《죄인들Guilty Men》에는 동물의 존재가 전혀 눈에 띄지 않는다. 그렇지만 동물들은 그곳에 있었다. 그들의 존재는 이 사건에 관한 대중적 기억을 교란하고, 영국인 혹은 영국 헌병대가 그 개들을 다룬 방식이 과연 훌륭한 '인간들의 전쟁'의 일부가 맞는지 질문을 던진다. 이제 동물을 다시 그 자리에 채워 넣을 때, 우리는 됭케르크의 역사를 더 온전하게 보충하는 것이 아니라 이 사건을 재앙이 아닌 업적으로 바라보는 관점 자체를 **뒤흔들게 된다**.

역사가 에이미 헬렌 벨Amy Helen Bell은 "런던 대공습은 국민들의 사기를 시험하는 최초의 시련이었다."고 단언했다.[84] 그러나 나는 대공습이라는 시점에 동의하지 않는다. 우리가 동물의 존재를 인정한다면 1940년 9월 이전에도 인간의 '도덕성'은 여러 번 시험을 받았다. 다만 이 전쟁 초기에 영국인은 문명인답게 동물을 아낀다는 수사가 엄중한 시험대에 올랐던 것이다. 그러나 앞으로 살펴보겠지만, 전쟁이 계속되면서 사람들은 전쟁 초의 대학살을 후회하거나 경악하는 데 그치지 않고 전면전이라는 공동 경험을 기반으로 종의 장벽을 뛰어넘는 새로운 통종cross-species의 관계를 구축하게 된다.

5장

통종의 경험 :
전시의 음식과 식생활

눈이 오고 있었다. 사람들은 무거운 장바구니를 든 채로 고양이를 위해 길게 줄을 섰다!
하지만 다들 무척 즐거워 보였다. 그들은 자기 음식을 사려고 기다릴 때처럼
고양이의 저녁 식사를 사려고 기분 좋게 기다렸다. [1]

앞 장에서 우리는 됭케르크에서 인간과 동물이 구분되고 분리되었던 사건을 살핀 동시에 전쟁으로 인해 바뀐 물리적 조건이 동물과 인간의 거리를 전보다 가깝게 만들기 시작했다는 것 또한 탐색하기 시작했다. 지금부터는 전쟁 중 전면에 드러난 동물-인간의 공통된 특징에 대해 얘기해 보고자 한다. 당연한 말이지만 인간이든 동물이든 기본적으로 음식을 먹어야 생명을 유지할 수 있다. 이 기본적인 삶의 요소가 전쟁으로 인해 변화를 겪었다. 전쟁이 일어나기 전에는 시중에 개와 고양이 전용 식품이 유통되고 있었지만, 인간의 음식을 동물에게 나누어 먹이는 관행도 공존했다. 그러다 전쟁이 시작되자 동물과 인간의 식단이 모두 바뀌기 시작했다. 인간과 동물은 이 변화를 함께 겪었다.

동물과 인간의
식단 변화 _____

　2차 대전 중, 특히 인간의 음식이 배급제로 관리되기 시작한 1940년 1월 이후, 인간과 동물이 무엇을 먹어야 하는지에 대한 안내문이 수도 없이 쏟아져 나왔다.[2)] 의회는 인간이 먹는 고기를 배급 품목으로 지정한 데 이어 개의 식량에 대해서도 논의했다. 여기서 식품부장관 윌리엄 모리슨William Morrison은 인간이 먹기에 적합하지 않은 내장 부위를 도매로 떼어다가 푸줏간에서 애완동물 주인에게 판매하는 방안을 내놓았다. 또 주로 농가 가축에게 먹이는 '부속 고기'를 애완동물에게 먹이는 방법도 가능하다고 했다. 이에 앨프리드 녹스Alfred Knox 소장은 시골에서 그런 부위를 구하기는 거의 불가능하다면서 식품부장관이 "개들을 죽음으로 내몰고 있다."고 비판했다. 그러자 모리슨은 "어떤 개도 죽음으로 내몰리지 않을 것"이라고 자신 있게 대답했다.[3)]

　실제로 개들은 그럭저럭 살아남을 수 있었다. 도그 비스킷은 그 안에 들어가는 곡물의 양이 줄고 밀가루의 품질이 떨어지긴 했어도 전과 다름 없이 생산되고 있었다.[4)] 매스 옵저베이션의 조사에 따르면, 개의 비스킷을 생산하는 스프래트사에 폭탄이 떨어졌을 때에도 유통에는 별문제가 생기지 않았다.[5)] 통조림이나 봉지에 담겨 나오던 고양이를 위한 식품 역시 용기의 재질은 달라졌어도 생산은 계속되었다.[6)] 개와 고양이를 위해 연간 1500만 개씩 생산되던 통조림은 유리병에 담겨 엇비슷한 속도로 판매되고 있었다.[7)] 즉, 전쟁 상황으로 인해 음식의 포장제가 달라지긴 했지만 그 내용물이 법적으로 규제되지는 않았다.

왕립동물학대방지협회는 개와 고양이를 위한 식품이 계속 문제없이 유통될 것으로 보았지만, 그런 음식은 전분 함량이 높아 건강에 좋지 않으니 너무 많이 먹여선 안 된다고 경고했다. 그보다는 재료를 직접 사다가 조리해서 뼈나 자투리 고기를 끓여 만든 수프 또는 그레이비 소스에 섞어 먹이라고 했다. 이때 닭, 오리, 토끼의 뼈는 그냥 먹었을 때 위험할 수 있으니 "망치로 뼈를 거의 가루가 될 정도로 부수지 않았다면 개나 고양이에게 먹여서는 안 된다."고도 했다.[8] 동물위원회도 개와 고양이를 위한 특별한 조리법을 내놓았다. 예를 들어 개에게는 익힌 쌀, 으깬 강낭콩, 녹색채소를 권했다. 고양이에게는 정어리 기름, 생선 찌꺼기, 흰살생선의 꼬리를 추천했다. 감자 껍질, 당근이나 순무 남은 것으로 개를 위한 케이크를 만들 수도 있었다.[9] 생선 조각에 액상 마마이트를 바르고 한 시간 동안 구운 뒤 식혀서 자르면 고양이를 위한 간식이 되었다. 동물용 '컨디션 조절을 위한 파우더'도 유용할 수 있었다.[10] 왕립동물학대방지협회는 소의 선지, 삶은 기관지나 허파 등 '도축 잔여물'을 개의 먹이로 추천했다.[11] 전국개보호동맹은 정육점에서 나온 내장, 말고기, 뼈를 개 먹이로 쓸 수 있다고 알려 주었다.[12] '고양이용 고기', 즉 쓸모를 다해 도축된 말의 고기가 계속 유통되고 있었고, 개도 말고기를 먹었다.[13] 베레 호지슨Vere Hodgson의 기록에 따르면 "고양이를 위한 정육점은 노팅힐 게이트의 인기 장소다. 모든 여성이 그곳에 가서 자기 고양이가 가장 좋아하는 '스테이크'를 산다. 상인은 동물 손님들의 입맛을 맞추느라 정신이 나갈 지경이다. 매일 상점의 고기가 품절되었다."[14] 구운 간과 말고기는 여러 곳에서 살 수 있었다. 말을 도축하고 유통하는 회사인 해리슨바버Harrison Barber는 1파운드당 6펜스에 말고기를 배달했다. 단 "도착 시 신

잡지에 실린 고양이용 컨디션
파우더 광고 (London Collection
Magazines, Bishopsgate Institute)

선도는 보장하지 않았다."[15]

챌시의 매너 스트리트에 새로 생긴 컨티넨털 부처스Continental Butchers
라는 정육점은 개점 직후에는 가게를 가까스로 유지할 정도였지만, 얼
마 안 있어 가게 밖에 사람들이 길게 줄을 설 정도로 인기가 많아졌
다.[16] 소설가 시어도라 피츠기번Theodora FitzGibbon의 개는 첼시 거리에 있
는 돼지 먹이통을 찾아다니며 스스로 음식을 찾아 먹기도 했고, 그 동네
빈민 수용 시설의 한 노인으로부터 빵 껍질을 받아 먹기도 했다. "아마
우리 개가 그 노인의 유일한 친구였던가 봐요." 개가 술집에 가면 사람
들은 갈분 비스킷도 주고, 기네스 맥주도 조금 따라주고는 했다.[17]

당연한 말이지만 동물보호단체의 조언과 참신한 레시피들이 당시 동
물들이 실제로 무엇을 먹고 살았는지 알려 주는 것은 아니다. 실제 동물
들의 식생활은 다른 곳을 찾아보아야 한다. 당시에 쓰인 일기와 회고록
을 보면 인간과 마찬가지로 고양이와 개도 각자 다양한 입맛과 취향을
가졌다는 그리 놀랍지 않은 사실이 발견된다. 예를 들어 오렌지색 새끼
고양이 리틀 두들Little Doodle은 폭격으로 집을 잃은 후 울음소리도 못 내
는 상태로 발견되었다. 정신적 충격 때문에 "입은 벌려도 목소리를 내지
못했다."[18] 리틀 두들에게 "블랙 소시지를 먹음직한 크기로 잘라줘 봐도
소용없었다. 리틀 두들은 '집에서는 훨씬 좋은 걸 먹고 살잖아요'라는 듯
한 표정으로 나를 쳐다보았다. 요즘엔 늘 그 표정이다."[19] 리틀 두들에게
"채식주의를 권해 보았지만 완전히 실패"했다.[20] 그러던 중 어쩌다가 "킷
캣Kitcat"(문맥상 154쪽 키티캣Kit-e-kat의 오타로 보인다_편집자)을 주었더니 "마
치 진수성찬이라도 되는 듯 게걸스럽게 먹어 치웠다."[21]

윌트셔주 스윈던에 사는 슬레이든 가족의 고양이는 주로 인간용 고기,

생선, 닭, 오리를 손질할 때 나오는 찌꺼기를 먹었다. 전쟁 당시 어린아이였던 크리스 슬레이든Chris Sladen에 따르면 가족이 전쟁 중에도 고양이를 기른 이유는 어린이와 애완동물이 친밀하게 지내는 가족의 전통 때문이자 생쥐를 쫓을 목적에서였다. "실제로 생쥐를 쫓는 데 도움이 된 고양이는 한 마리도 없었지만" 말이다. 이 집 고양이들이 좋아한 음식은 배급 품목에 없는 토끼고기와 생선 가게에서 특별히 고양이를 위해 사오는 검정대구 등의 생선이었다. "왕립동물학대방지협회의 열성적인 회원이었던 어머니는 매피셔리의 점장이 가게 뒤편에서 살아 있는 닭의 털을 뽑는 걸 본 뒤로도 계속 그곳에서 검정대구 등의 생선만 사왔다. 그만큼 선택지가 별로 없었기 때문이다."[22]

글래디스 콕스는 어느 날 생선을 구하기 어려워서 신선하지 않은 민어와 작은 대구 조각을 들고 집으로 돌아왔다. 그날은 빌링스게이트 도매 어시장의 '사상' 최악의 날이었다.[23] 그다음 날에는 바위장어(런던 시민들이 튀김으로 즐겨 먹는 돔발상어)말고는 아예 아무것도 살 수 없었다. 콕스의 고양이 밥은 넌더리를 내며 바위장어를 거부했고 그날은 농축 우유만으로 버텼다.[24] 밥은 명태, 대구, 청어 등 다양한 종류의 생선을 먹고 살았는데, 생선만 먹는 데 질렸는지 일주일에 한 번 사오는 토끼고기를 더 좋아하는 듯했다.[25]

랜던Landen 가족의 고양이도 생선보다 토끼고기를 좋아했다. "고양이들이 생선을 지겨워한다."[26] 고양이 중에서도, 특히 페클Peckle은 다른 음식도 싫어했다. "푸줏간에서 1파운드당 6펜스인 '애완동물용 고기'를 반 파운드 사왔지만 페클은 건드리지도 않는다. 까다롭기는!"[27]

누구를 위해
줄을 섰는가 _____

전시예술가자문위원회에서 활동한 이블린 던바Evelyn Dunbar가 켄트 주 북부 스트루드에서 목격한 장면을 참고하여 그린 〈생선 가게 앞의 줄〉[28]이라는 제목의 작품은 주목할 만한 가치가 있다. 평론가들은 공군 제복 차림의 남자가 화가의 남편 로저 폴리Roger Folley이고 길을 건너는 사람이 화가의 자매라고 설명했다. 그림 속 개에 대해서는 설명을 생략했지만, 대영제국 전쟁박물관의 카탈로그에 쓰인 글에는 고양이 한 마리가 "생선을 얻고 싶어서 함께 줄을 서 있다."라고 언급했다.[29]

고양이들은 생선을 얻고 싶어 했을 뿐 아니라 실제로 생선을 얻는 경우가 많았다. 대개 여성인 손님들은 사람 음식을 기다릴 때만큼 반려동물의 음식을 구입하려고 오래 줄을 서서 기다렸다. 베레 호지슨은 여자들이 고양이 음식을 사려고 기다리는 모습을 보고 이렇게 썼다. "눈이 오고 있었다. 사람들은 무거운 장바구니를 든 채로 고양이를 위해 길게 줄을 섰다! 하지만 다들 무척 즐거워 보였다. 그들은 자기 음식을 사려고 기다릴 때처럼 고양이의 저녁 식사를 사려고 기분 좋게 기다렸다."[30] 또 사람들은 버스터 로이드-존스가 '피난 구역'을 마련하여 보호하고 있는 약 200마리의 고양이와 개 그리고 원숭이, 염소, 당나귀, 말에게 음식을 사다 주려고 "몇 시간이나 줄을 섰다." 그들은 비스킷, 육수용 소고기 큐브, 개를 위한 고기, 부엌에서 나오는 자투리 재료를 가져다 주었다.[31]

배급 품목이 아닌 식재료를 구하려고 줄을 서는 생활은 계급 구분이 전보다 불분명해졌다는 것과 함께, 인간과 동물의 구분 역시 무너지고 있었음을 함축해서 보여 준다. 정부 공문서에 따르면, 일부 상점에서 인간이 먹을 만한 등급의 말고기를 (물론 인간만을 위한 먹을거리로) 판매했으나 사람들은 그것을 사다 개에게 먹였다.[32] 소설가 피츠기번은 구입한 말고기와 고래고기를 때로는 자기가 먹었고 때로는 개에게 먹였다.[33] 글래디스 콕스는 어느 날 일기에 생선 가게 앞에서 45분이나 줄을 서서 기다린 일을 적었다. 생선이 다 팔렸다는 말을 듣고도 계속 기다린 노력 덕분에 작은 대구 꼬리와 청어 네 마리를 얻었다.[34] 또 어느 날 일기에는 고양이의 식량을 사러 나간 특별한 날의 일을 자세히 적었다. "집에는 고양이가 먹을 것도 우리가 저녁에 먹을 것도 전혀 없었다." 콕스는 런던 북서부에 사는 살림꾼 중산층 주부답게 행동에 나섰다. 먼저 매피셔리에 전화를 걸었더니 배달이 어렵겠다는 답변을 들었다. 웨스트 엔드 레인의 생선 가게 존스는 문이 닫혀 있었다. 콕스는 옥스퍼드 서커스에서 남편을 만나 점심을 함께한 뒤, 셀프리지스 백화점에 가서 인간이 먹을 붕장어를 샀고, 그사이에 남편은 햄스테드에서 작은 대구 꼬리를 하나 구했다. 원래 붕장어는 인간을 위한 것이었지만 "고양이가 너무 맛있어 하며 제일 많이 먹었다."[35]

동물 음식과 인간 음식의
구분이 사라지다 _____

동물의 식량을 사려고 기다리는 시간과 인간의 식량을 사려고 기다리는 시간은 때로 비슷하게 길었다. 게다가 그 음식을 '두 종이' 함께 먹었다는 점에서, 기다림의 행위를 둘로 구분하기도 어려웠다. 그전까지 각각 인간 음식과 동물 음식으로 정해져 있던 것이 이제는 얼마간 서로 겹쳐졌다.[36] 사람들은 인간만이 아니라 동물을 위해서도 물물교환을 하고 선물을 주고받았다. 예를 들어 랜던 가족은 찻잎 113그램과 스프래트사의 고양이 식품을 맞바꾸었다. 그들의 집을 방문한 친척 여성은 고양이에게 토끼고기를, 인간에게는 케이크를 선물했다.[37] 런던 남부에 사는 개 짚Gyp은 엘리펀트 앤 캐슬의 정육점에서 파는 고래고기를 좋아했다. 그런데 이 집의 딸이 "그 고기는 스테이크 같았다. … 정말로 스테이크 맛이 났다."라고 말한 것을 보면 딸도 이 고기를 먹은 모양이다. 하지만 짚은 보통 개들에게 주어지는 정육점에서 얻어 온 뼈는 먹지 못했다. 이 집의 어머니가 그것을 다른 데 썼기 때문이다. "개에게 줄 거라고 해서 뼈를 얻어 오곤 했지만 그걸 항상 짚에게 준 것은 아니었다. 엄마는 그 뼈로 가족을 먹일 스튜를 끓였다."[38]

이 가족만 그런 것이 아니다. 노동자 계급과 중산층의 인간과 동물이 모두 '바꿔 먹기'의 수혜자였다. 넬라 라스트는 친구로부터 개에게 먹일 말린 칠면조 날개 조각들을 선물받았다. 하지만 잔뼈가 많은 부위는 개에게 먹여선 안 되기 때문에 넬라는 그것으로 스튜를 끓여 자기가 먹었다.[39] 그 집의 노견 솔Sol은 보통 "인간이 식사 중에 건네주는 음식"이나 말린 스콘, 버터 바른 빵을 먹었다. 어느 날 솔이 심하게 기침을 하자 넬라는 개에게 연어 통조림을 조금 주었다. "솔은 냄새를 맡자마자 그게 연어라는 걸 알아챘고, 나는 내일 먹을 양만 조금 남기고 솔과 통조림을 나누어 먹었다. 내일은 남은 연어와 빵가루를 달걀물에 섞어 찐 것을 차에 곁들여야겠다."[40] 글래디스 콕스가 점심에 초대한 친구는 먹고 남은 소꼬리뼈를 집에 있는 배고픈 개에게 가져다 줘도 되느냐고 물었다. 콕스는 그러라고 했을 뿐 아니라 "불쌍한 개를 위해 수프 한 병"을 챙겨 주었다.[41] 좀 더 호화로운 사례도 있다. 글래스고에 사는 개 댄디Dandy는 간과 버터를 바른 개 비스킷에다 캐드버리사의 밀크 초콜릿 바를 매일 먹었다.[42] 그 주인의 친구는 댄디의 식단에 대해 듣다 못해 "댄디의 식사 준비가 점점 큰일이 되고 있군."이라고 한마디 했다고 한다.

가끔 인간과 동물의 음식을 구분하지 않는 이런 식생활이 인간을 곤란하게 만들 때도 있었다. 모닝턴 크레센트의 말고기 가게에서 있었던 일이다. "불쌍한 한 노인네가 내 앞에서 차례를 기다리다가 … 말고기를 사서 자기가 먹으려 한다는 사실을 인정하기는 자존심이 도저히 허락하지 않았는지, '이건 내가 먹을 것이 아니고 고양이에게 먹일 거예요'라고 떠들었다. 그러자 가게 주인은 그 사람에게 고기를 팔지 않았다. 우리는 조용히 고기를 사서 돌아왔다. 우리는 사람들이 뭐라 생각하든 상관없다. 그렇게 사온 말고기를 고양이에게 조금 나누어 주었다."[43]

광고업자들은 인간 음식을 고양이에게 주는 관행을 이용하여 상품을 홍보했다. 배급제가 아직 논의 단계에 있을 때 키티캣사의 광고에는 "배급품은 인간이 다 가지고 나에겐 키티캣을 주세요!"라고 외치는 고양이가 등장했다. "가족의 배급품을 축내지 말고 고양이에게는 고양이 음식을 주라."는 인간의 이기심에 호소하는 이 메시지에서 고양이는 가족인 듯하면서도 동시에 가족이 아닌 것처럼 보이기도 한다.[44] 한 일기 작가는 인간용으로 나온 "새로운 빵이 칙칙한 회갈색에 질감이 푸석푸석한 데다 헛간 냄새가 난다."고 혹평했는데 알고 봤더니 "고양이들이 이 빵을

키티캣사 광고. "배급품은 인간이 다 가지고 나에겐 키티캣을 주세요!"라고 외치는 고양이

너무 좋아한다."고 썼다.[45]

이렇게 인간과 동물이 평소에 음식을 나누어 먹고 초콜릿 등 '특별한' 간식도 나누어 먹었다는 사실이 21세기의 반려인들에게는 놀라운 이야기가 아닐 수도 있지만 이러한 서사는 2차 대전 중 영국인에 대한 지배적인 관념과는 분명 다르다. 줄을 서서 차례를 기다리고, 꼭 먹고 싶은 것 대신 그때그때 구할 수 있는 것을 먹어야 하는 등 인간의 식생활이 달라졌고, 마찬가지로 반려동물도 식생활에 변화를 겪었다. 어떤 면에서는 음식을 어렵게 구하는 과정 자체가 동물-인간 유대를 강화했던 것 같다. 물자는 부족하고 구하는 시간은 오래 걸리고 상황에 따라 융통성을 발휘해야 하는 등 이전과는 다른 상황에서 동물의 음식을 마련하는 행위가 동물과 인간의 관계를 한층 강화했을 것이다.

동물-인간 관계는 전보다 가까워진 반면 같은 종 내의 식단 차이는 여전했다. 예컨대 부유한 사람들은 배급 품목이 아닌 연어, 게, 굴 등을 자주 먹을 수 있었다. 대공습이 한창이던 1940년 가을에도 사업가 로런스 홀먼은 그런 종류의 음식을 먹었다.[46] 동물은 전쟁 전부터 그랬듯 어떤 기능을 수행하느냐에 따라 식단이 달라졌다. 1941년 11월 우유가 배급 품목으로 지정되면서 모든 성인이 1주일에 우유를 1.1리터만 먹을 수 있게 되었다(농축 우유, 분유, 깡통 우유는 별도의 배급 품목이었다).[47] 생체 해부 실험실과 동물병원에 입원한 동물은 우유를 먹을 수 있었지만 일반 가정의 개와 고양이는 우유를 먹어선 안 되었다. 이에 격분한 한 일기 작가는 "걱정이 되어서 미칠 것만 같다. … 우리는 고양이에게 물 탄 우유를 먹이기 시작했다. 고양이는 우리가 정신이 나갔다고 생각한다. 하지만 당분간은 몸에 쌓인 지방으로 버티는 수밖에 없다."[48] 이와 달리 가족 제도 밖에서 살아가는 '창고 고양이'는 쥐가 식품을 갉아먹지 못하게 창고를 지키는 중요한 일을 한다고 하여 우유를 계속 먹을 수 있었다.[49]

요컨대 동물과 인간의 종 차이보다 "전쟁에 도움이 되느냐 아니냐"라는 협소한 기준이 식단을 결정하는 데에 더 큰 영향을 미쳤다. 이런 차별 때문에 방목하는 말보다도 마구간에서 사육하는 말들에게 문제가 생겼다. 그들이 먹는 풀이 있던 목초지가 소를 먹이거나 작물 재배를 위해 쓰이게 되었기 때문이다. 말의 먹이인 건초와 왕겨는 배급 품목이 아니었던 반면 도시에 살거나 일하는 말에게는 귀리, 콩, 밀기울이 배급되었다(농가의 말은 비배급 품목으로도 충분히 살아갈 수 있다는 판단 때문이었다). 일하는 말과 승마용 말은 처음부터 배급제 대상이었으며, 특히 사람이나 짐을 운송하는 말에게 높은 할당량이 배정되었다.[50]

그러다 나중에는 방침이 바뀌어 "유용한 일을 하지" 않는 말에게는 주인이 직접 기른 먹을거리를 주어야 했다.[51] 덕분에 말 마리아나는 "봄 내

내 건초만 너무 많이 먹고 곡물은 거의 먹지 못했다."[52] 매일 하이드파크에서 승마를 즐긴 로런스 홀먼은 마리아나가 머무는 마구간에 갈 때마다 "채소 한 봉지"를 들고 갔다.[53] 마구간에 사는 "창고용 고양이들"에게도 음식이 필요했기에 홀먼은 "바람도 쐴 겸 고양이들에게 먹이를 주러 마구간에 갔다."[54] 이 고양이들은 '일하는' 고양이였으므로 그는 당연히 우유도 주었다. 홀먼은 "고양이들에게 먹이를 주는 데 시간이 엄청나게 걸렸다!"[55]라고 썼다.

종을 넘나드는 식생활과
정부의 규제 _____

영국 정부는 암시장 거래를 막고자 동물을 식용으로 도살하는 행위를 엄격히 규제하는 한편, 부산물인 내장은 가축 사료를 만드는 데 쓰거나 정육점에서 개의 식량으로 판매할 수 있도록 했다.[56] 이런 상황에서 사람들은 속임수를 쓰게 마련이다. 몸에 종기가 나고 수척한 황갈색 고양이는 식사를 제대로 하지 못해서 그렇다는 진단과 함께 붉은 생고기를 '처방'받았다. 고양이 주인은 "푸줏간 주인을 잘 구슬려 고기를 몇 조각 얻었는데, 그는 우리가 2년 징역형을 받을 수도 있다고 했다. A 부인네 셰퍼드는 뭘 먹고 지내고 있을까? 하루에 고기를 450그램씩 먹던 개인데."[57]

농림식품부도 이처럼 인간과 동물이 음식을 나눠 먹는 것에 대한 대책을 논의했다. 개의 음식 소비량은 연간 약 28만 톤인데 사실상 그 전부가 '인간용'이기도 하니 아껴야 하는 물자였다. 그 식량을 애완견보다는 "경제적으로 유용한" 동물에게 먹이는 게 더 좋을 것이었다.[58] 관료들은 "개 문제를 건드려서는 안 된다."는 장관의 지시사항을 지키는 선에서 이 문제를 해결해야 했다. 즉, "개를 굶겨선 안 되었다."[59] 여기에는 딜레마가 있었다. 개만을 위한 특정 종류의 식품을 충분히 유통시킬 것, 그러지 않으면 "개의 주인들이 '밀가루와 귀리를 인간의 식량 이외의 용도로 사용해서는 안 된다'는 명령을 무시하고 개에게 빵과 오트밀은 물론 우유까지 먹일 것이 분명한데, 그 전부가 정부 보조금이 들어가는 품목"이었다.[60] 그들은 실용주의를 선택했다. 농림식품부는 개 비스킷의 원료를 그 이상 제한했다가는 "사람들이 인간의 식량을 대신 먹일 것이 분명하다."[61]는 결론을 내렸고, 다음과 같은 의견에 합의했다.

> 인간의 식량 정책에 개가 먹는 엄청난 소비량을 고려하기 시작하면 개를 기르지 않는 사람과 개를 기르는 사람 간에 불화가 발생할 것이다. 또한 인간이 먹지 못하는 약간의 자투리 음식 외에 다른 것은 먹이지 않는다는 사람들도 분노할 것이다.[62]

정부는 고양이에 대해서도 검토했다. 개가 인간의 음식을 1년에 28만 톤씩 먹었다면, 고양이는 우유 규제가 시작된 뒤에도 여전히 연간 최소 6800만 리터의 우유를 소비했다. 문제는 규제를 집행할 방법이었다. "배급한 우유를 사람과 고양이가 나눠 마시지 못하게 하는 방안은 바람직하다고는 해도 거의 비현실적이다. … 고양이에게 먹이는 우유에 '음식 낭비에 관한 지시'를 내릴 수 있을 것 같진 않다."[63] 실제로 고양이가 있는 집에서는 당연히 사람과 고양이가 우유를 나누어 마셨다. 작가 진 루시 프랫Jean Lucey Pratt이 기록하기를 "우리는 성인 한 사람당 하루 280밀리리터의 우유를 배급받았다. 나 한 사람이야 이걸로 충분하지만 나와 고양이 세 마리가 함께 마시려면 우유에 물을 섞어야 하고, 밀크 푸딩도 만들 수 없다."[64] 그래서 우유를 마시지 않게 된 것은 고양이들이 아니라 프랫이었다. 개별 가정의 상황에 지나치게 깊이 개입하는 것은 나치의 행태와 다를 바 없었고, 무엇보다 국민의 사기가 저하될 우려가 있었다. 이런 정책 토론의 내용을 보면 흥미로운 점을 발견하게 된다. 정부는 동물들이 이 전쟁에서 인간의 사기를 유지하는 역할을 담당하고 있다는 것을 인지했다. 또한 동물-인간 관계가 더 긴밀해지고 있다는 사실도 깨닫고 있었다.

마크 루드하우스Mark Roodhouse의 20세기 중반의 영국 암시장 연구에 따르면, 사람들이 어떤 법은 지키고 어떤 법은 어긴 이유는 "강압이 있었기 때문도, 강압이 있을까 봐 두려워해서도 아니었다. 사람들은 자기가 보기에 꼭 필요하면서도 공정한 법만 골라 지켰다."[65] 루드하우스의 연구에 동물은 고려되지 않았지만 당시의 많은 사람들이 동물 관련 규제를 어겼고 또 정부 부처는 그걸 알면서도 묵과했다는 사실을 보면 사람들은 정부의 동물 식생활 규제를 '공정'하지 않은 것으로 여겼음을 짐작할 수 있다.[66] 동물의 음식과 인간의 음식을 나누는 경계는 전면전이라는 공동의 경험 속에서 전보다 불분명해졌다. 정부의 규제는 인간과 동물 모두에게 영향을 미쳤다. 반려동물을 죽이지 않고 계속 함께하기를 선택한 사람들은 얼마 안 되는 음식을 전보다 더 적극적으로 반려동물과 공유했다. 그것이 법적으로 허용되든 되지 않든 상관하지 않았다.

잉꼬, 야생 조류,
인간의 지식 _____

전쟁으로 인한 식단 변화와 식량 부족에 가장 크게 영향을 받은 반려 동물은 고양이나 개가 아니라 앵무와 카나리아였다. 개와 고양이는 일상 적으로 먹던 음식이 아닌 대체품으로도 그럭저럭 살아갈 수 있지만 새에게는 훨씬 더 특수한 음식이 필요하다고 여겨졌기 때문이다. 최근 잉꼬 등 앵무과 새에 관한 조언을 집대성한 영국소동물수의사협회British Small Animal Veterinary Association에 따르면, 앵무는 반드시 콩을 섭취해야 하고 해바라기씨 등 고지방 씨앗은 피하는 것이 좋다.[67] 아픈동물을위한진료소 와 사랑앵무협회 또한 21세기 들어 애완 새를 위한 명확한 조언을 제공하고 있다. 새에게는 뿌리채소, 잎채소, 과일을 먹이는 것이 중요하고, 특히 음식에 살충제가 섞이지 않도록 주의해야 한다. 기장이나 씨앗이 주식으로 적합하다는 과거의 믿음은 고지방 음식이 비만을 일으킨다는 점에서 옳지 않은 것으로 밝혀졌다.[68]

안타깝게도 2차 대전 중에는 이런 지식이 널리 퍼지지 않았다. '이국적인' 새 전문가였던 조류학자 프랭크 핀Frank Finn은 "애완용으로 기르기에 가장 완벽한 새는 사랑앵무"라고 말했다.[69] 확실히 사랑앵무는 인기가 대단히 높았던 종류로 1939년 12월《타임스》는 "지금 영국에 사는" 사랑앵무가 300만~400만 마리에 이른다고 추정했다.[70] 핀은 "길가에 핀 평범한 화초를 되도록 뿌리까지 뽑고 동물의 분변이 묻어 있지 않은 지 확인해서" 먹이라며 녹색채소를 권하기도 했지만 겨울에는 갈풀 씨를 주식으로 먹이고 기장은 일주일에 세 번'만' 먹이라고 조언했다.[71] 다른 전문가 역시 녹색채소를 언급하면서도 에스파니아산 갈풀 씨와 흰 기장을 새에게 가장 알맞은 음식으로 꼽았다.[72)]

독일 잠수함 유보트의 해상 공격은 사랑앵무의 삶에 직접적인 영향을 미쳤다. 대서양을 건너오는 식량 수송선이 공격당하면서 기장 등 씨앗이 품귀 현상을 보였다. 이에 정부가 새 먹이용 씨앗의 수입을 중단하기로 하자 새 애호가들은 비난을 퍼부었다.[73)] 이들이 특히 분개한 이유는 부자들이 기르는 경주마를 위한 사료는 수입이 계속 허용되었기 때문이다. 하원에서 한 의원은 이렇게 발언했다.

> 정부가 부자의 애완동물과 스포츠와 오락은 지원하면서 가난한 사람이 키우는 애완동물을 위한 식량은 공급하지 않는다는 비판이 있습니다. … 사소한 일 같지만 이 애완동물은 주인에게 매우 중요한 존재이며, 그들은 정부가 이 사안을 처리하는 방식이 잘못되었다고 생각합니다. 경주마의 식량은 계속 공급되는데 그보다 훨씬 소비량이 적은 그들의 애완동물은 식량도, 보호도 받지 못한다고요.[74)]

왕립동물학대방지협회는 이에 대한 대안으로 사람들에게 씨앗을 직접 수확하라고 권하면서도 "만족스러운 양을 수확하려면 날씨가 뒷받침되어야 한다."는 것을 인정했다. 기장을 충분히 수확하려면 "햇빛이 강하고 비바람이 들지 않는 매우 따뜻한 자리에서 배수가 용이한 푸슬푸슬한 흙을 이용"해야 했고, "덥고 건조한 여름에나 충분한 양을 수확할 수" 있었다. 이런 시도를 하려면 곡식을 키울 충분한 땅이 있고 날씨가 완벽해야 하는데 도심 거주자들은 그런 환경에 접근하기가 쉽지 않았다. 이 한계는 왕립동물학대방지협회의 인쇄물에 "시골을 방문할 일이 있으면 반드시 … 질경이, 민들레, 개쑥갓, 별꽃의 씨를 채집하여 저장해 두라."고 사람들을 독려한 것에도 반영되어 있다.[75] 식물을 키워 씨를 직접 거두라는 권고가 받아들여지지 않았던 모양인지 왕립동물학대방지협회는 잡풀 줍는 방법을 집중적으로 다룬 인쇄물까지 발행했다. "매일 하는 산책 중에도 얼마든지 충분한 양의 씨앗을 채집하여 카나리아나 사랑앵무 몇 마리를 일 년 내내 건강하게 먹일 수 있고, 심지어 도심에서도 날씨가 건조하고 씨앗이 여물 때라면 씨앗 채집이 가능하다."[76] 하지만 보다시피 이 글을 작성한 협회조차 이런 방법이 일 년 내내 통하기 어렵다는 사실을 인식하고 있었다.

애완동물용 씨앗의 수입을 금지한 정부의 결정은 많은 새의 생사를 좌우했다. 전쟁 당시 어린이였던 이언 콜먼Ian Coleman은 시골에 살던 부모님이 사랑앵무를 키웠던 것을 기억한다. 새들이 살아 있었던 때를 기억하는 것은 아니고, 집에 남아 있던 텅 빈 새장을 다음과 같이 회상한다.

> 부모님은 처음엔 앵무 한 쌍으로 시작했지만 전쟁이 시작될 무렵에는 십여 마리나 기르고 있었다. 처음 키운 수컷은 조이Joey라는 이름의 새파란 앵무였다. 나중에 어머니가 가끔 조이 이야기를 했다. 아버지는 새에 대해서는 한 마디도 하지 않았다.
>
> 전쟁이 진행되면서 새를 먹일 기장을 구할 수 없게 되었다. 아버지는 공군에 입대했고, 어머니와 이모, 할아버지와 할머니는 새들에게 먹일 야생 씨앗을 찾아 시골을 샅샅이 훑었지만 양이 충

분하지 않았다. 아버지는 닭을 잘 잡는 이웃을 불러 새들을 죽이기로 했고, 새장만 제단처럼 남았다. 부모님은 전쟁이 끝난 뒤에도 다시는 새를 들이지 않았다.[77]

애완 새를 죽이고 애도하는 이야기는 그밖에도 많다. 2차 대전 당시 어린아이였던 또 다른 사람은 이렇게 썼다. "아버지는 앞으로 먹이를 구하지 못할 것을 예상하고 어쩔 수 없이 새를 죽였던 것 같다. 그는 그냥 새의 목을 비틀어 버렸다. 새들을 무척 자랑스러워하고 좋아했던 아버지는 그 일로 마음이 크게 상해서 전쟁이 끝나 다시 새를 키울 수 있게 되어서도 절대 그렇게 하지 않았다."[78]

당시 사람들이 새를 죽일 수밖에 없다고 판단한 것은 집에서 키우는 새는 기장 같은 씨앗만 먹어야 한다는 통념 때문이었다. 21세기 들어서도 전문 수의사들은 과학적으로 통제된 연구가 부족한 탓에 특정 조류에게 어떤 음식이 적합한지에 대해 만족할 만한 설명을 내놓지 못했다.[79] 어쨌든 농가나 뒤뜰에서 키우는 인간의 먹을거리(뿌리채소, 잎채소 등)는 영양학적으로 완벽하지 않더라도 새를 먹이기에 충분한 식재료다. 그러나 당시의 사람들과 동물단체는 그런 생각을 하지 못했다. 새를 키우던 많은 사람들이 그토록 파국을 피하길 바랐음에도, 동물에게 필요한 음식을 제대로 파악하지 못한 탓에 많은 새들이 죽음을 맞았다.

하지만 《타임스》에 따르면 "영국에서, 그리고 아마도 전 세계에서 가장 훌륭한 앵무과 컬렉션"이라던 런던동물원의 앵무, 큰앵무, 작은앵무, 코카투앵무 600마리는 무사히 살아남았다.[80] 또 일부 열혈 사랑앵무 애호가는 전쟁 중에도 계속 새를 길렀다. 1940년대부터 부친을 도와 새를 사육한 레스 마틴Les Martin은 기장을 얻을 수 있는 다양한 수단과 방법에 대해 설명했다.

> 전쟁 중에는 씨앗을 구할 수 없었다. 우리는 혈통을 유지하는 데 집중할 수밖에 없었다. 탈곡기에서 나오는 이삭 찌꺼기와 영국에 그나마 유통되는 씨앗이라면 어떤 종류든 상관없이 새들에게 먹였다. 또한 모로코 등지에 참전한 병사들에게 배낭에 씨앗을 넣어 가져오게 했다.[81]

사랑앵무협회의 초기 회원은 집에서 넓은 뒤뜰을 이용하여 "기장을 재배한 뒤 상점 블랙풀의 단골에게 배급제 형식으로 판매했다."[82] 대외적으로 동물에게 늘 적대적인 입장을 보인 작가 조지 오웰은 "대도시 빈민 지역에서마저 새 애호가들이 찾는 가게는 갈풀 씨 1파인트(570밀리리터)를 25실링에 팔고 있다."고 기록했다.[83]

알이나 고기를 목적으로 키우는 조류의 경우는 사료가 배급품으로 지정되어 사정이 그나마 나았다.[84] 예를 들어 다이애나 쿠퍼Diana Cooper는 배급받은 사료에 다른 자투리 음식 삶은 것을 섞어 닭에게 먹였다. 닭이 낳은 달걀은 달걀 껍데기, 자투리 음식과 교환했다.[85] 해변에서 새조개 껍데기를 주워다 닭에게 먹이는 사람도 있고,[86] 당근과 빵 부스러기를 섞어 '알곡'을 만들어 주니 "채소가 조금 섞였다고 닭들이 미친 듯이 달려든다. 그게 그렇게 먹고 싶었다는 듯이!"라고 쓴 사람도 있었다.[87] 닭과 오리는 시골에도 살았고 도시에도 살았다. 런던 스테프니의 어느 집 뒤뜰에는 로드아일랜드레드 종 수탉 코키Cocky를 비롯해 여러 종류의 닭이 살았다. 주인은 당시 런던 민간방위청 공무원으로 집을 방문한 해럴드 스콧에게 닭들을 자랑스럽게 선보였다.[88] 그럼에도 불구하고 "닭의 먹이를 구하기 어려운 경우에는" 어쩔 수 없이 닭을 죽여야 했다. 이를 통해 짐작컨대 (쉽게 구할 수 있는 건조 식품보다) 신선한 달걀이 닭고기보다 더 값어치가 높았던 것으로 보인다.[89]

'음식 낭비에 관한 명령'의 영향 _____

전쟁이 진행되면서 야생 조류에게 먹이를 주는 행위까지 법적 고발의 대상이 되었다. 1940년 8월부터 시행된 '음식 낭비에 관한 명령'의 결과였다. 앞서 살펴본 정부 부처의 논의에서 드러났듯 반려동물의 식생활 문제는 규제에서 특별히 제외되었다. 그럼에도 왕립동물학대방지협회는 언론의 호들갑스럽고 부정확한 보도를 반박하기 위해 인쇄물을 발행했다. 새로운 규제에 경악한 동물 애호가들이 있었다는 것을 짐작할 수 있다. 왕립동물학대방지협회는 "어떤 법정에서라도, 인간이 먹을 만한 음식을 **애완동물**에게 조금 먹인 것을 낭비로 판결하는 일은 없을 것이다."라고 판단했다. 협회는 인간의 식량보다는 구할 수 있는 동물용 식품을 먹이라고 권하면서 "동물에게 인간 음식을 먹이면 처벌받을 수 있으니 남은 음식은 버리라고 누군가 좋은 의도로 조언할 수도 있다. 그렇다고 인간이 먹는 음식을 애완동물에게 조금 먹이는 것을 그만두면 안 된다."라고 썼다.[90] 법률 자문이기도 한 이 조언은 가족과 함께 사는 '애완동물', 즉 남의 눈에 띄지 않고 먹일 수 있는 동물에 초점이 맞춰져 있다. 야생동물이나 '주인 없는' 동물은 왕립동물학대방지협회의 고려 대상이 아니었다.

이런 규제가 실제로 집행되리라고 진지하게 생각한 사람은 많지 않았다. 베레 호지슨의 기록을 보면 "(하이드파크에 있는 카페에서) 참새들이 먹이를 찾아서 내 손으로 날아왔다. 갑자기 덤불 뒤에서 울턴 경Lord Woolton(당시 식품부장관)이 나타나면 어쩌나 했지만 다행히 그런 일은 없었다. 그 누가 자기 손에 앉은 참새를 외면할 수 있을까?"[91] 하지만 런던 북부 바넷에 사는 메리 브리짓 오설리번Mary Bridget O'Sullivan은 빵을 낭비한 죄로 10파운드의 벌금형을 받았다. 하인인 미스 퍼시Persi도 같은 죄로 3실링 11펜스의 벌금을 물었다. 뒤뜰에서 새들에게 빵을 던져주는 모습이 두 번 목격되었기 때문이다. 오설리번은 매일 새들에게 빵을 먹인 사실을 인정하면서 "새들이 굶어죽게 놔둘 순 없었다."고 항변했다.[92] 이처럼 고발의 중요한 요건은 다른 종 동물을 먹이는 행위 자체가 아니라 동물의 위상이었다. 보다 별난 사례도 있었다. 런던 서부 해머스미스에 있는 식당 조 리온스Jo Lyons에는 생쥐가 들끓었는데, 이곳 사장은 쥐가 자투리 음식을 먹게 '허용했다'는 죄목으로 고발당했다.[93]

'주인 있는' 동물과 '야생'동물 간의 구분은 도시 밖에서도 나타났다. 시골에서는 참새 박멸단이 결성되어 참새를 죽여 사체를 증거로 가져오면 한 마리당 1실링 2펜스의 보상금을 주었다.[94] 이 사업을 주도한 이들은 1918년 참새 박멸단이 곳곳에서 결성되어 자연계의 곤충 포식자인 참새를 죽인 결과 곤충 애벌레가 걷잡을 수 없이 창궐했던 사태를 잊은 모양이었다.[95] 왕립조류보호협회Royal Society for the Protection of Birds는 어린이를 대상으로 한 인쇄물에서 참새를 박멸하겠다는 계획은 새가 농작물 근처에서 목격되는 것을 무조건 피해로만 생각하는 "완전히 잘못된" 접근법이라고 지적했다. 조류는 곡물이 아니라 곤충 애벌레를 먹는다는 의견도 있었다. 그렇다면 새들도 나름의 방식으로 "전쟁 승리를 위한 텃밭 일구기"에 동참하고 있는 셈이었다. 새를 방해하는 사람들은 일종의 제5열(자국 내에서 적국에 동조하는 집단)이었다. "그들은 약하고 무력한 사람들을 공격하며 기뻐하는 '야만 왕국' 히틀러 부대에" 동조하는 셈이었고, "우리의 전쟁 활동, 나아가 새의 전쟁 활동을" 방해하는 것이나 마찬가지였다.[96]

전시의 물자 부족으로 인해 인간과 동물의 식단이 달라진 것은 사실이다. 그러나 물자 부족 때문에 동물(특히 개와 고양이)과 인간의 식생활이 철저하게 구분되는 현상은 나타나지 않았다. 여기에는 영국이 다른 나라에 비해 식량을 안정적으로 공급했다는 이유도 있었다. 진 루시 프랫Jean Lucey Pratt은 1942년 1월 일기에 다음과 같이 기록했다.

> 우리 영국인은 예전에나 지금이나 유럽에서 가장 풍족한 식생활을 누리고 있다. … 버터, 마가린, 비계, 치즈, 베이컨, 설탕, 차 등이 매주 정기적으로 배급되고 있다. 빵과 밀가루도 필요한 만큼 나오고 … 콩과 당근, 수프도 충분하며 … 고기는 예전만큼 쉽게 구할 수 없어도 소시지용 고기와 염장 쇠고기가 자주 배급된다. 시장에는 민물고기와 바닷물고기가 통제된 가격에 충분한 양이 유통되고 있다.[97]

어떤 지역에 폭탄이 떨어지면 사람들은 무너진 집에서 도망쳐 나온 동물들에게 음식을 먹였다. 한 구조대원이 쓰기를 "이 가난한 사람 대다수가 마지막 남은 빵 조각을 그들의 고양이나 개에게 양보할 것이다. 일흔 남짓한 노인이 떠돌이 고양이 여러 마리를 집에 들여서 먹이는 것을 보았다."[98] 동물보호단체 역시 떠돌이 고양이들에게 정기적으로 밥을 먹였다. 왕립동물학대방지협회의 한 직원은 캔터베리에 폭격이 발생한 뒤 "파편 근처에 고양이가 여러 마리 남아 있는데 주인들과 연락이 닿을 때까지는 내가 이들에게 매일 음식을 주고 있다."고 보고했다.[99] 전면전은 단순히 평소 식단을 제한하는 데 그치지 않았다. 인간과 동물 모두 평소라면 먹지 않을 서로의 '새로운' 음식을 일상적으로 먹게 되었다. 동물과 인간의 간격이 좁혀지고 있었다.

6장
희미해진 경계 : 누가 누구를 보호했는가?

나는 6년이나 함께 산 이 아이가 없는 삶을 생각하고 싶지 않다. …
난 천식 때문에 방공호를 좋아하지 않아 대피할 일이 절대 없다.
그러니 우리 아이는 결코 혼자 남지 않는다. [1]

지난 장에서 우리는 인간과 동물의 경계를 무너뜨리는 '통종'의 식생활에 대해 검토했다. 이번에는 인간과 동물이 모두 이 전쟁에서 처음 경험하게 된 새로운 시설과 그 효과를 살핀다. 영국 정부는 공습을 예상하고 전쟁 전부터 다양한 종류의 공습 대피 시설을 부족한 물량으로나마 공급했다. 가령 앤더슨식 방공호는 골함석으로 강화한 아치 지붕 형태에, 주택 뒤뜰에 설치하는 종류였다. 뒤뜰이 없는 경우는 주택 내부의 바닥 면에 모리슨식 방공호Morrison shelter를 설치할 수 있었다. 큰 장방형 우리와 비슷한 이 방공호는 폭파되어 떨어져 내리는 건물 파편을 막아 주는 역할을 했다. [2] 공동 방공호는 인구가 적은 지역에서 많은 주민을 함께 수용하기 위한 시설로, 주로 거리의 중간 지점에 벽돌로 세운 반지상 건물이었다. 런던에서는 지하철 역사를 야간 대피소로 이용했고, 고급

지금까지 남아 있는 주택 뒤뜰의 앤더슨식 방공호. 사우스 런던, 2013년

호텔은 투숙객을 지하로 대피시켰다.[3)]

공동 방공호에는 인간과 애완동물이 함께 들어갈 수 없었다. 초기의 공동 방공호에는 화장실이나 수도 시설이 거의 없었으므로, 내무장관 존 앤더슨John Anderson이 방공호 공간 일부를 개를 데려오는 사람들에게 배정해 달라는 요구를 거부한 것은 어쩌면 당연한 일이다.[4)] 전국개보호동맹은 개를 밖에 묶어 둔 채 혼자 방공호로 피신하는 사람들이 있다며 맹비난했지만, 반대로 "개와 함께 방공호 바깥에 머무는 사람들도 있었다."[5)] 개의 유기 문제와 관련하여 화제를 모은 장소 중 하나가 런던 중심부의 부유층 거주 구역에 있는 켄싱턴 공원이었다. 개를 방공호에 입장시키자는 캠페인이 이곳에서 벌어지기도 했지만 성공하지는 못했다.

방공호 밖에는 개를 묶어 두는 공간이 따로 마련되어 있었지만, 정말로 그랬다가는 "개를 버려 두고 자기만 안전한 곳에 숨는 냉혈한으로 여겨졌다."[6] 이에 왕립동물학대방지협회와 전국개보호동맹은 자체적으로 자금을 마련하여 켄싱턴 공원에 개 36마리를 수용할 수 있는 개 전용 방공호를 지었다. 완공식에서 왕립동물학대방지협회 회장 로버트 가워 경은 이곳이 "첫 번째"며, 앞으로 비슷한 방공호를 더 짓겠다는 뜻을 내비쳤다. 하지만 추가로 개 전용 방공호가 지어지지 않은 것을 보면, 인간과 개가 따로따로 대피하는 방법이 양쪽 모두에게 그리 만족스럽지 않았던 모양이다. 가워 본인도 이렇게 말했다. "대다수의 개 주인은 개가 바깥에서 큰 위험에 노출되어 있는 동안 자기만 방공호에 들어가 피신하겠다고 하지 않을 것이다."[7] 개와 인간이 떨어진 채 각각 안전할 수는 있지만 둘이 함께 안전할 방법은 없었다. 오직 자신의 목숨만 구하는 것과, 자신과 반려동물 모두가 다치거나 죽을 위험에 처하는 것 사이에서의 선택은 사람과 동물이 어떤 관계를 맺고 있었느냐에 따라 결정되었다. 그리고 그 관계는 고정된 것이 아니라 계속 바뀌었다.

전국개보호동맹은 공습 경보가 발령되면 개와 함께 산책하던 사람들이 집 안으로 대피할 수 있도록 창문에 대피소를 제공한다는 문구를 붙여 두라고 권고했다.[8] 특별 포스터도 제작해서 배포했다. "집에서 멀리 나와 있을 경우에는 붉은색-흰색-파란색 표지가 붙은 주택을 찾으세요. '공습 중에 개와 주인은 이곳으로 들어오세요'라는 뜻입니다."[9] 사람들은 자신의 개인 공간에 낯선 사람과 낯선 개를 피신시켰다. 이 방법으로 개와 인간은 함께 안전해질 수 있었고, 또 그 긴장된 순간을 다른 이들과 함께할 수 있었다. 다른 대안은 개의 산책 범위를 제한하여 개와 인간 모두가 집에서 멀리 벗어나지 않는 것이었다. "공습 중에 인간과 개에게 가장 안전한 곳은 집입니다."[10]

그런데 부자들에게는 그 이상의 공습 대책이 필요했다. 일례로 말과 인간이 함께 공습을 피할 수 있는 방공호가 마련되었다. 런던 서부 교외에 있는 왕립동물학대방지협회 지부에서는 회원인 윈스턴 처칠의 부인 클레멘타인 처칠Clementine Churchill의 제안에 따라 각자의 마구간 앞에 현수막을 걸어서 공습 중에 말과 사람이 함께 피신할 수 있게 했다.[11] 국왕은 왕실 마구간인 로열 뮤스Royal Mews의 일부를 말을 위한 응급 병실로 제공했고, 런던 거리에서 말이 공습 중에 피신할 수 있도록 왕실기병대의 나이츠브리지와 화이트홀 막사를 방공호로 개방했다.[12] 로런스 홀먼을 태우고 매일 하이드파크를 거닐던 마리아나와 트럼프 같은 '민간 말'도 기병대 막사를 방공호로 여러 번 이용했다. 홀먼은 1940년 9월 30일자 일기에 이렇게 썼다. "또 하루가 무사히 지나간 데 대해 잠시 감사의 기도를! 정오 승마 중에 근위대 공습 방공호에. 돌아오다가 막사에. 빅토리아 게이트부터 마리아나의 집까지는 걸어서."[13] 이렇게 공습은 말과 인간의 평소 일과와 경로를 바꾸어 놓았다.

공동 방공호의 운영 방식은 감독이나 관할 소방서장의 재량에 따라 조금씩 차이가 있었던 듯하다. 유독 동물에게 엄격했던 한 공동 공습 감독은 "아이 없는 부부나 독신자에게는 개가 그들의 자식이다."라며 개와 인간의 관계를 진지하게 생각하면서도 인간과 개가 함께 들어오도록 허용하지 않았다. 그러면서 가족들이 "가슴 아파해도 … 개가 입장하도록 허용할 수 없었다. 위생 문제는 차치하더라도, 근처에 폭탄이 터졌을 때 동물이 어떻게 반응할지 예상할 수 없었기에 안전 문제가 우려되었다."

라고 썼다.[14] 이 감독은 동물과의 관계가 가치 있다고 인식하면서도 폭탄이 떨어졌을 때 그 관계가 어떻게 작용할지에 대해서는 무언가를 억측했다(그런 상황에서 개가 인간을 공격했다는 기록을 나는 지금까지 한 건도 발견하지 못했다).

물론 규제가 있다고 해서 늘 실행되었던 것은 아니다. 센트럴 런던에 살던 한 여성과 개는 근처의 작은 공동 방공호를 자주 이용했다. "우리 개는 몸집이 작고 소란을 피우지 않는다. 시끄러운 소리를 피해 이불 밑에 웅크리고 있을 때 개는 아무 소리도 내지 않고 그저 벌벌 떨기만 한다."[15] 이보다 더 놀랄 만한 일도 있었다. 한 과일 노점상 노인은 당나귀를 수레에 묶어 두고 온 것을 뒤늦게 깨닫고 공습 중에 다시 밖으로 나가 당나귀와 함께 방공호에 들어갔다. 당나귀는 "꽤 순순히 그 안으로 들어갔다." 이어서 노인은 수레를 약탈당할까 봐 엄청난 폭격을 뚫고 다시 수레를 지키러 갔다.[16] 공동 방공호에 애완 원숭이를 데리고 들어가려던 여성은 원숭이 문제가 아니라 입장을 거부하는 소방서장과 몸싸움을 했다는 이유로 웨스트민스터 치안법정에 섰다.[17]

전국생체해부반대협회National Anti-Vivisection Society의 간행물인《동물의 수호자Animals' Defender》에 따르면 1940년 10월에 "개들은 여전히 공동 방공호를 정식으로는 이용할 수 없었으나 인도적인 소방서장들이 눈을 감아 주는 경우가 많았다."[18] 전쟁 선전에는 포플러구 공습 감독이 구조한 립Rip의 이야기와 이미지가 쓰였다. 폭격당한 건물의 인명을 구조 작업에 참여했던 립은 공동 방공호에 대피할 때면 사람들에게 환영받았다.[19] 개의 방공호 입장을 허용하느냐 마느냐의 결정에는 그때그때의 구체적인 상황도 중요하게 작용했다. 사우스 런던 공습 도중에 개를 데리고 방공

호를 찾아온 젊은 여성이 개도 함께 들여보내 달라고 애원한 것이 주요
하게 작용했다.

> 집 앞뜰에 앤더슨식 방공호가 있어 모두 그리로 들어갔다. 그런
> 다음 또 폭탄이 떨어졌지만 불발이었다. … 그래서 우리는 **공동
> 방공호**로 가야만 했다. 어깨에 이불을 두르고 베개로 머리를 감
> 싼 채, 파편이 날아다니는 길을 헤쳐 나갔다. 우리는 무사히 공동
> 방공호에 도착했으나 작은 강아지를 데리고 있던 여동생은 입장
> 을 거부당했다. 벼락 같은 불빛이 번뜩이는 와중에 동생은 계단
> 맨 위쪽에 서서 소리를 질렀다. "우리 개가 죽으면 나도 같이 죽
> 을 거야!" 그러자 동생을 안으로 들여 보냈다.[20]

버밍엄시 중부의 뉴스트리트 구역에서도 비슷한 일이 있었다. 공습 중
에 사람들이 충격에 몸을 떨며 공동 방공호 입구로 향하고 있었다. 한 남
성 노인은 개와 함께였고, 한 여성 노인은 "고양이들이 부엌에 남아 있다
며 울고" 있었다. 공습 감독은 동물을 모두 데려올 수는 없다고 울고 있
는 노인에게 설명했다. 그때 대피하러 온 한 여성이 자신이 고양이를 데
려다 주겠다고 나섰다. "그렇게 방공호에 들어간 노인은 사람들이 보살
펴 주었고, 곧 고양이들도 방공호로 데려왔다."[21] 고양이 주인을 위한 조
언 중 하나로 방공호에 고양이를 함께 데려갈 때에는 하네스를 채우라
는 것이었는데, 그렇게 신통한 방법은 아니었던 듯하다. 엘렌 포터Ellen
Potter라는 사람은 새벽 한 시에 사이렌 소리를 듣고 잠에서 깬 뒤, 앤더
슨식 방공호에 가져갈 쿠션을 챙기고 고양이에겐 몸줄을 채웠다. 하지만

폭격 후의 인간과 개의 모습. 1944년 뉴 크로스의 왓슨 스트리트 (LHW 17/87, Bishopsgate Institute)

고양이가 허우적거리며 몸줄을 벗자 안전을 위해 집 안 1층에 가둬 놓았다.[22]

　동물보호단체들은 동물과 인간이 함께 있는 편이 안전할지, 아니면 동물과 인간이 따로 대피하는 편이 안전할지에 대해 여러 가지 의견을 냈다. 아픈동물을위한진료소는 개를 위한 독가스 방지 방공호를 준비하라고 권고했다.[23] 이 방법은 특히 전쟁이 발발한 시점에 큰 호응을 얻었다. 1939년 9월 6일까지 아픈동물을위한진료소가 디자인한 개 방공호가 전부 판매되었고 새 물량이 공급될 때까지 3~4주나 기다려야 했다.[24] 이 장치는 작고 둥근 형태에 재질은 금속이었다. 최소한 어느 집 개 한 마리는 천둥이 칠 때는 소리를 막아 주고, 여름에는 더위를 막아 주는 용도로 이 설비를 즐겨 썼다.[25] 반면 전국개보호동맹은 개 전용 방공호의 효용성을 의심했다. 왜냐하면 공기가 많이 필요한 동물을 작은 공간에 가두는 것도 문제였고, 더 중요하게는 인간과 개가 함께 있는 편이 모두에게 이롭다는 이유에서였다. 이 동맹은 "인간과 개가 함께 쓰는 독가스 방지 방공호를 마련하든가 개들이 스스로 선택하는 방공호를 함께 사용하라."고 권고했다.[26] 그렇게 인간이 개와 같은 방공호를 쓰면 개가 정확히 어디에 있는지 파악할 수 있었고, 그럼으로써 인간과 개가 서로 의지할 수 있었다.

방공호의 시간 : 동물과 인간의 공간 _____

많은 인간과 반려동물이 방공호에서 함께 폭격을 피했고, 그런 사람들이 회상하는 방공호 경험에는 반드시 동물이 등장한다. 런던에 사는 한 여성은 여섯 살 때의 일을 회상하면서 앤더슨식 방공호에 가족과 이웃의 두 여성과 그 집의 "갈색과 흰색이 섞인 늙고 뚱뚱한 잡종견"이 함께 들어가 폭격을 피했다고 설명했다.[27] "지나치게 독립적인" 동물(또는 인간)도 있었다. 앤더슨식 방공호에 들어가기를 거부했던 도리스 피어스Doris Pierce는 함께 사는 고양이와 그의 형제까지 모두 방공호에 들어가기를 거부했다.[28] 방공호는 본질적으로 '전쟁 시설'이었고 영국의 인간과 동물이 모두 처음 경험하는 공간이었다. 방공호를 사용한다는 것은 사실상

"굴 안으로 숨는" 행위다. 다양한 종류의 가축 및 야생동물이 일상적으로 하는 이 행동을 이제는 인간이 폭격으로부터 살아남기 위해 모방했다.

곧 폭격이 시작된다고 알리는 것은 공습 사이렌만이 아니었다. 인간 (과 동물 자신)을 방공호로 빠르게 대피하도록 재촉한 동물들이 많았다. 개의 청력은 인간보다 훨씬 뛰어나서 인간이 전혀 듣지 못하는 고음역대의 소리를 들을 수 있다. 동물학자 존 브래드쇼에 따르면 "고양이는 개보다 더 높은 음역대의 소리를 들을 수 있다. 고양이 기준에서는 개가 고음역대의 소리를 못 듣는 동물일 정도다."[29] 이러한 동물의 특수한 능력은 동물과 인간 모두에게 도움이 되었다. 그러나 동물은 단순히 소리에만 반응한 것이 아니었다. 동물은 행위자성을 발휘했고, 그런 행동을 통해 그들 자신과 반려인의 목숨을 구했다. 동물학자 에리카 퍼지가 최근에 주장한 대로 "우리가 행위자성을 '자기성찰적 의도성'을 기계적으로 요구하는 개념으로만 이해하지 않는다면 '동물은 행위자다'라는 명제는 동물과 한 번이라도 함께 활동하거나 생활한 적이 있는 사람이라면 누구나 인정하는 말이다. 동물은 단순히 인간에 의해 이리저리 옮겨지거나 숫자로 계산되는 대상이 아니라 인간과 함께 협의하는 주체라는 사실 말이다."[30]

실제로 많은 사람이 동물의 행동을 의미 있는 행위로 해석했다. 개와 고양이는 다가올 폭격을 예고하는 믿을 만한 척도로서 적극 관찰되었다(이는 동물을 안전하게 대피시키고자 그들의 위치를 확인하는 식의 단순한 관찰과는 달랐다). 1944년 6월 버몬지에서 공습 중에 일어난 한 사건은 고양이의 청력이 얼마나 뛰어난지 알려준다. "어머니가 문득 우리 집 고양이의 행동이 이상하다는 것을 알아차렸다. 동물들은 공습이 시작되기

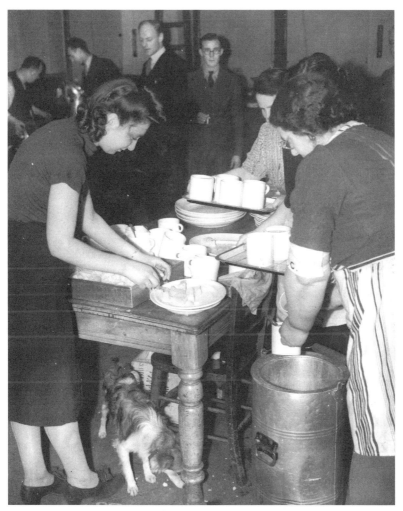

쉼터의 사람들과 개, 1940년 9월 이스트 엔드 (LHW 20/11, Bishopsgate Institute)

직전에 딱 그런 모습을 보였다." 이 가족은 앤더슨식 방공호로 들어갔고 잠자고 있던 이웃들에게도 위험을 알렸다. "그 후 밖에 나와 보니 집이 무너져 있었다." 가족은 쉼터로 갔지만 고양이는 남았다. "엄마는 쉼터로 가기 전에 어떻게든 고양이에게 음식을 먹이려고 했지만 고양이는 모든 음식을 거부했다. 우리가 보기에 엄마의 잘못으로 집이 무너졌다고 생각하여 엄마와 관련된 모든 것을 거부하는 것 같았다. 심지어 집으로 들어오지도 않았다. 충격을 심하게 받은 모양이었다. 다행히 아버지가 근처 이웃 중 폭격을 피한 집에 고양이를 맡겼다. 고양이는 전쟁이 끝난 뒤로도 오랫동안 그 집에서 살다가 죽었다." 이웃들은 그날 위험을 경고해 준 일에 대해 어머니에게 대단히 고마워했지만 이제 성인이 된 딸은 "어머니가 위험을 알린 것은 사실이지만 어머니에게 위험을 알려 준 건 그 고양이였다."라고 말한다.[31] 동물과 인간의 연대 행동이 여러 목숨을 구했다.

인정 많은 사람들이 연민을 갖고 반려동물을 방공호에 함께 데려갔다는 여러 이야기를 통해 내가 말하고자 하는 것은 그 상황을 동물이 주도했다는 것, 나아가 인간은 (동물을 아끼는 마음과는 별개로) 그들의 능력을 이용하여 자신의 목숨을 구했다는 점이다. 많은 동물이 말 그대로 방공호로 가는 길을 이끌었다. 한 런던 시민은 이렇게 회상했다. "개가 귀를 쫑긋 세우거나 어디론가 달려가곤 했는데 그 뒤를 따라가면 그곳에 대피소가 있었다."[32] 사우스 웨일스의 스완지로 가는 항로 근처에 사는 개 잭Jack도 가족에게 자주 위험을 알렸다. "밤에 공습이 시작될 때면 잭이 가족을 침대에서 끌어 내리곤 했다. 그의 예고가 틀린 적은 한 번도 없었던 것 같다. 모두가 계단 밑에 들어간 다음에야 비로소 공습 사이렌이 울렸다. 잭은 계단 밑 공간이 비좁다는 사실을 알아채고는 다른 모두가 그곳에 들어간 뒤에야, 자기가 밖을 내다볼 수 있고 가장 먼저 나올 수 있도록 몸을 뒤쪽부터 해서 들어왔다."[33]

컴브리아주 배로인퍼니스에 사는 넬라 라스트 가족의 고양이와 개는 인간보다 먼저 방공호에 들어가 "우리가 신발을 벗고 침대에 누울 때쯤이면 이미 편안히 자리를 잡고 있었다. 괄괄하고 자유로운 내 고양이는 비행기 따위에 신경 쓰지 않는다. 제 운명은 자기만의 것이라는 듯, 행운은 자기 편이라는 듯."[34] 이 고양이는 소리에 놀라 숨는 대신 인간과 함께 방공호로 들어가기를 선택했다. 아마 집에 혼자 남기 싫어서였을 것이다. 개와 '함께 있기'를 선택한 한 사람은 전쟁 중 매스 옵저베이션과의 인터뷰에서 다음과 같은 말을 남겼다. "나는 6년이나 함께 산 이 아이가 없는 삶을 생각하고 싶지 않다. … 난 천식 때문에 방공호를 좋아하지 않아 대피할 일이 절대 없다. 그러니 우리 아이는 결코 혼자 남지 않는다."[35] 그의 개는 결코 혼자 남지 않았다. 당연히 그도 혼자 남지 않았다.

전쟁은 공공 공간과 개인 공간을 변화시켰다. 가장 두드러진 변화는 건물과 거리, 때로는 한 지역 전체가 파괴된 것이었지만, 한편으로는 인간을 폭격으로부터 보호하기 위한 새로운 공간이 나타났다. 새로운 공간은 동물과 인간 상호간의 '협상'을 요구했다. 가령 런던 남동부 외곽 치즐허스트에는 석회질 암석을 채굴하다가 생긴 동굴이 있었는데, 2차 대전 때에는 이곳이 영국에서 가장 큰 지하 공습 대피소가 되었다.[36] 폭격으로 집을 잃은 짚Gyp의 가족은 개에게 밥을 먹인 뒤 친척 집에 개를 맡겼다. "잘 지내고 있어, 짚. 오늘 밤엔 여기서 자는 거야." 그러고는 인간들만 동굴 대피소에 갔다. 하지만 짚은 "충격 방지용 창호지를 발로 찢고 창문을 넘어 원래 살던 무너진 집으로 돌아가는" 행동을 반복했다. 결국 이 가족은 짚과 함께 동굴 대피소로 갔지만 "짚은 지하에 있는 걸 별로 좋아하지 않았다. 나처럼 짚 역시 밖으로 빨리 나가고 싶어 했다."[37]

그동안 동물지리학 연구자들은 공간을 인간 중심적으로 생각하는 방식, 즉 공간을 순전히 인간의 의도와 행동의 결과물로 인식하는 관점이 옳은지 질문해 왔다. 또한 동물의 공간이라 명명할 만한 장소가 어딘가 있지 않은지 질문했다.[38] 전쟁 상황은 그러한 질문에 타당성을 부여하는 좋은 사례다. 전쟁 중에 승마를 하며 일기를 쓴 로런스 홀먼은 자신이 사는 곳 또는 마리아나가 사는 마구간을 기준으로 전날 밤 폭격의 지형도를 그렸다. 인간의 거주지에서 떨어진 곳에 사는 말은 일반적으로 애완동물로 여겨지지 않았지만 홀먼의 삶에서 특별한 위치를 차지한 말들은 "인간에게 안정감을 주는" 역할을 완수했다.[39] 말에게는 마리아나와 트럼프라는 이름이 있었다. 그들은 그렇게 이름으로 불림으로써 "우리 인간의 세계에 들어왔다."[40] 예를 들어 "어젯밤 내 차에서 90미터 떨어진 워번 스퀘어에서 집 한 채가 폭격당했고, 마리아나가 있는 곳에서 90미터 떨어진 웜폴 스트리트에 폭탄이 떨어졌다."[41] 로런스 홀먼이 마리아나가 있는 장소를 전쟁 때문에 인식하게 된 것은 아니다. 그는 이미 그 장소에 대해 잘 알고 있었다. 이 기록에서처럼 폭탄이 떨어진 곳을 기준으로 장소를 파악하는 전시의 지형학은 인간과 말이 서로 다른 공간에서 살아간다는 사실, 그러나 그들이 똑같이 전쟁을 경험하고 있다는 사실을 부각시켰다. 홀먼은 전날 밤 피해를 입은 곳을 그날의 승마 코스에 포함시켜 말과 함께 피폭 현장을 확인하곤 했다. "우리는 지난 밤을 무사히 넘겼지만 화이트홀에는 문제가 생겼다. 버드케이지 워크에 두 군데, 외무부 건물 뒤쪽에 한 군데, 화이트홀에 세 군데, 트라팔가 광장에 두 군데 … 마리아나를 타고 이 모든 지점을 돌아보았다."[42]

계단 밑 벽장이나 지하실 등 집의 물건을 보관하던 보이지 않던 장소들이 인간과 동물이 함께 대피하는 공동 공간이 되었다. 센트럴 런던의 샬럿가에 사는 베아트릭스 레만Beatrix Lehmann은 "개와 함께 지하실로 기어 내려갔다. 우리가 여기에 있는 것을 아는 사람이 한 명이라도 있을지 궁금해하며 누워 있었다."[43] 이스트 런던의 아일 오브 독스에 사는 마거릿Margaret은 개 도저Dodger와 함께 계단 밑으로 대피했고, 그러는 동안 남편 아서는 위층으로 올라가 폭탄이 떨어지는 모습을 지켜보았다.[44] 노팅힐에 있는 기독교 복지단체인 그레이터월드협회트러스트Greater World Association Trust(주거 시설도 포함되어 있었다) 근처에 예고 없이 폭탄이 떨어졌을 때 건물에 있던 여성 두 명과 그곳에 들어온 지 얼마 안 된 새끼 고양이 스캠프Scamp는 급한 대로 공습 대비용 덮개를 함께 썼다.

> 난로 앞에서 발에 불을 쬐던 고양이는 폭탄이 떨어지자 잽싸게 책상 밑으로 들어와 내 옆에 몸을 숨겼다. 우리는 서로를 보며, 또 고양이를 보며 두 시간을 보냈다. 여든 살 할머니와 내가 서로 손을 잡고 얼른 책상 밑으로 들어가면 고양이도 들어왔다. 고양이는 우리를 보면서 분명하게 말하는 것만 같았다. "당신들이 하면 나도 해요. 당신들이 숨으면 나도 숨어요."

공습이 끝나자 이 고양이는 주위를 엉금엉금 한 바퀴 빙 돌더니 "나에게 달려와 … 내 발과 발목 위에 자리를 잡았다. 나는 묘지의 중세 조각상처럼 누워 있었다."[45] 원래는 인간 전용으로 지정되었던 다른 장소도 동물-인간의 공동 장소가 되었다. 가령 도체스터 호텔에서는 수백 명의 부유한 투숙객이 개와 함께 지하의 튀르키예식 목욕탕으로 대피했다.[46]

이 개들은 사람이 지나가면 짖었다. 반면 위럴에 사는 에어데일 강아지 제리Jerry는 신중했다. 제리는 계단 꼭대기 쪽에 "그의 방석"이 있는 계단참을 차지하도록 '허락'받았고, 고개를 "위쪽 계단에 걸친 자세로 자곤 했다. 우리가 올라가면 한쪽 눈을 뜨고 쳐다보았다." 하지만 폭격 중에는 (제리는 폭격을 싫어했다) "우리 모두 주방에 함께 머물렀다."[47]

스트레스 :
공동의 환경 _____

　동물과 인간 모두 각자의 성격에 따라 공습 스트레스를 겪었다. 수의사들은 공습 폭발음이 동물에게는 본파이어나이트Bonfire night(영국에서 매년 11월 5일에 열리는 불꽃놀이 축제)에 들리는 폭죽 소리와 다르지 않을 것이라고 주장했지만, 많은 동물이 사람과 마찬가지로 불안증에 시달렸다. 런던 북서부 퀸즈파크에 사는 사회학자 타운젠드Townsend 가족의 개 믹Mick은 평소에는 성격이 독립적인 편이었다. "우리가 문을 열어 주면 믹은 밖으로 나가 과자점 앞 구석에 자리를 잡고서는 지나가는 모든 개에게 짖었고 개들은 곧 길 건너편으로 피해 다녔다. 믹은 또 오토바이를 무척 싫어해서 모퉁이에서 나타나는 오토바이들을 쫓아다녔다. 몸집은 작았지만 마음은 넓었으며 동네 아이들을 만나면 다 핥아 주었다." 그러나 이 작은 개가 모든 위험에 끄떡없는 것은 아니었다. "믹이 두려워하는 것이 하나 있었는데 바로 폭죽이다. 우리는 두 해 연속으로 본파이어나이트에 겁을 먹고 길을 잃었던 믹을 다음 날 보호소에서 찾아왔다."

이 가족은 전쟁이 시작되었을 때 믹을 안락사시킬 생각이 전혀 없었다. 그러나 런던에 공습이 시작되자 개가 겁을 먹고 밤새 짖었다. 결국 믹은 안락사당했다. 이 경우 안락사 결정은 인간의 짐작이나 예상이 아니라 이 개가 평소에 보인 행동과 공습 중에 실제로 보인 반응을 토대로 내려졌다.[48] 밀 힐에 사는 중산층 여성은 자신의 개가 공습 때문에 미쳐버린 까닭에 그를 "결국 영원히 잠들게" 할 수밖에 없었다고 설명했다. "우리는 할 수 있는 모든 방법을 썼다. 동물병원에 얼마나 많은 돈을 썼는지 모른다. 그러나 그 어떤 방법도 소용없었다."[49]

비교적 완만한 고통을 겪은 동물도 있었다. 앞서 소개한, 전쟁이 선포되기 전인 8월 말에 서캐 때문에 빗질을 받았던 조지 오웰 가족의 푸들 맑스는 부부와 묘한 관계를 맺고 있었던 듯하다. 아내 아일린 블레어가 쓰기를 "우리가 개의 이름을 맑스라고 지은 이유는 우리가 전에는 맑스를 전혀 읽지 않았는데 이제 조금 읽어 보니 그가 참으로 마음에 들지 않는다는 사실을 기억하기 위해서다. 그래서 우리가 맑스에 대해 말을 할 때면 개를 제대로 볼 수 없었다."[50] 맑스는 공습 중에 "억눌리고 불안한" 모습을 보였다.[51] 다른 개들은 또 다르게 반응했다. 렉스Rex는 공습이 시작되면 흥분했다. "개가 아무 이유도 없이 짖기 시작하면 우리는 곧 공습이 시작되리란 걸 알았다. 폭탄이 터지기 시작하면 더더욱 흥분했다. 개가 바깥에 나가 있을 때 폭격이 발생하면 사방이 다시 조용해지기 전에는 개를 집으로 데리고 들어올 수가 없었다." 렉스의 짖는 행동 때문에 이 집의 부인은 불안해했다. 부인은 냉정하게도 렉스가 "밤새 짖는다."며 앤더슨식 방공호에 들어오지 못하게 했다. 렉스는 "잘 때는 누가 업어 가도 모르는" 그 집 아들과 함께 집 안에 머물렀다. 개가 불안해서 짖는 행

동을 부인은 사람들은 겁에 질려 조용히 있는데 개 혼자 "신이 났다."고 여겼다.[52]

매스 옵저베이션은 1941년 7월 런던에서 실시한 조사에서 "대다수의 사람들은, 자기 개가 공습에 심각한 영향을 받지는 않았다고 여겼지만, 개가 **평소보다** 신경질적으로 행동한다고 생각했다."고 정리했다.[53] 이는 수의사들이 주장하던 대로 공습이 각 동물이 원래부터 가지고 있던 성향을 평소보다 한층 두드러지게 했다는 뜻이다. 1940년 9월 《타임스》의 특별 통신원에 따르면 동물원에 사는 오소리 빌리Billy는 공습 경보가 울리기도 전에 우리를 빠져 나와 방공호로 쓰이는 근처 터널 중 한 곳으로 뛰어들어가 숨곤 했다. 하지만 그는 "런던에 사는 야생동물과 동물원 동물이 인간에 비해 대공습을 조금이라도 더 잘 알아차린다는 증거는 없다."라고 덧붙였다.[54] 한 달 후인 1940년 10월 기사에는 "폭격 소음을 견디지 못해 신경질적이고 큰 소리로 우는" 앵무의 반응과 "모든 방공호와 공동 주택 안에서 … 너무 긴장되고 예민해진다고 일제히 호소하는 인간의 반응"을 견주었다.[55]

동물보호단체들은 동물들의 불안을 해결할 방법을 제시했다. 인간의 불안은 동물이 곁에 있음으로써 완화되는 경우가 많은데[56] 마찬가지로 인간이 차분하게 행동하면 동물의 기분에 긍정적인 영향을 줄 수 있다는 것이었다. 가령 밥마틴사는 개와 고양이가 "주인의 감정"에 매우 빠르게 반응한다며, 동물의 불안을 최소화하고 싶다면 "비상사태 중 동물을 다룰 때는 허둥지둥하거나 지나치게 격앙된 모습을 보이지 않는 것이 중요"하다고 설명했다. 이 회사는 이 지침을 "KEEP CALM!(차분함을 잃지 마세요!)"이라고 대문자로 강조했다.[57]

물론 공습 때문에 '미쳐 버린' 것은 비단 동물만이 아니다. 한 남성은 매스 옵저베이션의 인터뷰를 통해 이 전쟁이 인간과 개에게 두루 미친 영향에 대해 설명하면서 "나는 공습 때문에 미쳐 버린 개를 많이 알고 있다. 전쟁은 실로 모두에게 똑같이 일어났다. 그럴 수밖에 없는 일이다. 다만 동물들이 더 가혹한 상황에 놓인 것처럼 보이는 것은 전쟁을 일으킨 것은 인간인데 동물이 가장 큰 고통을 겪고 있기 때문이다."[58] 정신분석가 멜리타 슈미데베르크Melitta Schmideberg도 인간과 동물이 공습 스트레스를 얼마나 비슷하게 겪는지 연구했다. 그는 "신경증이 없는" 어린아이의 경우에는 의연하게 대처하는 성인이 주변에 있다면 (부상을 당하거나 미아가 되지 않는 한) 공습에 거의 영향을 받지 않는다고 보았다. 어린아이는 공습보다 기저에 깔린 불안에 더 크게 반응했으며 "이 점은 어린아이와 애완동물에게서 똑같이 나타났다." 슈미데베르크는 기존 정신분석학의 방법론에서 한발 벗어나 자신의 고양이가 공습 경보를 어떻게 '정상화'했는지를 근거로 들었다. "그 행동으로 판단하건대 우리 고양이는 공습 경보를 수고양이의 울음소리로 착각했다."[59]

왕립동물학대방지협회는 동물을 불안하게 만드는 소음을 줄이는 방안을 내놓았다. '일부' 개에게는 "귓구멍 안이 아니라 귀밑에" 탈지면을 대고 머리에 두건을 두르고 고정할 수 있다고 했고, "이런 종류의 대책을 견디는 고양이는 거의 없을 것이다."라는 합리적인 경고를 덧붙였다.[60] 고양이보호동맹은 고양이를 안정시키기 위해 브로민칼륨(수면제 성분으로 쓰이는 중추신경억제화학물질)의 진정 효과를 검토했다. 이 약은 너무 자주 먹이면 고양이가 우울해질 수 있었다. 루미날(Luminal은 페노바비탈phe-nobarbital의 상품명으로 진정제, 최면제)은 "신뢰할 수 없고" 콜레톤(Choletone

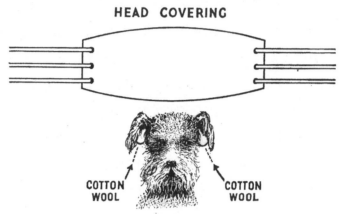

The noise problem.

(5) Some dogs and cats are terrified by noise.   It is difficult to suggest a satisfactory remedy apart from sedatives. Some dogs will submit to the following :—

Place under the ear flaps, not inside the ears, a wad of cotton wool and then tie the cover over the head with the strings under the chin.

HEAD COVERING

COTTON WOOL   COTTON WOOL

Few cats will tolerate anyth'ng of the kind.

Remember your dog is influenced by your behaviour, so keep calm and he will probably be calm also.

개와 고양이의 차이점,《동물과 공습*Animals and Air Raids*》(courtesy of RSPCA).
소음에 불안해하는 개, 고양이를 진정시키는 방법을 소개하고 있다. 개는 사람의 반응에 영향을 받으므로 사람이 차분하게 행동할 것을 강조한다.

이라는 약은 이 책 외에는 찾아보기 힘들다_역자)은 투약하기가 어렵고 효과도 없었다. 결론은 "우리는 이국적인 이름을 가진 진정제에 주목했지만, 아스피린이라는 흔한 약을 완전히 간과했다. 모두 알다시피 아스피린은 설탕물이나 약간의 우유와 함께 쉽게 투여할 수 있다. 0.3그램짜리 아스피린 한 알이면 다른 약물에 뒤지지 않는 신경 안정 효과를 낼 수 있다."는 것이었다. 고양이보호동맹은 고양이에게 일상적으로 진정제를 먹여선 안 된다고 경고하면서, 고양이가 보이는 구체적인 반응을 주시하라고 권했다. "필요하지 않은 것을 먹일 필요는 전혀 없"었다.[61] 매스 옵저베이션이 의뢰한 일기에 본인의 걱정과 불안 및 반려동물의 기분과 상태를 상세히 기록한 넬라 라스트는 공습 중에 반려묘 미스터 머피와 반려견 솔을 진정시키기 위해 둘에게 아스피린을 먹였다고 썼다.

> 나이가 많은 솔에게는 아스피린 한 알을 먹이고, 미스터 머피에
> 겐 아스피린 반 알을 우유에 타서 먹였다. 솔은 난로 앞 깔개 위
> 를 왔다갔다하고 사자처럼 몸을 양옆으로 기울이며 걸었다. 오
> 래 함께 살았지만 처음 보는 모습이었다. 우리 집 동물들은 정말
> 신기하고 영리하다. 둘은 마치 자신을 위한 것임을 아는 듯이 아
> 스피린을 먹었고 내가 단단한 참나무 식탁 밑을 가리키자 그곳
> 에 가서 눕더니 더 이상 소란을 피우지 않았다.[62]

좀 더 극적인 경우도 있었다. 런던에 사는 고양이 닉은 앤더슨식 방공호에 숨어 있었다. 그때 근처에 불발탄이 떨어지자 고양이는 벽을 타고 오르려다 사람에게 붙잡혔다. 닉은 "겁에 질려 있었지만 브롬화물을 먹였더니 편하게 잠에 빠졌다."[63] "불안한 개"를 위한 "애드민" 비타민의 인상적인 광고에서 불도그 강아지가 나이 많은 개에게 "나치가 개를 먹는다."는 소문이 사실이냐고 묻는다.[64] 이 광고는 이상하게도 개의 불안증의 원인이 폭격 때문이 아니라 "잘못된 식단" 때문이라고 주장한다. 그러면서 이 특별한 문제를 비타민으로 (폭격이 아니라) 영양 문제를 해결할 수 있다고 말한다.[65]

모든 인간이 불안증을 보인 것이 아니었듯 모든 동물이 불안증을 보

Sister Sue says the Nazis eat puppies, sir!

Nervous dogs need ADMIN, son

Nervous dogs are usually the victims of wrong feeding. Put them on ADMIN and see the difference three short weeks will make ! ADMIN not only contains all the vitamins and mineral salts that dogs need, but the protein nourishment of *three times its weight of prime fillet steak*. It makes digestion easier, so that no dog need suffer ill effects from a starchy diet. Sprinkle ADMIN on your dog's dinner *every day!*

Cartons of ADMIN are 6d. and 1/6—a week's supply and a month's for the average dog; and the breeder's tin, containing seven times the 1/6 quantity, is 7/6. Get a supply to-day and sprinkle ADMIN on your dog's dinner *every day!*

     ★   ★   ★

For information or advice free of charge on any dog problem, write as fully as you can to the Dog Department, Cooper McDougall & Robertson Ltd, Berkhamsted, Herts.

.... ALL CHEMISTS AND DOG SHOPS SELL THE COOPER DOG PRODUCTS

ADMIN
fortifies food
1'6
COOPER
DOG PRODUCT

ADMIN
FORTIFIES FOOD

애드민 비타민으로 개의 공포를 해결하라는 광고

인 것은 아니었다. 도로시 바틴Dorothy Bartin이라는 사람의 애완견 팻Pat은 앤더슨식 방공호에 들어가면 밤새 사람의 발이나 무릎 위에서 자곤 했다. 도로시 본인도 개에게 머리를 기댄 채 꾸벅꾸벅 졸곤 했는데, 심지어 집 근처에 공중 폭탄 두 개가 떨어진 날에도 그랬다.[66] 런던 남동부의 한 가정에서는 어머니가 화재 감시 활동을 나가 있는 동안 어린 딸 뱁즈Babs 와 동생은 애완견과 함께 앤더슨식 방공호에 머물렀다. "검은색 포메라니안은 항상 경보가 울리기도 전에 이미 방공호에 내려가 있었다."[67] 귀가 들리지 않는 고양이들은 위험을 감지해도 지나치게 겁을 먹지 않았다는 기록도 있고, 공습 중에 태어난 한 새끼 고양이는 "차분한 성격"을 보이고, 이후 공습에 태연했다는 기록도 있다.[68]

공습 때
서로 의지하다 _____

사람들은 자신들의 태도가 동물에게 영향을 미친다고 생각했지만 거꾸로 동물의 존재가 인간의 행동에 미치는 영향도 대단히 컸다. 헤이스팅스에 사는 10대 소녀는 애완견 데일Dale의 존재 덕분에 본인이 생각했던 것 이상으로 침착하고 책임감 있게 행동할 수 있었다. 그가 남긴 자세한 기록에 따르면, 데일은 가족인 10대 소녀 둘과 함께 해안 근처의 큰 공원인 알렉산드라파크를 산책하고 있었다. 자매는 처음에는 공습 경보를 무시했지만 공습이 급작스럽게 시작되자 개에게 목줄을 채우고 "작고 앙상한 월계수 아래"로 피신했다. 당시 그들은 몰랐지만 이 공격은 많은 사망자를 낳았고, 이 도시가 겪은 최악의 공습으로 기록되었다.[69] 자매와 개는 나무 밑에서 간신히 버텼다.

우리는 총알과 기관총과 사방을 날아다니는 파편에 둘러싸였다. … 나는 평소에 공습을 별로 무서워하지 않았고 런던 대공습 때도 폭격당한 곳을 걱정했을 뿐이다. 그러나 … 그날 아침에는 두려웠다. 작고 앙상한 월계수 아래에 서서 비행기가 낮게 날아다니는 모습을 보고 있으니 너무 겁이 났다. … 무엇보다도 데일이 계속 울부짖고, 두려움에 사로잡혀 도망치려는 것이 가장 힘들었다. 나는 데일의 작은 머리를 가슴에 꽉 껴안고 앉았다. 데일은 으르렁거리지도 못하고 겁먹은 눈으로 내 눈을 빤히 바라보았다. … 나는 절대로 데일을 잃어버려서는 안 된다는 생각만 했다. 난 데일이 죽는 상상(다른 말은 떠오르지 않는다)에 사로잡혔다. … 하필 그때 데일과 함께 그곳에 있었던 것은 다행이기도 했고 불행이기도 했다. 다행이었다고 생각하는 이유는 내가 데일을 돌보느라 엄마나 다른 사람들을 걱정할 틈이 없어서였다. 나쁜 점은 그 한심하고 작은 나무 밑에서 개와 함께 있는 바람에 눈에 잘 띄게 되었고 폭격에 노출되었다는 것이다. … 아마 데일이 없었더라면 우리는 더 안전한 곳을 찾아 뛰어갈 수 있었을 것이다. 하지만 나는 데일을 놓치면 안 된다는 생각, 내가 데일을 진정시켜야 한다는 생각만 했다. 내가 데일에게 말을 했는지는 기억나지 않는다. … 리타도 내가 말을 하지 않았다고 한다. 아마 평소처럼 "괜찮아, 우리 강아지."라고만 했을 것이다.

그러나 데일은 헐거운 목걸이에서 빠져나가 "남동부 해안 도시가 가장 야만적인 공격을 겪는" 와중에 집 쪽으로 내달렸다.[70] 이 기록은 여러 면에서 흥미롭다. 글을 쓴 소녀는 겁먹은 개가 곁에 있었기 때문에 더 안전한 곳으로 달려가는 대신 침착하게 개를 안심시키는 데 집중했다. 개를 버린다는 선택지는 없었다. 이날 인간과 동물은 함께 곤경을 겪었고, 인간은 상황을 호전시키려고 애썼다. 기록에 나타나듯 개는 인간에게 (그를 책임져야 한다는 생각에) 공포를 가중시킨 동시에 그 두려운 순간을 헤쳐 나갈 힘을 주었다. 다행히도 데일은 집에 무사히 도착했다. "나는 데일이 정신을 놓아서 다시는 우리와 못 만나게 될 줄 알았다." 대규모 공습을 경험한 것은 데일만이 아니었다. 엑스머스에 사는 에스더 로울리Esther Rowley는 이 지역이 겪은 최악의 공습(사망자 25명)이 어떠했고 자신이 개와 고양이를 얼마나 걱정했는지를 다음과 같이 묘사했다.[71]

기관총이 발사되는 소리가 틀림없었다. 또렷하진 않았지만 거리가 점점 가까워지고 있었다. 내가 말릴 틈도 없이 도미노Domino가 뒤뜰로 달려 나갔다. 소리가 엄청나게 커졌다. 독일군 폭격기 네 대가 나무 꼭대기 높이로 우리 집 마당을 스쳐 지나가면서 기관총을 있는 대로 쏘아 댔다. 도미노는 그 아래에서 미친 듯이 마당을 뛰어다니며 격렬하게 짖었다. 그들이 도미노를 죽일 게 틀림없었다. 러스티Rusty는 내 품에 안겨 있었고 어린 새미Sammy는 겁먹은 채 내 발치에 웅크리고 있었다. 뭔가를 생각해 낼 겨를도 없이 폭탄이 비처럼 쏟아지기 시작했다. 독일군의 총격에 집이 흔들렸고 창문이 덜컹거렸다.[72]

보다시피 동물들은 같은 사건에 각각 다르게 반응했다. 평소에는 활기찬 푸들 새미[73]는 위축되었다. 러스티는 사람에게 안겨 있기를 택했고, 도미노는 매우 흥분했다. 훗날의 기록을 보면 에스더가 걱정한 것은 자신의 죽음이 아니라 동물들의 죽음이었다. 이러한 기록은 인간이 최선을 다해 반려동물을 보호하는 모습을 자세히 보여 준다. 그러나 동물들 역시 인간을 보호했다. 가령 켄트주 스펠더스트에 사는 검정 래브라도 로버Rover는 폭격기가 머리 위로 날아다니기 시작하면 그 집에 피신하고 있던 아이들을 방공호로 들어가도록 떠밀었다.[74]

이런 기록은 폭격을 피해 대피소를 찾았던 인간들이 남긴 것이다. 그러나 그 기록 안에는 동물이 함께 존재한다. 동물도 공습이라는 상황에 대응했다. 2차 대전의 공습 대피에 관한 현존하는 수많은 기록을 통해서 우리는 인간만 공습에 대응했다는 생각, 동물은 그저 인간의 행동을 따랐다는 생각, 대피 활동을 오직 인간이 주도했다는 생각이 틀렸음을 알 수 있다. 이 전쟁에서 동물은 인간이 살아남는 데 주도적인 역할을 담당했다. '인간들의 전쟁'이라는 용어는 점점 더 잘못된 이름으로 보인다. 공습은 분명 동물-인간 공통의 경험이었다. 나아가 그러한 공동 활동은 개인적인 삶의 차원에서만 이루어지지 않았다. 이제는 국가도 과거와는 다른 관점에서 동물에 주목했고, 전쟁 전에는 보지 못했던 것들을 알아보기 시작했다. 이 전면전은 연령, 계급, 젠더를 막론한 모든 인간과 모든 비인간동물을 점점 더 명시적으로 포위하고 있었다. 동물-인간의 관계가 논의와 입안의 초점이 되기에 이르렀다.

7장
동물-인간의 유대 강화와 전시 상태

우리는 늘 논리적인 조치만 선택하는 것 같지만 그렇지 않다. …
심리적 요인도 고려해야만 한다.[1]

떠나기와 돌아오기,
국가적 대이동 _____

1939년 9월 전쟁 발발과 함께 영국 내에서 사람과 동물의 대이동이
발생했다. 수도 런던을 떠났다가 다시 돌아오는 행렬은 이후에도 몇 년
간 계속되었다. 일부 가정에서는 급하게 집을 나서느라 동물을 유기하거
나 심지어 집 안에 가둬 두기도 했다. 하지만 실제로 집이 폭격당한 뒤에
거처를 옮기는 상황에서는 계급을 막론하고 사람과 동물이 함께 이동하
는 경우가 더 일반적이었다.[2] 글래디스 콕스와 고양이 밥은 집이 폭격에
무너지고 약탈까지 당하자 기차를 타고 배로인퍼니스에 사는 친척 집으
로 몸을 피했다. 역에 도착해 남편이 차량을 물색하러 간 동안 글래디스

콕스와 밥은 역사 안에서 그를 기다렸다. 구내 카페의 직원이 바구니에 뭐가 들었느냐고 묻더니 "그도 고양이를 정말 좋아한다고 했다. 그래서 밥은 허락을 얻고 밖으로 나와서 카운터의 맥주병과 찻잔 사이를 거닐었다. 밥이 다리를 쭉 펼 수 있어서 다행이었다."[3] 밥 외에도 많은 동물이 런던을 떠났다. 활기 넘치는 버몬지 부둣가에 살던 한 가족은 공습에 지쳐 런던 북부의 왓포드로 거처를 옮겼다. 이 집의 딸이 설명하기를 "엄마는 도자기와 유리잔 따위의 잡동사니를 양철 찜통에 담고 뚜껑을 덮어서 거실 의자 밑에 숨겼다. 우리는 챙길 수 있는 것을 챙기고 개도 데리고 집을 나섰다." 이 가족은 운이 좋았다. 그들이 떠나자마자 집이 폭격당했고, 도둑들이 통조림, 잼, 설탕까지 다 훔쳐 갔기 때문이다.[4] 폭격 때문에 런던을 떠났다가 곧장 돌아온 동물도 있었다. 콕스가 동네에서 자주 마주친 개 로비Robbie와 그의 주인 스넵Snepp 부인은 1939년 가을에 시골로 떠났지만 몇 달 만에 함께 런던으로 돌아왔다. 그는 "런던에서 폭격을 무릅쓰는 편이 다른 데서 안전한 것보다 낫다고 생각했다."[5]

이런 식의 피난과 복귀는 일차적으로 개별 가정 차원에서 시작되었다. 그러나 1940년 봄 영국군이 됭케르크에서 패배한 뒤에는 이제 영국 본토 전체가 공격당하리라는 공포가 널리 퍼졌다. 이 공포는 이후 수년 동안 지속되었다. 윈스턴 처칠 총리의 전시 연설 중 가장 유명한 것이 됭케르크 패배 후의 연설일 것이다. 그는 영국이 실제로 침략당할 가능성을 시사하며 이에 저항할 것을 주장했다. 시간이 한참 흐른 지금 사람들은 주로 그 연설의 비타협적인 논조를 기억하지만 당시 처칠은 국민에게 침략에 대비하라는 메시지를 숨김없이 전하고 있었다. "우리는 해변에서 싸울 것입니다. 우리는 착륙지에서 싸울 것입니다. 우리는 들판과 거리에서 싸울 것입니다. 우리는 언덕에서 싸울 것입니다. 우리는 절대 항복하지 않을 것입니다."[6] 당연한 말이지만 됭케르크 패배와 더불어 총리의 연설은 사람들의 신체와 심리에 영향을 미쳤고 정부 부처의 계획에도 영향을 미쳤다.[7] 적의 침략 가능성과 그에 대한 대비는 이후 몇 달 동안 이어지는가 싶더니 결과적으로 **몇 년**이나 계속되었다.[8]

 침략 가능성 때문에 남동부 해안 도시의 주민들에게는 집을 떠나라는 권고가 아닌 명령이 내려졌다. 이로 인해 은퇴자들이 투자 목적으로 건축한 남해안의 쇼어햄 해변 주택 지구는 약탈 등의 사태에 전혀 대비되어 있지 않았던 탓에 큰 곤란을 겪었다.[9] 이것은 이유 없는 공황이 아니었다. 이 주택 지구는 이후 영국군이 사격 범위를 확보하기 위해 철거되기까지 했기 때문이다.[10] 1940년에 시행된 '방어 및 피난지 규제'로 서식스의 이스트번, 벡스힐, 헤이스팅스 같은 해안 도시로의 출입은 주민들에게만 한정되었다. 또한 정부는 해안 지역의 주민 중 은퇴자 및 무직자에게 다른 곳으로 대피하기를 (명령은 아니었지만) 권고했다.[11] 1940년 7월 중순까지 켄트주에서만 8만 명에 이르는 인구가 자의 또는 타의에 의해 "내륙으로 대피했다." 나머지 대다수 주민에 대해서는 이동을 제한하라는 지침이 내려졌다. 어린이들은 다른 지역으로 대피했고, 학교는 의무가 아니었음에도 피난을 장려하려고 휴교했다. 롬니의 습지에서 풀을 뜯던 약 12만 5,000마리의 양도 홈카운티 지역으로 이송되었다.[12]

또 한 번의
대학살? _____

1940년 여름, 일각의 초기 반응을 보면 1939년 9월의 대학살이 다시 되풀이되는가 싶었다. 서식스의 헤이스팅스 해안에 살았던 한 주민은 그때를 이렇게 기억했다. "독일군이 언제 공격할지 모르는 상황이었다. 그런 일이 실제로 발생할 경우를 대비한 지침이 모든 가정에 배포되었다. … 방위 임무가 없는 사람은 모두 작은 가방을 꾸려 두었다가 가장 가까운 기차역으로 가서 추후 명령을 기다리게 되어 있었다."[13] 이 사람의 가정에는 더 이상 반려묘가 살고 있지 않았다. 불안증이 있던 모친이 전쟁 초기에 이미 안락사시켰기 때문이다. "1차 대전 때의 폭격을 기억하는 어머니는 고양이가 집을 잃고 겁을 먹은 채 돌아다닐 거라는 생각을 견디지 못했다."[14] 이 도시의 한 향토사학자는 다음과 같이 기록했다. "모든 사람이 애완동물을 지킬 수는 없었다. 안락사시킬 동물을 품에 안거나 상자에 넣은 채 동물병원 앞에서 흐느끼며 줄을 서 있는 모습만큼 슬픈 광경이 없었다. 어느 연못에나 부모들이 내버린 아이들의 금붕어가 많았다."[15]

그러나 전반적으로 말해 개인과 국가의 대응은 전쟁 첫 주와는 매우 달랐다. 물론 국토안보부는 "가스와 전기, 수도 본관을 차단하고 동물과 새에게 먹이를 줄 것"을 지시했으니[16] 동물을 국가가 아니라 국민 각자에게 책임지게 했다는 점에서 1939년 여름 때와 다르지 않은 권고였다.[17] 그러나 구체적인 상황은 전과 달랐다. 그사이 동물과 인간은 새로운 방식으로 함께 살아가는 일상의 경험을 통해 전보다 더 긴밀한 관계를 맺고 있었다. 국가는 여전히 (동물-인간 관계를 포함한) 국민의 가정생활에 지나치게 깊이 관여하려 들지 않았지만 1939년 9월에 일어난 동물들의 떼죽음(및 그 여파)을 국민의 사기를 저하한 사건으로 파악하고 있었다. 정부 부처는 적이 본토를 침략할 경우 인간이 처할 상황은 물론 동물의 상황에도 전에 없던 관심을 보였다. 이 변화의 배경에는 바로 1939년 9월의 예상치 못했던 대학살이 있었다.

가령 내무부 공문서에는 침략이 발생했을 때 사람들이 반려동물을 어떻게 취급하면 좋을지를 자세히 논한 기록이 남아 있다. 여기에는 전쟁 초기와는 다른 사고방식이 발견된다. 해안 지역 주민을 열차 편으로 강제 이주시켜야 하는 **만일**의 경우, 동물을 함께 데려가도록 허용할 것인지에 대해 행정가와 정치가가 함께 고민했다. 당초에 정부는 "강제 이주 시 개와 고양이는 주인을 따라갈 수 없다."는 명령을 검토하면서 동물을 "인도적으로 처분할" 방법과 대중이 "공황을 일으키지 않게끔" 이를 고지할 방법을 강구했다.[18] 정부는 1939년에도 막후에서 치밀하게 계획을 세웠으나 동물위원회 때문에 "일을 그르쳤다."고 보고 있었다. 동물위원회가 너무 성급하게 나서서 사람들에게 애완동물을 위해 조치를 취하라고 조언하는 바람에 적의 침략과 강제 이주가 임박했다는 분위기가 조성되고 사기가 떨어졌다는 것이었다.[19] (동물위원회는 어디 숨어 있을지 모를 '제5열'에 대해서도 경계했다.)

정부의 논의는 꽤 길게 이어졌다. 많은 사람들이 동물을 죽이지 않고 데려갈 것임을 정부도 예상했기 때문이다. 기록에는 사람 무릎에 앉는 소형견, 바구니로 옮겨지는 고양이, 데인 종이나 셰퍼드 종이 언급되었다. 이 중 작은 개나 고양이는 열차에 태워도 되지만 큰 개는 안 되었다.[20) 그러나 정부는 개와 고양이에 관해서는 어떤 공식 지침이나 방법을 내놓든 간에 사람들이 애완동물과 함께 기차역으로 향하리라는 것을 알고 있었다. (따라서 개를 죽이기 전에 가둬 둘 공간, 고양이를 담을 빈 바구니나 상자를 준비할 것 등이 결정되었다.)[21) 1940년 여름에 닥쳐왔던 침략에 대한 공포는 결국 사그라들었지만, 동물위원회와 정부는 애완동물 주인들이 국가의 명령과 모든 법을 **무시할** 거라는 가정하에 계속해서 계획을 수립해 나갔다.

1941년 6월에는 남해안 지역의 가정에 배포할 안내문의 초고가 작성되었다. 안내문에는 '만약에'라는 신중한 단어를 사용하면서 침략이 발생하면 어떤 일들이 벌어질지를 설명하고, 기차역에 갈 때는 짐을 한 개만 가져가라는 내용을 담았다. 또한 "모든 가정의 동물은 안락사시키라."고 언급했다.[22) 하지만 이 안내문은 실제로 배포되지는 않았다.

관료들은 앞으로 일어날 일에 대해 논의하고 비망록을 작성하느라 바빴다. 그러다 어찌 된 일인지, 1941년 11월에 이르러 마침내 "피난민이 동물을 데려가는 것을 막을 법적 근거가 전혀 없다."는 것을 인정했다.[23) 또한 1년이 지난 1942년 10월에도 **여전히** 피난에 관해 논의하면서 이제는 작은 동물을 열차에 태우는 사람들을 막는 것이 '불가능'하다는 것까지 깨달았다.[24) 국가 정책을 수립하는 관료들은 어느 사안에 대해서나 모두 이런 식의 긴 논의를 거치고 자세한 기록을 남겼지만, 중요한 것은 전과는 달리 이들의 심사숙고에서 동물이 큰 부분을 차지했다는 사실이다. 그 결론은 동물의 이동을 억지로 막는 것이 바람직하지 않으리라는 것이었다. "다른 승객들이 얼마간 불편을 겪긴 하겠으나, 경찰이 작은 애완견과 함께 이동하는 사람을 강제로 막는 일은 없을 것이다."[25) 우리는 애완동물 주인과 국가 모두 1939년 9월의 사건을 비판적으로 돌아보고 있었음을 보여 준다. 그로부터 몇 년간 음식을 나누어 먹고 방공호를 함께 쓰고 폭격과 역경을 함께 경험한 인간과 동물은 과거 어느 때보다 서로 긴밀하게 연결되었다. 애완동물과 함께 사는 사람들은 그 사실을 잘 알고 있었다. 이제는 정책을 결정하고 실행하는 사람들도 그 사실을 잘 알게 되었다.

강제 피난 및 이와 관련한 동물 먹이 배급과 애완동물 소유 방식을 논의한 내무부 문서에 매스 옵저베이션의 작업이 명시적으로 언급되어 있지는 않지만 그 둘이 여러 면에서 유사한 결론에 도달한 것은 우연의 일치로만 볼 수 없다. 매스 옵저베이션이 1941년 여름 런던 중부·북서부에서 '개'에 대한 정부의 태도에 대한 설문 조사를 진행한 결과, 부정적인 여론이 많았다. 사람들이 개를 소유하는 것에 정부가 우호적이라고 생각하느냐는 질문에 니스던에 사는 한 40세 남성은 "그렇지 않다고 본다. 우호적이었다면 뭐라도 도움을 주었을 것."이라고 응답했다.[26] 다른 응답자는 이렇게 답했다. "우호적이지 않다고 본다. 정부가 하는 일이 다 그렇듯이 이 문제를 진지하게 생각한 적이 없고 앞으로도 그럴 계획이 없으면서 갑자기 전국에 있는 개를 죄다 죽이고 나서야 뭐가 잘못된 것이냐고 의아해한다."[27] 또 어떤 응답자는 전쟁 중에 개와 함께 산다는 것은 사람들이 그만큼 개를 '좋아하는' 증거라고 보았다. "개를 진심으로 좋아하지 않는 사람은, 개를 기르는 데 돈이 더 들거나 품이 더 들게 되면 곧장 개를 포기한다."[28] 매스 옵저베이션은 런던의 많은 사람을 인터뷰한 뒤 다음과 같은 결론에 도달했다. "계급과 성별에 상관없이 사람들은 결코 자신의 개를 잃고 싶어 하지 않으며, **그런 일이 강제된다면** 매우 분노할 것이 분명하다."[29]

5장에서 개와 고양이가 '인간'의 음식을 먹는 것을 법으로 규제하는 방안을 검토했지만 결국 포기했던 그 관료들은 개 소유를 제한하는 방안도 검토했다. 먼저 품종견 사육 시설의 통제를 고려했으나 문제에 부닥쳤다. "개의 수를 줄이려는 과감한 조치에 여론이 극도로 예민하게 반응"하는 데다 "혈통 있는 순종 사육"을 통제하고 "일반 개 사육은 방치하게 되는" 딜레마 때문이었다.[30] 어쨌든 개 소유를 통제하는 방안에 대한 논의는 결국 몇 년이나 계속되었다. 이 과정에서 제시된 방법 중 하나는 1942년에 인가받은 개만 1943년에도 허가해 주는 것이었다(그러면 6개월령 이하 새끼의 사육과 판매를 제한할 수 있었다). 하지만 "처음으로 혼자 살게 된" 여성들이 자신을 보호해 주거나 그저 함께 살고 싶은 개를 원하는 경우에는 예외를 두어 인가해 주어야 한다는 이유 등으로 이 방법은 실행이 어려울 것이라는 결론을 내렸다.[31]

1930년대에 베를린에 거주한 경험이 있는 한 관료는 그곳의 '진보적인' 개 과세 정책을 모방하여, 첫째 개에겐 5파운드, 둘째 개에겐 6파운드, 셋째 개에겐 12파운드 하는 식으로 세금을 매기는 방법을 제안했다. 이 역시 기각된 까닭은 영국인은 독일인에 비해 법을 잘 지키지 않으며 그런 세금을 도입해 봤자 둘째 개를 이웃에 넘길 뿐이라는 이유에서였다.[32] 이렇게 다양한 방법이 제시되었지만 결국은 모두 기각되었다. 한 고위 관료는 개에 부과하는 세금을 무리하게 높였다가는 그들이 "할 일이 엄청나게 늘어나고 대중의 반감은 더더욱 커지고 결국 실질적인 소득은 전혀 거두지 못할 것"이라는 실용주의적인 결론에 도달했다. 장관도 같은 의견이었다. "우리는 늘 논리적인 조치만 선택하는 것 같지만 그렇지 않다. … 심리적 요인도 고려해야만 한다." 개 소유 규제는 대중의 사기를 저하할 것이었다. 그렇다면 전쟁 활동에는 도움이 될까? 이 질문에 장관은 1년 전 매스 옵저베이션이 내놓은 조사 결과와 같은 의견을 내놓았다. "나는 아니라고 생각한다."[33]

전쟁선전 :
개를 먹는 나치와 동물을 사랑하는 영국인 _____

영국 정부가 개의 소유나 개를 먹이는 내용물을 규제하지 않기로 결정한 여러 이유 중 하나는 독일인과 달리 영국인은 동물을 사랑하는 민족이라는 개념을 선전하기 위해서였다.[34] 필립 하월이 예리하게 지적한 대로, 역사적으로 그런 종류의 수사는 주로 "자기만족 상태를 의심하게 만드는 역할을" 맡아 왔다. 즉, "동물을 인도적으로 대우하는 태도는 실제로 그런 태도를 유지하는 시기보다도 그렇지 않은 시기에 더 높이 칭송되는" 경향이 있다.[35] 모든 국민이 개, 고양이 애호가나 반려인이 아니었음에도 영국 정부는 이 독특한 미덕 관념을 이용하여 전시에 전 국민을 하나로 묶을 수 있었다.[36]

전시 영국은 전쟁 전과 다름 없이 엄격한 계급 사회였지만 동물에 대한 감정만큼은 계급을 초월했고 모든 국민에게 적용되었다. 전쟁 초기에 이 특징적인 '국민성'을 선전한 사례를 우리는 1장에서 이미 살펴보았다. 언론은 주독 영국대사와 함께 영국으로 돌아온 닥스훈트 종(으로 잘못 소개된) 히피와, 독일대사가 런던에서 기르다 버리고 갔다는 차우차우 베어첸을 노골적으로 병치했다.[37] 전쟁 초기부터 개 옹호자들은 닥스훈트를 친절하게 대하고, 이 개를 독일이나 나치즘의 상징으로 이용하는 것을 멈추라고 주장했다.[38] 혹자는 닥스훈트가 실은 잉글랜드 종이라고 주장했고,[39] 빅토리아 여왕의 가정에도 닥스훈트가 있었다.[40] 그럼에도 이 종에 대한 적개심은 사라지지 않았다. 가령 전국개보호동맹의 한 지부 사무국장은 어떻게 그 "무시무시한" 독일 나치의 개를 기를 수 있느냐는 사람들의 지적을 더는 참지 못하고 포기한 주인에게서 닥스훈트를 넘겨 받았다.[41]

영국에서는 나치 독일이 동물을 비인도적으로 취급한다는 소문이 파다했고 그런 논조의 기사가 쏟아져 나왔다. 예를 들어《동물과 동물원 *Animals and Zoo*》은 나치가 개를 전쟁 활동에 '징용'하고 있다고 보도했다. 일정 기준 이상의 키 큰 개들을 데려다 군사적 목적으로 훈련한다는 것이었다.[42] 이 기사에 따르면 1942년 베를린에서는 암컷 에어데일 캐리 Carrie를 비롯한 개들이 러시아 전선에서 군역을 수행할 만한지 시험을 받아야 했다. 캐리의 경우에는 동정심 많은 수의사가 수면제 비슷한 약을 투여하여 개가 활발히 움직이지 않고 명령에 따르지 않게 했다. 덕분에 시험을 진행한 군사 관계자는 "진저리를 내며 포기했다. 이 개는 자기가 본 가장 쓸모 없는 개라며, 더 이상 자기 시간을 낭비하지 말고 그만 꺼지라고 했다."[43] 키가 53센티미터 미만인 개들은 배급제로 먹이를 공급받을 수 있었지만 귀리나 보리 가루 정도였고 고기나 뼈는 배급되지 않았다. "그런 음식은 주인이 알아서 공급해야 한다. 나치 독일에서 푸줏간의 자투리 고기와 뼈는 인간이 먹을 음식이다."[44] 인간의 음식은 인간만이 먹어야 한다는 이 규제는 앞서 봤듯이 영국의 상황과 별반 다르지

않았는데 말이다.[45]

영국의 전쟁 선전에서는 나치가 승리하면 동물들이 위험해지고, 그때는 인간과 동물 모두가 굶어죽을 것이라며 반려인들에게 국가의 전쟁 활동에 계속 협조할 것을 당부했다. 또한 동물에게 좋은 체제는 군사적 승리, 평화, 도덕률을 갖추어야 한다는 점에서 나치즘은 그런 체제가 될 수 없었다.[46] 이 주장에는 실질적인 증거가 있었고, 특히 나치가 점령했던 영국해협 채널제도의 사례가 중요하게 부각되었다. 이곳에서는 수백 명의 사람들이 동물을 죽이려고 저지동물보호소 앞에 줄을 섰으며, 닷새 동안 개 2,000마리와 고양이 3,000마리가 안락사당했다. 애완 거북을 토마토 바구니에 모아서 매일 볼리외수도원에 방류하면 "그들은 수녀들 덕분에 배불리 먹은 뒤 덤불 속으로 사라졌다." 동물보호소는 인간이 먹기에 적합하지 않은 고기와 내장이 그대로 버려지고 있는 것을 발견하고 당국의 동의를 얻어 섬에 사는 동물들에게 고기를 배급하기 위해 약 2,000장의 배급표를 발행했다.[47] 그러나 고양이는 매우 어렵게 살아갔다. 가령 1941년에 이 섬에서 태어난 샴 고양이 윈스턴 처칠Winston Churchill은 조개를 먹고 살았고, 적군을 피해 거의 집 안에만 머물렀다.[48] 1944년 디데이 후 보급선이 끊기자 점령군은 정원의 채소를 강탈하고 개와 고양이를 잡아먹었다.[49] 저지동물보호소는 나치 행정관 폰 아우프제스Von Aufsess에게 항의해 그런 행태를 처벌 가능한 범죄로 규정하겠다는 약속을 받아냈다. "이 악행 속에서도 최악은 많은 경우 총에 맞고도 죽지 않은 동물을 고통 속에 그대로 놔두는 것이었다."[50]

개와 관련된 가장 중요한 반나치 선전은 1940년 발생했다는 대량 도살과 관련된 것이다.[51] 이 사건은 많은 지면과 동물 애호가의 일기에 등장했다.[52] 우리는 이를 다룬 다양한 분석을 살펴보아야 한다. 1930년대 내내 독일 수의학계와 직업상 교류를 이어온 영국 수의학자들은[53] 1940년 겨울 베를린에서 개가 도살당한 이유를 식량 부족이 아니라 독일 민족의 평소 식습관에서 찾았다.[54] 전국생체해부반대협회가 발행하는 잡지 《동물의 수호자Animals' Defender》의 편집자이자, 해군으로 복무하던 중에 전사한 가이 콜리지Guy Coleridge 또한 독일인은 개를 먹기 위해 도살한다고 설명했다. 그러나 그는 사체가 다른 용도에도 쓰인다고 생각했다(그것이 무엇인지 구체적으로 밝히지는 않았다). "이것은 실로 이 비열한 사람들이 저지른 여러 역겨운 행위 중 하나다."[55] 이 사건에 대해 구체적인 숫자를 제시하는 몇 안 되는 기록 중 하나는 1940년 6월 됭케르크 철수 직후에 발행된 《동물 화보》다. "약 300만 마리의 애완견이 정부의 명령으로 처분되고 있다. … 아마도 개에게 먹일 음식이 없기 때문일 것이다."[56] 1940년 6월 독일에서 일어난 대량 도살은 영국 내무부 문서에도 기록될 만큼 중요한 사건으로 여겨졌던 것 같다. 사건의 설명에는 동물의 사체에서 글리세린(의약품, 폭약, 원료로 사용된다)과 비료를 얻을 수 있다는 사실이 강조되어 있다.[57] 이 보고서의 숨은 의미는 영국에서는 동물의 사체를 그런 식으로 쓰지 않는다는 것이었고, 이는 사실이었던 것으로 보인다. 영국에서는 동물 사체의 '사용 가치'를 논하는 일이 없었고, 단지 구덩이에 묻을지 아니면 태울지만 논의했다. (전쟁 첫 주에도 대학살로 죽은 동물들의 사체가 전쟁 활동에 '유용할' 것이라고 주장한 사람은 없었다. 사체를 신속하게 처리할 방법만이 관건이었다.)

국가의 동물 보호 :
인식표, 죽음, 재결합 _____

영국 정부 기관들은 동물과 인간의 상호관계가 가지는 긍정적인 면을 점차 인정하기 시작했다. 의회는 이미 수십 년 전부터 다양한 종류의 동물을 취급하는 방식에 대해 논의해 왔지만, 동물이 국민의 삶 자체를 담당하는 역할에 대해서는 중점적으로 고려한 적이 없었다. 이러한 사고방식이 전쟁을 통해 변하고 있었다. 전쟁 중에 동물이 겪을 고통을 예방하고 완화하기 위해 창설된 전국공습대비동물위원회는 그전까지 없었던 최초의 상급 기관이었다. 동물을 보호하는 여러 법이 국가적으로 제도화되는 한편, 동물보호단체들은 국가와는 별도로 그러한 보호법을 실행하고 개정하는 데 힘을 보태고 있었다. 1차 대전 때만 해도 국가 차원의 동물 대책은 존재하지 않았다. 동물위원회의 창설은 여러 면에서 진보적인

전국공습대비동물위원회에서 발행한 여러 버전의 개와 고양이 목걸이형 인식표 (Ernest Bell Library)

움직임이었고 "이 사태가 끝날 때까지"는 일부 동물을 일종의 시민으로까지 인정한다는 의미의 조치였다.[58]

하지만 3장에서 얘기했듯이, 이 기관은 너무 늦게 발족한데다 정부의 예산이 전혀 편성되지 않았다는 점에서 시작부터 구조적인 문제를 지니고 있었다. 처음에는 "아픈동물을위한진료소", "말못하는친구들동맹", "왕립동물학대방지협회"가 동물위원회의 재정을 일부 충당했지만, 동물위원회는 주로 모금을 통해 자금을 확보했다. 동물위원회의 초기 소식지는 "우리는 그 어느 때보다도 여러분의 잡동사니가 필요합니다."라고 공공연히 호소했다. "상태가 좋거나 나쁜" 모든 축음기 음반, "모직물을 비롯하여" 모든 종류의 헌옷, 짝이 안 맞는 도자기, "사실상 아무 물건"이나 다 도움이 된다고 했다.[59] 이 방식으로 위원회는 2만 5,000파운드를 모금했다.[60] 그러나 동물단체 간의 오래된 갈등은 새로운 기관 안에서도 계속되었다. 훗날 위원회가 해산된 뒤 정부가 조사한 바에 따르면 "자선단체들에 대해 조금이라도 아는 사람이라면 이들에게서 가장 눈에 띄지 않는 것이 '자선'이라는 것을 알 것이다. 동물단체들은 대중의 기부금을 두고 서로 경쟁하는 관계다. … 왕립동물학대방지협회는 애완동물에는 거의 관심이 없고 아픈동물을위한진료소와 말못하는친구들동맹을 벼락부자로 여긴다."[61] 내무부는 동물위원회 창설 자체에 회의적인 입장이었다. 한 관료는 "이름 있는 동물단체들의 간사들에게 대중에 대한 권력을 부여하는 것은 현명하지 않은 일 같다."며, "왕립동물학대방지협회의 간사들은 문제가 없을 것 같지만 말못하는친구들동맹의 간사들은 요령이나 재량권이 완전히 결여되어 있는데도 금세 대단한 명성을 얻었다."고 말했다.[62] 무자격 인력 고용을 둘러싼 수의학계와 아픈동물을위한진료소 간의 적대적인 논쟁도 아직 앙금으로 남아 있었다.[63] 그러나 정부 조사보고서에는 수의사들이 "유독 민감한 모습을 보이고 흥분하기까지 해서 그들의 주장을 조금 더 분명하게 전개하지 못했다. 그들은 그 모든 단체에 대해 강한 의구심을 드러냈다.[64]"고도 기록되었다.

동물위원회는 결국 해산되었지만, 가정 내 동물을 감시하고 보호하는 데 가장 먼저 힘을 쏟은 것이 바로 이 위원회였고 이윽고 전문 동물보호 단체가 그 뒤를 따랐다. 동물은 이 전쟁에 문자 그대로 '등록'되었다. 지금까지 세금이 부과되거나 인구 조사에 기록되는 살아 있는 존재로 국가로부터 인정을 받은 적이 없던 고양이가 이제는 개와 말, 농촌 가축과 나란히 통계에 잡히고 서류에 기재되기 시작했다.[65] 동물위원회가 발급하는 신분증과 인식표는 시간이 지나면서 동물보호단체가 발부하는 것들과 형태가 유사해지기는 했지만 최소한 명목상으로라도 국가가 승인한 비영리적 사업이라는 특별한 의미가 있었다.[66] 동물 주인들은 1939년 가을, 라디오 진행자인 크리스토퍼 스톤Christopher Stone이 방송에서 호소하자 행동으로 응답했다.

> 많은 분들이 자신의 동물이 공습 중에 겪게 될 공포를 걱정하고 있을 것으로 생각합니다. 당연히 많은 동물이 소음에 놀랄 것이고, 그래서 갑자기 튀어 나가서 몇 킬로미터를 달리다가 완전히 정신을 놓고 길을 잃을 수도 있습니다. 그러한 가능성에 대한 대책은 이미 마련되었습니다. 특별 부서인 전국공습대비동물위원회가 전국의 모든 동물을 명부에 등록할 예정입니다. 젖소와 양과 돼지도 포함해서요. 모든 동물은 등록 번호가 들어간 목걸이

형 인식표를 받게 됩니다.[67]

프린니위드 테니슨 제시와 남편 토티Tottie가 사는 집에도 동물위원회의 지역 수금원(이 사람의 평상시 직업은 배우였다)이 방문했다. 프린니위드는 미국의 친구들에게 이렇게 썼다. "이들은 부상당한 동물을 공습 후에 구조하는 기관이고 우리는 돈을 낼 필요가 전혀 없지만, 우리의 두 고양이를 위해 각각 1실링이나 기부했어. 이제 고양이들은 목에 파란색과 흰색의 커다란 인식표를 걸고 아주 자랑스럽게 돌아다녀."[68] 30년 전부터 런던에 거주한 오스트레일리아 소설가 앨리스 그랜트 로스먼Alice Grant Rosman도 자신의 고양이 새뮤얼 펭귄Samuel Penguin을 동물위원회에 등록했다.[69] 그는 동물위원회의 목걸이형 인식표에 대해 다음과 같이 썼다. "(인식표는) 평상시에도 쓸모가 있다. 인식표에 등록 번호가 있기 때문에 길을 잃고 떠돌다가 발견되면 곧 가족에게 돌아올 수 있다."[70] 초반에 이 사업에 대한 대중의 호응은 동물위원회가 미처 감당하지 못할 정도였고 처리해야 할 등록 신청서가 산처럼 쌓여 갔다.[71] 1942년 8월까지 350만 마리의 동물이 위원회에 등록했다.

실제로 길 잃은 동물이 등록 번호 덕분에 주인에게 돌아갈 수 있었다. 각 거리와 지역의 자원봉사자들로 구성된 국민동물수호대National animal guards가 애완동물을 잃은 사람들에게 사망 사실을 확인해 주거나 동물을 되찾아 주었다.[72] 1942년 6월의 보고에 따르면 동물위원회는 매주 3,000마리의 길 잃은 동물을 거두어 대다수를 주인에게 돌려보냈다. "확실한 (국가) 기록은 입수할 수 없으나 이 위원회는 전국적으로 약 40만 마리의 동물을 취급했다."[73] 반려동물의 위상에 대한 정부의 생각은 이렇게 중요

"동물위원회에 애완동물을 등록하세요"라고 쓰여 있다. 동물위원회 주최 대회에서 어린이가 그린 포스터 작품으로 추정된다. (Ernest Bell Library)

한 변화를 보였다. 동물이 전쟁 중인 국민에게 중요한 존재라는 것을 국가로부터 인정받았음은 물론, 국가가 (예산을 편성하지 않았고 사업을 직접 수행하지도 않았지만) 동물과 관련된 계획안을 공식적으로 지원했다.

동물 등록 사업을 여러 단체가 지역적으로 진행했기 때문에 어떤 인식표를 어느 단체에서 발급했는지 불분명해졌고, 시간이 지나면서 발급 단체가 바뀌기도 했다.[74) 가령 배로인퍼니스로 피난을 가 역사 휴게실의 찻잔 사이를 활보했던 고양이 밥은 1940년 말에 런던으로 돌아왔다. 주인 콕스는 밥이 "운 좋은 고양이"라면서 "격동과 결핍에도 불구하고 멋진 동물로 성장하여 보는 사람을 즐겁게 한다."라고 일기에 썼다. 그리고 덧붙이기를 "밥은 이제 말못하는친구들동맹의 미스 로웬탈Miss Lowenthal에게서 구입한 멋진 신분증도 가지고 있다. 밥은 동물위원회를 통해 등록된 9만 7,354번째 고양이다."[75)

노팅힐에 사는 명랑한 '사무실 고양이' 스캠프Scamp는 인식표를 하나가 아니라 세 개나 가지고 있었다. 이는 고양이가 목에 건 인식표를 벗겨냈다는 사실, 그리고 보호자인 베레 호지슨이 그럴 줄 알고 여분의 인식표를 확보해 두었다는 사실을 알려준다. "고양이가 인식표를 잃어버렸다. 벌써 네 번째인데 인식표를 또 달라고 하지 못하겠다." 그렇다고 그대로 포기하진 않았다. "우리 고양이를 위해 강아지용 목걸이를 구입했다. … 길을 잃을 경우를 대비하여 자세한 설명과 함께 서류에 등록되어 있다."[76) 석유가 배급제로 관리되기 시작하자 런던 거리에 말이 늘어났고 이들도 인식표를 발급받아 마구에 달고 다녔다.[77) 런던 북부의 "목초지를 벗어나 길을 잃고 헤매던" 말 두 마리가 놀랍게도 수십 킬로미터나 떨어진 서식스의 홀리에서 발견되었다. 말들은 몸에 달고 있던 동물위원

회 인식표 덕분에 주인에게 돌아갈 수 있었다.[78)]

그러나 지역 전체가 폭격당하여 사람들이 서둘러 피난을 가는 경우에는 등록 여부와 상관없이 위상이 달라지곤 했다. 동물은 보호자인 인간과 떨어지면 생존이 더욱 위태로워졌다. 1860년대에 설립된 배터시보호소는 아무리 사랑받는 동물이어도 언제든 떠돌이가 될 수 있고 그 위상이 철저하게 달라질 수 있음을 줄곧 인식하고 있었다.[79)]

'동물에게 가장 안전한 장소는 인간의 곁'이라는 동물단체들의 조언은 맞는 말일 때가 많았다. 어떤 개는 공습에 집이 망가져도 감기에 걸리지 않도록 인간 가족이 마련해 준 털 코트를 가지고 있을 정도로 운이 좋았다. 이 개는 "죽을 때도 모두 함께 죽을 수 있게" 가족과 한 침대에서 잤다.[80)] 대형견인 에어데일 빌Bill은 침대 밑에서 자고 있다가 폭격을 당했다. 빌의 가족들은 빌을 구조해 냈다. "사람 셋이 빌을 꺼냈다. 너무도 순순히 몸을 맡기는 것을 보니 충격을 심하게 받은 모양이었다."[81)] 인간과 동물이 함께 죽는 경우도 있었다. 런던 남동부 교외에 사는 80세의 퇴역 해군 도미닉Dominic의 집에는 검은색과 갈색이 섞인 작은 페키니즈 한 마리가 살았다. 1940년 9월 20일의 대공습 중 이 지역에 폭탄 두 개가 떨어졌을 때 주인과 개 모두 사망했는데 그들은 평소 즐겨 앉던 안락의자에 함께 앉은 채 발견되었다.[82)] 비슷한 경우로 벡스힐의 주민인 테일러Taylor는 개를 품에 꼭 안은 채 개와 함께 죽었다.[83)]

동물 공습 감독들이 길 잃은 동물을 찾아다니는 활동을 했고, 왕립동물학대방지협회는 약 25만 6,000마리의 폭격당한 동물을 구조했다고 보고했다.[84)] 근처에 폭탄이 떨어지는 순간에 인간과 떨어져 있던 개와 고양이가 놀라서 어디론가 도망가 숨어 버리거나 소음을 피해 달아나는 경우가 비일비재했다. 한 무덤덤한 감독의 증언에 따르면 "폭격으로 내몰린 고양이 수백 마리가 파편 사이를 돌아다니면서 쥐를 사냥하고 쓰레기통을 뒤졌다. 윤기 나고 포동포동한 애완동물이었던 고양이들이 거리에 사는 지저분한 고양이처럼 삐쩍 말라 갔다." 이런 상황에 팔을 걷고 나선 것은 동물단체와 개인 구조자들이었다. "내가 아는 노인 한 분은 본인이 사는 지하 주택에 불쌍한 고양이 16마리를 거두었다. 1층에서 항의하지만 않았어도 그 이상을 거두었을 것이다. 경찰과 왕립동물학대방지협회도 최선을 다했지만 동물들은 금세 거칠어지고 생존 본능이 강해졌다."[85]

인간이 폭격당한 집을 빠르게 빠져나가는 상황에서 동물과 주인이 헤어졌다가 재회하는 일도 있었다. 고양이가 무너진 집의 파편 위에 앉은 채 가족과 함께 가기를 거부하는 것에 화가 난 데이지Daisy는 그대로 모퉁이를 돌아서 가 버렸다. "그러자 고양이가 따라왔다. 그렇게 따라와서는 가족 가운데 자리를 잡았다. 그렇게 고양이는 우리와 함께했다."[86]

이런 상황에서는 공식적인 소유 관계와 상관없이 융통성 있게 동물을 돌보는 경우가 많았다. 이스트 런던에서는 "집이 무너진 한 노인이 빗자루를 쥐고 길의 유리 파편을 쓸어냈다. 노인은 자신을 방공호로 데려가려고 기다리는 이스트 런던 공습 감독에게 말했다. '잠시만 기다려 줘요, 선생. 말들이 이리로 다니거든요.'"[87] 집을 나와 피신한 한 여성은 집의 맞은편에 시한폭탄이 있는데도 매일 고양이에게 밥을 주러 집에 들렀다. 공습 감독이 애원하고 설득해도 소용이 없었다. 그는 "고양이는 이 상황을 이해하지 못할 거예요."라며 고양이를 집에서 데리고 나오라는 제안을 거절했다.[88]

이런 식으로 제도 차원, 개인 차원의 조치가 취해졌지만 막상 정부 '당

폭격에 희생당한 닭의 모습. 해크니구 (LHW 18/44, Bishopsgate Institute)

국'은 공습 후의 반려동물을 보호할 적절한 대책을 마련하지 않았다는 비난을 받았다. 가령 많은 사람들이 잉글랜드 남부의 사우샘프턴에서 피폭 잔해 사이를 돌아다니는 고양이들을 불쌍히 여겼다. 이 고양이들을 도와야 한다고, 지역의회가 고양이들에게 우유를 제공해야 한다고 주장했다. 그러면 고양이들이 쥐도 막아 줄 것이었다. 이처럼 어려운 시기에

는 인간과 마찬가지로 고양이에게도 동정심을 베풀어야 한다고 했다.[89]

영국 남서부와 브리스틀에서는 동물에 대한 어떤 대책도 없이 피난을 떠나야 했던 사람들이 동물위원회에 항의 서한을 보냈다. **정부**가 (동물보호단체나 수의학계와 달리) 동물 대책을 제대로 마련하지 않았다는 비판은 1944년 1월까지도 이어졌다. 사람들은 버려진 동물을 불쌍히 여겨 강제로 피난을 간 주인을 대신해 그들을 데려다 돌보았다.[90] 그러나 원래 집 안에서 살던 고양이가 아닌 '창고용 고양이(지금이라면 길고양이라고 불릴 법한 고양이도 있었다)'에겐 관심이 부족할 때가 많았다. 창고용 고양이들은 돌보지 않아도 된다는 잘못된 믿음이 퍼져 있었다. 정부는 버려진 "창고용 고양이는 돌볼 필요가 거의 또는 전혀 없다."고 보았다.[91]

동물의
부상과 죽음 _____

집 안에 살았든 집 밖에 살았든, 도시에 살았든 농촌에 살았든 어디에 살았든 관계없이 동물은 인간과 마찬가지로 폭격으로 인한 심각한 부상과 트라우마, 죽음의 위협을 겪었다. 스토디 대령의 예상과 달리 농촌 가축이 특별히 폭격의 목표물이 되지 않았지만 그들 역시 피해를 입었다.[92] 수의사 등으로 이루어진 한 동물 관리 조직은 1941년 7월까지 약 4,500마리의 부상당한 '시골' 동물을 돌봤다. 어떤 동물은 몸이 산산이 조각났고, 약 15퍼센트의 동물은 치료를 받았으며, 30퍼센트에 달하는 죽은 동물은 인간의 식량으로 제공되었다.[93] 도시에서처럼 농촌 지역의 일기 작가들도 동물의 고통과 죽음을 기록했다. 켄트주에 사는 로드니 포스터는 딤처치 근처 농장에서 발생한 독일 공군의 기관총 사격에 대해 쓰면서, 인간 여섯 명이 쇼크를 일으키고 유리 파편에 부상당했으며 양 열한 마리가 죽었다고 썼다.[94] 월트셔주의 반전주의자 프랜시스 파트리지Frances Partridge는 이제 전쟁에 익숙해졌는지 라디오 방송이나 친구에게서 들은 이야기, 잠시 머물렀다 가는 피난민의 이야기를 점점 더 많이 기록했지만[95] 동물의 삶이 유탄에까지 영향을 받을 수 있다는 사실에도 주목했다. "폭탄으로 근처에 생긴 구멍을 메우던 남자가 '유일한 사상자는 종다리 한 마리'라고 보고했다."[96]

수의학계와 동물위원회가 전쟁 초에 예고한 대로 심하게 다친 동물은 인도적으로 처분되었다. 심하게 다치지 않은 경우에는 "새 집에서 옛 가족과 함께 지내거나 조용한 장소에서 새 가족과 함께" 지내게 되었다.[97] 매스 옵저베이션과의 인터뷰에서 한 여성은 자신의 개가 공습 중에 심하게 다쳐서 "안락사시켜야만 했다."고 설명했다. 가족들은 개를 너무도 그리워했다. "좋은 친구이자 동료였고 좋은 반려견이었다."[98] 아픈동물을 위한진료소는 홍보물에 부상당한 동물을 치료하는 활동을 설명하면서 스폿Spot의 이야기를 예로 들었다.

비행 폭탄이 떨어지자 스폿은 파편을 피해 달아났다. 돌아온 스폿은 계속 짖어서 구조대를 그곳으로 이끌었다. 구조대는 12시간 동안 땅을 판 끝에 스폿의 가족들을 발견했다. 스폿은 발바닥이 까지고 피를 흘릴 때까지 구조대 옆에서 함께 땅을 팠다. 그런데 안타깝게도 이 모든 노력은 허사가 되었다. 발견 당시 가족들은 이미 사망한 상태였기 때문이다. 스폿은 아픈동물을위한진료소의 요양소로 옮겨져 발의 상처와 귀의 부상을 치료받고 기진맥진한 몸을 달랬다.[99]

인간과 마찬가지로 동물은 폭격의 정황을 기억하고 고통스러워했다. 1944년 해크니구의 한 집이 "마치 카드로 지은 집처럼" 무너져서 그 안에 있던 남자 둘과 개 한 마리를 덮쳤다. 구조대는 인간을 찾기 위해 잔해를 파헤쳤다. 그중 한 사람인 조Joe가 발견되었을 때 그는 "나는 괜찮으니 개를 찾아 달라."고 했다. … 개는 자기를 구조해 준 사람(조의 처남)을 절대 잊지 않았고 그가 방문할 때마다 모든 곳을 따라다녔다."[100] 또 다른 예로 파편에 깔려 있다 구조된 한 카나리아는 너무 큰 충격을 받아 그 후 7개월 동안 노래를 부르지 못했다.[101]

공적 보고서와 사적 기록 모두에 다양한 동물의 죽음이 기술되어 있다. 영국 민간방위대의 공식 연대기 중 〈시골 사람의 대공습〉이라는 장을 보면, 잉글랜드 남서부 서머싯에 공습이 발생하여 소이탄 다섯 개가 떨어진 이야기가 기록되어 있다. 불에 워낙 잘 타는 양 우리에 불꽃이 일자 혼자 있던 양치기가 여섯 번이나 그 안으로 뛰어들어 새끼 양들과 어미 양들을 구했다.[102] 이보다 덜 행복한 사례는 오래된 건물의 지붕에 살다가 산 채로 불에 탄 비둘기들이다. 지붕에 판자가 하나 빠져 있으면 금속 표면에 불이 붙은 폭탄이 그리로 쉽게 들어가곤 했다.[103] 바닷새는 침몰선에서 흘러나온 기름에 뒤덮여 "비참한 죽음"을 맞았다. "수백 톤의 기름이 흘러나와 새들의 목숨을 앗아갔다."[104]

쥐의 개체 수가 증가하면서 1943년 말에는 하수도 손상 문제가 큰 골

첫거리로 대두되었다. 이에 사람들은 오래되어 딱딱해진 빵에 탄산바륨을 바른 특제 쥐약으로 100만 마리가 넘는 쥐를 죽였다. (이런 독약을 부주의하게 설치했다가는 다른 많은 종의 동물도 죽일 수 있었다.)[105] 대공습 기간에 울위치 무기고 근처의 런던 부두가 폭격당했을 때 럼주, 페인트, 고무, 설탕이 일제히 타올랐을 뿐 아니라 곡물 창고에 살던 수백 마리의 쥐가 불에 타는 모습도 목격되었다.[106] 왕립동물학대방지협회는 현장 구조 활동과 안락사 현황은 물론 폭격이나 화재로 사망한 동물의 수와 종류를 주기적으로 보고했다. 켄터베리 지부의 조사관 마일스Miles가 상부에 올린 보고서 중 하나에는 1942년 6월 첫 주에 폭격으로 인해 말 3마리, 젖소 7마리, 토끼 28마리, 돼지 3마리, 고양이 15마리, 개 3마리가 사망했다고 기록되어 있다.[107]

당연하다면 당연하게도 동물의 죽음에 대해 인간이 남긴 기록에는 살아남은 인간과 죽은 반려동물의 관계를 강조하는 경향이 있으며 추모의 어조도 도드라진다. 베레 호지슨은 개와 매우 각별했던 이웃의 한 남자가 어찌 보면 그 각별한 관계 때문에 함께 목숨을 잃은 일을 기록했다. 그에 따르면 노팅힐의 놀런드 스퀘어에 사는 고령의 배우 브루스Bruce는 화재가 나자 이웃에게 "위험을 알리기 위해 개를 안고" 건물 위층으로 올라가려고 했다. 그러나 72세였던 그는 도중에 쓰러져서 연기에 질식해 숨졌다. 브루스와 개는 계단에서 죽은 채 발견되었다. (이웃들은 발코니를 통해 탈출했다.)[108]

호지슨은 고양이 스캠프의 죽음을 더욱 감정적으로 묘사했다. 동물위원회에서 받은 인식 목걸이를 벗어 버리고 배급받은 식량에 불만을 터뜨리던 여덟 살의 다정한 고양이 스캠프는 전쟁 말기까지 살아남았다. 그러나 어느 날 아침 스캠프가 앞뜰 덤불 아래에서 발견되었다. "우리의 마음을 사로잡았던 그 작은 몸은 더 이상 움직이지 않았다." 예상치 못한 죽음을 설명할 길을 찾던 호지슨은 "사람들 말로는 스캠프가 밤에 도로를 질주하던 육군의 대형 트럭에 치인 뒤 덤불로 들어가 누워 죽었다고 했다. 스캠프는 그 금요일 밤에 죽을 이유가 전혀 없었다. 태평성대 시대까지 살아남아 진수성찬을 누릴 스캠프가 … 적의 침략으로 죽었다는 것이 애통하다."[109]

릴리언 마거릿 하트Lilian Margaret Hart는 보다 평범한 문체로, 특이하게도 타자기로 기록을 남겼다. 날짜는 1941년 2월, 제목은 "우리 집에 폭탄이 떨어졌다"다. 노동자 계급 거주 지역인 이스트 런던의 베스널 그린에 살던 릴리언은 집에 폭탄이 떨어진 사건을 묘사했다. 집에는 릴리언과 공습 감독인 남편 조지George, 개 짚, 고양이 티미Timmy가 함께 살았다. 문제의 공습 때 릴리언은 다른 곳에 대피해 있었고, 개와 고양이는 집에 남았다. 릴리언은 집에 있는 남편과 동물들을 걱정했다. "나는 계속해서 티미를 불렀지만 아무런 소리도 들리지 않았다. 무엇에 맞았는지는 몰라도 짚과 티미가 부디 금방 죽었기를 바랐다. 사람들이 예배실 지붕으로 올라가는 길에서 짚을 찾아냈다. 짚은 부서진 들보에 매달려 있었다. 그때 누군가가 나에게 남편이 무사하다고 알려 주었다." 릴리언은 이튿날에도 계속 티미를 찾아다녔다. "티미가 아직 살아 있을 가능성이 조금은 있다고 생각했다." 이는 글쓴이가 평소 공습에 어떻게 대처했는지를 기록한 글이지만 동물의 죽음이 인간의 생존보다 감정적으로 더 중요한 위치를 차지하고 있는 듯하다.[110]

아픈동물을위한진료소가 발행한 1941년 홍보물에는 "많은 동물이 산산이 조각났다. 사지가 잘려 나가 누군지 알아볼 수 없을 정도다."라고 설명했다.[111] 그러나 반려동물은 애초에 예상했던 것보다 덜 다치고 덜 죽었다. 과학자들은 "폭발 지점 가까이에 있었던 많은 사람이 비교적 무사히, 또는 폭발로 인한 피해를 전혀 입지 않은 상태로 탈출했다."고 지적했다. 인간의 부상은 대부분 (대피소가 아닌) 집 안에서 발생했다.[112] 생물학자 줄리언 헉슬리는 폭격으로 인한 동물의 죽음이 예상했던 것보다 훨씬 적다고 보고했다. 많은 동물이 "굴 안으로 숨는" 특유의 능력으로 제 목숨을 지켰다.[113] 그리고 앞서 얘기했듯이 많은 동물이 인간을 안전한 곳으로 안내했다.

현장 실무자들은 동물을 어떻게 대했나 _____

공습 감독, 철거 작업자, 소방관 등 현장 인력은 전쟁 초기에 고양이보호동맹이 예상했던 것과는 매우 다른 태도로 동물을 대했다. 고양이보호동맹은 후원자들에게 호소했다. "여러분은 어디에 살든, 무슨 일이 생기든 곧 구조될 것입니다. 하지만 구조대가 동물까지 구하지는 않을 것입니다."[114] 이 단체는 고양이의 낮은 위상을 근거로 이렇게 말했다. 하지만 현장 실무자들이 고양이와 개 그리고 그 밖의 애완동물을 실제로 어떻게 다뤘는지에 대한 기록을 보면 애완동물의 위상은 전쟁 중에 확실히 달라지고 있었다. 동물위원회는 단 한 번의 라디오 방송으로 4만 5,000명에 이르는 자원봉사자를 모집하여 동물 보호 활동을 진행했다. 1943년 말에는 "전국동물수호대의 아낌없는 이타적인 활동이 아니었다면 이 동물 중 대다수가 '실종 또는 사망으로 추정'이라고 기록되었을 것이다."라고 평가했다.[115] 인간과 동물이 함께 살던 가족을 원래대로 복구하는 일의 중요성은 내무부도 인정했다. 왕립동물학대방지협회 회장 로버트 가위 경은 내무부에 이렇게 보고했다.

> 많은 지역의 주민들이 잃어버린 애완동물을 크게 걱정했습니다. 많은 사람이 우리 협회의 차량 운전자들에게 자신의 고양이가 어디 있는지 찾아봐 달라고 했습니다. 또한 자신이 찾으러 올 때까지 절대 죽이지 말아 달라고 당부했습니다. 켄싱턴 서부에서는 무너진 건물에서 찾은 수 많은 고양이들을 주인들에게 무사히 돌려 보냈습니다.[116]

바버라 닉슨Barbara Nixon이라는 공습 감독의 글에는 동물에 대한 반감이 빈번하게 그리고 분명히 나타난다. 그런데 그가 생생하게 묘사하는 여러 사건에서 그의 동료들은 그와는 다른 감정을 내보인다. 예를 들어 줄무늬 고양이 빌리Billy에게는 공습을 피하는 장소가 정해져 있었다. 이 고양이는 계단 맨 위쪽의 찬장에 자리를 잡고 그곳을 절대 벗어나지 않았다. 가족은 고양이의 곁을 늘 지켰는데, 하필 폭탄이 떨어진 날에는 아래층에 있었다. "비에 흠뻑 젖은 연약한 노인이 다가오더니 언제 무너질지 모르는 그 집에 돌아가 빌리를 데려오겠다고 애원했다. … 집은 극도로 위험했고, 고양이 때문에 불필요한 위험을 감수하는 것은 어리석은 일이었다. 하지만 부감독인 매킨Mackin이 사고 대책반의 눈을 피해 몰래 집 안으로 들어가 고양이를 데려왔다."[117]

혈통이나 종에 관계없이 모든 종류의 애완동물에게 도움의 손길이 미쳤다. 몸집 좋은 구조대원인 버나드 레건Bernard Regan은 다른 근무조의 동료들이 앵무를 구조해 놓은 것을 발견했다. "아일 오브 도그스Isle of Dogs의 사무다 스트리트에서 앵무는 납작하게 찌그러진 새장에 들어 있었다. 그는 새장을 펴서 앵무에게 베이컨 조각과 빵 껍질을 먹였다. 교육을 잘 받은 새였다. 그 놈은 몸치장을 마치자 외설적인 말을 한바탕 멋지게 쏟아 놓았다."[118]

이 책의 첫 장에서 근무를 마치고 귀가하는 길에서 강아지를 죽음에서 구한 화재 감시원의 이야기를 소개했다. 소방관이나 공습 감독 등 많은 현장 실무자들이 길 잃은 동물을 찾아 구조하고 임시로 보호하는 일을 자신의 마땅한 업무라고 생각했다. 뻣뻣한 털을 가진 개 믹Mick은 이스트 런던의 폭격당한 집에서 유일하게 살아남았다. 믹은 관할 소방대에 구조된 뒤 그곳의 정규 직원이 되었다. 믹은 특히 소방용 사다리를 잘 탔고 모금 행사에서 그 모습을 뽐내기도 했다. 그렇게 지내던 믹은 마침내 '동원 해제'되었고 소방관 존슨Johnson의 집에 입양되어 "사랑받는 애완동물의 삶"으로 돌아갔다.[119]

그러나 모든 사람이 이런 구조 활동을 높이 평가하지는 않았다. 어떤 기자는 한 소방관이 강아지 한 마리를 구하려고 몇 시간 동안 애쓴 일을 비판하며 "쓸모 없는 감상주의"라고 표현했다. 고양이보호동맹은 그 발언에 반박하며 나치즘에 대항하는 감상성의 가치를 역설했다. "이런 시기에는 냉담함이 아니라 감상성에 치우치는 편이 차라리 낫다. 냉담해지는 과정이 우리를 어떤 인간으로 만들어 놓을지 아무도 알 수 없기 때문이다."[120] 가족을 잃은 샬턴Charlton의 토끼는 그 지역 공습 감독의 가족이 되었다. 토끼와 같이 살던 개 짚은 먼지와 흙을 뒤집어쓴 채 폭격당한 집을 스스로 빠져 나왔지만 토끼는 이삼일 뒤에야 발견되었다. 폭격의 잔해 밑, 완전히 찌부러진 토끼 우리 안에서 살아 있는 상태로 발견되었다. 폭격을 당한 가족은 토끼를 계속 기르기가 어려운 상황이었지만 토끼를 죽이고 싶지는 않았다. 엘렌 클라크Ellen Clark는 당시의 신중한 협상의 과정을 다음과 같이 회고했다.

> 공습 감독이 "오, 그럼 내가 이 토끼를 가져도 될까요?"라고 물었다. 엄마는 대답했다. "좋습니다. 하지만 아이들에겐 말하지 말아 주세요. 그리고 토끼를 죽이거나 잡아먹지 않겠다고 약속해 주세요." 감독이 말했다. "아, 아뇨, 아뇨, 그런 일은 없을 거예요. 저도 이러기는 처음이에요." 우리가 토끼를 계속 키우고 싶어 하는 것을 아는 엄마는 이 일을 한참 뒤까지 비밀로 했다. 그렇게 공습 감독이 토끼를 데려갔고 그는 분명 그 토끼를 키웠을 것이다.[121]

이 사건에서 실제로 어떤 일이 벌어졌는지 조목조목 따지기는 어렵다. 일단 이것은 어머니 측의 이야기, 즉 애완동물이 사라진 이유를 어린 자식에게 설명하기 위해 만든 이야기일 것이다. 그러나 이 어린아이가 공습 감독이 책임감 있게 행동했으리라고 확신한 것을 보면 (그 후 토끼가 실제로 어떻게 되었든 간에) 사람들이 공습 감독에게 친절을 기대하는 것이 그리 놀라운 일이 아니었음을 짐작할 수 있다. 이와 비슷한 우호적인 행동은 그 밖에는 많은 기록에 묘사되어 있다.[122] 가령 어느 부부는 그들

지역의 포플러구 공습 감독을 충분히 신뢰해서 크리스마스 파티에 다녀오는 동안 개를 봐 달라고 초소에 맡기기도 했다. 이 일화 역시 현장 실무자들이 동물과 관련하여 평판이 좋았다는 것을 충분히 짐작할 수 있다. (아쉽게도 공습 대비처의 기록에 포플러구 공습 감독의 반응은 실려 있지 않다.)[123]

그렇다고 동물이 인간의 구조를 수동적으로 마냥 기다리고 있었던 것은 아니다. 유나이티드데어리즈사의 축사에 소이탄이 떨어져 짚에 불이 붙었을 때 "말 한 마리가 발로 재빨리 불을 밟아 끈 후" 안전한 곳으로 나왔다.[124] 마조리 프렌치Marjorie French라는 사람을 구한 것은 12살의 개 첨Chum이었다. 집이 폭격을 당해 무너져 집 안의 방공호에 갇혔던 마조리는 자신을 구하려고 미친 듯이 땅을 파는 첨의 발을 발견했다. 첨은 마조리의 머리카락을 붙잡아 안전한 곳으로 끌어냈다.[125]

왕립동물학대방지협회는 전쟁 회고록인 《그곳에 동물들이 있었다Animals Were There》를 통해 동물이 주도한 구조 활동의 여러 사례를 보고했다. 폭격당한 건물에서 구조된 고양이가 다시 그곳으로 돌아가 "떨어질 수 없는" 사이였던 개가 있는 곳으로 조사관을 이끌었다. 어떤 고양이는 새끼들을 안전한 곳으로 옮겼고, 어떤 동물들은 함께 살던 인간 곁을 떠나기를 거부했다. 죽은 아내의 사진을 챙기러 폭격당한 집에 돌아간 한 노인의 이야기는 한 장의 사진에 담겼다. "이미 죽었다고 생각했던 고양이가 노인의 발소리를 듣고 안전하게 숨어 있던 곳에서 나왔다. 그러더니 집으로 돌아가자고 노인에게 부탁하듯 울었다."[126]

동물을 구조하는 일은 동물과 함께 사는 가족만의 문제가 아니었다. 글래디스 콕스는 1944년 봄, 어떤 동물을 구하기 위해 지역 주민들이 여

러 날에 걸쳐 **공동 행동**에 나선 일을 기록했다. 이 전쟁에서 가장 끔찍했던 밤 중 하나로 꼽히는 그날, 밥이 공포에 사로잡혀 집 안을 쉭쉭 달리자 콕스는 고양이의 꼬리를 붙잡아서 품에 안고 달래었다. 근처 사방에 폭탄이 떨어졌고 식료품점인 컬렌스에도 화재가 났다. 콕스는 "순식간에 정신이 멍해졌다." 가게의 위층에는 청소부가 살았고, 가게 밑에는 밥의 어미가 갇혀 있을 것이었다. 엿새쯤 후 다른 컬렌스 지점을 방문한 콕스는 "밥의 어미는 어떻게 되었나요?"라고 물었다. 직원은 아직 발견하지 못했다면서 "철거 작업자들이 계속 찾고 있대요."라고 설명했다. 콕스가

폭격 후 남자와 고양이의 재회. 이스트 런던

버스에서 만난 다른 고양이 애호가도 "눈을 크게 뜨고 찾아보겠다고 약
속했고 자신은 전에도 폭격당한 고양이를 찾아낸 적이 있다고 했다." 그
로부터 보름이 지나 콕스는 이렇게 썼다. "밥의 어미가 살아 있다! 가게
의 잔해를 제거하던 철거 작업자들이 어미를 찾아냈고, 자루에 담아 근
처 다른 지점으로 보냈다. 오늘 아침 만났을 때 고양이는 며칠이나 굶은
탓에 무척 말라 보였지만, 그것 말고는 괜찮아 보였다."[127] 이 기록 속 사
람들의 반응은 단순히 단발적인 사건에 대한 관심이 아니다. 인간들이
주변에 사는 동물들을 관찰하고 구조하는 일은 지금까지 알려져 있던 것

보다 더 보편적이었다. 콕스의 온정이 유별나 보이는 것은 일기라는 글의 특성 때문이지 이 사건이 드물고 특별한 경우라서가 아니다.[128]

하지만 모든 현장 실무자들이 동물을 항상 연민으로 대한 것은 아니다. 검은색 리트리버 잭Jack은 구조대가 수색을 포기한 지 45분이 지나 구조되었다. 다행히도 그들보다 의지가 강했던 이 집 아버지가 집의 잔해 밑에서 잭을 찾아낸 것이다. 이 가족은 그가 일하는 사무실에 임시로 거주하게 되었고, 잭을 안뜰에 묶어 놓았다. 그는 이 상황을 애통해했다(잭도 분명 그랬을 것이다). 그러나 그는 잭을 죽이는 것을 거부했다. "이 개가 죽을 운명이라면 그때 그 파편 밑에서 죽었을 것이다." 다행히 잭은 동물옹호협회의 도움을 받아 시골에 있는 집으로 피난을 갔다.[129]

훌륭한 일기 작가이자 내셔널 트러스트의 직원이었던 제임스 리즈-밀른James Lees-Milne은 전쟁 중과 전쟁 후에 트러스트가 소유한 건물들의 '비공인' 화재 감시원으로 여러 채의 고택을 지켜냈다. 공습 중에 "뭐라도 할 일이" 있는 데 만족했던 그는 "대다수의 화재 감시원이 위험을 무릅쓰고 소이탄을 끄거나 사람을 구조할 생각이 없다고 뻔뻔하게 말하는 데 깜짝 놀랐다. 그는 이렇게 말했다. '우리는 바로 그런 일을 하려고 여기 모인 겁니다!'"[130]

군인들(영국군, 미군, 캐나다군)은 군 기지에서 마주치는 동물들에게 변덕스러운 태도를 보일 때가 많았다. 개와 고양이를 친구처럼 돌보다가도 기지가 철수할 때면 굶어죽게 내버려 두었다. 이에 육군협의회는 철수할 때 "동물을 수거해서 처분할 수 있도록" 왕립동물학대방지협회에 신고하라고 지시했다.[131] 내셔널 트러스트 부지를 조사하던 리즈-밀른은 노팍주의 블리클링 저택에서 몹시 괴로워하는 여성을 만났다. 영국 공군이 그의 집을 파괴했을 뿐 아니라 "너무나 사랑하고 다정하며 영리한" 개를 훔쳐 간 것이다.[132] 전쟁 말기에는 군인이 문제를 일으키는 일이 더 많아졌다. 많은 동물이 새 집을 찾았으나 또한 많은 동물이 도살당했다. 노퍽주의 한 미군 캠프에서는 개 50마리가 유기되었다가 몇 달 후에야(다행히 건강한 상태로) 발견되었다. 그중 다수가 원래 농장에 살다가 먹이로 유인하는 군인들을 따라 나온 개들이었다. 그중 48마리는 원래 주인에게 돌아갔고, 두 마리는 새 주인을 찾았다. 그러나 군인들에 의해 버려진 고양이는 해결 방법이 별로 없었다. 왕립동물학대방지협회는 고양이들이 많이 야생화된 탓에 "능숙하고 자비로운 방법으로" 그들을 처분해야 했다.[133]

사람들의 분노 :
동물은 어디에 있는가? _____

동물위원회의 현장 활동가들은 똑같이 자원봉사자들로 이루어진 민병대나 민간방위대 활동가에 비해 자신들의 위상이 낮은 데 불만을 표했다. 수의학계는 도시 지역 내에서 수의사가 아닌 동물보호단체가 활동을 주도하는 것에 민감하게 반응했다. 동물위원회의 현장 활동가들이 남긴 기록은 입수하기가 쉽지 않지만 얼마 안 되는 예외 중 하나는 런던 동부 교외의 원스테드·우드퍼드 동물위원회 구조단의 통신문 자료다.[134] 이 자료의 주된 내용은 활동가의 위상과 지역 당국 간의 마찰로 인한 어려움이다. 가령 이 지역의 동물위원회는 응급 구조 차량을 구입할 경우를 대

동물단체 블루크로스 대원에게 구조되는 고양이 (H98 106/597, State Library, Victoria, Australia)

비해 지역 민간방위대에 석유 할당을 요청했다. 돌아온 답변은 석유 할당은 차량을 구입한 다음에 받을 수 있으며, 구매 전 차량을 검사하는 데 쓸 분량도 할당할 수 없다는 것이었다.[135] 동물위원회가 구입할 차량이 민간방위대의 활동과 무관하다는 이유에서였다. 마찬가지로 초콜릿과 비스킷(BBC 방송에서 민간방위단체에게 보급한다고 발표했다)을 할당해 달라는 요청도 묵살되었다. 보다 심각한 일은 방독면 할당 요구마저도 거절당한 것이었다.[136] 현장에서의 이런 삐걱거림은 동물위원회가 해산하게 된 여러 원인 중 하나였다.

한편으로는 동물위원회가 반려동물만 고려한다는 주장도 공공연히 확대되고 있다. 전국수의학협회는 "경제적 가치가 있는 모든 동물," 즉 수의사들이 여전히 상당한 영향력을 행사하고 있는 농촌 지역의 동물들을 중점적으로 고려하도록 활동 방향을 바꾸고 싶어했다.[137] 가령 농촌 지역에는 8,000여 명의 '교구 동물 보호사'로 이루어진 '기술 분과'가 설치되어 "동물의 생산성을 최대로 복원"하고 "죽거나 치명상을 입은 동물은 식재료로 사용"할 목적하에 지정 동물병원과 농촌 지역을 잇는 소통망을 운영했다.[138] 그렇지만 농수산부는 이 조직이 점점 변질되어 "쓸모를 잃었다"고 판단했다.

정부 입장에서는 애완동물이 아니라 농촌 가축이 동물위원회 활동의 핵심이어야 했다.[139] 그런데 동물위원회를 구성하는 단체 중 점점 더 많은 수의 단체들이 반려동물을 보호하는 본래의 역할로 돌아가고 있었다. 가령 왕립동물학대방지협회는 동물위원회를 탈퇴하기로 했다. 공식 서한에 따르면 이 협회는 동물위원회의 자금 조달책 역할을 계속할 의향이 없었고, 협회만이 할 수 있는 동물 구조 활동에 전념하기 위해서 탈퇴를 결정했다. "우리 협회는 지난 해 어느 한 달에만 1만 100마리의 애완동물을 안락사시키고, 폭격 현장에서 5,940마리를 구조하여 먹이를 주거나, 협회에서 보호하거나, 새 집을 찾아 주었다."[140]

수의학계는 1930년대에 일부 동물보호단체, 특히 아픈동물을위한진료소와 갈등을 빚었다. 왕립수의대는 아픈동물을위한진료소에서 무자격 인력이 동물을 치료하는 것을 맹비난했고, 돈을 아끼려고 동물병원 대신 아픈동물을위한진료소를 찾는 부유층도 비난했다.[141] 전국수의학협회의 강력한 지도자 해리 스틸-바저Harry Steele-Bodger는 1941년의 연설 중에 국토안보부에 최종 책임을 물으며 동물위원회의 도시 지역 사업에서 손을 떼겠다고 선언했다. 그는 이 전쟁이 끝나면 동물위원회의 핵심 구성원을 중심으로 새로운 기관을 창설할 수 있었을 가능성을 국가가 짓밟았다고 비판했다.

> 믿음에서 태어났고 희망으로 길러졌으며 동물단체 때문에 죽었다. 전국공습대비동물위원회는 이렇게 요약될 수 있지만, 이것이 전부는 아니다. 이 이야기에서 악당은 착한 요정, 즉 탄생의 순간에 함께하고 아기에게 축복을 내리더니 끝내 아이를 굶어죽게 한 국토안보부다.[142]

나는 이 책의 첫 장에서 "인간이 저술한 글도 인간의 관점으로 축소되지 않는, 과거에 대한 귀중한 통찰", 즉 동물에 관한 통찰을 보여 줄 수 있다고 주장한 에티엔 벤슨을 언급했고, 이 관점에 대체로 동의한다. 동물의 자취는 보이지 않는 곳에 숨어 있는 경우가 많지만 엄연히 존재한다. 그러나 국가기록보관소의 관련 서류 및 수의학계의 간행물을 들여다보면, 이 전국 단위의 위원회가 애초에 목표한 대로 동물들에게 충분히 초점을 맞추었다고 보기 어렵다. 부상당하거나 길 잃은 동물에 관한 내용은 거의 찾아볼 수 없었다. 그곳 사람들에게는 단체 간의 갈등이 훨씬 더 중요했다.

동물위원회에서 어떤 논쟁이 있었든 간에 국가는 동물-인간 관계가 전시 영국 국민에게 중요한 의미를 가진다는 것을 이 위원회를 통해 인정했다. 물론 정부가 기부금 경쟁 등으로 인한 기성 단체 간의 문제에 깊이 개입하기를 주저한 결과, 이 협력의 경험이 전후로 이어지지 못한 채 단발성으로 그치고 말았다. 그러나 그러한 가능성이 **조금이라도** 고려되었다는 사실은 동물-인간 관계가 이 시기의 국가에 끼친 영향력을 입증한다. 국가의 태도가 달라지고 있었고, 다음 장에서 살펴보겠지만 동물과 인간의 정서적 관계의 힘 역시 변화하고 있었다.

8장
감정, 효용, 사기 : 전시의 동물-인간 관계

개보다 주인의 사기를 높이는 존재가 있을까? …
그래서 그 종족 전체가 특별히 삶을 허락받는 것이 아닌가?[1]

지금까지 식생활의 변화, 방공호 대피, 폭격으로 인한 물리적 환경의 변화 등 동물과 인간이 함께 경험한 구체적인 전쟁 현실이 동물과 인간 모두에게 어떤 영향을 미쳤는지 살펴보았다. 그러한 경험은 '인간들의 전쟁'이라는 개념에 분명한 균열을 일으킨다. 또한 동물이 수행한 중요한 역할을 증명한다. 이 장에서는 동물과 인간이 활동하고 존재한 다양한 방식을 한층 더 깊이 살피면서 동물과 인간 간의 감정적인 관계를 탐색할 것이다. 동물과 인간이 이 전쟁에서 보인 정서적 반응은 서로 달랐던 동시에 서로 밀접하게 연결되어 있었다. 여기서 말하는 동물은 흔히 애완동물이라고 협소하게 정의되는 대상에 국한되지 않는다. 이 책에서 계속 언급해 온 매스 옵저베이션의 자료는 개체를 넘어서고 종을 가로지르는 감정의 역사를 증언하고 있다.[2]

동물-인간의 정서적 상호 의존과
그 모호한 형태 _____

나는 동물-인간 관계의 여러 특징 중에서 표면상으로는 서로 달라 보이는 효용과 정서라는 두 가지가 결국 비슷한 속성을 가지고 있음을 밝히려고 한다. 2장에서 우리는 1차 대전 때 리처드슨 대령이 임무를 맡을 개들을 훈련시킨 방법에 대해 알아보았다. 그가 생각하기에 성공의 열쇠는 개의 품종과 인간의 품성 모두에 있었다. 이 특수한 전쟁 활동에 알맞은 인간은 개를 좋아하고, 개와 교감할 줄 알고, (개와 마찬가지로) 훈련을 통해 효과적인 협업 관계를 맺는 능력을 획득할 수 있는 사람이었다. 이 접근법은 매우 효과적이어서 2차 대전 때도 다시 채택되었다.[3]

군부는 개를 경비나 지뢰 탐지에 활용했다.[4] 1942년 3월 개 주인들은 군의 요청으로 개를 '대여'해 주었다.[5] 배터시보호소는 떠돌이 개의 소유권을 군에 넘겼다. 애완동물이었다가 버려진 개들이 이제는 "야간 보초에 동행하는 역할로 긴요"해졌다.[6] 그들은 이 일이 없었다면 보호소에서 죽을 운명이었다. 왕립동물학대방지협회 또한 시설 경비, 순찰, 전보 전달 등의 임무를 위해 육군과 항공기 생산부에 개를 보낸 일을 자랑스럽게 보고했다.[7] 많게 잡아 약 1만 마리가 이러한 군역에 제공되었으나 "총소리를 겁내는" 개가 많아서 그중 3,500마리 정도만 활동에 투입되었다. 원래 그들의 역할은 반려동물이었으니 총소리를 겁냈다는 게 그리 놀랄 일이 아니었다.

가장 인기 많은 품종은 에어데일(1차 대전 때 리처드슨 대령도 이 종을 가장 열성적으로 훈련시켰다), 콜리, 그레이하운드가 섞인 러처 등 다양한 잡종, 저먼셰퍼드 등이었다.[8] 그러나 품종만큼 중요한 것은 이들이 특수 훈련을 받은 경비견이 아니라 원래 애완동물이었다는 점이었다. 인간과 개의 긍정적인 관계가 "성공적인 소통과 협력을 보장한다."[9]는 훈련 철학은 리처드슨만의 생각이 아니라 이 **개들이** 살아온 가족 환경에서도 확인되었다.[10] 예컨대 검은색 래브라도 로버Rover는 아이들을 학교에 데려다 주는 등 가족 안에서 여러모로 유용한 일을 하고 있었다. 가족은 로버를 군에 제공했고 개는 벨기에와 프랑스에서 냄새로 지뢰를 찾는 임무를 수행했다. 놀랍게도 로버는 끝까지 살아남아 가족에게 돌려보내졌다. 우리는 여기서도 군대 내에서 강화된 동물-인간 관계와 가족 내 관계가 상보적이었음을 짐작할 수 있다.[11] 전쟁에서의 활동이 로버를 잔인하게 만들지 않았다. 그런데 가족이 로버를 거부했다. 개를 떠나 보낼 때 크게 상심했던 이 집의 딸은 다음과 같이 회고했다. "로버는 원래 몸집이 무척 큰데다 군대에서 밥을 잘 먹었다. 우리는 여전히 음식을 배급받는 처지였기 때문에 개를 군에 그대로 두는 것이 더 나은 선택이었다."[12] 딸은 실제로 이런 복잡한 감정을 느꼈을 테지만 "더 나은 선택"이라는 대목만큼은 당시 아이였던 딸에게 해 준 부모의 설명이었을 것이다. 이 가족이 로버를 거부한 이유가 집안 사정 때문이지, 개가 군 생활로 인해 전보다 더 공격적으로 변해서가 아니라는 점도 중요하다.

가정 내 관계와 군대 내 관계의 '교차'는 공무를 수행할 때의 개-인간 관계에도 나타났다.[13] 폭격당한 건물에서 생명을 찾아낼 목적으로 교배된 품종은 없었다. 관건은 훈련이었다. 저먼셰퍼드 다키Darkie는 언론의 찬사를 받았다. 다키는 글로스터셔주 첼트넘의 항공기 생산부에서 피폭 건물에 묻힌 사람을 찾는 훈련을 받았다. 전쟁 후반에는 다른 개들도 수색 훈련을 받은 뒤에 런던으로 보내져 공습 피해자를 찾는 작업에 투입되었다.[14] 저먼셰퍼드 제트Jet는 원래 리버풀의 사육사인 배드콕 클리버Badcock Cleaver의 반려견이었는데 민간방위대에 대여되어 특수한 훈련을 받았다. 제트는 역시 저먼셰퍼드인 손Thorn과 함께 폭격 피해자 수색 능력을 겨루는 민간방위대 대회에 참가하기도 했다.[15] 제트는 사람 둘을 구하는 과정에서 뒷다리관절을 다쳤다. 손과 제트는 전쟁이 끝난 후 아

리버풀 칼더스턴즈파크에
있는 제트의 기념비

픈동물을위한진료소로부터 디킨 훈장Dickin medals*을 받았다.[16) 공무상 이런 개들의 가치는 "믿을 만한 반응"을 보임으로써 "치명상을 당한 부상자들을 찾아내는 활동을 보조"하는 데 있었다.[17) 다시 말해 이들의 가치는 냄새를 맡는 능력에 있었지 온정적인 공감에 있지 않았다. 이 개들의 **공식적** 쓰임새는 모르는 인간(또는 동물)을 냄새로 찾아내는 것이었다. 전쟁 전에도 개(및 고양이)의 특별한 후각 능력이 인정받지 못했던 것은 아니지만 전쟁의 현실은 분명 그런 능력을 강화하고 강조했다.[18)

립Rip의 이야기는 몇몇 측면에서 더욱 흥미롭다. 테리어 잡종인 이 개는 1940년 대공습 중에 이스트 런던 포플러구의 B132 초소를 맡은 공습 감독 미스터 킹King에게 거두어졌다. 전후의 한 회고록에는 "폭격당한 많은 동물이 새 가족을 찾았는데 B132 초소를 늘 찾아오던 한 잡종견은 사고 구조 활동을 인정받아 훗날 '개의 빅토리아 훈장'(디킨 훈장)을 받았다."[19) 립은 어떤 기록에서는 '발견'되거나 '거두어'졌지만 또 어떤 기록에서는 방공호에 "스스로 찾아왔다."고 기록되었다. 이는 일방적인 관계가 아니었다. 정보부가 촬영하고 지역기록보관소에 보관된 립의 사진을 보면 립의 다양한 면모가 담겨 있다. 어떤 사진에서는 미스터 킹과 함께 무너진 건물에 깔린 사람들을 구조하고 있다. 어떤 사진에서는 거리의 공동 방공호에 가서 그곳에 피신한 사람들에게 위안을 주고, 머리를 쓰다듬는 손길과 간식 사례를 즐기고 있다. 어떤 사진에서는 킹이 초소에 딸린 작은 텃밭을 가꾸는 모습을 앉아서 지켜보고 있다. 요컨대 폭격

---

* 아픈동물을위한진료소가 전쟁 중에 활약한 동물에게 수여하는 메달.

방공호 초소에 딸린 텃밭에 있는 립과 미스터 킹 (courtesy of Tower Hamlets Local History Library and Archives)

당한 동물과 인간을 구조하는 역할은 립과 미스터 킹이 맺은 관계의 일부일 뿐이고, 물론 미스터 킹이 립과 맺은 관계에서도 일부일 뿐이다. 립은 "이런 업무를 담당한 최초의 개"로 설명되어 있지만 그런 개가 립만은 아니었다.[20]

아픈동물을위한진료소 또한 전시 활동 보고서에서 동물의 주도적인 역할을 인정했다. "동물들은 흔히 자신의 위험을 무시한 채 주인 곁을 지키며 도왔다. 혼자 얼마든지 안전한 곳으로 빠져나갈 수 있었지만, 불타오르는 건물 안에서 주인을 찾아내 구해 내고자 하는 경우가 많았다.[21] 훗날 훈장을 받은 일부 이름 있는 개들과 달리, 립과 같은 개들은 특별한 훈련을 받지 않고도 그런 일을 해냈다. 아마도 립은 킹의 반려동물로 살아가는 것 자체로 충분히 훈련되었을 것이다.[22]

이 대목에서 나는 동물-인간 관계에 관한 린다 버크Lynda Birke와 조애나 호큰헐Joanna Hockenhull의 연구를 떠올리게 된다. "함께 일하는 것, 즉 상대 종의 행동을 일부라도 이해할 줄 아는 것은, 우리가 여러 종류의 비인간 동물과 맺는 관계의 일부를 이룬다. 언제 상대에게 다가가야 하는지, 언제 쓰다듬기/핥기를 받아야 할지, 언제 때리기/물기로부터 안전하게 거리를 두어야 할지를 우리도, 그들도 배워야 한다."[23] 이는 어떤 면에서 수십 년 전 리처드슨 대령이 한 것과 비슷한 이야기다. 버크와 호큰헐은 단순히 인간과 동물 각각의 행태를 관찰하는 대신 동물-인간 공동의 노력에 초점을 맞춘다. "인간-동물 관계를 미시적 차원에서 일대일로 바라본다는 것은 한쪽이 다른 쪽에 미치는 영향에 초점을 맞추는 것이 아니라, 동물과 인간이 모두 그 관계에 어떻게 기여하여 각 부분의 합보다 큰 무언가를 만들어 내는가에 초점을 맞춘다는 뜻이다."[24] 2차 대전 중에 바로 이러한 공동 노력이 다양한 방식으로 실현되고 목격되고 있었다.

유용성을 주장하는
여러 관점 _____

이 전쟁에서 동물-인간 관계의 '쓸모 있음'이 독자적이고 정확한 개념으로 다루어졌는가 하면 그렇지는 않았던 것 같다. 다만 특이한 사례로 참새 클래런스Clarence에 대한 기록이 남아 있다. 1940년 7월 남편과 사별하고 런던에서 공습 감독으로 복무하던 음악인 클레어 킵스Clare Kipps는 태어난 지 하루도 안 돼 둥지에서 떨어진 것으로 보이는 참새를 발견했다. 그는 새에게 비맥스Bemax(비타민 상품명), 완숙 노른자, 광어간유를 바른 빵을 먹였다. 아이들도 새의 회복을 도우려고 성냥갑에다 애벌레와 지렁이 같은 먹이를 담아 왔다. 식단은 점점 다양해져 서대, 연어, 닭고기까지 먹였다.[25] 킵스가 클래런스에 관해 쓴 《1파딩에 팝니다Sold for a Farthing》는 출간 후 3년 만에 11번 중쇄를 할 정도로 대단한 인기를 얻었다. 동물학자 줄리언 헉슬리가 서문을 쓴 이 책은 "애완동물에 관한 책이 아니라 인간과 새가 수년간 나눈 깊은 우정에 관한 책"이다.[26] 클래런스는 머리핀으로 줄다리기를 하는 법, "사이렌이다!"라는 말이 들리면 작은 모조 방공호로 숨는 법 등 다양한 것들을 배웠다.[27] 그런데 이런 묘기는 킵스가 집에서 즐기기 위한 것만이 아니었다. 그는 공습 감독으로 휴식 센터를 방문할 때 클래런스를 데려가곤 했다.

집과 전 재산을 잃어버린 사람들이 적어도 그 순간만큼은 슬픔
을 잊었고, 겁에 질린 아이들은 활기를 되찾고 즐거워했다. 가스
마스크를 제대로 쓰기를 거부하던 사람들도 새와 게임을 하게
해 준다고 하면 당장 얼굴을 들었다.[28]

이 기록은 새가 인간에게 미친 영향을 강조하는 데서 끝나지 않는다.
저자는 인간과 새의 쌍방향 관계를 이야기한다. 클래런스는 이 관계에서
이익을 얻고 있는 것으로 묘사된다. "지금까지 그 어떤 참새도 이와 같
이 인간과 특별한 우정을 누리는 (혹은 견디는) 혜택을 가지지 못했을 것
이다."[29] 킵스는 "우리가 자신을 사랑하는 것을 알기에" 클래런스가 노
래한다고 주장했다.[30] (장수가 만족스러운 삶의 증거라면) 클래런스는 12년
7주 4일이나 살았으며, 죽기 직전에는 킵스가 주는 샴페인을 몇 모금 마

카드 묘기를 선보이는 클래런스 (출처 : 클레어 킵스, 《1파딩에 팝니다》)

셨고, 수의사가 정식 약물을 주입해서 고통을 느끼지 않게 해 주었다.[31] 전반적으로 이 책은 클래런스가 인간에게 (개인적으로 즐거움을 주는 동시에 폭격을 당한 사람들의 사기를 진작하는 등) 여러 차원에서 '유용'한 역할을 했다고 설명한다. 그러나 또 한편으로는 동물들이, 혹은 최소한 클래런스는 인간의 애정에 응답했다는 사실을 구체적인 근거를 들어 주장한다.[32]

고양이보호동맹 또한 전쟁 중에 동물의 '유용성' 문제를 논했다. 후원자들을 위한 잡지 《고양이》에 실린 〈전쟁 노동자〉라는 제목의 기사를 보자. "만약 고양이가 단순히 애완동물이고 그를 돌보는 것에 어떠한 보상도 기대할 수 없다면 '개인의 즐거움을 위해 공동체의 그 많은 식량을 축내는 것은 반애국적인 행위인가?'에 대한 답은 '그렇다'일 것이다." 이어 고양이는 "지금까지 알려진 가장 유능한 식량 보호자"로 재조명된다. 고양이의 확실한 가치는 매년 수백만 파운드에 달하는 '공동체'의 식량을 지키는 데 있었다. 물론 고양이가 창고의 쥐를 죽임으로써 '공동체'를 돕는다는 사실을 인정하는 것과 개별 가정의 애완 고양이의 존재를 변호하는 것은 별개의 문제였다. 애완 고양이는 냄새로 설치류를 쫓는다는 점에서 유용했다. "고양이가 항상 있는 건물에는 쥐가 절대로 정착할 수 없다(정착은 번식을 의미한다). 내가 '항상'이라고 강조하는 데는 이유가 있다. 대부분의 시간을 밖에서 보내고 밤에도 밖에서 자는 고양이는 쥐가 무서워하는 냄새라는 형태로 자기 존재의 흔적을 상시적으로 남기기가 거의 불가능하다."

바꿔 말해, 고양이를 애완동물로 여기고 집 안에서 인간 가까이 살게 하는 사람들은 넓은 의미의 공리주의자에 속했다. 밤에 고양이를 집 안에 두라는 명령은 등화관제 체제가 시작되었을 때부터 고양이보호동맹이 일관되게 주장해 온 바였지만 이제는 "고양이가 쥐를 잡지 않아도" 쥐를 막아 주는 유용한 방법이었다. 나아가 고양이가 쥐를 잘 잡으려면 밥을 잘 먹어야 했다. "고양이의 건강과 체력을 유지하는 데 소홀한 사람은 고양이가 공동체에 기여할 수 있는 가치를 낮추는 셈이다." 그래서 결론은 "음식을 구하기 어렵다는 이유로 고양이 먹이를 줄이는 것은 반애국적인 행위라고 할 수 있다. 고양이가 조국을 위해 좋은 일을 하도록 우리가 배급받은 식량을 조금만 포기하면 된다."는 것이었다.[33] 공동체에 기여하는 가치라는 개념은 이 동맹의 사무국장이 쓴 글에도 나타났다. 이 글 역시 독자들에게 고양이용 통조림 음식이 부족해질지 모른다는 공포에 휘둘리지 말라고 당부한다.

> 상황이 조금 어려워질 수 있습니다만 우리는 가장 쉬운 길을 택해서는 안 됩니다. 이미 너무나 많은 고양이가 불필요하게 처분당했습니다. 생명을 빼앗는 것은 매우 쉽습니다. 그러나 상식적으로 생각하면 앞으로 부담이 되기보다는 이익이 될 존재의 생명을 빼앗지 않는 것 또한 쉬운 일입니다. 여러분의 고양이가 여러분 자신과 공동체에 분명한 가치가 있음을 늘 기억하십시오.[34]

이와 같은 유용성 개념의 확장은 동물옹호협회 회장 루이스 린드 아프 하게비의 글에서도 발견된다. 그는 개와 고양이의 유용함에 대한 생각이 영국과 독일에서 어떻게 다른지 철저히 비교했다. 하게비는 나치의 공리주의적 접근법을 비판하고, 정서적인 지지는 그 자체로 유용하다고도 주장했다. "집에 사는 개나 고양이가 발휘하는 지지와 격려의 힘에 주목하는 것은 감상주의와는 무관하다."[35] 이처럼 얼기설기한 효용성 개념 위에 국가의 이익, 공동체의 이익이라는 한층 더 거창한 개념까지 끌어온 것은 고양이보호동맹이나 동물권 운동가만이 아니었다. 1942년 봄 BBC 방송국은 "고양이들이 국가적으로 중요한 일을 하고 있다."고 보도했다. 라디오에서 이 말을 들은 프랜시스 파트리지는 일기에 이렇게 썼다. "라디오에서 이런 선언이 나오다니, 20년 후엔 누가 이것을 믿을까?"[36] 그가 놀란 이유는 물론 고양이의 역할이 그보다 못하다는 것이 아니라 BBC가 고양이에게 그처럼 높은 위상을 부여했다는 사실 때문이었다.

고양이와 인간의
달라진 관계 _____

전쟁 중에 고양이의 위상이 달라졌다는 사실을 BBC만 인식한 것은 아니었다. 동물학자 콜린 매더슨Colin Matheson은 전쟁 말기에 웨일스의 카디프에서 선구적인 연구를 수행하고 그 내용을 《동물 생태학 저널Journal of Animal Ecology》에 발표했다. 그는 "오늘날의 도시생태학에서 가정 내 고양이가 맡는 중요한 역할을 고려하여" 카디프에 사는 고양이 수를 계산했다.[37] 이 독특한 연구는 두 개의 문제의식에서 출발했다. 첫 번째는 고양이에 대한 상세한 지식이 부족하다는 점, 두 번째는 고양이의 중요성이 새롭게 인식되고 있다는 점이었다. 애초에 이 연구는 집에 사는 고양이가 점점 더 널리 인정받았기에 수행될 수 있었다. 2차 대전 이전만 해도 고양이는 특정한 한 가족에 속한다기보다는 지역사회에 속한 경우가 많았다. 1939년 동물위원회 방송에서 크리스토퍼 스톤은 이렇게 말했다. "일주일에 몇 번씩 우리를 보러 오는 고양이가 있는데 누구 고양이인지는 모르겠네요. 특별한 일은 아니죠."[38]

매더슨은 "인종이 다양하며 건물 연식이 오래된" 부둣가와 그보다 좋은 주택이 새로 들어선 도심 주택가의 고양이 소유 현황을 비교했다. 새로 지은 건물은 애완동물 소유에 관한 의회 규제를 받지 않았다. 하수도와 배수로가 새것이니 "쥐를 잡을 고양이가 덜 필요"했을 것으로 추정되었는데 저자는 "이것이 고양이를 집에 들이는 유일한 요인은 아니지만 분명한 이유 중 하나"라고 보았다.[39] 조사에 따르면 부둣가 가구의 74퍼센트가 고양이를 키운 데 비해 도심 주택가에서는 26퍼센트만 고양이를 키웠다(개 소유 현황은 조사하지 않았다). 가정에서 키우는 고양이 수는 2만 3,500마리로 추정되었고, 그 밖에 떠돌거나 주인 없는 고양이가 6,500마리였다(여기서 떠돌이 고양이의 위상 변화까지는 물론 알 수 없다).[40] 결론적으로 카디프에는 고양이가 약 3만 마리 살았고, 이는 인구의 13퍼센트에 달했다.[41]

매더슨은 학생들에게 각자 집에 있는 사람과 고양이의 수를 세어 오게 했다. 이 조사 방법은 완벽하지 않았지만 이 조사가 수행되었다는 사실 자체가 고양이에 대한 인식이 지역사회 안에서 달라졌음을 보여 준다. 고양이-인간 관계의 무언가가 분명 달라졌다. 같은 해에 발간된《고양이와 새끼 고양이 : 모든 고양이 애호가를 위한 잡지Cats and Kittens : The Magazine for Every Cat-Lover》는 "지금까지 이 나라에서 고양이가 현재와 같은 인기를 누린 적은 한 번도 없었다."라고 단언했다. 이 인기는 쥐잡이라는

'쓰임새'로 환원될 수 없었다. 그보다는 "전쟁의 긴장을 풀어 주는" 더 일반적인 역할이 변화의 원인이었을 것이다.[42]

전쟁 중에 동물과 인간이
함께 느낀 감정들 _____

동물과 인간이 맺었던 다양한 깊이의 정서적 관계를 탐구할 때 가장 먼저 초점이 맺히는 부분은 동물들이 특정 감정을 특징적으로 가지고 있다고 보는 관점이다. 이런 특징화의 본질은 대체로 동물 자체가 아니라 인간의 투사나 재현이었다. 그럼에도 여기서 내가 그러한 사고방식을 들여다보려는 이유는, 전쟁 시기에는 **늘** 그런 종류의 '교차'하는 이미지가 쓰인다는 점이 주목할 만하기 때문이다. 인간은 개인이 처한 상황을 참고하는 것만으로는 설명되지 않는 언어와 감정을 포착하기 위해 다른 종의 동물을 끌어들인다.

폭격 후에 구조된 동물에 대해 린드 아프 하게비가 남긴 기록은 대부분 당시 언론 보도와 동물옹호협회의 경험을 토대로 한 비교적 꾸밈없는 서사다. 그런데 여기에는 폭격을 겪은 후 7개월이나 노래를 부르지 않은 카나리아의 이야기가 나온다. 새 주인은 새가 다시 노래하기 시작하자 "좋은 소식이 들려올 전조"로 해석했다. 동물옹호협회는 영국이 이 싸움으로 지키려는 대의의 정당성을 믿으며 "정의, 자유, 인정, 연민과 분리할 수 없는 이 대의는 생명 그 자체이기에 카나리아의 회복으로부터 용기를 얻는다."고 했다.[43] 사람들이 이 일에서 '희망'을 발견한 이유는 단순히

어떤 동물이 부상에서 회복해서가 아니라 그 동물이 노래하는 능력을 가진 종이라서였다.[44]

이보다 더 관습적인 경향으로, 동물을 인간이 느끼는 특정 감정의 화신으로 보는 관점이 있었다. 런던 교외에 살던 한 어린이는 런던 대공습 중의 어느 날에 대해 이렇게 썼다. "이번에는 뭔가 다른 것이 느껴졌다. 소음이 어마어마했는데도 조용하다는 느낌이 들었다. 믿을 수 없게도 어디선가 개가 긴 울음소리를 냈다. 아빠 말로는 나쁜 징조라고 했다."[45] 조앤 발리Joan Varley라는 사람도 스트리덤구의 집에서 보낸 대공습 첫날 밤을 비슷하게 묘사했다. 3개의 폭탄이 떨어진 뒤 잠시 고요해졌을 때 "너무도 괴이한 울음소리가 들려와 그 순간의 공포를 더욱 가중시켰다. 이웃에 사는 모든 개와 고양이가 공포에 질려 일제히 울었는데, 그날 이후 그들이 폭격 중에 그렇게 우는 일은 다시 없었다."[46] 좀 더 밝은 사례를 들면, 다이애나 쿠퍼는 젖소 한 마리를 키우게 된 이유를[47] 우유를 얻기 위해서만이 아니라 "이 동물이 나에겐 생명과 풍요, 온정을 상징"하기 때문이라고 썼다.[48] 이와 달리 거의 기적적으로 대공습을 견뎌 낸 세인트폴 대성당과 그 주변의 비둘기를 다른 맥락으로 바라보는 반전주의자 베라 브리튼은 그 새들을 이용해 대성당의 위상을 '보완'하는 감정적 허위에 빠지지 않았다. 오히려 "정서적으로 무관심"한 새들의 관점에서 대성당을 재구축한다.

목은 초록색이고 발은 분홍색인 저 평범한 회색비둘기들이 세인트폴 대성당 주위를 차분히 걷고 있다. 오늘날 런던 사람 중 그 누구도 폭격으로부터 살아남은 검은색과 회색의 돔을 바라보며

런던 남동부의 한 술집에서 구조되는 카나리아들. 1940년 9월 (LHW 18/30, Bishopsgate Institute)

비둘기들처럼 정서적으로 무관심할 수는 없을 것이다. 우리는 1톤짜리 시한폭탄이 떨어진 곳, 지금도 바리케이드가 세워진 그 폭탄 구멍을 믿을 수 없다는 듯 응시하며 본래의 저 건물을 그리 워할 뿐이다.[49)

이와는 또 달리, 돌려 말하는 방식으로 감정을 표현하는 경우도 많았 다. 영국인은 진심을 드러내지 않거나 축소하고 에둘러 말하는 경향이 있는데 2차 대전 중에도 극한에 다다른 감정을 그렇게 처리했던 것 같다. 이 책에 소개한 이야기 중 다수는 전쟁 당시에 쓰인 것이 아니다. 그들이 그때의 감정을 소리 내어 말할 수 있기까지는 수십 년이 걸렸다. 트라우마 때문만은 아니고 전쟁 당시 그들의 삶에서 동물이 맡았던 역할을 아무도 물어보지 않아서였을 것이다. 4장에서 나는 질 워츠가 아주 어렸을 때 조부모 집으로 피신하여 커다란 회색 잉글리시시프도그 팅커, 카나리아 조이를 만나 즐거워했던 일을 소개했다. 그러나 워츠가 최근에 쓴 글에 따르면 이 만족스러운 상태는 오래가지 않았다.

> 팅커와 조이가 어느 날 갑자기 사라졌다. 궁금했지만 지어낸 변명조차 듣지 못했다. 할아버지의 심기가 뒤틀리지 않도록 조용히 있으라는 말만 들었다. 그렇게 우리는 그 일을 잊었다. 몇 달후 규칙을 어기고 동생과 함께 할아버지의 헛간에 몰래 들어갔다. 할아버지가 식물을 묶는 데 쓰는 야자 가지 사이에 조이의 새장이 빈 채로 걸려 있었다. 우리는 아무것도 묻지 않았다.[50]

워츠는 당시의 일들을 잊지 않았지만 소리 내어 말하지도 않았다. 그로부터 70년이 지나서야 처음으로 당시 동물들의 일을 글로 썼을 뿐이다.

동물은 감정을 드러내지 않는 사람들의 표현 수단이 되었다. 글래디스 콕스는 1942년 11월 창 밖을 내다보며 이렇게 썼다. "어둡고 안개낀 추운 날이다. 쓸쓸한 거리를 내려다보는데 한 이웃이 개를 데리고 나왔다. 그는 고개를 숙인 채 천천히 걸었다. 하나뿐인 아들이 지난주 전선에서 죽었기 때문이다."[51] 일기 속 남자는 입을 열지 않았고, 일기를 쓴 사람도 그에게 말을 걸지 않았다. 곁에 있는 동물이 인간의 고독을 드러냈다. 이처럼 동물이 매개하는 말 없는 소통은 넬라 라스트가 매스옵저베이션의 의뢰로 쓴 일기에서도 발견된다. 그가 만난 한 부부의 아들은 참전 중에 총탄을 맞아 한쪽 다리를 잃었다. 아버지는 아들이 "이 동네 최고의 말 훈련사"였다고 했다. 넬라는 무슨 말을 해야 할지 몰랐고 세 사람은 앉아서 개에 대해 이야기했다. 부부와 함께 사는 요크셔테리어의 머리털이 빠진 것 같길래 내가 시장에서 산 약을 추천해 주니 좋아하는 것 같았다. 헤어질 때 우리는 눈을 마주쳤고, 손을 마주 잡았다."[52]

말없이 비탄과 슬픔이 위안으로 '교차'되는 이런 장면은 다른 일기에도 묘사되어 있다. 배로인퍼니스에 사는 미스터 딘Dean의 스패니얼 개는 처음부터 그냥 개가 아니라 애완견으로, 즉 아들을 잃은 어머니를 위로할 목적으로 그 집에 들어왔다. 그의 아들은 바다에서 죽었고, 스패니얼은 슬픔에 잠긴 주인의 곁을 지켰다. "코와 귀가 진짜 벨벳 같은 금빛의 사랑스럽고 보드라운 개는 이미 이 집의 애완동물이었다. 딘 씨는 떠오르는 이름이 없다며 개의 이름을 지어 달라고 부탁했다. 나는 강아지의 등에 내려앉은 햇살을 보고 가을날의 고사리fern를 떠올리고 펀Fern이 어떤지 물었다."[53]

이런 종류의 기록은 동물보다는 인간에 대해 더 많은 것을 알려준다. 최근에는 동물을 "생각하기에 좋아서", 어떤 생각을 떠올리는 촉매제로 동물이 유용하다고 말하는 것이 최소한 동물학 연구자 사이에서는 진부한 표현이 되었다.[54] 그런 논의들은 대체로 동물의 존재가 인간이란 무엇인가를 정의하는 데 유용하다는 결론으로 향한다. 2차 대전 때의 저술가들도 동물을 그런 방식으로 활용했다. 프린니위드 테니슨 제시가 전쟁 초반에 미국 친구들에게 영국의 분위기를 전하는 편지를 보면, 이때는 두 고양이가 가정의 일상사를 묘사하는 이야기에 포함되어 있는 것 같다. 고양이 퍼킨과 머프는 작가의 남편 토티와 동등하게 궁지에 몰린 가족의 일원이었다. 그러나 1940년 3월의 편지를 보면 더 거창한 동기가 있었음을 알 수 있다.

> 나는 우리 고양이들을 지켜보며 안정감과 만족감을 느낀다. 이들은 전쟁에 대해 아무것도 모르기 때문이다. 왕족과 폭군이 늘 동물을 키웠듯 이런 시기에는 모든 사람이 동물을 키워야 하는 것이 아닐까. 동물은 정치에도, 왕실에도, 전쟁에도 무지하지만 이 불쌍한 피조물들은 이유도 모르는 채 똑같이 부상당하고 살해당한다.[55]

테니슨 제시는 전쟁이 인간과 동물을 똑같이 괴롭힌다고 인정하면서도 동물을 정치 문제로부터 떨어뜨려 놓음으로써 동물이 전쟁 국면에 필요한 어떤 특질이 있다고 주장했다. "동물은 우리를 괴롭히는 이 사회적이고 속물적이고 심각한 사안에 물들지 않은 어떤 특질을 우리에게 알려준다. 동물은 문명이 받은 선물이며, 그 가치는 실로 측정 불가능하다. 동물은 우리가 가진 유일한 휴식-치료법이다."[56] 동물은 전쟁을 일으키지 않는데도 이렇게 전쟁의 해독제로, 문명의 화신으로 묘사되었다.

하지만 테니슨 제시의 태도는 이성이 '부재'할 때 특정한 감정이 강화되기도 한다는 사실을 상기시킨다. 이는 동물과 **대조되는** 인간만의 속성이 아니다. 기분과 감정이 강화되는 현상은 동물과 사람 모두에게서 나

구조되는 어미 개와 강아지들 (H98 106/572, State Library of Victoria, Australia)

타났다. 예를 들어, 전쟁 초반에 동물과 인간이 모두 공습 사이렌과 같은 새로운 전쟁 소음에 점차 적응해 가던 때, 글래디스 콕스는 새로운 일상에 대해 기록했다. "사이렌이 울리면 가스 본관을 차단하고, 가스 마스크를 집어 들고, 고양이 밥을 바구니에 넣는다."[57] 밥에 대해서는 "밥은 한밤중에 그런 일을 하는 우리를 미쳤다고 생각하는 게 틀림없다."고 적었다. 물론 이 대목을 문자 그대로 읽어선 안 될 것이다.[58] 그보다는 고양이의 평소 일상과 글래디스와 랠프 부부의 평소 일상이 모두 전쟁으로 인해 교란되었다는 뜻으로 읽힌다. 전쟁으로 인해 시간 자체가 거의 와해되고 있었다.

관계는 상호적인 과정이다. 매스 옵저베이션이 인터뷰한 한 중년 여성은 전쟁이 시작되고 나서 작은 개를 한 마리 데려왔는데 그 이유는 다름 아니라 집에 함께 있을 존재가 필요해서라고 설명했다. "남편이 떠나고 아이들이 피난간 뒤 늘 집에 혼자 있던 내게 그 개는 훌륭한 친구가 되어 주었다."[59] 한 중년의 남성 노동자도 종을 초월하는 우정의 힘을 증언했다. 자신의 잡종견에 대해 그는 자랑스럽게 설명했다. "내가 외출해서 곁에 없으면 개는 내 의자 옆에 앉아서 움직이지도 않고 아무것도 하지 않는다. 먹지도 마시지도 않으려고 한다. 그러다 내가 돌아오면 완벽하게 생기를 되찾는다. … 개는 인간보다 더 좋은 친구 같다!"[60] 위안과 지지, 우정의 원천인 동물-인간 관계는 매스 옵저베이션이 전쟁 중에 인터뷰한 사람들(개를 기르는 사람도 있고 기르지 않는 사람도 있었다)의 진술에 자주 등장했다. 한 유스턴 주민은 자기 개가 공습을 싫어한다고 말하면서 "물론 조금은 낑낑거리지만 이 정도는 우리 모두가 참아내야 한다."고 대답했다.[61] 여기서 "조금은 낑낑거리는" 것은 개만이 아니라 이 남자이기도

하다는 생각이 든다. 에둘러 말하고 있지만 그 둘의 관계는 어려움 속에서도 계속되는 그런 관계임이 느껴진다. 다소 장황한 가정문을 써서 말하면 그런 느낌이 더욱 도드라진다. "물론 개는 공습을 너무도 싫어하고 공습이 끝나면 며칠씩 풀이 죽어 있다. 지난 9월에는 건강이 아주 좋지 않았다. 요즘은 그렇다고 좋은 집을 찾아줄 수도 없으니 **혹시라도** 개를 안락사시켜야 하는 건 **아닐까** 고민했다."[62] 딜레마를 토로한 사람은 또 있었다. "개가 **정말로** 행복하게 지낼 수 **없다면** 개를 안락사시켜야 하는 게 **아닌지** 모르겠다."[63] 이 중 실제로 개를 죽인 사람은 없었다. 대답에서 느껴지듯이 이들은 공습 스트레스가 심하다고 해서 안락사를 고려할 사람들이 아니었다.

한 젊은 남자는 키우던 잡종견이 죽은 후 6개월이 지났을 때 매스 옵저베이션과 인터뷰했다. 그는 집안에서 맺었던 개와의 관계를 국가가 처한 분위기라는 더 큰 맥락에서 생각했다. "지금 같은 시기에 개를 기르는 사람들에 대해 어떻게 생각하는가?"라는 질문에 "그들에게 경의를 표한다."고 답했다. 요즘엔 사람들이 개를 안 좋아하고 개를 기르는 자신에 대해서도 "대놓고 무례했다."고 설명했다. 하지만 또 다음과 같이 말을 이었다.

정말 바보 같은 일이다. 개보다 주인의 사기를 높여 주는 것이 있을까? 그리고 개도 이 전쟁에서 제 몫을 하고 있다. 전시에는 개가 전방에서 항상 중요한 역할을 한다. 그래서 그 종족 전체가 특별히 삶을 허락받은 것이 아닌가? 우설, 닭고기, 크림, 오렌지 주스를 먹고 사는 공작부인의 페키 녀석도 포함해서 말이다.

이 기록은 여러 면에서 흥미롭다. 그는 '이 전쟁'이 '이곳이 아닌 다른 곳'에서 일어나고 있는 것처럼 말하면서 국내 전선은 그 전쟁의 일부가 아닌 것으로 본다. '전방에서' 활약하는 특정 개들의 활약이 종 전체에 가치를 부여한다. 개들은 (모든 인간은 아니어도) 함께 사는 인간의 사기를 드높이는 긍정적인 역할을 맡는다. 전시 영국은 전쟁 전과 다름없이 엄격한 계급 사회였지만 이 기록에서는 개의 '평민성'이 계급 구분을 뛰어넘는다.

이어진 질문에서 정부가 사람들의 개 소유에 우호적인 것 같으냐고 묻자 이 사람은 부정적인 답을 내놓았다. "우호적이지 않다고 본다. 정부가 하는 일이 다 그렇듯이 이 문제를 진지하게 생각한 적도 없고 앞으로 그럴 계획도 없으면서 갑자기 전국에 있는 개를 죄다 죽이고 나서야 뭐가 잘못된 거냐며 의아해한다."[64] 그가 보기에 개에 대한 정부의 태도는 총체적 무능력의 표본이었다. 남자의 주장은 개가 사람들의 사기를 유지시키고 있는데 정작 국가는 인간과 동물 모두에게 태만하다는 것이었다. 또 다른 예로, 베레 호지슨은 고양이 스캠프가 죽었을 때 "스캠프는 우리 머리 위로 폭탄이 떨어지고 있을 때도 너무나 착했고" 그들을 "몇 시간이나 웃게" 함으로써 인간의 사기를 북돋았다고 썼다.[65] 전쟁 중 고양이 밥과 함께한 경험을 상세히 기록한 글래디스 콕스는 전쟁 말기에 이르러 지난 시간을 회상하면서 "밥은 우리의 변치 않는 동반자였고 전시의 모든 시련 중에 우리를 위로해 주었다."[66]

이런 경험이 콕스와 밥만의 것은 아닐 것이다. 어떤 사람은 1941년 매스 옵저베이션과의 인터뷰에서 다음과 같이 말했다. "주변 사람 대다수가 계속 개를 기른다. 개를 잘 대우하고 훌륭하게 키우면 개는 그것에 감사하며 결코 그 사람을 떠나지 않을 것이다."[67] 이 사람은 고양이보다 개가 더 충직한 동물이라고 생각했지만 어느 종이든 좋은 관계를 맺으려면 **인간이** 충직하게 행동해야 한다고 말했다.

과학자, 역사가
그리고 관계들 ＿＿＿＿

최근 문화사 연구자들은 '감정 역사'에 관심을 보이기 시작했다. 한 선집의 표현을 빌리면 이는 "그 시대를 산 사람들이 어떻게 느꼈는가를 알아내려는" 시도다.[68] 그러나 아직까지는 역사가보다 과학자가 이 접근법으로 동물-인간 관계를 더 충실하게 규명하고 있다.[69] 최근 과학자들은 인간과 인간 사이의 긴밀한 유대에 영향을 미치는 것으로 알려진 옥시토신 호르몬의 여러 원천을 탐구했다. 가령 마치 개가 사람의 눈을 응시하는 상호작용을 지속하면 사회적 보상 효과가 생기는 것으로 밝혀졌다. 인간과 개 모두에게서 옥시토신이 분비되는 것이다. 이 새로운 연구에 따르면 "어머니-아기 관계에서 나타나는 영속적인 옥시토신 매개 양의 피드백이 인간-개 관계에서도 유사하게 나타난다." 그렇게 종간 유대가 깊어진다.[70]

이 연구는 21세기에 이루어졌지만 동물이 인간과 같은 감정을 표출한다는 관념은 결코 새로운 것이 아니다. 200여 년 전 제러미 벤담Jeremy Bentham은 감정 공유에 대한 그의 철학을 다음과 같은 유명한 말로 설명했다. "우리가 던져야 할 질문은 그들이 추론할 수 있는지가 아니다. 그들이 말할 수 있는지도 아니다. 그들이 고통을 느끼는지다."[71] 이 철학자는 서로 다른 종이 공통의 특징을 가지고 있음을 입증하고자 했고, 그 중에서도 고통에 주목했다. 그는 동물과 인간을 구분하는 언어의 가치를 강조하기보다는 감정에 초점을 맞춤으로써 종을 가로지르는 공통성을 지지했다. 그 뒤에는 잘 알려진 대로 찰스 다윈이 동물의 감정적 삶을 탐구했으나 이 추세가 지속되지는 않았다.[72] 그러다 최근 들어 동물의 감정적 삶에 관심을 가진 과학자들이 늘기 시작했다. 린다 버크와 조애나 호큰헐의 연구에 따르면 "상대에게 반응하는 행동은 감정적 요소를 수반하며, 바로 이것이 관계를 반영하고 생산한다. 종간의 반응도 마찬가지이며 행동이 꼭 일치하지 않는 경우라도 그렇다."[73] 함께 있는 동물과 인간은 특정한 역사적 맥락 안에서 감정 상태를 공유한다. 예컨대 넬라 라스트의 반려견 솔은 전쟁 중에 정서적, 온정적 지지를 제공하는 중요한 역할을 했다.

> 나에게 그는 동물 이상이다. 다정하고 이해심 깊고 총명하고, 말을 다 알아들을 뿐 아니라 내 마음을 불가사의할 정도로 읽어내는 때가 많다. 내가 슬프고 울적할 때는 내 발에 머리를 기대고 눕기도 하고 혹은 나를 바짝 따라다니는데 마치 "내가 당신을 도울 수는 없지만 내가 당신을 사랑하고 앞으로도 곁에 있으리란 것을 알아줘요."라고 말하는 것 같다.

넬라의 반려인간인 남편은 아내를 이해하지 못하는 것 같았던 반면 솔은 분명히 주인을 이해하는 듯했다.[74] 누군가는 이를 단순히 상상의 산물이라고 치부하겠지만 우리는 다른 가능성을 고려해 볼 수도 있을 것이다.

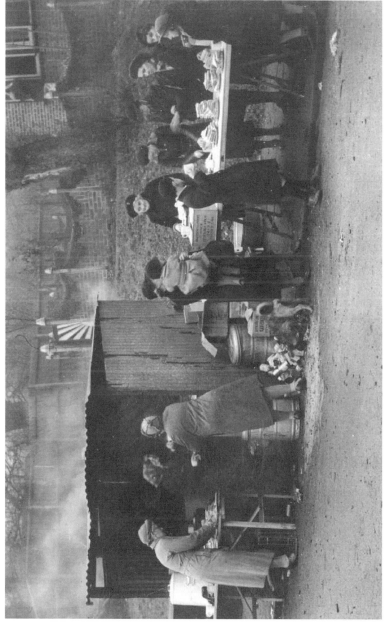

비상 급식소를 찾은 어린이와 개 한 마리가 포함된 가족, 1945년 1월 캠퍼드구 (LHW 23/6, Bishopsgate Institute)

휴식 센터에 함께 있는 지친 개와 인간. 1940년경 서더크구 (LHW 19/76,
Bishopsgate Institute)

생물학자이자 인류동물학자인 존 브래드쇼는 "개는 관계 안에서 벌어
지는 일에" 매우 민감하며 "자기가 직접 속한 관계만이 아니라 그들이 관
찰하는 인간 간 관계"에 대해서도 그렇다고 주장한다.[75] 나아가 "가장 기
본적인 감정들은 포유류의 생리 기능 및 뇌의 원시적인 부위에 깊이 뿌

리내리고 있다는 점에서 감정은 개가 경험하든 인간이 경험하든 근본적으로 동일하다고 가정하는 것이 합리적이다."[76] 하지만 방법론적 측면에서 과학자들은 외부의 문화적 맥락이나 역사적 시간대의 영향에 특별한 관심을 두지 않는다. 또한 과학계는 본인이 직접 수행했을 때 똑같은 '증거'(예컨대 동물의 특정 행동)가 관측되지 않는 선행 연구는 인정하지 않는 경험주의적 전통이 강하다. 그러나 나는 이 전쟁 자체 및 이 전쟁의 특징(특정 식량의 배급품 지정, 주거/생활 시설의 변화, 폭격) 위에서 특수한 관계가 형성되었다고 주장한다. 지금까지 살펴본 감정적 관계도 마찬가지다.

서로의 반려인 인간과 동물은 서로에게 애정을 느꼈다. 역사가 필립 하월이 최근에 쓴 19세기의 개-인간 관계에 관한 중요한 책에는 다음과 같은 도발적인 주장이 나온다. "인간중심주의는 양방향의 도로였으며 … 우리는 그러한 진술을 정말로 인간에 관한 것으로만 읽어서는 안 된다." 인간중심주의는 필연적으로 "동물을 인간화했을 뿐 아니라 인간을 동물화했다."[77]

이처럼 경계가 '흐려지는' 과정은 20세기의 전면전 때도 일어났다. 2차 대전은 스트레스, 공포, 불안이 언제 발생할지 모르는 미증유의 순간이었다. 평소라면 일상이었을 일들이 전쟁이라는 특수성 때문에 일상 '이상'이 된 특수한 시간이었다. 일기 작가 제임스 리즈-밀른은 상록수 울타리를 깎는 본인의 행위를 "거미의 은빛 거미줄이 부서지고, 나는 마치 아트로포스 신처럼 가위를 든 채 이 끝에서 저 끝까지 나아간다. 잔인하게, 일부러 곤충들의 온 세상을 파괴하는 나는 대체 어떤 사람인가? 나는 칭기즈 칸만큼, 히틀러만큼 나쁜 인간이다."라고 썼다.[78] 에티엔 벤슨은 역사가들이 역사학의 전통적인 시야 너머에 있는 자연과학을 이용할 수 있겠다고 생각하면서도 "특정 주제의 역사를 논하는 것이 가능한지 가능하지 않은지를 과학자나 철학자가 역사가에게 알려줄 수 없다."고 주장한다.[79] 나아가 일기처럼 역사가들이 전통적으로 사용하는 자료는, 과학자가 관찰하는 감정적 관계를 분명 다른 방향에서 조명할 수 있을 것이다.

두 고양이 이야기,
독일의 무셸과 영국의 넬슨 _____

나는 출간되었거나 혹은 출간되지 않은 수많은 일기와 회고록을 읽었지만, 너무나 사랑하는 반려동물을 죽이기 전의 마지막 시간을 기록한 글 가운데 빅토르 클렘페러Victor Klemperer의 일기에 견줄 만한 것을 아직 찾지 못했다. 독일의 유대인 언어학자인 그는 유대인이 아닌 부인 에바Eva, 고양이 무셸Muschel과 드레스덴에 살고 있었다. 고양이는 두 사람에게 희망을 주었다.

"우리는 늘 서로에게 말했다. 무셸의 부푼 꼬리가 우리의 깃발이야, 우리는 그걸 내려선 안 돼, 우리는 계속해서 머리를 물 위로 내놓고 있을 거야, 이 동물을 데리고 살아남을 거야, 전승 축하연에서 무셸은 (이 근방에서 가장 근사한 푸줏간인) 캄스네의 슈니첼(커틀릿의 일종)을 먹게 될 거야. … 고양이는 늘 에바를 위로하고 지지해 주었다."[80]

세 식구는 나치 체제하에서 노골적으로 괴롭힘을 당했다. 이들의 일상사는 전시 영국에 살던 고양이-인간 가족과는 다른 종류의 감정적 유대

속에 긴밀히 연결되어 있었다. 무셸에게 음식을 마련해 주는 것부터가 온 가족을 죽음으로 몰아넣을 수 있는 정치적 행위였다. 영국과는 완전히 다른 상황이었다. 빅토르 클렘페러가 일기에 쓰기를, 생선은 극도로 희귀하기도 했지만 유대인(그리고 그들의 동물)에게는 철저하게 금지된 식량이었다. 인정 많은 친구가 무셸을 위해 생선 머리를 한 토막 보내자 가족은 생선을 구운 뒤 뼈를 즉시 태웠다. 게슈타포가 언제 들이닥쳐 집을 수색할지 몰라서였다.[81]

나치가 1942년 5월 14일에 공포한 법령은 유대인이 애완동물을 기르는 것도, 버리는 것도 다 금지했다. 이 명령은 빅토르, 에바와 11년이나 함께 산 "무셸에게는 사형선고였다."[82] 유대인은 동물을 나치에 넘겨야 했고, 넘겨지면 집단으로 도살당했다. 여기에는 도덕적 딜레마가 있었다. "오늘 에바가 말했다. '재미있게 놀고 있는 이 작은 동물은 내일 죽을 거라는 건 모르고 행복하지.' 우리 중 누가 알까? 자신이 내일 죽는다는 것을. 나는 이 고양이에 대한 뒤죽박죽 된 감정을 혼자 거듭거듭 생각만 하고 있다. 에바가 첫째로 가엾고, 나 자신이 둘째로 가엾고, 무셸이 셋째로 가엾다."[83] 이튿날 무셸을 곧 넘겨야 한다는 소식을 들은 에바는 불법으로, 진료 시간이 끝나기 직전에 고양이를 동물병원에 데려갔다.[84] 그날까지 두 사람은 "이렇게 건강하고 생기 가득한 동물"이 죽는 것을 바라지 않았기에 일을 미루기만 하다가 깨달았다.

당장 내일 아침에 이 체제가 붕괴하지 않는 이상 고양이는 훨씬 잔혹하게 살해당할 것이고, 나는 그보다 훨씬 더한 위험을 겪을 것이다(오늘 고양이를 죽인 것도 나에겐 좀 위험한 일이다). 나는 에바에게 결정권을 넘겼다. 아내는 고양이가 평소 쓰던 상자에 무셸을 넣고 데려가서 마취제가 아주 빠르게 효과를 내며 그를 재우는 모습을 지켜보았다. 그 동물은 고통스러워하지 않았다. 그러나 아내가 고통스러워한다.

빅토르 또한 "그 불쌍한 동물의 생각이 머릿속에서 떠나지 않아 괴로웠다."[85] 물론 이 사건이 벌어진 맥락은 전시 영국의 상황과는 아주, 아주 다르다. 영국에서는 국가의 금지령 때문에 국민이 반려동물을 키우지 못하게 된 적이 한 번도 없었다. 통종의 관계를 비롯하여 국민의 일상생활을 그 정도까지 통제했던 나치 독일의 현실은 그 어떤 영국인이 기록한 어떤 경험, 어떤 서술보다도 극악했다. 클렘페러의 일기는 전쟁의 특정한 순간에 더욱 단단해진 인간-동물의 긴밀한 관계를 구체적으로 서술한다는 점에서는 넬라 라스트, 글래디스 콕스 등의 일기와 비슷하다. 하지만 그 관계를 강제로 단절시킨 잔혹한 상황은 너무나 다르다.

앞의 이야기와 완벽하게 대조되는 이야기로 이 장을 마무리하려고 한다. 검은 고양이 넬슨은 무셸과는 아주 다른 삶을 살았다. 영국의 각 정부 청사와 다우닝가에는 '창고 고양이'와 '사무실 고양이'가 많이 살았다.[86] 하지만 넬슨의 위상은 그들과 상당히 달랐다. 그는 총리 관저인 다우닝 스트리트 10번지에서 윈스턴 처칠과 사는 고양이였다. 넬슨은 유용한 고양이였지만 그 쓸모가 쥐잡기는 아니었다. 공습 중에 넬슨이 서랍장 밑에 숨으면 총리는 말했다. "부끄러운 줄 알아, 넬슨이라는 이름을 가지고 살금살금 숨기나 하다니. … 공군의 용감한 청년들이 조국을 구하겠다고 저 위에서 씩씩하게 싸우고 있는 마당에…"[87]

사저에 있을 때 처칠은 당시의 많은 영국인과 비슷하게 고양이를 대했다. 처칠은 고양이에게 양고기 조각 간식을 먹였다. 그가 연설문을 작성하거나 중동의 군사 작전 결과에 대해 투덜거리는 동안 고양이는 그 옆에 앉아 앞발로 세수를 했다. 처칠은 "우유가 들어간 크림을 전시 배급 품목으로 지정하지 않은 걸 매우 후회했다."[88] 처칠이 전쟁이 시작된 후에야 고양이들과 관계를 맺기 시작했다고 주장할 만한 근거는 없지만 전쟁의 현실 자체가 고양이-인간 관계에 영향을 미쳤던 것은 분명하다. 최근 한 라디오 프로그램은 장기 집권에 성공한 정부일수록 정치적 우선순위에서 공교육이 뒤로 밀린다면서 처칠과 고양이 넬슨의 이야기를 한 번 더 반복했다.[89] 그에 따르면 1944년의 교육법 제정을 주도한 랩 버틀러 Rab Butler가 총리실에 들어갔을 때 처칠은 평소 습관대로 침대에 누워서 시가를 피우고 있었고, 발 위엔 검은 고양이가 몸을 둥글게 말고 있었다. 처칠은 대화가 시작되자마자 "이 고양이가 자네보다 전쟁에 더 열심이야!"라고 외쳤다.

　　이 이야기는 여러 방식으로 해석될 수 있다. BBC 라디오는 처칠이 교육 문제를 얼마나 등한시했는가를 보여 주는 우스운 이야기로 이 일화를 소개했다. 그러나 나는 이 이야기의 핵심에 다른 무언가가 있다고 생각한다. 검은 고양이 넬슨은 처칠의 일종의 발 덮개 역할을 했지만, 무엇보다 그 시기 영국의 많은 고양이가 많은 인간에게 제공한 바로 그 정서적·도덕적 지지를 처칠에게 제공했을 것이다. 역으로 넬슨은 영국 전체에서 많은 고양이가 경험했을 인간의 온기와 전시의 특별한 관계를 경험했을 것이다. 이와 같이 영국 사회의 가장 높은 계층에서도 동물은 이 전쟁이 '인간들만의 전쟁'이 아님을 입증하고 있었다.

9장
변한 것과 변하지 않은 것,
2차 대전의 동물을 기억하는 법과 잊는 법

지금까지 남아 있는 기록 중에 2차 대전 초의 애완동물 '대학살'을 사실로 입증하는 증거는 없습니다. [1]

인간과 개, 고양이의 관계는 2차 대전을 거치면서 여러모로 달라졌다. 많은 경우 인간-동물의 관계가 전쟁 전보다 더 긴밀해졌다. 이를 인정한다면 2차 대전을 더 이상 인간들의 전쟁이라고 정의할 수 없다. 이 전쟁은 동물과 인간이 똑같이 경험하고 함께 겪은 전쟁이었다. '동물-인간 전쟁'이라고 부르는 것이 더 정확할 것이다. 전쟁 초기의 동물 대학살은 당시부터 동물의 복지와 권리에 관심을 가진 이들로부터 비난 받았다. 동물 대학살은 전쟁의 불가피한 결과가 아니라고, 오히려 "전쟁이 당신의 집에 살금살금 숨어들게 하는" 방법이라고 말이다. [2] 반면에 이 전쟁을 통해 드러난 것은 인간과 반려동물의 더 탄탄해진 관계였다.

그런데 이런 식의 요약은 역사가 밝은 현재를 향해 거의 끊임없이 진보한다고 믿는 휘그파*의 역사관과 너무도 흡사하다. 특정한 짧은 순간

이 아니라 긴 시간을 기준으로 삼으면 '역사'가 거의 양의 방향으로 축적
된다는 것이 영국 보수파의 세계관이다. 수의학계는 그토록 오래전부터
바랐던 보상과 인정을 이 전쟁에서, 특히 전국공습대비동물위원회 활동
을 통해 얻어냈다. 1948년의 수의사법은 왕립수의대 출신에게만 동물병
원 운영권을 보장했다.[3] 이윽고 수의사들은 지금까지 농촌의 가축이 아
니라고 무시해 온 도시 가정의 동물들에게 다시 관심을 갖기 시작했다.[4]
고양이, 개 등 소동물을 치료하는 헌신적인 수의사들이 따로 단체를 꾸
렸고, 이것이 오늘날까지 이어지고 있는 영국소동물수의사협회다.[5]

일상으로
돌아가다 _____

반려동물의 처우는 결코 꾸준히 개선되지 않았다. 최근 매스 옵저베이
션의 조사에서 한 응답자는 전쟁이 끝날 무렵 그의 집에 온 고양이 두 마
리를 회상했다.

> 티시Tish와 토시Tosh는 한배에서 태어났어도 초크chalk와 치즈cheese
> 만큼 달랐다. 티시는 몸이 마르고 가는 줄무늬 고양이였다. 토시
> 는 땅딸막한 몸에 늘 화가 난 것처럼 카키색 털이 바짝 서 있었다.

---

*   휘그당Whig Party은 19세기까지 존재했던 영국의 정당으로 자유당의 전신이다._편집자

말 편자를 박는 일로 생계를 유지하던 이 가족은 전쟁이 끝나면서 갑자기 일이 끊기자 사업을 정리해야 했다. 모든 것을 처분하고 티시와 토시만 남았다. 본채 끝 세탁장에는 생선 곤이를 끓이는 스토브가 있었다.

> 나는 할아버지가 스토브의 위 칸과 아래 칸에 음식 접시를 놓고 고양이를 넣고 가둔 뒤 가스를 켜는 소리를 들었다. 아무도 이 일로 할아버지를 나쁘게 생각하지 않아서 난 좀 놀랐다. 어쨌든 노동자 계급 사람들은 동물병원에 갈 형편이 안 되었다. 나의 유년기가 그렇게 끝났다.[6]

당시 어렸던 화자는 놀랐다고 했지만 "아무도 할아버지를 나쁘게 생각하지 않"았다는 것은 이 전쟁에서 어떤 변화가 나타났든 죄다 수명이 짧았다는 뜻이다. 생태학자 마크 베코프의 다음과 같은 생각은 전쟁의 초기와 말기에 대해 그대로 적용할 수 있다.

> 우리가 동물을 어떻게 대하는가는 맥락에 따라 극적으로 달라지는 경우가 많다. … 동물에게는 안타까운 일이지만 그동안 인간과의 관계는 심하게 비대칭적이었고 지금도 그렇다. 인간의 이익은 거의 언제나 동물의 이익에 앞선다.[7]

동물은 전쟁 중에 인간의 사기를 유지하는 존재였으나 전쟁이 끝나자 곧 많은 사람이 동물을 처분 가능한 물건이라고 생각했다. 애완동물은 인간을 대신하는 "과묵하고 충직한 인간 반려의 역할을 수행"할 수 있지만 그러한 순간에조차 여전히 '비인간 동물nonhuman animal'로 존재한다.[8] 전쟁이 끝나자 둘 중 비인간 동물이라는 역할이 전면에 놓였다. 1947년에 출간된 아픈동물을위한진료소의 전시 활동 기록에는 "지금도 많은 고양이가 자루에 갇히고 목에 벽돌이 묶여 강에 던져지는 방법으로 도살당한다."라고 썼었다.[9]

같은 해, 배터시보호소 또한 시설로 들어오는 개가 점점 늘어 주인들에게 개를 다시 데려가라고 설득했다. 보호소는 이 현상의 원인을 개 먹이가 비싸진 것, 직장에 출근하게 되자 개를 혼자 오래 둘 수 없다고 생각하는 사람들이 점점 더 많아지는 것에서 찾았다. 와중에 일부 큰 개는 목숨을 유지했다. 전후에 강도가 늘면서 감시견에 대한 수요가 생겼기 때문이다. 하지만 이것도 나이가 5, 6세가 넘지 않은 개의 경우였다. 보호소에서 아무리 설득해도 주인이 마음을 바꾸지 않으면 개는 도살당했다.[10] 1947년 한 해에 1만 5,000여 마리의 떠돌이 개와 560마리의 고양이가 안락사당했다. (떠돌이 개 중에는 주인이 일부러 집에서 멀리 떨어진 곳에 내다 버린 개들도 있었다.)[11]

왕립동물학대방지협회의 윈저, 힐링던, 억스브리지 지부는 전후의 첫《연례 보고서》에서 슬라우 어거스트 강변 카니발 축제의 개, 고양이 묘기와 동물 쇼 문제를 지적했다. 이들은 축제가 벌어지는 토지의 소유주인 이튼 칼리지 교장에게 그 '오락물'을 더 이상 허가하지 말라고 요청했다.[12]

이 책을 시작하면서 나는 이 대학살 이야기가 영국인이 거듭 되새기는 자신들의 이야기와 일치하지 않는다고 썼다. 정말로 1939~1945년의 동물-인간 관계는 '인간들의 전쟁'이라는 관념과 일치하지 않는다. "우리가 우리 삶에 대해 하는 이야기들은 실제 우리가 사는 삶과 늘 일치하지 않는다. 그렇지만 이 이야기들은 우리 삶의 경험이 된다.”[13] 영국은 유산, 역사적 기념일, 좋았던 옛날의 향수에 집착하는 경향이 있다. 역사의 일부였던 동물들의 폭넓은 역할에 대해서는 공적으로 기념하지 않는다.

기억 상실과
기념비 _____

한 가지 예외는 런던에 있는 ‘전쟁의 동물들’이라는 기념물로 2004년에 제막되어 찬사와 논란을 동시에 불러일으켰다. 소설가 질리 쿠퍼Jilly Cooper를 선두로 영국 내 동물복지단체 대다수가 수년간의 캠페인을 통해 140만 파운드를 모금하여 조각가 데이비드 백하우스David Backhouse에게 조각 작품을 의뢰했다. 이들은 하이드파크 옆(안은 아니다), 혼잡한 찻길 중앙에 위치한 안전지대를 부지로 확보했다.[14] 이 기념비는 얼핏 인상적으로 보인다. 동물을 인간의 보조로 보지 않고 그들이 전쟁에서 수행한 역할에 특별한 의미를 부여하는 것처럼 보인다. 조각물에 인간은 등장하지 않는다.[15]

하지만 하얀 포틀랜드석에 새겨진 코끼리, 낙타, 당나귀, 말, 개와[16] 무거운 짐을 운반하는 청동 당나귀는 전쟁에서 동물이 맡은 역할을 현재가 아니라 훨씬 오래전으로 위치시킨다. 21세기의 전투 현장과 지뢰 지역에서 활용되는 벌과 쥐는 여기에 없다. 포턴 다운의 군사 시설에서 실험에 사용되는 동물도 여기엔 없다.[17] 그러나 이 기념비에 인간이 완

'전쟁의 동물들' 기념물, 런던 파크 레인. 2010년경

전히 부재하는 것도 아니다. 작품 오른편에 "그들에게는 선택권이 없었다."라는 문장이 적혀 있다. 예나 지금이나 동물에게는 행위자성이 없다는 뜻이다. 전쟁의 불가결한 일부였던 동물들이 전쟁에서 어떻게 행동할지 사고하거나 선택할 능력이 없었다는 의미다. 인간에게는 주체적 행위자성이 있었다고 주장하는 것인데 이런 주장은 결코 사실로 볼 수

없다.[18] 이 기념비가 전쟁에서 죽은 모든 동물을 추모하는 것도 아니다. 이를테면 1914~1918년 프랑스 참호에 있었던 독일 개, 1939~1940년의 겨울 전쟁에 참전한 핀란드 말, 1943년 도쿄동물원에서 살해당한 일본 동물은 기념하지 않는다.[19] 기념비 뒤편에 적혀 있는 비문은 이 동물들이 영국군 및 동맹군의 대의를 위해 복무하다 죽은 "인간의 자유라는 대의를 위해 세계 모든 지역에서 중요한 역할을 한" 수백만 마리의 그 동물들임을 명시하고 있다.[20] 기념비 한편에는 동물에게 선택권과 행위 자성이 없는 것으로 표현하고, 뒤편에는 동물들이 자신의 자유가 아니라 인간의 자유를 위해 특정한 국가와 대의에 목숨을 바치길 선택했다는 것처럼 쓰고 있다. 그런 죽음의 조건을 만들어 낸 **인간**의 명백한 역할은 거의 인정하지 않는다. 2차 대전에서 동물이 맡았던 역할도, 특히 1939년 9월 '동맹'에 의해 자행된 특수한 동물 학살도 전혀 언급하지 않는다. 이와 비슷하게 국립추모수목원에 2차 대전의 동물을 기리는 기념비가 있지만 이것은 민간방위대에서 '공무'를 수행한 (제트 같은) 동물에게만 헌정되었다.[21] 1939년 가을에 수천 마리의 애완동물 사체가 매장되었던 아픈동물을위한진료소 묘지에도 2차 대전의 동물과 관련된 기념물이 있지만 민간방위대 등에서 활약한 개별적인 동물 영웅의 묘다. '훌륭한' 전쟁이라는 자기 만족적인 프레임 안의 '영웅'이 아니라, 가정의 모든 구성원을 책임지기를 거부한 인간들의 선택으로, 인간 행동의 결과로 생명을 잃고 그곳에 매장된 수천 마리의 동물은 그런 인정을 전혀 받지 못한다.

현재 영국 국민 대다수는 전쟁이 끝난 후에 태어났다. 2차 대전 때 애완동물을 죽이기로 했거나 아니면 계속 그들과 함께하기로 결정했던 사람들은 이제 소수만 남았다. 당시의 이야기를 나에게 들려준 사람 또는 이야기를 기록으로 남긴 사람의 다수가 전쟁 당시에는 어린이였다. 1장에서 나는 어린이에게 편지를 쓴 것으로 조작되었던 개 아스타의 일화를 소개했다. 어린이였던 진 브랜트는 커서야 아스타가 편지를 쓰지 않았다는 사실을 알게 되었고, 어렸을 때는 개가 아직 살아 있다고 생각했다. 그들이 어렸을 때, 애완동물을 죽이는 일을 포함해 전쟁 중 삶의 끔찍함은 일부분 감춰졌다. 애완동물을 죽인 일에 대해서도 그랬다. 이 책에서 살펴보았듯, 사회 전체적으로 1939년의 개와 고양이 대학살은 일반 대중에게 전혀 감추어지지 않은 사건이었다. 전국의 신문에 기사로도 다루어졌다. 그러나 많은 어린아이들은 그런 고통스러운 기록을 볼 일이 없었기에 가족이었던 애완동물에게 실제로 일어난 일을 70년 뒤까지 알지 못했다. 그러니 '착한' 이야기만 전승된 것이 당연하다. 그러나 그런 이야기는 아이들에게나 하는 것이지 어른인 우리 자신에게까지 할 필요는 없다.

전쟁의 현실과 공포에 고통을 겪지 않은 사람이, 그런 상황에서 과연 나였다면 반려동물을 어떻게 했을지 상상하는 일은 쉽지 않다. 그러나 우리에겐 비교적 최근에 겪은 경험이 있다. 극한의 상황에서 인간—동물 관계에 일어났던 일이다. 미국에서 허리케인 카트리나와 홍수가 발생했을 때 국가는 강제적으로 사람들에게 반려동물을 포기하게 하고 동물에게 총을 겨누었다. 수많은 동물이 죽었고 인간은 심각한 정신적 충격을 입었다. 새라 로위Sarah Lowe에 따르면 반려인 중에서도 "경제적 특권층이 아닌 사람이나 사회적 주변부에 속하는 사람이 반려동물의 죽음에 뒤따르는 길고 힘든 슬픔에 가장 취약하다."[22] 애니 포츠Annie Potts와

도넬 개든Donelle Gadenne은 2010년 뉴질랜드에서 발생한 크라이스트처치 지진 후 동물들의 곤경에 주목하면서 "재난 피해를 입은 동물이 하찮게 여겨졌다"고 썼다.[23] 아프가니스탄을 비롯해 영국군이 파병된 전쟁 지역에서 언론과 나우자드Nowzad(영국 군인 출신 펜 파링Pen Farthing이 아프카니스탄에 설립한 동물보호단체_편집자) 같은 동물보호단체가 반려동물의 상태에 관심을 갖는 것은 환영할 만한 일이지만[24] 나우자드에서 솔직히 밝히듯 새로운 입양을 기다리고 있는 개와 고양이는 대부분 군부대나 군사기업에서 키우다가 버린 동물이다. 이런 상황을 알기에 나우자드는 동물을 동반해서 본국으로 귀환하는 것을 지원하고 있지만 유기는 계속되고 있다.[25] 내가 현재 전쟁과 재난을 겪고 있는 동물들에 대한 예를 계속 제시하는 이유는 역사가 과거에 관한 것이 아님을 재확인하기 위해서다. 역사학은 과거를 현재로 가져오는 학문이며, 지금 필요한 역사를 새로 쓰는 일이다.[26] 2차 대전에서 인간을 지지했던 동물의 역할 그리고 그 전쟁에서 동물을 불필요하게 죽인 많은 사람들이 겪은 회한은 오늘날 전쟁에서 동물을 생각하고 그들에 대한 우리의 책임을 묻는 데 유효한 과거일 것이다.

동물을 대하는 사람들의 태도는 (지금도 마찬가지이지만) 고정된 것이 아니었고 전쟁이 진행되는 내내 동물들의 행동에 따라 변화하고 발전했다. 이 책에 자주 언급한 일기 작가 넬라 라스트는 개 솔, 고양이 미스터 머피와 즐겁게 지내며 친밀한 관계를 맺다가 1939년 8월 말에 그들을 죽여야 하는지 고민했던 많은 사람 중 하나였다. "나의 충직한 노견과 유쾌한 고양이에게 '잠이라는 선물'을 주는 것이 맞는지 고민이다."[27] 그러나 이 행동 방침을 고려했던 다른 이들과 달리 넬라는 동물들을 계속 데리고 있기로, 사랑하기로 했으며, 그들은 그 결정에 보답하는 듯했다.

　나는 역사가이자 연구자로서 전쟁에 관한 자료를 수년간 수집하고 검토해 왔지만 사실 맨 처음 나를 사로잡았던 것은 9월의 그 대학살이었다. 그러다 시간이 흐르면서 1939년에 동물과 함께 살던 사람 중 동물을 죽이기로 한 사람은 결코 대다수가 아닐 거라는 생각에 다다랐다. 그래서 피터 타운젠드의《노인들의 가정생활 : 이스트 런던 연구The Family Life of Old People: An Inquiry in East London》(1957), 지역학협회의《이스트 런던의 가족과 친척Family and Kinship in East London》(1957)을 다시 읽었다. 처음에는 당시 노인들과 반려동물의 일상적인 상호작용에 대한 기록에 혼란스러웠다. "자리에 앉아 미스터 버드Mr. Bird(사랑앵무)와 이야기를 나누었다.", 혹은 "12시 30분에 베이컨과 감자로 저녁을 먹고 개에게 밥을 주었다." 하는 식이었다.[28] 타운젠드는 "꽃과 애완동물에 대한 애착은 거의 보편적인 현상으로 … 인터뷰한 노인 중 절반을 훨씬 넘는 수가 애완동물을 기르고 있었고 그 대다수가 새장에 사는 새였다."처럼 무뚝뚝한 표현으로 동물과 인간 관계의 존재를 인정했지만 가족의 삶이라는 테두리 안에서 분석하지는 않았다.[29] 이 책을 읽으며 나는 이 노인들이 이미 애완동물을 죽인 사람들이고, 그렇게 애정어린 말로 설명하는 동물이 사실은 언제든 죽일 수 있는 '대용'이었다고 (성급하고도 틀리게) 가정했다. 이 생각은 그 후 몇 년에 걸쳐 이 책을 쓰면서 바뀌었다. 수명을 따져 보면 1950년대의 애완동물 중 다수는 전쟁 후에 태어난 동물이었다. 하지만 또 다수는 **오래전부터** 그 집에서 계속 살아온 동물이었을 것이다. 반려동물을 죽인다는 생각은 상상으로도 하지 않았던 사람들이 많았다는 것, 나는 이 사실을 다시 또 다시 떠올린다. 동물을 죽이라는 정부의 명령이 있었던 것도 아니었고, 앞서 얘기한 빅토르 클렘페러와 그의 고양이 무셸처럼 빠져나올 수 없는 궁지에 몰린 것도 아니었다. 사람들은 각자 처한 어려움 속에서도 동물을 귀하게 여겼고, 동물이 가족 안에서 맡은 역할을 인정했다.

정상으로의
복귀 _____

역사가의 아이러니는, '평시'에는 도저히 불가능한 연구를 전쟁이 가능케 한다는 점이다. 반려동물의 삶과 경험이 전시의 일기, 공문서, 회고록 등에 기록되어 있기 때문이다. 특히 풍부한 자료를 남긴 2차 대전은 그 전 그 후 어느 시기보다도 수월하게 동물의 경험을 추적할 수 있도록 했다. 물론 그중 어떤 기억은 가족 안에서 세대를 거쳐 현재에 이르러 전쟁 중의 국민이라는 더 거창한 역사로 변형되었지만 말이다. 뒤에 감사의 말에 밝혔듯이 많은 분이 이 책을 위해 자료를 제공했다. 특히 고양이보호동맹, 왕립동물학대방지협회 같은 동물보호단체의 여러 활동가가 큰 도움을 주었다. 동물이 영국 문화에서 맡아온 역할을 제대로 평가하고자 노력해 온 분들이다. 물론 일이 술술 풀리지는 않았다. 이 책을 위한 조사에 앞서 왕립동물학대방지협회의 기록보관소에 2차 대전 때 작성된 의회의 기록을 열람할 수 있는지 문의했을 때 돌아온 답변은 기대했던 우호적인 답변이 아니었다.

지금까지 남아 있는 기록 중에 2차 대전 초의 애완동물 '대학
살'을 사실로 입증하는 증거는 없습니다. 안타깝게도 우리의 의
사록은 기밀유지 의무에 따라 100년간 외부 연구자에게 공개
되지 않기 때문에 연구자가 직접 내용을 확인하시기는 불가능
합니다만, 이 문제에 관해서 우리가 여러 차례 조사한 결과 그
동안 계속 보고된 유사한 일화들을 뒷받침할 근거를 전혀 찾지
못했습니다.[30]

기록보관소 측은 협회의《연례 보고서》에도 그런 근거가 전혀 없다고
했다. 나는 이미 영국 도서관에서 전쟁 중에 협회가 발간했던 기록물을
읽었고, 이를 통해 협회가 2차 대전 중에 수행한 활동을 확인했기 때문
에 보관소 측의 답변에 상당히 놀랐다. 기록에는 "전쟁이 시작되고 나흘
만에 그레이터 런던에서 40만 마리의 고양이와 개가, 특히 고양이가 안
락사당했다."고 분명하게 쓰여 있었다.[31] 그래서 나는 기록 보관소에 뭐
가 없는지는 직접 확인하겠다고 했고, 실제로 그곳을 방문했고, 그 누구
도 나를 따뜻하게 맞이하지 않았다.

시간이 흐르면서 나는 기록보관소의 방어적인 태도를 좀 더 입체적으
로 바라보게 되었다. 왕립동물학대방지협회는 동물보호단체 가운데 동
물을 학대하는 사람을 고발할 법적 권한을 가진 유일한 단체다.[32] 협회
의《연례 보고서》를 보면 전쟁 초기에 동물 살해가 확실히 증가했지만,
1939년 9월 이전에도 불필요한 안락사가 시행되고 있었음을 협회 연례
보고를 통해 알았다. 왕립동물학대방지협회만이 아니라 모든 동물단체
가 동물의 안락사를 시행했다. 단체들은 이 전쟁 전에도 동물을 죽였고,

이 전쟁 중에도, 전쟁 후에도 동물을 죽였다. 지금도 많은 단체가 동물을 죽인다. 왜냐하면 "동물을 사랑하는 영국인"이 동물을 죽이길 원했기 때문이다. 동물을 죽이는 이유는 다양하다. 고통스러운 질병으로부터 놓아주기 위해서, 집주인이 동물을 못 키우게 해서, 동물을 평생 책임지고 싶지 않아서 등등. 그러니 1939년 9월 첫 주에 일어난 영국인의 애완동물 대학살은 대단한 일탈이 아니었다. 오히려 이 전쟁의 유산으로부터 대학살을 발견하는 작업이 일탈이었다.

식량이 제한되고, 억지로 방공호에 들어가고, 언제 집을 잃을지 모르거나 정말로 집을 잃는 등의 물리적 조건 그리고 불안, 스트레스, 트라우마 등의 정신적·정서적 조건은 2차 대전이라는 전쟁의 고유한 특징이었다. 바로 이 전쟁에서 동물과 인간 사이의 종을 초월하는 관계가 발전하기 시작했고, 이것이 인간과 동물 모두를 이롭게 했다. 이는 이례적인 시간이었다. 우리는 이 전쟁 중에 인간마다 동물을 얼마나 다르게 대했던가를 애써 잊기보다는 기억하는 쪽을 선택할 수 있다. '동물과 인간의 전쟁'이라는 새로운 역사를 서술할 수 있고, 이를 과거의 유산이자 미래의 길잡이로 삼을 수 있다.

감사의 말

　많은 사람과 기관에 도움을 받아 이 책을 썼다. 많은 기록 관리 전문가가 하던 일을 멈추고 나에게 정보와 자료를 제공해 주었다. 가장 감사한 마음을 표하고 싶은 기록보관소(일부는 정식 '기록보관소'가 아니고 의사록 한 권 또는 잡지 몇 권이 전부인 작은 책꽂이였지만 그 가치는 결코 작지 않았다)는 다음과 같다. 배터시보호소, BBC 기록보관소, 비숍게이트 연구소, 동물복지단체 블루크로스, 영국도서관, 영국도서관 신문 분관, 캠던 지역 연구 센터 및 기록보관소, 캐츠 프로텍션, 도그트러스트, 헤이스팅스 하우스, 헤이스팅스 지역 연구 도서관, 헤이버링 기록보관소, 왕립동물학대방지협회 힐링던 지부, 제국전쟁박물관, 런던시 기록보관소, 매스 옵저베이션, 원카인드, 왕립동물학대방지협회, 왕립수의과대학, 국립공문서관, 타워 햄리츠 기록보관소. 또한 특별히 고마운 분들이 있다. 비숍게이트 연구소의 도서관 및 기록보관소 소장 스테판 디커즈, 왕립동물학대예방협회의 교육부장 데이비드 앨런, 어니스트 벨 도서관의 존 에드먼슨 그리고 유스턴 로드의 시끄러운 인터넷 카페에 지친 나를 힘껏 도와준 영국도서관 희귀 서고의 직원들에게 감사하다.

　공식 기록보관소 외에도 많은 개인이 인터뷰와 이메일을 통해 가족의 이야기를 들려주었다. 일반적인 서지 자료에서는 찾을 수 없었을 유익한 식견을 제공한 실비아 베를리너, 고 메리 브랭커 박사, 클레어 브랜트, 진

브랜트, 그웬 브라운, 줄리아 코트니, 모린 허시, 데이비드 존슨, 켄 존스, 브렌다 커시, 캐롤린 모렐, 존 뉴먼, 엘리자베스 폴, 진 폴, 폴 플럼리, 앤 리즈, 애드리엔 로슈, 앨리슨 스키퍼, 크리스 슬레이든, 피터 타운젠드, 질 워츠에게 감사를 전한다.

또한 나에게 정보를 보내 주고 자료를 찾아 주고 읽을거리를 제안해 준 모든 분, 지식과 서적을 공유해 주고 기꺼이 아이디어를 함께 논의해 주고 조사에 힘을 보태 준 모든 분께 감사를 표한다. 특히 매기 앤드루스, 벤 애니스, 짐 올리치, 폴라 바틀리, 맬러치 빌링슬리, 린다 퍼크, 베리언 부어먼, 조애나 보넷, 존 에드먼슨, 브라이언 에드워즈, 나딘 핀치, 조너선 피시번, 앤드루 플랙, 폴 폴리, 앤드루 가디너, 제니 그린, 앤드루 그릿, 펠리시티 하베스트, 제임스 힌턴, 크리스티안 힉스비에르크, 로리 홀든, 발 호르스필드, 앤젤라 V. 존, 데이브 저슨, 매릴린 키넌, 로버트 커크, 폴 나이트, 로버트 렌텔, 앨리슨 맥네어, 앤 마셜, 로저 매카시, 제니퍼 맥도넬, 스티브 밀스, 루시 노크스, 닐 펨버턴, 앤터니 파드버섹, 웬디 로버트슨, 미크 로셔, 리처드 라이더, 도로시 셰리던, 얀-에리크 스타인크루거, 엠마 타이트, 헬렌 티핀, 애비게일 우즈에게 감사하다.

이 책에 담긴 아이디어 중 다수가 여러 컨퍼런스와 세미나, 미디어 이벤트에서 발표된 바 있고, 나는 그런 자리를 통해 많은 사람에게 의견과 피드백을 받을 수 있었다. 원 쇼(BBC 1), 새터데이 라이브(라디오 4), 오스트레일리아와 뉴질랜드의 라디오에 출연해서도 피드백을 받았다. 맨체스터 메트로폴리탄대학 인문학 퍼블릭 센터에서 진행한 '애니멀 월즈' 시리즈 공개 강연, 런던대 버베크 칼리지, 런던 메트로폴리탄 기록보관소, 뉴질랜드 매시대, 그리니치대, 옥스퍼드대 맨스필드 칼리지의 '베로'

시리즈 강연에서도 피드백을 받았다. 학술대회로는 렌대학에서 열린 '영국은 동물 애호 국가인가? 동물을 재현하기' 컨퍼런스, 카셀대 동물학센터의 강의와 세미나, 켄트대의 '코스모폴리탄 동물들' 컨퍼런스, 런던 임페리얼 칼리지에서 열린 국제 수의학사 컨퍼런스, 캠브리지대의 국제인간동물학협회 컨퍼런스, 그리니치대의 '전쟁의 기억들 : 새로운 내러티브와 말해지지 않은 이야기' 컨퍼런스, 오스트레일리아 뉴캐슬대의 '마인딩 애니멀즈' 국제 컨퍼런스, 캠브리지대 수의과학부 동물복지센터, 브라이턴대 '2차 대전, 대중문화, 문화적 기억' 컨퍼런스, 국립추모수목원에서 열린 '국내 전선의 여자들' 컨퍼런스 등에 참가했다. 이 책의 기획안과 원고를 검토하고 논평해 준 익명의 리뷰어 그리고 시카고대출판부에도 고마움을 전하고 싶다.

끝으로 누구보다도, 이 책의 원고를 한 번도 아니고 여러 번 읽어 준 친구와 동료에게 감사한다. 특히 수년간 함께 대화하면서 다양한 동물과 여러 역사관에 관한 이야기를 끝없이 나누었던 이들에게 감사의 마음을 전한다. 그들의 (긍정적이고 부정적인) 비판이 있었기에 이 책을 계속 써 나갈 수 있었다. 케런 앱스, 러셀 퍼로즈, 필립 하월, 켄 존스, 브렌다 커시, 디 파킨, 파라나 셰이크, 킴 스톨우드, 조 스탠리가 그들이다.

이 책의 모든 내용은 위에서 언급한 독자나 그 밖에 나에게 비판이나 조언이나 자료를 제공한 그 누구에게도 책임이 없다. 모두 나의 책임이다. 내가 무심코 어떤 사람의 제안이나 의견을 간과했다면 그것은 나의 의도가 아니라 이 책이 빛을 보기까지 걸린 긴 시간 때문이다. 나에게 많은 것을 면밀하게 생각하도록 이끌어 준 시드니 트리스트, 토미 애킨스, 앨버트 셰발리어에게 이 책을 바친다.

주

1장

1. Harrisson, *Living through the Blitz*, 51.
2. Eley, "Finding the People's War," 818.
3. Gray and Bell, *History on Television*, 102–123.
4. W. C. 셀러W. C. Sellar와 R. J. 예트먼R. J. Yeatman은 《1066년과 그 밖의 모든 것*1066 and All That*》을 1930년에 출간했으므로 이들이 2차 대전을 언급했던 것은 아니다. Fielding, "The Good War 1939–1945"를 참조할 것.
5. Eley, "Finding the People's War," 818.
6. Gray and Bell, *History on Television*, 123.
7. M. Smith, *Britain and 1940*, 7.
8. Overy, *The Bombing War*, 73–93.
9. Addison, "National Identity and the Battle of Britain," 236.
10. Field, "Nights Underground in Darkest London: The Blitz 1940–1941," 27. A. H. Bell, *London Was Ours*, 12도 참조할 것.
11. Finney, "Remembering the Road to World War Two," 217; S. O. Rose, *Which People's War?*
12. Nesbø, "Guardian Book Club."
13. 이는 이 전쟁 중 영국에서 파시스트가 활동하지 않았다는 뜻이 아니며, 오히려 이 사실은 잘 알려져 있고 관련 저작도 많다. 전쟁 당시에도 이에 대한 인식이 있었고 많은 파시스트가 구금되었다.
14. Kean, *Animal Rights*.
15. A. Calder, *The People's War*, 34.
16. Turner, *The Phoney War on the Home Front*, 113–115.
17. *The Oxford English Dictionary*, 2nd ed., vol. 7, prepared by J. A. Simpson and E. S. C. Weiner (Oxford: Clarendon Press, 1989), 315.
18. 나는 인간 역시 동물이기에 '비인간 동물nonhuman animal'이라는 용어가 적합함을 알지만 혼란을 줄이기 위해 간단히 '동물'이라는 용어를 쓸 것이다. 또한 '애완동물pet'이라는 용어도 쓸 것이다. 이 단어가 폄하의 뜻으로 읽힐 수 있음을 알지만 전쟁 당시에 흔히 쓰인 용어이므로 필요에 따라 사용할 것이다.
19. N. Rose, *Governing the Soul*, 24.
20. Anon, *A Woman in Berlin*, 54.
21. Shirer, *Berlin Diary*, entry for 19 April 1940, 319.
22. 1940년 6월 14일 독일군이 진군했을 때 파리에는 이미 사람이 없는 곳이 많았다. 평소의 시끄러운 자동차 경적은 들리지 않았다. 들리는 소리라고는 소 떼의 울음소리뿐이었다. 시골에서 파리 도심을 거쳐 북으로 향한 피난민이 버리고 간 소들이었다. J. Jackson, *The Fall of France*, 174–182. 이 자료를 제공해 준 스티브 밀스Steve Mills에게 감사한다.
23. 이를 보여 주는 많은 사례 중 하나가 국립추모수목원의 엄청난 인기다. 이곳의 기념물 대다수는 2차 대전을 기리는 것들이다. Gough, "'Garden of Gratitude': The National Memorial Arboretum and Strategic Remembering."
24. Howell, "The Dog Fancy at War," 564.
25. MacNeice, *Autumn Journal*, stanza 7, 113. 이 자료를 제공해 준 켄 존스Ken Jones에게 감사한다.
26. MacNeice, *The Strings Are False*, 209.
27. Burt, "The Illumination of the Animal Kingdom," 203–204. Cronin, "'Can't You Talk?'"도 참조할 것.
28. Photocopy of letter dated 21 September 1940 to Miss Beryl Myatt, Imperial War Museum

archives, 05/56/1.

29. Account of Jean Brant told to Clare Brant and emailed to author. 진 브랜트Jean Brant와 클레어 브랜트Clare Brant에게 감사한다.

30. Shirer, *Berlin Dairy*, 183 and 202.

31. Henderson, *Hippy in Memoriam*, 7 and image in *Daily Mirror*, 8 September 1939, 1.

32. A. Calder, *The People's War*, 34. 거리의 닥스훈트가 돌팔매를 맞았다는 그의 진술은 최근 반박되었다. Howell, "The Dog Fancy at War," and Alison Skipper, "The Dog as National Symbol in World War One: 'All-British Bulldogs' and 'German Sausages on Legs'" (unpublished paper given at 41st Congress of the World Association for the History of Veterinary Medicine, Imperial College, London, 12 September 2014)를 참조할 것.

33. Henderson, *Hippy in Memoriam*, 46-48.

34. Peter Neville, "Sir Nevile Meyrick Henderson(1882-1942)," Oxford Dictionary of National Biography website, http://www.oxforddnb.com/view/article/33814?docPos=1. 헨더슨은 1942년 7월에 책의 원고를 완성했고 그 몇 달 후에 사망했다. 책은 사후인 1943년 3월에 출간되었다. Henderson, *Hippy in Memoriam*, 48.

35. *Daily Mirror*, 8 September 1939, 3.

36. "By the dog that Ribbentrop deserted!" *Daily Mirror*, 7 September 1939, 10.

37. *Daily Mirror*, 8 September 1939, 1.

38. Turner, *The Phoney War on the Home Front*, 114.

39. Kathie Jennie, "The Power of the Visual in Animal Liberation," *Philosophy and Policy Journal 2*, no. 4 (2005): 1-2, Baker, Artist / Animal, 145에서 재인용.

40. 교회에 걸린 페이스의 이미지는 Kean, *Animal Rights*, 194를 참조할 것.

41. Letter from Robert Gower to Herbert Morrison 14 March 1944 in HO 186/1417, The National Archives 등을 참조할 것.

42. Kean, *Animal Rights*, 194.

43. Rainer Pöppinghege, *Tiere im Krieg* (Paderborn: Schöningh, 2009); Gervase Phillips, "Writing Horses into American Civil War History," *War in History* 20, no. 2 (2013): 160-181 and "'Who Shall Say That the Days of Cavalry Are Over?' The Revival of the Mounted Arm in Europe, 1853-1914," *War in History* 18, no. 1 (2011): 5-32; John Singleton, "Britain's Military Use of Horses 1914-1918," *Past and Present* 139, no. 1 (1993): 178-203 등을 참조할 것.

44. F. M. L. Thompson, *Victorian England*, 3.

45. McShane and Tarr, "The Horse in the Nineteenth-Century American City," 227; McShane and Tarr, *The Horse in the City*. 산드라 스위트Sandra Swart는 이들이 말을 행위자성을 가진 동물이 아니라 살아 있는 기계로 규정한다는 점을 비판한다(Swart, *Riding High*, 200).

46. E. P. Thompson, *The Making of the English Working-Class*, 12.

47. Charles Phineas [pseud.], "Household Pets and Urban Alienation," *Journal of Social History* 7, no. 3 (1974): 339, Fudge, "A Left-Handed Blow," 4에서 재인용.

48. 얼마 전 온라인에 공개된 빅토리아 여왕의 일기에서도 반려동물에 대한 관심이 확인된다. 왕은 이슬리를 비롯한 개에 관해 많은 글을 썼고, 그림도 그렸다. http://www.queenvictoriasjournals.org/quick/executeSearch.do;jsessionid=A01A83F76B2 8839EDE8CEC5162AE08BC.

49. Hodder-Williams, *Where's Master?*, 53.

50. Gordon, *Noble Hounds and Dear Companions*; MacDonogh, *Reigning Cats and Dogs*; and Hall, *These Were Our Dogs*를 참조할 것.

51. Burt, "Invisible Histories," 159.

52. Burt, "Review of Cary Wolfe, *Zoontologies* and *Animal Rites*," 168.

53. Fudge, "A Left-Handed Blow," 9; Kete, *The Beast in the Boudoir*.

54. Wolfe, *What Is Posthumanism?*, 123-124. 더 자세한 논의는 Kean, "Challenges for Historians"를 참조할 것.

55. Steedman, *Dust*, 81 등을 참조할 것.

56. Kean, "The Smooth Cool Men of Science"; Mayer, "Representing the Experimental Animal"; Li, "Mobilizing Christianity in the Anti-vivisection Movement in Victorian Britain"; Guerrini, *Experimenting with Humans and Animals*; Rothfels, *Savages and Beasts*; Litten, "Starving the

Elephants."

57. Tansey, "Protection against Dog Distemper and Dogs Protection Bills."

58. British Union for the Abolition of Vivisection (BUAV), "The National Health Service Act and Vivisection."

59. Brantz, *Beastly Natures*, 5.

60. "다른 동물들은 역사가 무엇인지 알 수 없다고 말하는 것과 동물이 역사의 품에 안길 수 없다고 주장하는 것은 전혀 다른 일이다." Smail, *On Deep History and the Brain*, 69.

61. Rosenzweig and Thelen, *The Presence of the Past*; Ashton and Kean, *Public History and Heritage*; Kean and Martin, *The Public History Reader* 등을 참조할 것.

62. 구체적으로 말해 이는 어떻게 해서 여성이라는 집단 또는 범주의 사람들이 공통의 획일적인 처우를 경험하는 것으로 보일 수 있는가의 문제다(로보섬은 '모든' 여성에 대해 쓰지 않았고 정치 운동 내의 급진적이고 사회주의적인 변화에 주목했다).

63. 동물의 행위자성에 관해서는 5장에서부터 자세히 논할 것이다.

64. Benson, "Animal Writes," 5.

65. Anon, *Front Line*, 30.

66. NARPAC, *Wartime Aids for All Animal Owners* in HO/144/ 21418. 이 밖에 '농촌' 동물에 특별히 초점을 맞춘 다른 목적도 있었다. 7장을 참조할 것.

67. Lewey, *Cockney Campaign*, 93. 이들이 구조한 동물의 이미지는 7장을 참조할 것.

68. Vale, *Bethnal Green's Ordeal*, 5. 참고로 타워 햄리츠구의 의회 선거구는 최근에 바뀌었다. 간단히 말하면 2차 대전 당시 스테프니구와 포플러구는 부두 근처였고 베스널 그린구는 해크니구에 가까웠다.

69. Edward Heslop Smith, "For Members of the Wardens' Services Only," *Poplar Civil Defence Wardens' Organisation Bulletin*, no. 67. Victory issue typescript, June 1945, 10, Tower Hamlets Archive.

70. Smith, *Poplar Civil Defence*, 10; Demarne, *The London Blitz*, 65; Lewey, *Cockney Campaign*, 92 등을 참조할 것.

71. *Hornsey Journal, Finsbury Park & Muswell Hill Standard*, 21 July 1944, 2. 이 자료를 제공해 준 조애나 보냇Joanna Bornat에게 감사한다.

72. 점보에 관해서는 Cab/50/7을 참조할 것. 내무부는 19세기 초부터 고양이를 고용했으나 먹이는 뒤늦게 1929년부터 제공했다(HO 223/43, National Archives).

73. Kean, "The Home Front as a 'Moment' for Animals (and Humans)"를 참조할 것.

74. Millgate, *Mr. Brown's War*, 3.

75. Cox, diary entry, 11 March 1942.

76. Cox, diary entry, 2 October 1940.

77. Benjamin, "Theses on the Philosophy of History," 247–249.

78. Tennyson Jesse and Harwood, *London Front*, letter 4 October 1939, 67.

79. Tennyson Jesse and Harwood, *London Front*, letter 16 October 1939, 106.

80. Tennyson Jesse and Harwood, *London Front*, 203.

81. Irene Fern Smith, diary entry, 2 February 1941, in Bishopsgate Institute.

82. Photocopy of letter dated 21 September 1940 to Miss Beryl Myatt, Imperial War Museum archives, 05/56/1.

83. 아란도라 스타호 침몰사건에 대한 반응에 관한 논의는 Wendy Ugolini, *Experiencing War as the "Enemy Other": Italian Scottish Experience in World War II* (Manchester: Manchester University Press, 2011)를 참조할 것.

84. Perry, *Boy in the Blitz*, entry for 9 July 1940, 13.

85. Broad and Fleming, *Nella Last's War*. 빅토리아 우드Victoria Wood가 각색한 BBC 영화 〈주부49Housewife 49〉(2006)에나 BBC 웹사이트에 수록된 이 일기의 발췌문에는 이 측면이 포함되지 않았다. http://www.bbc.co.uk/history/british/britain_wwtwo/nella_last_01.shtml. Accessed 1 May 2016.

86. Mass Observation Archive. Original Mass Observation Project. http://www.massobs.org.uk/original_massobservation_project.htm . Accessed 1 September 2013.

87. Mrs. Jean Brant, email to author from Clare Brant.

88. "Blitz Kitty by Brazen 67." Story of John Healey Article ID A4660481 in http://www.bbc.co.uk/history/ww2peopleswar/.

89. B1654 Male widower 78 Rugeley Staffs, Animals and Humans Summer Directive 2009, Mass Observation. 이와 비슷한 종류의 이름이 드물지 않았다. 버밍엄시에서 태어난 새끼 고양이 세 마리는 다음과 같은 이유로 정치인의 이름을 얻었다. "등산 등의 일정에 늘 약속한 시간보다 일찍 나타난 스탈린, 자기가 중요한 사람이라고 생각한 루스벨트, 자기 이름이 맨 마지막에 불려도 아무렇지 않았던 윈스턴." Hodgson, *Few Eggs and No Oranges*, 3 April 1945, 574.

90. A883, Married man born in 1935 in Eastbourne, Animals and Humans Summer Directive 2009, Mass Observation.

91. Anthony Giddens, *Modernity and Self Identity*, 77, in Kean, "Continuity and Change: The Identity of the Political Reader."

92. S. Williams, *Climbing the Bookshelves*, 5.

93. S. Williams, *Climbing the Bookshelves*, 65.

94. Overy, *The Bombing War*, 128.

95. Mackay, *Half the Battle*, 18.

96. King and Andrews, "Second World War Rationing," 185–186. Kirkham, "Beauty and Duty"도 참조할 것.

97. Fielding, "The Good War: 1939–1945," 37–38. 민간인의 공적을 기리기 위해 창설된 조지 크로스George Cross는 주로 사망한 소방수와 구조대원에게 수여되었다. Sokoloff, "The Home Front in the Second World War and Local History," 27.

98. Sir Harold Scott, *Scotland Yard* (Harmondsworth: Penguin, 1957), 68, Thomas, *An Underworld at War*, 16에서 재인용.

99. Overy, *The Bombing War*, 194.

100. Harrisson, *Living through the Blitz*. 이 기록에는 공습 경보만 울리면 산책하러 가자고 하던 개의 이야기, 공습 중에는 차분한 모습을 잃지 않았지만 라디오 방송에서 격렬한 신체 훈련을 지도하는 사람의 목소리가 들리면 히스테리를 보이는 고양이의 이야기가 담겨 있다(p. 51).

101. Harrisson, *Living through the Blitz*, 51.

2장

1. Croxton-Smith, *Tailwaggers*, 57.

2. Ritvo, *The Animal Estate*, 23.

3. Kete, "Introduction," *A Cultural History of Animals in the Age of Empire*, 3.

4. *Times*, 29 April 1918, 11. *Hansard*, 14 December 1916, vol. 88, cc831–8.

5. *Hansard*, 29 November 1916, vol. 88, cc344–5.

6. Pemberton and Warboys, *Mad Dogs and Englishmen*을 참조할 것.

7. *Times*, 6 December 1916. 사기 진작을 이유로 전쟁 중에도 여우 사냥이 금지되지 않아 농촌 개들은 사냥개로서도 쓸모가 있었다.

8. Gardner, *Cavies or Guinea Pigs*, 21.

9. 예컨대 헌트Hunt는 식량 부족과 그로 인한 국내의 식량 폭동을 함께 논한다. "A Heroine at Home."

10. NCDL, *Annual Report*, 1916, 15.

11. "Dogs and Dog Owners," *Times*, 29 April 1918, 11.

12. F. W. Norris, *Times*, 3 May 1918, 9.

13. *Times*, 28 April 1917, 8.

14. *Hansard*, 14 May 1918, col. 199, Howell, "The Dog Fancy at War," 557에서 재인용.

15. Howell, "The Dog Fancy," 564.

16. *Times*, 18 August 1915, 7.

17. James Buckland, Letter to *Times*, 27 March 1916, 9.

18. Richard Pearce, Letter to *Times*, 27 March 1916, 9.

19. Richard Pearce, Letter, 9.

20. Robert Wallace, *Times*, 1 April 1916, 8. 이 제안은 허황된 것이 아니었다. 국가기록보관소의 기록에서 알 수 있듯이 내무부는 1800년대부터 쥐를 잡는 고양이를 고용했다(식사는 1929년에 에밀리Emily 때부터 제공했다). 나중에는 1949–1964년의 피터Peter, 전시 내각의 점보Jumbo 등 고양이에게 이름을 붙

였다. 체신부, 내셔널갤러리, 영국박물관도 고양이를 고용했다(영국박물관은 유스턴 로드로 이전하기 전인 1990년대 후반까지 지하 서고에 고양이를 두었다). 1908년부터 약 20년간이나 영국박물관에서 비둘기를 잡은 마이크Mike는 유용한 역할을 수행했다고 인정받았고, 그 대가로 소고기나 양고기 한 조각과 우유를 먹을 수 있었다. 마이크의 식사 비용(구화로 주 6펜스)은 박물관의 고대 이집트 분과장 월리스 버지 경Sir Wallis Budge이 지불했다. Joseph, *Cats Company*, 66-71.

21. *Times*, 15 December 1916, 5.
22. 전시 기간 동안 지속된 도그쇼도 마찬가지였다. 크러프츠 역시 1차 대전 중에 모종의 형식으로 계속되었다. Howell, "The Dog Fancy at War"를 참조할 것.
23. "Pet Dogs," *Times*, 2 December 1916.
24. Ethel Bilbrough, diary entry for April 1917 in Blue Cross Archives.
25. Fudge, *Pets*, 107. 반려동물의 다양한 사례는 Kean, *Animal Rights*, 46-47, 77, 97을 참조할 것.
26. 인간이 자신의 공간을 사고하는 방식은 그의 세계를 구체적으로 드러낸다. 즉 "집은 우리가 이 세계에서 점하는 한 구석이다. … 첫 세상이고, 가능한 한 모든 의미에서 진짜 우주다." Bachelard, *The Poetics of Space*, 4, 17.
27. *Times*, 9 December 1939, 9.
28. Clabby, *A History of the Royal Army Veterinary Corps*, 33.
29. 이 숫자들은 2015년 영국 수의학계가 내놓은 통계인 반려 고양이 1030만 마리 이상, 개 1050만 마리에 비해서나(J. K. Murray et al., "Number and Ownership Profiles of Cats and Dogs in the UK," 163) 2015년 애완동물 사료제조업자협회(PFMA) 추정에 따른 총 1200만 가구(46%)에 사는 어류, 조류, 햄스터, 말, 쥐, 뱀 그리고 1600만 마리의 개와 고양이를 합친 5840만 마리에 비하면 작다. 그렇긴 해도 이 통계는 20세기에 반려동물-인간 관계가 어떤 양상으로 지속되었는가를 추측하게 하는 단서다. Pet Population 2015-PFMA http://www.pfma.org.uk/pet-population-2015. Accessed 28 November 2015. 현재 반려동물의 수가 10년 전보다 적다는 점에 주목할 만하다.
30. Bradshaw, *In Defence of Dogs*. 존 브래드쇼는 개의 가축화가 10만 년 전과 1만 5000년 전 사이의 어느 시점에 진행되었다고 추정한다. 31-32.
31. 특정한 종류의 개집을 제공해야 한다고 주장한 1907년의 한 저작에 따르면 개는 주로 실외에서 살았다. "일반 품종의 개는 밤에는 실외 개집에서 지내게 하는 것이 가장 좋다. 이때 개집은 반드시 널찍하고 물기가 전혀 없고 습기가 들지 않아야 하며, 여름에는 뜨거운 햇볕이 닿지 않는 곳에, 겨울에는 찬바람이 닿지 않는 곳에 두어야 한다." Finn, *Pets and How to Keep Them*, 20.
32. E. Bell, "British War Dogs," 25-26. 이 자료를 공유해 준 존 에드먼드슨John Edmundson에게 감사한다.
33. R. G. W. Kirk, "In Dogs We Trust?," 8.
34. Croxton-Smith, *Tail Waggers*, 30. 개 분야의 인기 작가 에드워드 애시Edward C. Ash 또한 개를 사슬에 묶는 것은 개의 수명을 단축시킨다면서 강하게 비판했다. 사슬에 묶는 대신 개집을 쓰기를 권하고, 개집은 집 가까운 곳에 둘수록 좋고, 특히 뒷문 근처가 좋다. 그러나 "개를 만지거나 먹을 것을 주고 싶어 하는 다정한 아이들과는 가까이 두지 않는" 것이 좋다고 주장했다. Ash, *Puppies*, 46-47.
35. 2009년 매스 옵저베이션이 진행한 동물-인간 관계 설문조사에서 한 고령의 응답자는 이렇게 진술했다. "내가 어릴 때 개들은 당연히 집 밖의 개집에서 살았다." H260 woman married 79, Brentwood. 이런 정서는 다른 응답자도 마찬가지였다. 응답자의 조부는 절대로 애완견을 집 안에 들어오지 못하게 했다. R470 male 75, Basildon in Animals and Humans, Mass Observation.
36. Croxton-Smith, *Tail Waggers*, 30.
37. Croxton-Smith, *Tail Waggers*, 57.
38. NCDL, *Dog Welfare*, 10. 왕립동물학대방지협회는 개를 좁은 공간에 묶어 두더라도 뛰어다닐 수 있는 이동식 사슬을 권장했다. RSPCA "Chained Dogs. The Value of the Running Chain." Postcard, RSPCA, c. 1930s. 이 이미지의 사본을 제공해 준 존 에드먼드슨에게 감사한다.
39. The Tail-Waggers Club, *The Tail-Waggers Club*.
40. 애완용 새는 대체로 집 안에 살지만 따뜻한 날에는 밖으로 옮겨지기도 했다. 애완용 쥐는 "장난감 쳇바퀴"가 든 작은 우리에서 살았다. 한 동물 애호가가 회고하기를 새로 태어난 새끼는 부모가 펫숍에 팔기도 했지만 어미가 새끼를 잡아먹기도 했다. "나는 지금도 불안하거나 괴로울 때면 새끼 쥐들이 머리가 뜯긴 채 수북이 쌓여 있는 악몽을 꾼다. 죄책감이 그 기억을 놓아 주지 않는다. 당시 나와 내 부모 모두 애완용 쥐에 대해서는 아는 게 별로 없었다." N1592 77 Woman in Animals and Humans, Mass Observation.
41. 20세기 초에 코커스패니얼은 몸무게가 15킬로그램이 넘도록 교배되었다. 붉은색이나 금색 털은 1차 대전의 여파로 특수하게 개량된 특성이다. Croxton-Smith, *British Dogs*, 26.

42. Galsworthy, *The Dear Dogs*, 40.

43. Croxton-Smith, *British Dogs*, 40.

44. Allan and Allan, *The Essential German Shepherd Dog*, 24.

45. Howell, "The Dog Fancy at War," 549.

46. 세인트버나드 같은 대형견은 사회주의 운동가 애니 베전트Annie Besant, 동물수호 및 생체해부반대협회 Animals Defence and Anti-Vivisection Society의 창립자 루이스 린드 아프 하게비Louise Lind af Hageby, 여성해 방동맹Women' Freedom League 의장 샤를로트 데스파Charlotte Despard 등 페미니스트가 특히 애호하는 동물이었다. 세인트버나드는 기독교 자선의 상징에서 벗어나(세인트버나드는 원래 산속 수도사들이 눈에 갇힌 여행자를 구조하기 위해 길렀다) 여성의 애완동물로 인기를 끌게 되었다. 몸집이 컸는데도 도시에서 인기가 높아지면서 더 이상 일하는 개로만 활동하지 않았다. Frederick Whymper, "Great Pets," *Animals Guardian 2*, no. 1 (October 1891): 3–5; Hageby, *On Immortality*, 13; NCDL, *Annual Report* (London: National Canine Defence League, 1910), 20; Ash, *Dogs*, vol. 2, 604. 육상과 해상 스포츠를 위해 교배된 댄디 딘모트테리어는 특정한 노동 기능을 목적으로 교배된 사역견이지만 빅토리아 여왕과 앨버트 부부는 왕실의 애완견으로 키웠다. Ash, *Puppies*, 128–129; Kean, "The Moment of Greyfriars Bobby."

47. Richardson, *Forty Years with Dogs*, 203. 고양이 사육자를 위한 한 오래된 매뉴얼은 글의 대부분이 페르시아 종을 기준으로 쓰였다. 샴 종에 관해서는 다음과 같이 쓰였다. "많은 출전자가 선호하기는 하나 일반 대중에게는 거의 알려져 있지 않다. 캣쇼에 오지 않는 사람들은 훌륭한 샴 종 고양이가 창턱에 앉아 있거나 계단참에서 얼굴을 씻는 모습을 볼 기회가 결코 없을 것이다." Mrs. L. Williams, *Sidney Appleton's Handbooks for Animal Owners*, 185.

48. 샴 종이라서 사이(Si)라고 이름 붙은 고양이는 "흰색과 연갈색과 검은색이 섞이고 눈은 파랗고 꼬리는 곱슬거리는, 진정한 샴 종 고양이였다." 1920년대에 차머스(도싯주)에 살았던 이 고양이는 반려인간의 "대단한 귀염둥이"였다. 주인의 일기에 이 품종의 독특한 목소리에 관한 언급은 없으나 샴 종 고양이의 특징이 긍정적인 의미에서 개와 비슷하다는 견해가 나타난다. "때로 그는 고양이보다 퍼그처럼 보인다. 나는 샴 종이 정말 마음에 든다. 이들은 개와 비슷한 면이 많고 사람에게 강한 애착을 보이며 늘 사람을 따라다니며 곁에 있는다." Gerald Gray Fitzmaurice, diary entry 27 June 1927, Bishopsgate Institute.

49. Joseph, *Charles*, 9. 영화배우 제임스 메이슨James Mason은 1935년 한 파티에서 훗날 결혼하게 될 여성을 처음 만나 그의 고양이 젬마Gemma에 관해 이야기했다. "나는 샴 종 고양이를 멀리서 보고 감탄한 적은 있지만 실제로는 한 번도 접한 적이 없다고 솔직하게 털어놓았다." Mason, *The Cats in Our Lives*, 21.

50. Joseph, *Charles*, 18–19.

51. Joseph, *Charles*, 10.

52. Bob Martin, *Bob Martin on Dogs*, 4.

53. PDSA "Annual Reminders" *Annual Report*, 1946, 20.

54. NCDL, *Dog Welfare: A Helpful Book on Dog Ailments* (London: NCDL, nd [1920s]), 32.

55. 빅토리아 여왕은 왕실부터 배터시보호소Battersea Dogs Home까지 두루 이용하는 스프래트사의 도그 비스킷을 후원했다. 스프래트사는 개에게 채소를 먹이기 위해서 개가 단맛을 좋아하는 것을 감안하여 비트 뿌리를 도그 비스킷의 주요 성분으로 삼았다. Kean, *Animal Rights*, 80–84.

56. *Queen Victoria's Journals* for Tuesday, 24 September 1839. http://www .queenvictoriasjournals. org/search /displayItem.do?ItemNumber=2&FormatType=fulltextimgsrc&QueryType= articles&ResultsID=2924936319074&filterSequence=0&PageNumber=5&ItemID= qvj02587&volumeType=ESHER 등을 참조할 것. 이슬리는 총리가 방문하는 자리에 자주 참석했다. 여왕의 일기에는 이슬리를 비롯한 반려동물이 여러 번 언급된다.

57. "Blitz Kitty by Brazen 67." Story of John Healey Article ID A4660481 in http://www.bbc.co.uk/ history/ww2peopleswar/.

58. 요즘에는 고양이에게 특정한 "단백질, 비타민, 지방산" 등을 포함한 "영양면에서 균형 잡힌 식단"을 제공하라는 권고가 나오고 있다. 여기서는 영양소의 분류 체계만 보더라도 고양이에게 필요하다는 식단에 인간에게 적용되는 담론이 그대로 적용되어 있다. 의아하게도 위의 문구는 2008년 11월 환경식품농무부의 *Consultation Code of Practice for the Welfare of Cats*에 실렸다가 최종 문건에는 '균형 잡힌 식단'으로만 기재되었다. DEFRA. *Code of Practice*, 2009.

59. 아침 메뉴로는 귀리죽과 다진 고기 또는 그레이비와 채소, 소스를 만들고 난 고기가, 저녁 메뉴로는 생선과 흑빵이 권장되었다. 여기에 고양이가 아주 좋아하는 것으로 알려진 간과 허파가 추가되었다. 아주

어린 나이부터 채소도 먹였다. Croxton-Smith et al., *Animals Home Doctor*, 196.

60. Croxton-Smith et al., *Animals Home Doctor*, 198.

61. L1696, Male 92 in Animals and Humans Directive, Mass Observation.

62. Jones, "A Short History of British Small Animal Practice," 115.

63. Hobday, *Fifty Years a Veterinary Surgeon*, 53–56, 91–92.

64. Lane, *All About Dogs*, 394.

65. P2034 man 82 in Animals and Humans Directive, Mass Observation.

66. Cousens, *Dogs and Their Management*, 101–121. 디스텐퍼 백신은 밀힐Mill Hill에 있는 정부연구소에서 개를 대상으로 실험하여 개발한 것으로 알려졌다. 1920년대에 개 실험을 금지하는 입법이 성공하지 못한 이유 중 하나가 이 발견이었다.

67. Galsworthy, *The Dear Dogs*, 26.

68. Croxton-Smith et al., *Animals Home Doctor*, 192.

69. Sherley, *Sherley's Dog Book*, 17–18.

70. Anon, "The Veterinary Profession and Poor People's Clinics," *Veterinary Record* 6 (1926): 530–531. 이 기록의 화자는 왕립수의대의 학장 R. 코니시–보던R. Cornish–Bowden이다. Gardiner, "The 'Dangerous' Women of Animal Welfare," 7에서 재인용.

71. Gardiner, "The 'Dangerous' Women of Animal Welfare"; and Kean, "Vets and Pets."

72. B1654 in Animals and Humans, Mass Observation.

73. W. H. Kirk, *Index of Diagnosis*, 2–4. 왕립동물학대방지협회, 말못하는친구들동맹, 아픈동물을위한진료소 등의 동물자선단체 또한 반려동물을 위한 치료를 제공했다.

74. W. H. Kirk, *Index of Diagnosis*, 2, 71, 402.

75. Mrs. L. Williams, *Sidney Appleton's Handbooks for Animal Owners*, 67–68. 이 책의 사본을 제공해 준 베리언 부어먼Veryan Boorman에게 감사한다.

76. W. H. Kirk, *Index of Diagnosis*, 2.

77. 사람들은 고양이가 장염에 관한 지식이 부족한 탓에 고양이가 독을 먹었다고 추정하기도 했다. "이웃이나 하인이 은밀하고 악의적으로 고양이에게 독을 먹였다는 의심이 드물지 않으나 실은 그렇지 않다." 이 기록은 고양이가 질병에 관한 지식이 널리 보급되지 않았다는 사실을 보여 주는 한편, 고양이에게 독을 먹임으로써 애정 어린 관계를 파괴하여 인간에게 복수하는 사건도 있었음을 알려준다. W. H. Kirk, *Index of Diagnosis*, 354(붉은 해총은 쥐를 잡는 독약으로 흔히 쓰였는데, 적은 양으로는 개나 고양이에게 피해를 입히지 않았다. W. H. Kirk, *Index of Diagnosis*, 361).

78. 예외는 있었다. 가령 다트무어에 사는 고양이 티거Tigger는 수의사에게 치료받았다. 티거의 보호자는 수의사가 "평범하고 별 볼일 없는 고양이를 진찰하러 올 만큼 관대한 경우"는 별로 없고, 특히 16킬로미터나 떨어진 곳까지 찾아오지 않을 거라 생각했다. 그러나 그 지역 수의사는 초진을 왔을 뿐 아니라 티거가 평범한 고양이이고 "가치 있는" 고양이가 아님에도 그 후 여러 번 왕진을 왔다. 수의사는 보호자에게 이렇게 대답했다. "부인, (고양이는) 매우 가치가 있습니다." Beatrice Chase, "The Dartmoor Vet," *Animal Lovers' Annual*, no. 1 (Autumn 1933), printed in aid of the RVC Camden Town Rebuilding and Endowment Fund, 19–25.

79. 수의학계와 아픈동물을위한진료소 간의 논쟁은 7장을 참조할 것.

80. RSPCA Poplar Free Animals' Clinic, *Annual Report*, 1937, 3.

81. RSPCA Poplar Free Animals' Clinic, *Annual Report*, 1937, 2.

82. Croxton-Smith et al., *Animals Home Doctor*, 198.

83. Pegasus, *Horse Talks*, 25, 30.

84. Holman, Diaries, 2 December 1942, Camden Archives.

85. Pegasus, *Horse Talks*, 57; Dashper, "Tools of the Trade or Part of the Family?," 356. 캐서린 대시퍼Katherine Dashper는 말과 기수의 조화와 협동을 강조하는 전통적인 승마술과 현대의 경쟁 스포츠를 비교했다. 그에 따르면 말의 "복종" 그리고 종국에는 인간 "파트너"가 지배하는 "위계 관계"를 바탕으로 하는 현대의 승마에도 과거의 이상적인 관계들이 잔존한다. 근래에 전개되고 있는 '자연 마술'에 관해서는 Parelli, Mark Rashid 등을 참조할 것. 이 정보를 제공한 로리 홀던Laurie Holden에게 감사한다.

86. 개가 집을 찾는 능력은 여러모로 중요했다. 가령 웰시 테리어 종 레리Lerry는 보호자인 몰리Molly가 새로 이사한 시골에서 길을 잃었을 때 집으로 가는 길을 찾아냈다. "하루는 내가 여러 갈래 길 앞에서 방향을 잃고 주저앉았다. 레리가 내 옆에서 숨을 헐떡이며 한 방향으로 몸을 휙휙 움직였다. 나는 잠시 쉰 다음 "레리, 집으로!" 하고 단호하게 말했다. 그러자 레리가 곧 길을 나섰고 나는 고분고분 그 뒤를 따랐다.

길을 잃을 수 있다는 것 그리고 그 길을 다시 찾아 주는 개가 있다는 것은 얼마나 멋진 일인가 하고 생각했다!" Hughes, *A London Family between the Wars*, 10.

87. The Tail-Waggers Club, *A Dog Owner's Guide*.

88. 요즘 문화에서는 행위자성이 덜 요구되고 개가 자율적으로 행동하거나 혼자 돌아다닐 기회가 적어졌지만, 그럼에도 배변은 통제되지 않는다. 인간이 개의 뜨끈한 배설물을 모아 처분해야 하며, 특별히 지정된 쓰레기통을 이용해야 하는 경우가 많다.

89. Kean, "The Moment of Greyfriars Bobby," and Kean, "An Exploration of the Sculptures of Greyfriars Bobby"를 참조할 것.

90. 개의 이러한 행동에 인간은 상당히 다양한 방식으로 반응했다. 그중 하나가 개 절도 사건의 증가다. 1844년 개 절도에 관한 의회 특별위원회의 설명에 따르면 개를 훔치는 이유는 크게 두 가지였다. 진귀한 품종을 훔쳐서 높은 가격에 외국에 팔거나 주인이 매우 아끼는 애완견을 인질로 삼아 몸값을 요구하기 위해서였다. 런던 광역 경찰청장은 개와 달리 양이나 말이 꼬임에 넘어가 실종되지 않는 이유는 "개와 달리 떠돌지 않기 때문"이라고 진술했다(statement of Richard Mayne, commissioner of Metropolitan Police to *Parliamentary Select Committee on Dog Stealing*, p. 3/301, Kean, "The Moment of Greyfriars Bobby"를 참조할 것). 이는 듣기에는 희극적이긴 해도, 몇 킬로미터나 멀리 나갔다가도 자신의 의지로 함께 사는 인간 곁으로 돌아온다는 사실을 뒷받침하는 이야기다.

91. 19세기의 변화, 특히 공수병 공포의 영향에 관해서는 Howell, *At Home and Astray*를 참조할 것.

92. Mrs. L. Williams, *Sidney Appleton's Handbooks for Animal Owners*, 197.

93. W. H. Kirk, *The Diseases of the Cat*, 284. 1919년 법은 1954년의 동물(수정)법으로 철폐되었으나 그 때도 수컷 고양이는 예외였다. 6개월 이하의 수컷 고양이도 반드시 마취해야 한다는 규정은 1964년에 가서야 동물보호(마취)법으로 법제화되었다. 이 정보를 제공해 준 나딘 핀치Nadine Finch에게 감사한다.

94. W. H. Kirk, *The Diseases of the Cat*, 284–352.

95. "우리는 암컷의 중성화수술에는 결코 익숙해지지 않았다. … 암컷 고양이의 중성화수술에 대해 말할 수 있는 사람은 그런 고양이와 함께 사는 사람뿐이다. 다른 사람 집에서 중성화수술을 한 고양이를 여러 번 만났는데 어딘가 활력이 없었으며 중성화수술을 한 수컷에 비해서도 훨씬 그랬다. 어려운 수술이다. 많은 전문 수의사에게도 너무 어려운 수술인 것 같다." *Mason, The Cats in Our Lives*, 45. 마이클 조지프Michael Joseph는 여러 고양이와 함께 살았지만 샴 종 고양이 찰스Charles를 처음으로 중성화수술을 했다. 그가 위장염을 심하게 앓고 회복된 뒤 수의사는 다른 고양이로부터 감염될 수 있으니 중성화수술이 필요하다고 조언했다. Joseph, *Charles*, 33.

96. Cornish, *Animals of To-day*, 33.

97. Anon, "They Our Friends We Their Guardians," *Animals Pictorial* 1, no. 6 (November 1938): 18–19.

98. 이 오래된 현상이 시작된 것은 19세기에 런던의 중산층 가정들이 여름휴가로 집을 비우는 '시즌' 혹은 왕립동물학대방지협회의 표현을 빌리면 "고양이 기아 계절"에 고양이를 유기하면서다. 유기된 고양이들은 더 이상 혼자가 아니라 여럿이 무리를 지어 다녔다. 왕립동물학대방지협회 사무국장은 22마리가 "울음으로 도움을 청하며" 함께 모여 있는 것을 목격한 바 있다고 기술했다. 고양이는 버려지지 않더라도 집 안에 갇혀 서서히 고통스럽게 굶어죽기도 했다. 버려진 고양이들은 흔히 인간에게 쫓기거나 익사당하거나 생체 해부에 쓰였다. RSPCA, "The Cat Starvation Season," *Animal World* 9, no. 108 (September 1878): 132–133.

99. Alger and Alger, *Cat Culture*. 어떤 애완동물 매뉴얼에도 고양이에게 목줄을 채우고 산책하라는 지침은 없었다. '독립성'이 고양이의 불가결한 기질로 여겨졌던 듯하고, 그런 이유로 인간은 무리 지어 있는 고양이를 경계했던 것 같다. 혈통 있는 품종 고양이를 제외한 고양이는 개에 비해 더 큰 이동의 자유를 누리고 행위자성을 드러낼 능력을 가지고 있었다. 그에 비해 개는 목걸이나 목줄, 사슬에 묶였다. 고양이가 속박당하는 일은 캣쇼 등에 한했다. 인간은 고양이를 야외 대로를 함께 산책할 동물로 여기지 않았고 실제로 고양이는 그런 동물이 아니었다.

100. 20세기 초의 글에는 다음과 같은 사건이 나온다. "구입한 동물이 도착할 무렵이면 그것은 이미 병에 걸려서 원래 몸집의 절반밖에 되지 않을 정도의 작고 비참한 모습이다. 더럽고, 털은 곤두서고, 눈은 반쯤 고름에 차 있다. 엉성한 상자에 담겨 온 새끼는 여정 중에 걸린 지독한 감기 때문인지 태어났을 때의 작은 생기는 사라져 버린 지 오래다." Mrs. L. Williams, *Sidney Appleton's Handbooks for Animal Owners*, 190. 또 이런 불운한 출발은 이후의 행동에도 영향을 미쳤던 것으로 보인다. 닥스훈트 새끼 미미는 "나무 상자에 담겨 벌벌 떠는 모습으로 도착했"고, "수년간 우리 집 애완동물이었지만 결코 귀여운 강아지인 적이 없다."라고 적혔다. N 1592 female 77 Animals and Humans, Mass Observation. (오늘날에도 이와 비슷하게 온라인으로 동물을 사고팔며, 이에 반대하는 캠페인도 진행

되고 있다. http://www.change.org/petitions/ebay-classifieds-stop-selling-live-animals.)

101. R1418 Derby male 87 Animals and Humans Directive, Mass Observation.

102. W1893 man b. 1924 Animals and Humans, Mass Observation.

103. Author's interview with Dr. Mary Brancker.

104. B1654 Male widower Rugeley in Animals and Humans, Mass Observation.

105. R1418 male 87 Animals and Humans, Mass Observation.

106. Ken Jones, correspondence with author.

107. Croxton-Smith, *Tailwaggers*, 56.

108. Kinney and Honeycutt, *How to Raise a Dog in the City and in the Suburbs*, 142. (미국의 사례가 일부 실려 있긴 해도 영국에서 출간된 책이다.)

109. Cousens, *Dogs and Their Management*, xi-xii.

110. Cousens, *Dogs and Their Management*, 172.

111. Cousens, *Dogs and Their Management*, 174. 이로부터 약 80년 후 존 브래드쇼는 개가 "열다섯 종류의 사랑"을 경험한다고까지 주장한다(*In Defence of Dogs*, 223).

112. Cousens, *Dogs and Their Management*, 178.

113. 인간이 개를 충분히 이해할 수 있다는 이 접근법은 철학자 토머스 나겔Thomas Nagel의 유명한 접근법과는 매우 상반된다. 나겔은 인간이 동물의 삶, 예를 들어 박쥐의 삶을 상상하기는 불가능하다고 보았다. "우리가 경험하거나 상상하는 어떤 것에 대해서도 동물의 삶과 주관적으로 비슷하다고 주장할 근거가 없"으며 설령 그렇게 주장할 수 있다 해도 "박쥐가 경험하는 박쥐의 삶이 어떤 것인지는" 우리가 알 수 없다. 그가 반려동물이 아니라 박쥐를 예로 든 데는 이유가 있다. 많은 사람이 박쥐를 좋아하고 그들이 사는 환경을 지키고자 노력하긴 해도 박쥐와는 집이나 여가 시간을 공유하지 않기 때문이다. 예상대로 그의 입장은 반론을 샀다. 동물보호 활동가 킴 스톨우드Kim Stallwood는 동물-인간 관계 및 이타적인 사랑 또는 "불가사의한 우정"을 탐색했다. 그러면서 "쾌활한 기질"의 치와와 허니Honey와 자신의 관계를 예로 들며 "허니가 인간이었다면 아마 혼자 살았을 것이고, 진과 담배를 즐겼을 것이며, 이웃에 사는 모든 사람의 사정에 훤했으리라고 짐작한다."라고 썼다. 그는 허니와의 교제를 통해 "개들이 어떤 삶을 사는지 상상"할 수 있었고 간식, 산책, 해변 달리기 같은 그들의 욕구도 이해할 수 있다고 했다. 신학자 앤드루 린지Andrew Linzey 또한 나겔의 견해를 반박하면서 우리가 "박쥐가 입는 피해에 관한 기본 지식을 얻기 위해" 꼭 박쥐가 어떻게 생각하고, 느끼고 "어떤 정신 상태로 이 세계를 경험하는지" 알아야 하는 것은 아니라고 주장했다. 린지와 마찬가지로 스톨우드는 무엇보다 피해가 없는 것이 중요하다고 강조했다. "그가 내 가슴에 기대어 쉴 때, 나는 내 심장의 모든 박동을 통해서 그가 다시는 어떤 피해도 입지 않을 것이라고 믿게 하고 싶었다." 이러한 상상이 옳은가 아닌가의 여부는 중요하지 않다. 그보다는 그가 자신의 친절한 행동이 그 동물에게 이롭게 작용하기를 바란다는 사실이 중요하다. 다시 말해 인간은 동물에게 피해를 주지 않고도 동물 및 그가 사는 환경과 관계 맺을 수 있다. 린지는 인간이 박쥐의 의식에 관한 지식을 입수할 수 있으며 "이성의 작용을 통한다면 다른 수많은 인간에 대해 알 수 있는 만큼 박쥐에 대해서도 알 수 있다."고 결론지었다. 여기서 린지는 인간 경험을 이해하는 일부터 불가능하다고 주장한다. 이는 역사가들이 인간의 역사를 탐색할 때에도 일상적으로 해결해야 하는 문제다. Nagel, "What Is It like to Be a Bat?"; Stallwood, *Growl*, 146-147; Linzey, *Why Animal Suffering Matters*, 50.

114. 지금도 동물은 단지 '존재하는 것'만으로는 '평생의 가족'을 얻기 힘들다. 보호소의 철창 구석에서 겁에 질려 떨고 있는 소심한 고양이가 동물에게서 정서적 이로움을 얻으려는 인간에게 선택받을 가능성은 낮다. 셀카에 예쁘게 찍힐 것 같지 않은 검은색 고양이도 미래가 밝지 않다. 왕립동물학대방지협회가 보호하는 1,000마리의 유기묘 중 70퍼센트가 검은 고양이다. 사진으로는 이목구비가 잘 보이지 않기 때문에 인기가 없다. "수백 마리의 검은 고양이가 멋진 셀카를 찍을 수 없다는 이유로 주인에게서 버려지고 있다." *Daily Mail*, 29 July 2014. http://www.dailymail.co.uk/news/article-2709721/Hundreds-black-cats-abandoned-owners-don-t-look-good-SELFIES.html.

115. Light, Mrs. *Woolf and the Servants* 등을 참조할 것.

116. Croxton-Smith et al., *Animals Home Doctor*, 198.

117. B1654 widower 78 Rugeley Staffs, Animals and Humans, Mass Observation.

118. B1654 widower 78 Rugeley Staffs, Animals and Humans, Mass Observation.

119. Pierce, *Memories of the Civilian War*, 73.

120. K310 F married 80 Burgess Hill retired part-time shoe shop assistant in Animals and Humans, Mass Observation.

121. 영국 환경식품농무부는 2009년에 고양이만이 아니라 개와 말까지 포함하는 '복지 실무 강령'을 공표하여

동물을 돌보는 사람들이 동물의 행동을 관찰하고 해석하도록 장려했다.

122. 쥐를 잡게 하려면 고양이에게 매일 1페니어치의 적은 양의 고기, 깨끗한 물, 원한다면 싸구려 우유를 주라고 설명했다(Croxton-Smith et al., *Animals Home Doctor*, 198). 이런 제안은 쥐를 잘 잡게 한답시고 고양이에게 먹이를 주지 않는 것은 "낡은 생각"이라고 주장한 과거의 한 안내서와 모순된다. "실제로는 고양이가 순전히 사냥을 좋아하기 때문에 잘 먹인 고양이가 사냥을 더 많이 한다. 반면에 배고픈 고양이는 몸 안의 허기를 만족시킬 만큼 쥐를 잡았으면 그걸로 만족한다." (Finn, *Pets and How to Keep Them*, 5).

123. Mrs. L. Williams, *Sidney Appleton's Handbooks for Animal Owners*, 201.

124. Mrs. L. Williams, *Sidney Appleton's Handbooks for Animal Owners*, 202.

125. 1898년의 한 저작에 따르면 "(고양이라는) 이 종족 전체는 … '이리 와'라는 명령은 따르지만, '가!'라는 명령은 절대 따르지 않는 것으로 관측되었다. 가장 유용한 봉사는 바로 이 명령으로부터 시작된다는 점을 볼 때, 복종하길 거부하는 이 동물은 자원자가 아닌 이상 사실상 무용하다." Cornish, *Animals of To-day*, 38.

126. AGM of Windsor, Eton and Staines RSPCA, *Minute Book*, 7 April 1937. 그러나 사람들은 이 주장과 모순되게 동물을 생각하고 대했다. 동물의 처우를 다룬 한 주간 백과사전은 동물 복지에 적극적인 입장을 표명했고 개를 위한 자선단체인 테일-웨거스 클럽 등도 마찬가지였지만, 여전히 사람들은 일상적으로 고양이를 집에서 쫓아내거나 살해했고, 사체는 더 이상 쓰지 않는 매장지에다 버렸다. Robinson, "Cats Must Be Taxed"; Robinson, "Cats and Legislation."

127. RSPCA, *Annual Report*, 1938, 239. 영국 체제의 중심에 있는 유력 단체였던 왕립동물학대방지협회의 활동은 너무나 잘 알려진 탓에 풍자 대상이 되기도 했다. 소설가 위니프레드 홀트비Winifred Holtby는 이렇게 썼다.

"왕립동물학대방지협회가 또 시작했다. 나는 이 단체에 속한 각계 회원들을 보고 놀라지 않는다. … 주택조합이나 형법 개혁 단체나 국제연맹에서 열리는 회의들이 동물 복지와 관련한 그 모든 행사에서 자주 표현되는 감정의 10분의 1을 불러일으킬 수 있다면 우리는 1년 안에도 사회를 혁명적으로 바꿀 수 있을 것이다."

생체해부반대 활동가 에밀리 핀토-레츠Emily Pinto-Leite는 본인의 건강이 나쁜데도 회의에 참가하여 열정적으로 외쳤다. "그렇습니다. 여러분 중 누군가는 내가 죽길 바라겠지요. 하지만 나는 살고 살고 살아서 고통받는 동물들을 위해 싸울 것입니다." 이에 홀트비는 "저건 드라마죠."라며 비꼬았다. 왕립동물학대방지협회는 모든 동물학대를 주도적으로 반대하지는 않는다고도 비판받았다. 홀트비가 풍자한 위의 회의에서 핀토-레츠는 맨체스터에서 벨부서커스를 운영하는 윌리엄 젠틀 경Sir William Gentle이 왕립동물학대방지협회의 협의회에 가입하는 데 문제를 제기했다가 회의에서 쫓겨났다. (에밀리 핀토-레츠는 런던 및 지방 반생체해부협회 활동가이자 파시스트인 노라 다크레 폭스Norah Dacre Fox의 자매였다. McPherson and McPherson, *Mosley's Old Suffragette*, 114, 124; Winifred Holtby, "Let's Abolish the Dear Animals!," *Time and Tide*, 30 January 1932, 118; "RSPCA Meeting Disturbance," *Times*, 17 July 1931, 11; "RSPCA Meeting Disturbance," *Times*, 20 July 1931, 9를 참조할 것.)

128. 1931년 1월 기준 회원 수가 40만 명이었던 이 단체는 런던의 왕립수의대와안내견(Guide Dogs for the Blind)에 자금을 조달했다. The Tail-Waggers Club, *On to the Million*.

129. Cats Protection League, "Is Apology Necessary?," *Cats' Mews-Sheet*, no 1 (January 1931): 1-2.

130. Cats Protection League, "The Tailwavers Second Anniversary," *Cat*, July 1942, 88.

131. *Hansard*, 3 October 1939, 2116.

132. Comben, *Dogs, Cats and People*, 136-137.

133. Tansey, "Protection against Dog Distemper and Dogs Protection Bills," 20. 1933년에도 비슷한 시도가 있었지만 역시 실패했다. 실패의 이유 중 하나는 생체 해부를 통해 개에게 위험한 질병인 디스템퍼의 백신이 발견되었기 때문이다(p. 23).

134. Hobday, *Fifty Years a Veterinary Surgeon*, 177; Turner, *All Heaven in a Rage*, 262. 1933년에 법제화된 '인도적이고 과학적인 도살'에 관한 법은 전기 시설이 없는 도살장에서 죽이거나 유대인식 또는 "무함마드식"으로 죽이는 어린 돼지, 멧돼지, 수퇘지, 암퇘지 등을 예외로 분류했다. "Conflicts around Slaughter in Modernity," 132-133.

135. 1925년의 공연동물(규제)법이 실제로 이룬 것은 거의 없었다. Turner, *All Heaven in a Rage*, 274; Wilson, "Racial Prejudice and the Performing Animals Controversy in Early Twentieth-Century

Britain," 149-165.

136. 전제는 인간 대다수가 피난처와 위생 시설을 이용하지 못하리라는 것이었다. 공습위원회는 1924년에 한 번 임명된 바 있었다. 1937년 제국방위위원회는 전쟁이 일어나면 첫 두 달 사이에 180만 명이 피해를 입을 것이고, 그중 3분의 1이 사망할 것이라고 예측했다. Mackay, *Half the Battle*, 18, 20, 21, 31.

137. 비용 문제를 차치하더라도 국가는 전반적으로 '애완동물'과 관련한 사안에 개입하기를 주저했다. 국제적으로 선구적인 입법이었던 1822년의 마틴법(세계 최초의 동물보호법으로 가축의 부당한 취급 방지를 위한 법)의 초점은 농촌동물과 공공장소의 동물이었다. 가정 내 동물까지 포함하는 법은 시간이 더 지나서야 제정되었고 1911년의 동물보호법이 특히 중요했다. Kean, *Animal Rights*, 31-35, 144를 참조할 것.

138. Letter from C. R. D. Pulling, New Scotland Yard, 24 March 1939, in HO/144/21418.

139. Letter from C. R. D. Pulling, New Scotland Yard, 24 March 1939, in HO/144/21418.

140. 고양이보호동맹은 1928년에 창설되었다. Cats Protection League, "Is Apology Necessary?," 2.

141. 위상에 관한 이 우려는 아픈동물을위한진료소와의 논쟁에도 나타났다. Gardiner, "The 'Dangerous' Women of Animal Welfare"를 참조할 것.

142. 사람이 개와 고양이를 먹었다는 이야기가 있었다. Montague, *Let the Good Work Go On*, 88-90.

143. 전국수의학협회는 1919년에 결성되었다. 왕립수의사협회는 수의학계의 규제 기관이었다. 따라서 두 단체는 수의학계를 서로 다른 방식으로 대변하는 것으로 여겨졌다. W. R. Woolridge, "The Veterinary Profession and Air Raid Precautions for Animals," *Veterinary Record* 27 (April 1940): 315-324.

144. Editorial, "ARPs for Animals," *Veterinary Record*, 24 June 1939, 789.

145. 내무부는 1938년 1월에 되어서야 공식 회합을 소집했다. 내무장관은 이 자리에 농무부장관, 왕립육군수의사단, 왕립수의사협회, 전국수의학협회, 공습대비처를 초청했다. 1939년 2월 내무부 공습대비처와 수의학계는 동물 주인을 위한 지침서 발행과 (동물을 위한) 공습대비처 설치를 논의했으나 실제로 공식화된 활동은 거의 없었다. "National Emergency Committee Report," *Veterinary Record*, 29 April 1939, 557.

146. "ARPs for Animals," *Veterinary Record*, 24 June 1939, 789. 적이 동물을 주요 타깃으로 삼아 공격할 가능성은 낮다고 여겨졌으나 독가스와 소이탄 공격에 피해를 입을 것으로 예상되었다. Editorial, "Animals and ARPs," *Veterinary Record*, 19 August 1939, 1011; Clabby, *A History of the Royal Army Veterinary Corps*, 32; NARPAC, *Wartime Aids for All Animal Owners*, 21-23.

147. "Air Raid Precautions for Horses in Towns," *Veterinary Record*, 6 May 1939, 598.

148. 말 1만 8,000마리의 마부와 소유주가 이 회의에 참석한 것으로 추정되었다. *Veterinary Record*, 6 May 1939, 598.

149. Editorial, "The Present Prospects of the Commercial Horse," *Veterinary Record*, 28 October 1939, 1285-1288.

150. RSPCA, *Animals and Air Raids*, 13-15.

151. 《수의학 기록》은 공습을 대비한 동물위원회의 창설이 이처럼 지체된 이유를 도시 지역 당국에 "동물에 관심 있는 인간"이 드물다는 데서 찾았다. 이 기관은 전국적인 단체이긴 해도 결국 각 지역의 현장 인력으로 구성될 것이었기 때문이다. Editorial, "ARPs for Animals," *Veterinary Record*, 24 June 1939, 790. 수의학계는 1939년 6월에도 대중이 "여전히 동물을 위한 공습 대비의 필요성을 대체로 간과하고 있다."고 우려를 표했다. Editorial, "ARPs for Animals," *Veterinary Record*, 24 June 1939, 789-790.

152. Report of enquiry into the affairs of NARPAC. MAF 52/18 National Archives 1.

153. Letters from PDSA in HO 186 /1417; C. R. D. Pulling, 24 March 1939, HO 144/1418; Pulling to Col. Vince, 14 April 1939, HO 186/1417 National Archives.

154. "Animal Welfare Societies and the NVMA," *Veterinary Record*, 18 March 1939, 366.

155. "NVMA and NARPAC," *Veterinary Record*, 7 October 1939, 1234. Jones and Boulton, "Robert Stordy 1873-1943," 394-407도 참조할 것.

156. "NVMA and NARPAC," *Veterinary Record*, 7 October 1939, 1234.

157. "ARPs for Animals," *Veterinary Record*, 24 June 1939, 789.

158. Mr. Franklin, File Note memorandum 9 January 1941 in MAF 52 /118. 암시장 일반에 관한 논의는 Thomas, *An Underworld at War*를 참조할 것.

159. Radford, *Animal Welfare Law in Britain*, 124.

160. Woolridge, "The Veterinary Profession," 316.

161. Woolridge, "The Veterinary Profession," 316. 후에 동물위원회는 진료소와 이동병원을 갖춘 동물병

원에 대해서는 방침을 바꾸었다. 최대 1,500명의 수의사를 군(郡) 수의관으로 배치하고, 적의 공격으로 부상당한 동물을 응급처치하면 3실링 6펜스, 중상을 입은 동물을 안락사시키면 2실링 6펜스, 기초적인 응급처치에 대한 강연을 하면 10실링 6펜스를 지급받았다("National ARP for Animals Service; Reorganisation in Urban Areas," *Veterinary Record*, 9 August 1941, 466). 이처럼 내무부의 늑장 대응, 무대응은 후에 동물위원회 해산의 원인으로 지목된다. Steele-Bodger, "Presidential Address NVMA," *Veterinary Record*, 11 October 1941, 589.

162. 1939년 7~8월에 배포된 공보 인쇄물에 애완동물에 관한 내용은 들어 있지 않았다. 주로 방독면, 등화관제, 아동 피난, 사재기 자제 등에 관한 내용이었다. Public Information Leaflet 1, *Some Things You Should Know If War Should Come*, July 1939; Public Information Leaflet 3, *Evacuation: Why and How?* July 1939.

163. NARPAC, *Wartime Aids for All Animal Owners*, 1.

164. NARPAC, *Wartime Aids for All Animal Owners*, 5.

165. "ARP for Animals: London Arrangements," *Veterinary Record*, 26 August 1939, 107.

166. "The Unwarranted Destruction of Small Animals," *Veterinary Record*, 16 September 1939, 1154.

3장

1. Script of Christopher Stone radio broadcast, 19 November 1939, "Animals: Protection and Treatment," HO 186/1417, the National Archives.

2. Glover, "Notes on the Psychological Effects of War Conditions on the Civilian Population," 142.

3. Thomson, *Psychological Subjects*, 225.

4. N. Rose, *Governing the Soul*, 15.

5. Spillane, "A Survey of the Literature of Neuroses in War," 3.

6. Titmuss, *Problems of Social Policy*, 345.

7. Bion, "The War of Nerves," 183, 190-195. 이 전쟁이 시작되기 전 몇 달간 '수동성'은 부정적인 태도로 평가되었다. 매스 옵저베이션 인터뷰 대상 중 절반이 무력감을 드러냈다. Madge and Harrisson, *Britain by Mass Observation*, 48-50.

8. Bion, "The War of Nerves," 190.

9. *Daily Telegraph*, 4 September 1939, 9.

10. J. F. C. Fuller, *The Reformation of War*, 1923, 150, Quester, "The Psychological Effects of Bombing on Civilian Populations," 203에서 재인용.

11. *Daily Mirror*, 8 September 1939, 1.

12. Kirby and Moss, *Animals Were There*, 18-19; Clabby, *A History of the Royal Army Veterinary Corps*, 41.

13. 75만 마리라는 숫자는 왕립동물학대방지협회 회장 로버트 가워 경의 추산이었다. "RSPCA Annual General Meeting," *Veterinary Record*, 22 June 1940, 475.

14. *Times*, 7 September 1939, 3. 《수의학 기록》은 런던에 사는 "작은 동물만 해도 (그 수가) 어마어마하다"고 추정하고 있었다. British Veterinary Association, "ARPs for Animals," *Veterinary Record*, 24 June 1939, 789를 참조할 것.

15. 마틴 길버트Martin Gilbert는 "폭격으로 인한 민간인 사망자"를 총 6만 595명으로 추산한다. Gilbert, *Second World War*, 746. 이 숫자는 Overy, *Bombing War*, 194로 확증된다.

16. Gilbert, *Second World War*, 17.

17. 모든 동물자선단체가 자료를 내놓지는 않았기 때문에 애완동물이 일상적으로 얼마나 도살되었는지를 말하기는 어렵다. 여기서는 반려동물 살해가 일상적인 행위였다는 사실만 짚어 두자. 왕립동물학대방지협회는 1937년 한 해 동안 본부에서 6만 1,179마리, 지부 병원에서 4만 3,505마리, 총 10만 4,684마리의 개와 고양이를 안락사시켰다. 런던 경찰은 떠돌이 개와 고양이를 배터시보호소(및 보우 분소)에 데려갔는데 이런 동물은 며칠 안에 찾으러 오는 사람이 없는 경우 안락사당했다. 1937년에 주인이 직접 배터시보호소에 데려와 안락사시킨 개는 3,125마리, 고양이는 2,034마리, 보우 분소는 개 435마리, 고양이 229마리였다. 또한 그해 배터시보호소는 떠돌이 개 1만 1,166마리와 떠돌이 고양이 881마리, 보우 분소는 떠돌이 개 6,222마리와 떠돌이 고양이 103마리를 안락사시켰다. 주인의 결정으로 배터시보호소와 왕립동물학대방지협회에서 안락사당한 총 11만 6,499마리에는 주인이 버린 경우가 많았던

떠돌이 동물의 숫자(1만 8,371마리)를 더해야 한다. 그러나 이 동물들이 살해당한 이유를 구체적으로 확인할 방법은 없다. 이 숫자에는 나이가 많거나 병세가 심각했던 동물도 포함될 것이다. 그 밖에 전국개보호동맹, 말못하는친구들동맹, 메이휴 호소Mayhew Home, 아픈동물을위한진료소, 우드그린동물보호소에서도 저렴한 가격에 동물을 안락사시켜 주는 시설을 갖추고 있었다. Battersea Dogs Home, *77th Annual Report, 1937*; *78th Annual Report, 1938*; *79th Annual Report, 1939*; RSPCA, *114th Annual Report, 1937*; *115th Annual Report, 1938.*

18. NCDL, "September Holocaust," *Dogs' Bulletin* 114 (December 1939): 2. The same term was used in Ziegler, *London at War*, 74; A. Calder, *The People's War*, 3 4; Cox, diary entry, 15 September 1939. 1장의 주석 17을 참조할 것.

19. *Times*, 7 September 1939, 3.

20. 경찰은 주인들이 원하면 동물을 죽일 수 있도록 왕립동물학대방지협회에 진료소를 24시간 운영할 것을 요청했다. *Animal World* (October 1939): 185를 참조할 것. 왕립동물학대방지협회는 캠버웰, 윌즈던, 엘텀, 풀럼, 이슬링턴, 노스 켄싱턴, 포플러, 킬번, 서더크 등 런던 곳곳에서 병원을 운영하고 있었다. RSPCA, *115th Annual Report*, 1938, 127–128을 참조할 것.

21. RSPCA, "Emergency Arrangements. To be adopted at outbreak of war." Undated archive file, 1F/85/6. 이 기록의 인용을 허락해 준 왕립동물학대방지협회에 감사한다.

22. RSPCA, *Animal World* (October 1939): 185.

23. 그로 인해 당시 개들은 감전사로 도살당했다. NCDL, "September Holocaust," 2를 참조할 것.

24. PDSA, *Annual Report*, 4.

25. Kirby and Moss, *Animals Were There*, 18–19.

26. PDSA, *Annual Report*, 4.

27. BUAV, "Appeal from Wood Green Shelter," *Abolitionist* (November 1939): 12.

28. BUAV, "Appeal from Wood Green Shelter," *Abolitionist* (November 1939): 12.

29. 배터시보호소는 경찰과 협업하여 유기동물을 수용했지만 며칠이 지나도 주인이 나타나지 않으면 별 수 없이 도살했다(새로운 주인을 찾는 경우도 있었다). 최근 하우웰Howell은 배터시보호소가 국가를 대신하여 떠돌이 동물을 관리하는 역할을 했다고 주장했다. Howell, "At Home and Astray," 87ff.

30. Battersea Dogs Home, *79th Annual Report*, 1939, 24.

31. 이 일을 진행하는 데 석회 40톤, 추가 노동, 운송이 필요했다. PDSA, *Annual Report*, 4를 참조할 것. 이 곳은 현재 아픈동물을위한진료소의 일퍼드 동물 묘지다. 2006년, 이 묘지에 묻힌 개별 동물(주로 개들)의 기념비를 복구하는 데 5만 파운드의 유산복권기금이 배정되었다. 그러나 이 자선단체는 복구한 개별 기념비를 묘지에 중요하게 전시하고 해당 동물의 업적을 짤막하게 요약하면서도 1939년 9월에 바로 그 장소에 수천 마리의 동물 사체가 매장되었다는 사실은 언급조차 하지 않는다. 아픈동물을위한진료소는 1945년 《연례 보고서》에 다음과 같이 기록했다.

"다른 동물단체, 수의학계는 이 불쌍한 동물들을 매장할 곳이 없어서 (아픈동물을위한진료소의 제안으로) 우리 요양지 내 초지를 사용하게 되었다. 그때 우리의 진짜 고생이 시작되었다. 추정하기로 우리는 50만 마리의 동물을 묻었기 때문이다." PDSA, *Annual Report*, 1945, 4–5.

32. Script of Christopher Stone radio broadcast, 19 November 1939, "Animals: Protection and Treatment," HO 186/1417.

33. *Times*, 16 November 1939, 6.

34. Douglas, *The Chronicles of Ferne*, 19.

35. Douglas, *The Chronicles of Ferne*, 19.

36. Hewison, *Under Siege*, 10.

37. Letter, 5 September 1939, Tennyson Jesse, *London Front*, 18.

38. 비어트리스 웹Beatrice Webb은 1939년 10월 5일에 이렇게 썼다. "모든 사람이 … 완전히 아연해지고 기운을 잃었다. … 전쟁 열광 따위는 없고, 잘해야 무기력한 묵종이 있을 뿐이다." Webb, *The Diaries of Beatrice Webb*, 572.

39. Entry for Sunday, 3 September 1939, Woolf, *The Diary of Virginia Woolf*, Vol. 5, 233–234.

40. Nicolson diary, 24 September 1939, 32.

41. Entry for 24 September 1939, Nicolson, *Diaries and Letters 1930–1939*, 32.

42. Harrisson, *Living through the Blitz*, 51.

43. Langdon-Davies, *Air Raid*, 109, 113. Haldane, *ARP*, 64도 참조할 것. 홀데인Haldane은 기본적으로 정부가 방공호 건설, 피난 프로그램 등 공습 대비책을 적극적으로 마련해야 한다고 주장했다. "사람들은 가치

있는 무언가를 위해 죽음을 무릅쓴다는 확신이 있으면 시련 속에서도 끝까지 침착함을 유지할 것이다."

44. W. Schmideberg, "The Treatment of Panic," 167–168.

45. Madge and Harrisson, *Britain by Mass Observation*, 49–50.

46. A. Calder, *The People's War*, 22.

47. Glover, "Notes on the Psychological Effects of War Conditions on the Civilian Population," 133.

48. Glover, "Notes on the Psychological Effects of War Conditions on the Civilian Population," 133.

49. N. Rose, *Governing the Soul*, 24.

50. Burney, "War on Fear," 50.

51. Padley and Cole, *Evacuation Survey*, 4; Stonebridge, "Anxiety at a Time of Crisis."

52. Padley and Cole, *Evacuation Survey*, 4(이들은 1938년 9월보다 1939년 9월에 급작스러운 공황이 덜했다고 분석한다). Titmuss, *Problems of Social Policy*, 31; Glover, "Notes on the Psychological Effects of War Conditions on the Civilian Population," 142; Trotter, "Panic and Its Consequences," 191도 참조할 것.

53. Lloyd–Jones, *The Animals Came in One by One*, 54. 또한 전국개보호동맹은 피난 숙소를 공지하는 방법으로 개의 피난을 도왔다. *Annual Report* 1939, 11.

54. Trotter, "Panic and Its Consequences," 191.

55. Charles Madge and Tom Harrisson, *Britain by Mass Observation*, Hennessy, *Never Again*, 6에서 재인용.

56. MacNeice, *The Strings Are False*, 174.

57. Mrs. I. Byers, "Me and Mine," typed memories, written in 1986, Imperial War Museum 88/10/1, 6.

58. RSPCA, *115th Annual Report*, 1938, 235.

59. NCDL, *Dogs Bulletin*, no. 109, December 1938, 6.

60. Battersea Dogs Home, *78th Annual Report*, 1938, 22.

61. ODFL, *18th Annual Report*, 1938, 9.

62. ODFL, *18th Annual Report*, 1938, 9.

63. Best, *Churchill: A Study in Greatness*, 151–157을 참조할 것.

64. Steward, "A. R. P. or E. D. (Emergency Decisions)," *Cat*, October 1938, 75–76.

65. Cousens, *Dogs and Their Management*, 142.

66. Cousens, *Dogs and Their Management*, 142–143.

67. Interview with Dr. Mary Brancker, October 2008. 브랭커Brancker에 따르면 1930년대에 이르러서야 인도적 도살에 바르비투르산염이 쓰이기 시작했다. "처음에는 캡슐 형태로 나와 물약을 만들면 되었다. 그러나 런던의 물에는 잘 용해되지 않아 런던에서는 쓸 수 없었다." 이 약제는 주사로 동물에게 투여되었다.

68. 모두 "Humane Killing of Pets: Animal Lovers Discuss Rival Merits of Poison, Gas, Gun, and Electricity," *Manchester Guardian*, 15 June 1933, unpaginated cutting in SSPVS archive now called Onekind에서 인용.

69. Battersea Dogs Home, *74th Annual Report*, 1934, 25.

70. Battersea Dogs Home, *74th Annual Report*, 1934, 25.

71. NVMA, *Report of the Special Committee*, 5.

72. NVMA, *Report of the Special Committee*, 56.

73. NVMA, *Report of the Special Committee*, 56.

74. NVMA, *Report of the Special Committee*, 54–56.

75. 예컨대 1937년 왕립동물학대방지협회는 전국에서 28만 8,519마리의 동물을 죽였다. 협회의 《연례 보고서》에 도살의 이유는 쓰여 있지 않은 것으로 보아 나이가 많거나 병에 걸렸거나 주인이 없는 동물이 포함되었을 것이다(RSPCA, *114th Annual Report*, 1937, 255). 같은 해 배터시보호소는 본부에서 개 1만 4,291마리와 고양이 2,915마리를 안락사시켰다. 이는 경찰이 접수한 유기동물과 주인이 데려온 동물을 포함한 숫자다(Battersea Dogs Home, *77th Annual Report*, 1937, 22).

76. "맑스는 무척 매력적이고 소화 능력이 뛰어나다. 나는 이 점이 매우 자랑스럽다. 아픈 적은 한 번도 없고, 다만 근 20년간 누구도 본 적 없는 뼈를 거의 매일 정원에서 찾아냈고 지금까지 여러 장의 러그, 여러 개의 의자와 스툴을 먹어 치웠다." Letter from Eileen Blair to Norah Myles, New Year's Day 1938, from Orwell, *George Orwell: A Life in Letters*, 94–99. 이 자료를 제공해 준 브라이언 에드워드Brian Edwards에게 감사한다.

77. Orwell, *Facing Unpleasant Facts 1937–1939*, Appendix 4, 451.

78. Orwell, "The English People," 4.

79. Transcript of BBC radio broadcast "The World Goes By," 27 March 1940, BBC sound archives, Caversham, Reading.

80. Douglas, *The Chronicles of Ferne*, 17, and ODFL, *Annual Report*, 1938, 9.

81. *Douglas, The Chronicles of Ferne*, 17. 니나의 뒤를 이어 동물보호 활동을 이어가고 있는 페른동물보호구역은 현재는 서머싯에 있다. 그러나 이 이름으로 지어진 최초의 피난처는 솔즈베리 근처에 있었다.

82. 험프리 제닝스Humphrey Jennings의 다큐멘터리 영화 〈1939년의 첫 나날The First Days 1939〉(K. Jackson, *Humphrey Jennings*, 220–222)에는 런던의 고양이가 방공 기구를 올려다보는 모습, 동물들이 안전하게 피난을 떠나는 모습이 담겨 있고, 다른 수천 마리 동물은 도살당했다는 이야기도 나온다. 〈1939년의 첫 나날〉은 해리 와트Harry Watt, 팻 잭슨Pat Jackson과의 협업으로 제작되었다(K. Jackson, *Humphrey Jennings*, 220–223). 유튜브에서 볼 수 있다.

83. CPL, "Lulu," *Cat*, January 1941, 39.

84. CPL, "Lulu," *Cat*, January 1941, 39.

85. CPL, "Lulu Concluded," *Cat*, March 1941, 63–64.

86. CPL, "Lulu Concluded," 64.

87. CPL, "Lulu Concluded," 64.

88. Jon Newman, email to author 21 January 2009. 이 기록을 제공해 준 존 뉴먼Jon Newman에게 감사한다.

89. C. Smith, *The Blue Cross at War*, 44.

90. C. Smith, *The Blue Cross at War*, 44.

91. 매트Matt와 스턴스Stearns가 주장했듯이 인간의 감정은 역사에 영향을 미칠 뿐만 아니라 감정 자체가 하나의 역사를 이루고 있다. *Doing Emotions History*, 2. Reddy, *The Navigation of Feeling*도 참조할 것.

92. Penny Green, comment on author's website, 1 September 2012. http://hildakean.com/?p=863

93. Paul Plumley, comment on author's website, 3 September 2012. http://hildakean.com/?p=1323

94. Sewell, *Outsider*, 25.

95. Cox, diary entry, 15 September 1939.

96. Gwen Brown, written interview by daughter Alison Skipper, 24 September 2014, in response to my questions. 이 인터뷰를 진행하고 전송해 준 두 사람에게 감사한다.

97. F40E Euston, 11–14 July 1941, Pilot survey, Dogs, TC 79 1/B, Mass Observation.

98. Minutes of the Bristol Zoo General Committee Meeting, 20 September 1939, 271. 이 의사록을 제공해 준 앤디 플랙크Andy Flack에게 감사한다.

99. Letter from RSPCA inspector to Snelling, 28 June 1940, HO 186/1419, the National Archives.

100. Kean, *Animal Rights*, 39–42.

101. *News Chronicle*, 4 September 1939, 3.

102. *Times*, 14 October 1939, 4.

103. "Animals and ARPs," *Veterinary Record*, 19 August 1939, 1011.

104. "Zoos," *Veterinary Record*, 16 September 1939, 1156–1157.

105. *Times*, 14 October 1939, 4.

106. *Times*, 14 October 1939, 4.

107. *Times*, 16 September 1939, 5; *News Chronicle*, 4 September 1939, 3; "Zoos," *Veterinary Record*, 16 September 1939, 1156–1157.

108. *Times*, 9 December 1939, 9; Cox, diary entry 9 December 1939. 1/– means one shilling.

109. H260 woman aged 79 in Animals and Humans Directive, Mass Observation.

110. Turner, *The Phoney War on the Home Front*, 118.

111. 이를 가능케 하는 법은 1939년에 처음 제정되었다. Sheial, "Wartime Rodent-Control in England and Wales," 56–57.

112. *Scottish Daily Express*, 4 July 1940, Raymond Challinor, "Class War in the Blitz," *Workers' Liberty*, no. 18, February 1995, http://marxists.catbull.com/history/etol/writers/challinor/1995/02/class-war-blitz.html에서 재인용. 이 자료를 제공해 준 크리스티안 회이스예르그Christian Høgsbjerg에게 감사한다.

113. Turner, *The Phoney War on the Home Front*, 118.

114. Front, later Griggs, diary entry for 29 December 1939, IWM 02/27/1.

115. Front, diary entry for 28 March 1940.

116. Animal Studies Group, *Killing Animals*, 4.
117. Animal Studies Group, *Killing Animals*, 198.
118. Kean, "Human and Animal Space in Historic 'Pet' Cemeteries," 21–42.
119. 오늘날까지 1939년의 개와 고양이 대학살이 공적으로 기념되거나 재현된 적이 한 번도 없다. 이 책의 결론을 참조할 것.
120. Lind af Hageby, *Bombed Animals*, 19 등을 참조할 것. "전쟁이 발발 직전과 직후에 일어난 이 개와 고양이 대학살(그렇게 부르는 것이 옳다)에 대해 정확한 숫자를 말하기는 어렵다."
121. http://news.bbc.co.uk/1/hi/world/asia-pacific/64344.stm site visited 20 June 2014.
122. Galvayne, *War Horses Present and Future*, 53–56; Bell and Baillie Weaver, *Horses in Warfare*, 4–6; Kean, "Animals and War Memorials," 244–247; Swart, "Horses in the South African War."
123. 죽음의 원인은 주로 비저(말 등 기제류에 생기는 접촉성 전염병), 동물유행성 림프관염, 개선충이었다. Clabby, *A History of the Royal Army Veterinary Corps*, 13–14.
124. Clabby, *A History of the Royal Army Veterinary Corps*, 13.
125. 이 기념비는 동물을 '제국주의적'으로 취급한 사건을 비판하는 상징물이었음에도 최근 남아프리카공화국 좌파 성향의 경제해방투사Economic Freedom Fighters는 제국주의 기념물이라는 이유로 이 기념비를 심각하게 파괴했다는 사실은 아이러니하다. Kean, "Animals and War Memorials," 246–247.
126. Jacobs, "The Great Bophuthatswana Donkey Massacre," 485–506.
127. Jacobs, "The Great Bophuthatswana Donkey Massacre," 487.
128. Jacobs, "The Great Bophuthatswana Donkey Massacre," 505. 이와 더불어 제이콥스는 백인들이 당나귀에게는 기념물을 바치면서도 흑인의 곤경은 무시했음을 지적한다. p. 506도 참조할 것.
129. 이 책은 사건 발생 20년 후에 니콜라스 콘태트Nicolas Contat가 쓴 소설에 가까운 이야기를 바탕으로 한다. Darnton, "The Workers' Revolt," 78.
130. Darnton, "The Workers Revolt," 77.
131. Darnton, "The Workers Revolt," 100.
132. http://asbarez.com/81613/cannes-film-festival-winner-barking-dog-to-screen-in-yerevan/ site visited 20 April 2014; http://divergences.be/spip.php?article2340&lang=fr site visited 20 April.
133. 이 점에서 런던 대학살은 일본 도쿄 우에노동물원에서 발생한 동물 도살과도 다르다. 우에노동물원의 코끼리들은 독이 섞인 먹이를 거부했고, 서서히 굶어죽어 갔다. 동물원은 그 와중에 국가 기념식으로 이 도살을 미화했다. Litten, "Starving the Elephants"; I. J. Miller, *The Nature of the Beasts*를 참조할 것.
134. NARPAC, *Wartime Aids for All Animal Owners*, 1939, 5.

4장

1. M. W., "Cats at Home," *Cat*, September 1939, 67.
2. H. Smith, *A Horseman through Six Reigns*, 169–172.
3. *Times*, 8 December 1939, 5.
4. H. Smith, *A Horseman through Six Reigns*, 175.
5. A. Calder, *The People's War*, 63.
6. Ziegler, *London at War*, 68.
7. Nicolson, *Diaries and Letters*, 1 September 1939, 411.
8. Robertson, *I Saw England*, 118.
9. Robertson, *I Saw England*, 118.
10. Cockett, *Love and War in London*, 21(이 일기는 매스 옵저베이션의 의뢰로 작성되었다).
11. CPL, "One Year," *Cat*, September 1940, 140–141.
12. Steward, "The Secretary's Comments," *Cat*, August 1940, 131.
13. Steward, "Wartime Problems," *Cat*, July 1940, 117–119.
14. 이 일은 전쟁 후반에 일어났다. 니거는 1943년 11월에 폭격으로 사람들이 죽었을 때도 집 밖에 있다가 살아남았지만 교통사고라는 '평범한' 사건으로 사망했다. Correspondence with author from David Johnson, March 2009. 앵거스 칼더는 교통사고로 인한 인간 사망자가 100퍼센트 증가했다고 썼다. *The People's War*, 63.

15. M. W., "Cats at Home," *Cat*, September 1939, 67.
16. 브래드쇼는 고양이들이 "거의 암흑"인 곳에서도 앞을 볼 수 있으나 햇빛이 강한 곳에서는 인간보다 앞을 못 본다고 설명한다. *Cat Sense*, 110.
17. M. W., "Black-out," *Cat*, October 1939, 3-4.
18. NCDL, *The "Safety-First" Code for Dog Owners*, unnumbered, 1.
19. Martin, *How to Care for Your Dog and Cat in Wartime*, 8.
20. NCDL Card 1, June 1940, from Charles R. Johns, secretary NCDL in Wanstead and Woodford Borough Council Civil Defence Dept 90/30/1 and 90/167: 94 ARP for Animals 1/4.
21. FitzGibbon, *With Love*, 159.
22. Advertisement in the *Times*, Greene, *Ways of Escape*, 102에서 재인용.
23. Tennyson Jesse, letter of 12 June 1940, *London Front*, 426.
24. Thomas, *An Underworld at War*, 276. 전쟁 전 개 도핑과 경주 사기에 관한 논의는 Thomas, 281을 참조할 것.
25. Titmuss, *Problems of Social Policy*, 97. MacNicol, "The Evacuation of Schoolchildren"도 참조할 것.
26. Titmuss, *Problems of Social Policy*, 103.
27. 런던 주의회는 취학 아동 중 83퍼센트의 부모가 피난을 희망했다고 보고했으나 그중 절반만 피난을 갔으며 그중 다수가 곧 런던으로 돌아왔다. 정부는 이 숫자가 "예상 밖으로 작다"고 보았다. Titmuss, *Problems of Social Policy*, 103.
28. Woolf, *The Diary of Virginia Woolf*, Vol. 5, 234.
29. *Daily Mirror*, 4 September 1939, 6.
30. *Daily Express*, 2 September 1939, 16.
31. Photograph of Frederick Croly in Balshaw and Lundin, *Memories of War*, 23.
32. Isaacs, *The Cambridge Evacuation Survey*, 9.
33. Isaacs, *The Cambridge Evacuation Survey*, 9.
34. Isaacs, *The Cambridge Evacuation Survey*, 68-70.
35. Isaacs, *The Cambridge Evacuation Survey*, 72.
36. Griffin, *Lost Identity*, 22.
37. Isaacs, *The Cambridge Evacuation Survey*, 189.
38. Isaacs, *The Cambridge Evacuation Survey*, 71.
39. Burlingham and Freud, *Young Children in War-Time*, 1942.
40. N. Rose, *Governing the Soul*, 159.
41. Burlingham and Freud, *Young Children in War-Time*, 27ff.
42. Burlingham and Freud, *Young Children in War-Time*, 64.
43. Sylvia Berliner, interviewed by her niece Brenda Kirsch. 나의 질문에 응해 준 두 사람에게 감사한다.
44. 이 이야기를 들려준 매기 앤드루스Maggie Andrews에게 감사한다.
45. Minutes, Hillingdon RSPCA, 17 October 1939.
46. Goodall, *Voices from the Home Front*, 185. 이 피난 사례는 대공습 후반의 일이지만 그래도 관련성은 충분하다.
47. Advertisement in *Tail-Wagger* 12, no. 10 (October 1940): 237; Minutes, NARPAC F & GP committee, 7 November 1940, HO 186/1418.
48. PDSA statement 12 May 1939 in HO 186/1417; Pulling, New Scotland Yard to Vince Home Office 14 April 1939 in HO 186/1417.
49. CPL, "Wartime Problems (2)," *Cat*, 1940, 127.
50. Lind af Hageby, *Bombed Animals*, 26.
51. *Times*, 30 October 1939, 9.
52. *Tail-Wagger* (July 1941): 166.
53. Account from Chris Sladen describing his mother-in-law in email to author May 2008.
54. Lloyd-Jones, *The Animals Came in One by One*, 75.
55. 이 두 가지의 다른 접근법을 보여 주는 예로 Mary Davis, *Comrade or Brother? A History of the British Labour Movement* (London: Pluto Press, 1993)와 Joan Scott, *Gender and the Politics of History* (New York: Columbia University Press, 1989)를 들 수 있다. 전자는 여성과 소수 인종에 관한 내용이 대체로 장 끝에 한 문단으로 덧붙어 있는 반면, 후자는 젠더 관점에서 E. P. 톰프슨E. P.

Thompson의 중요한 작업에 이의를 제기한다.

56. Robertson, *I Saw England*, 172.

57. Brantz, *Beastly Natures*, 3.

58. Donaldson and Kymlicka, *Zoopolis*, 65. 제이슨 라이벌Jason Hribal은 동물을 마땅히 행위자로 인정하지 않는 학자들을 비판하면서 동물을 "노동하는, 복역하는, 저항하는 적극적인" 주체로 다루지 않는 것을 분석한다(Hribal, "Animals, Agency and Class," 102–103). 샌드라 스워트Sandra Swart는 좀 더 입체적인 방식으로 남아프리카의 말, 인간, 역사를 탐색하면서 인간에게 채찍이나 고삐 등 통제수단이 필요했다는 사실로부터 말의 저항을 알 수 있다고 주장한다. 그는 말과 인간의 경계를 지우고자 하면서도 인간이 말처럼 앞을 보지는 못한다고 말한다. 그러나 또 "말을 가축화하고 훈련하는 과정이 불가결"했기에 "많은 이가 말처럼 생각하려고 노력해 왔다."고 주장한다. Swart, *Riding High*, 202, 217. Dashper, "The Elusiveness of 'Feel' in the Horse–Human Relationship"도 참조할 것.

59. F. W. Norris, Letter, *Times*, 3 May 1918.

60. "The Animal Welfare Societies in War-Time," *Animal Pictorial* 3, no. 2 (March 1940): 103.

61. Lind af Hageby, *Bombed Animals*, 19.

62. Cox, diary entry, 15 September 1939.

63. Tennyson Jesse, *London Front*, letter 4 October 1939, 67.

64. 한 마리 가격이 10실링 6펜스(새 화폐 단위로는 52½ 펜스)였다. Cox, diary entry, 8 December 1939.

65. W. Shipley MRCVS of Yarmouth in *Eastern Daily Press, Animal Defender and Zoophilist* 59, no. 6 (October 1939): 50에서 재인용.

66. ARP Department Circular no. 267/1939, "Animals in War Time," Ministry of Home Security, 7 October 1939, to all local authorities and chief constables. In HO 144/21418, National Archives.

67. Report of Stordy dated 11 September 1939 HO NARPAC 186/1418, National Archives. 3장에서 살펴봤듯이 사건이 발생한 당시에 75만 마리라는 추정치가 나왔다.

68. Ziegler, *London at War*, 74.

69. Foster, *The Real Dad's Army*, entry for 12 November 1939, 10.

70. 영국 본토에 첫 폭탄이 떨어진 것은 1940년 5월 9일 캔터베리에서였고, 런던에 첫 폭탄이 떨어진 것은 1940년 6월 18일이었다. '런던 대공습은 1940년 9월 7일에 시작되어' 이후 57일 중 56일 밤 동안 폭탄이 떨어졌다. Stansky, *First Day of the Blitz*, 21, 28.

71. Lukacs, *Five Days in London, May 1940*, 130; A. Calder, *The Myth of the Blitz*, 90–101.

72. Lukacs, *Five Days in London, May 1940*, 196.

73. 이와 같은 이미지는 '카토Cato'라는 필명으로 마이클 풋Michael Foot, 프랭크 오웬Frank Owen, 피터 하워드Peter Howard가 써서 큰 인기를 얻은 《죄인들Guilty Men》을 통해 만들어졌다. A. Calder, *The Myth of the Blitz*, 90–101을 참조할 것.

74. Partridge, *A Pacifist's War*, entry for 17 December 1942, 152. (패트리지는 됭케르크 이후 이때 처음으로 자매의 남편인 딕 렌들을 만났다.)

75. RSPCA, *117th Annual Report*, 1940, 10. 이 기록에는 됭케르크에서 협회 조사관들이 "포격이나 폭격으로 치명상을 당한 동물을 총으로 쏘는 유용한 일을 했다."는 칭송이 담겨 있다. RSPCA, *117th Annual Report*, 3. 이는 조직적인 반응이 아니라 마침 군에서 복무하던 조사관들이 자발적으로 한 행동이었던 것 같다. 1940년 2월 칼레동물보호동맹이 떠돌이 개를 돕는 활동을 제안했을 때 왕립동물학대방지협회는 참여가 불가능하다고 판단했고 대신에 왕립육군수의사단과 협력할 것을 제안했다. RSPCA Emergency War (Executive) Committee, 13 February 1940. 이 내용의 인용을 허락한 왕립동물학대방지협회에 감사한다.

76. Levine, *Forgotten Voices of Dunkirk*, 43–45.

77. Levine, *Forgotten Voices of Dunkirk*, 101.

78. Fudge, *Pets* 등을 참조할 것.

79. Private Frank Curry in Levine, *Forgotten Voices of Dunkirk*, 134.

80. Ordinary Seamen Stanley Allen in Levine, *Forgotten Voices of Dunkirk* 240.

81. Story of Norman Battersby told to Alan Battersby, 20 January 2004, Article ID: A2217566 http://www.bbc.co.uk/history/ww2peopleswar/

82. Able Seaman Ian Nethercott in Levine, *Forgotten Voices of Dunkirk*, 213.

83. Foster, *The Real Dad's Army*, diary entries for Friday 31 May and Saturday 1 June 1940, 31.

84. Bell, *London Was Ours*, 4.

5장

1. Hodgson, *Few Eggs and No Oranges*, 8 February 1942, 259.
2. A. Calder, *The People's War*, 71–72.
3. *Hansard*, House of Commons Debates, 28 February 1940, vol. 357 c2064.
4. Minute 94 by B. C. Burt 29 July 1942 in MAF 84/61, National Archives.
5. Dogs in Wartime, 1/C Mass Observation.
6. 고양이보호동맹이 목록화한 브랜드에는 리바브렉스Livabrex, 스프래트Spratts 캣푸드, 스필러스Spillers 캣푸드 등 봉지 음식 제조사와 레드 하트Red Heart, 지피Jiffy, 스태미나Stamina, 키티캣Kit-e-Kat 등 통조림 제조사가 있었다. CPL, "For Your Information," *Cat*, November 1939, unnumbered back page. RSPCA, *Feeding Dogs and Cats in Wartime*, nd [1942?] RSPCA archive 1F/108/56도 참조할 것. 왕립동물학대방지협회는 자선단체로서 특정 브랜드를 추천하지 못한다고 강조하면서도 레드 하트, 키티캣, 켄 엘레이션Ken-L-Ration, 채피Chappie를 언급했다.
7. RSPCA, *Feeding Dogs and Cats in Wartime*, nd [1942?] RSPCA archive 1F/108/56. 이 인쇄물의 인용을 허락해 준 왕립동물학대방지협회에 감사한다.
8. RSPCA, *Animals and Air Raids*, 5.
9. NARPAC, *Wartime Aids for All Animal Owners*, 14.
10. *Cat*, November 1939, 17. 이는 1940년 1월 《고양이》에서도 제안되었다. 또 다른 제안으로 고양이를 건강하게 기르려면 오리새(다년생풀)나 고양이용 컨디션 약, 쇠고기나 양고기 삶은 것 또는 익히지 않은 것, 소금기 없이 구운 생선 등을 먹이라 했다. 풀이 없을 경우에는 일주일에 한 번 간을 먹여야 했다. 도시 고양이는 토끼고기도 좋아한다고 했다.
11. RSPCA, *Animals and Air Raids*, 5.
12. *Breadless Diet for Dogs*, NCDL leaflet no. 492, nd [1942] in MAF 84 /61, National Archives.
13. Report of questions to dealers in Walham Green etc. 30 July 1941, Dogs in Wartime, Mass Observation.
14. Hodgson, *Few Eggs and No Oranges*, 18 March 1941, 143.
15. NCDL typed leaflet of suppliers of cat and dog food March 1940 in Dogs in Wartime 79/1/A, Mass Observation.
16. FitzGibbon, *With Love*, 32.
17. FitzGibbon, *With Love*, 139, 159.
18. Hodgson, *Few Eggs and No Oranges*, 8 March 1941, 136.
19. Hodgson, *Few Eggs and No Oranges*, 20 May 1941, 176.
20. Hodgson, *Few Eggs and No Oranges*, 1 September 1944, 526.
21. Hodgson, *Few Eggs and No Oranges*, 2 July 1941, 190.
22. Written account from Chris Sladen to author 2008.
23. Cox, diary entry, 22 January 1942.
24. Cox, diary entry, 2 February 1942.
25. Cox, diary entries for 22 January 1942, 2 February 1942, 24 December 1942, 20 February 1943.
26. Landen 13 January 1941 Miss M. Landen Transcription of Margaret's diary. 03/42/1, Imperial War Museum.
27. Landen entry for 9 May 1941.
28. Alan Windsor entry on Evelyn Dunbar, http://www.oxforddnb.com/view/article/63781
29. "신선한 생선은 공급량이 부족했고 부패하기 쉬운 까닭에 배급 품목으로 지정될 수 없었다. 그래서 생선 가게에는 언제나 긴 줄이 있었고, 공습 경보가 울려도 손님들이 흩어지지 않았다. 던바의 캔버스 크기는 이 줄의 길이를 강조한다(고양이 한 마리도 생선을 얻고 싶어서 함께 줄을 서 있다)." Roger Tolson, "Art and Daily Life in World War Two." http://www.bbc.co.uk/history/trail/wars_conflict/art/art_daily_life_gal_01.shtml archived page visited 16 Feb 2015; http://www.iwm.org.uk/collections/ item/object/8171 16 February 2015.
30. Hodgson, *Few Eggs and No Oranges*, 8 February 1942, 259.

31. Lloyd-Jones, *The Animals Came in One by One*, 80.

32. Minute 94 by B. C. Burt 29 July 1942 in MAF 84/61, National Archives.

33. FitzGibbon, *With Love*, 139, 159.

34. Cox, diary entry, 20 February 1943.

35. Cox, diary entry, 27 November 1941.

36. 채식인들은 국가에서 배급받은 고기를 고양이를 키우는 사람들에게 주었다. *Cat*, January 1940, 40.

37. Landen, diary entries for 6 March and 2 April 1941.

38. Ellen Clark in Age Exchange Reminiscence, *Londoners Remember Living through the Blitz*, 37.

39. Broad and Fleming, *Nella Last's War*, 2 January 1943.

40. *Nella Last's War*, 10 November 1943, 216; 2 January 1943, 227-228.

41. Cox, diary entry, 22 December 1941.

42. Pam Ashford, 19 September 1940, in Garfield, *We Are at War*, 369. 참고로 '인간용' 초콜릿은 적은 양으로도 개에게 극히 위험하다. 초콜릿은 개에게 구토, 심하게는 근육떨림, 발작, 심근경색을 일으킬 수 있다.

43. "Blitz Kitty by Brazen 67." Story of John Healey Article ID A4660481 in http://www.bbc.co.uk/history/ww2peopleswar/

44. CPL, advertisement, *Cat*, November 1939, 25.

45. Partridge, *A Pacifist's Diary*, 7 April 1942, 130.

46. Holman, diaries, 30 September 1940, 3 October 1940, 4 October 1940, 12 October 1940. 그는 평소 일기에 매일의 승마와 더불어 매일의 식단(및 그 비용)을 기록했다.

47. Cox, diary entry, 24 November 1941.

48. Hodgson, *Few Eggs and No Oranges*, 28 November 1941, 230.

49. BUAV, *Abolitionist* (July-August 1942): 43.

50. *Hansard*, House of Commons Debates 6 February 1941 vol. 368 cc1108-10W Question from Colonel Carver to Major Lloyd George, Parliamentary Secretary to the Board of Trade.

51. *Hansard*, House of Commons Debates 11 November 1941 vol. 374 c2088W Mr. Rostron Duckworth to Mr. Hutton Minister of Agriculture. Hodgson, *Few Eggs and No Oranges*, 7 October 1942, 321도 참조할 것.

52. Holman, diaries, 12 August 1942.

53. Holman, diaries, 15 January 1942, 4 March 1942.

54. Holman, diaries, 30 April 1944, 26 June 1944.

55. Holman, diaries, 24 August 1945, 21 August 1945. 이 시점에 전쟁은 이미 끝났지만 배급제와 여러 규제는 아직 남아 있었다.

56. *Hansard*, House of Commons Debates. HC Deb 28 February 1940 vol. 357 c2064.

57. Maggie Joy Blunt in Garfield, *We Are at War*, diary for 25 August 1940, 345. (Pseudonym of Jean Lucey Pratt.)

58. 개의 연간 음식 소비량 28만 톤 가운데 약 17만 톤이 탄수화물이고, 나머지가 단백질이었다. Minute 94 by B. C. Burt 29 July 1942 in MAF 84/61, National Archives.

59. G. D. Lundis to Sir Bryce Burt 2 February 1942 MAF 84/61.

60. G. D. Lundis to Sir Bryce Burt 2 February 1942 MAF 84/61.

61. 20 February 1942 Burt to Minister Sir John Bodinnar. MAF 84/61, National Archives.

62. 4 August 1942 Minister's secretary Mr. Broadley response to Burt's proposals. Feeding stuff, MAF 84 /61.

63. Feeding stuff note, 71, 10 July 1942 MAF 84 /61, National Archives.

64. Pratt, *A Notable Woman*, entry for 12 August 1941, 245.

65. Roodhouse, *Black Market Britain*, xi.

66. 뉴질랜드에서는 인간을 위한 고기는 배급했지만 애완동물을 위한 식량은 배급하지 않았다. 크라이스트처치 동물학대방지협회가 애완동물을 위한 말고기와 염소고기를 보급했다. 이어 청원이 제기되었고 대표단이 보급부와 교섭했다. 그 결과 축산회사들이 동물을 위한 고기를 푸줏간에 유통하게 되었다. Swarbrick, *Creature Comforts*, 228.

67. Harcourt-Brown and Chitty, *BSAVA Manual of Psittacine Birds*, 130, 140.

68. http://www.pdsa.org.uk/pet-health-advice/budgerigars/diet visited 18 March 2015.

69. Finn, *The Budgerigar*, 3.

70. "Budgerigars by the Million: The Twentieth Century Pet," *Times*, 9 December 1939, 9.

71. Finn, *The Budgerigar*, 4 and 15. 모래와 오징어도 강조되었다, 14.

72. Melville in Finn, *Budgerigar*, 30.

73. HC Deb 10 April 1941 vol. 370 cc1712–3W. 조지 매더스George Mathers는 연간 600톤이 필요하다는데 의문을 제기했으나 로이드 조지Major Lloyd George는 "전쟁 전에는 매년 갈풀 씨 9,000여 톤, 기장 약 9,000톤, 사탕수수 5,000톤이 수업되었고, 지금의 해운 상황을 고려했을 때 이 결정은 재검토할 수 없다."고 답했다.

74. HC Deb 30 April 1941 vol. 371 cc534–6. Comments by Mr. Mathers MP for Linlithgow. 노동당 하원의원 조지 매더스는 영국생체실험반대협회BUAV의 후원자이자 전국절제연맹National Temperance Federation 회장이었다(여우 사냥은 1943년 3월부터 식량 생산을 위해 금지되었다. 이로써 여우 사냥이 농업에 이롭다는 주장은 반박되었다. Tichelar, "Putting Animals into Politics," 222.)

75. RSPCA, *Feeding of Canaries, Budgerigars and Parrots*, RSPCA, nd [1941?] RSPCA Archive 1F/108/57. 이 자료의 인용을 허락한 왕립동물학대방지협회에 감사한다.

76. RSPCA, *Weed Seeds for Birds*, RSPCA leaflet no. 329, nd. RSPCA Archive 1F/108/58. 이 내용의 인용을 허락해 준 왕립동물학대방지협회에 감사한다.

77. Ian Coleman letter to author, 29 September 2014.

78. Email to her brother Tim from Joy, 18 April 2012. 이 이야기를 들려주고 인용을 허락해 준 매기 앤드루스Maggie Andrews에게 감사한다.

79. Harcourt–Brown and Chitty, *BSAVA Manual of Psittacine Birds*, 136, 137.

80. "Budgerigars by the Million: The Twentieth Century Pet," *Times*, 9 December 1939, 9.

81. 레스 마틴Les Martin은 전쟁 중에 부친을 도와 이 일을 했다. Tom Meltzer, "The Battle of the Budgies," *Guardian G2*, 20 October 2010. Viewed online 2 December 2015 http://www.theguardian.com/lifeandstyle /2010/oct /20/ budgies–battle–of–the–breeders

82. Letter of Jerry Park, *Guardian*, 22 October 2010. Viewed online 2 December 2015 http://www.theguardian.com/theguardian/2010/oct/22/budgerigars–rspb–rolling–stones–cobbles.

83. Orwell, "The English People," 4.

84. Irene Fern Smith, Diary, 19 April 1941, Bishopsgate Institute 등을 참조할 것.

85. Cooper, *Autobiography*, 566–567.

86. Partridge, *Pacifist's Diary*, entry for 16 March 1941, 84.

87. Broad and Fleming, *Nella Last's War*, 10 March 1943, 235.

88. Scott, *Your Obedient Servant*, 8.

89. Ellen Clark in Age Exchange Reminiscence, *Londoners Remember Living through the Blitz*, 37.

90. RSPCA, *Feeding Animals in Wartime*: "*Waste*" *and Common Sense*, 1940, RSPCA Archive 1F/108/55. 이 내용의 인용을 허락해 준 왕립동물학대방지협회에 감사한다.

91. Hodgson, *Few Eggs and No Oranges*, 25 July 1941, 194.

92. Cutting from *Bristol Evening Post*, 20 January 1943. 이유는 알 수 없지만 최근 중등교육 자격시험 시험지에 등장한 이 자료를 제공해 준 폴 폴리Paul Foley에게 감사한다.

93. Thomas, *An Underworld at War*, 35. 내가 보기에 이 사건은 보건 규제보다는 낭비 규제로 고발하기가 쉬웠기 때문에 벌어졌던 것 같다.

94. Brander, *Eve Balfour*, 135.

95. "Birds in Wartime," *Animal World* (November 1939), cutting in Dogs in Wartime, Mass Observation.

96. Dobson, *The War Effort of the Birds*. 모두가 그렇게 생각하지는 않았다. 가령 유기농법의 선구자 이브 벨포어Eve Balfour는 비둘기가 어린 양배추를 망쳐 놓았을 뿐 아니라 "노르웨이에서 날아와 과거 그 어느 때보다 전국에 훨씬 끔찍한 피해를 주고 있다."고 말했다. Brander, *Eve Balfour*, 135.

97. Garfield, *A Notable Woman*, entry for 10 January 1942, 258.

98. Lind af Hageby, *Bombed Animals*, 15.

99. Report of Inspector Miles forwarded by Sir Robert Gower, chair of the RSPCA, to Ellen Wilkinson MP on 19 June 1942 HO 186/1417, National Archives.

6장

1. Male Euston 45 D, Dogs in Wartime, TC1/B, Mass Observation.
2. 어느 가족의 방공호와 그 집 고양이가 식탁 밑에 있는 이미지는 Woon, *Hell Came to London*, 52를 참조할 것.
3. 이 화제에 관해서는 많은 기록이 남아 있다. 런던 중부에는 적당한 방공호가 지어지지 않았기 때문에 주민들이 지하철 역사를 이용했다. 고급 호텔 투숙객만 이용할 수 있는 방공호는 강한 반감을 불러일으켰고, 반대 시위도 있었다. Kirkham, "Beauty and Duty"; Ziegler, *London at War*, 116–118, 135–137을 참조할 것.
4. Age Exchange Reminiscence Group, *Londoners Remember Living through the Blitz*, Account of Ellen Clark, 42–44, *Hansard*, House of Commons Debates 19 September 1940, vol. 365 cc179–81 179, O'Brien, *Civil Defence*, 517 등에 따르면 10월 중순이 되면 런던의 거의 모든 공동 방공호에 화장실이 설치되었으나 문제는 근처 건물의 시설에 그것을 가져가 비우는 일이었다. 이 시점에는 수도 시설을 마련하려는 체계적인 노력이 없었다.
5. NCDL report 41 in Dogs in Wartime, Mass Observation.
6. NAVS, editorial, *Animals' Defender* (October 1940): 45.
7. RSPCA, Emergency War (Executive) Committee, Minutes 13 August 1940; cutting from *Animal World* 35, no. 11 New Series (November 1940): 90–91, in Cuttings and Leaflets in Wartime Work of the RSPCA. 이 자료 인용을 허락해 준 왕립동물학대방지협회에 감사한다.
8. NCDL, *Dogs' Bulletin* no. 114 (December 1939): 4.
9. NCDL poster and covering card from Charles R. Johns, the secretary, dated 1 June 1940 in Wanstead and Woodford Borough Council Civil Defence Department 90/30/1 and 90/167:94 ARP for Animals 1/4, Redbridge archives.
10. *Mainly about Animals* 1, no. 10 (October 1940): 230.
11. Local minutes 17 October 1939 Windsor, Uxbridge and Hillingdon RSPCA.
12. RSPCA, Emergency War (Executive) Committee CM/80, minutes of 14 November 1939. 이 자료의 인용을 허락해 준 왕립동물학대방지협회에 감사한다.
13. Holman, diary entry Monday 30 September 1940. Also 8 September 40. 전날 밤 대규모 폭격으로 400명이 사망하고 300명이 다치고 세 군데에 대화재가 났음에도 홀먼Holman은 승마를 나갔다가 "근위대 방공호에 들어가 공습 경보가 해제되기를 기다렸다."
14. Nixon, *Raiders Overhead*, 37–38.
15. Woman F 35 D Euston, Dogs in Wartime 1/B 11–14 July 1941, Mass Observation.
16. Lewey, *Cockney Campaign*, 26.
17. 엘리너 하딩햄Eleanor Hardingham은 1940년 12월 14일 웨스트민스터 치안법원에 출석했다. Thomas, *An Underworld at War*, 72.
18. NAVS, *Animals' Defender* (October 1940): 45.
19. Rip ARP dog and Post B 132 Southill Street Poplar, MOI photos 1–19, in Tower Hamlets Archive. 이 개의 이미지는 8장 237쪽을 참조할 것.
20. Newman and York, *What to Do When the Air Raid Siren Sounds*. 이 자료를 소개해 주고 자신의 연구 초록을 제공해 준 존 뉴먼Jon Newman에게 감사한다.
21. Hodgson, *Few Eggs and No Oranges*, diary entry 1 January 1942, 248.
22. Ellen Potter, Mass Observation diary for 25 June 1940, as published in Garfield, *We Are at War*, 282.
23. 동물용 방공호를 마련할 여유가 없는 사람들은 각자 대안을 마련했다. 한 중산층 여성은 함께 사는 소형견에게 "준비해 둔 젖은 수건이 효과가 있기를 바랐다." F 50 B Hammersmith Dogs in Wartime 1/B Mass Observation. 또 어떤 사람은 나무 상자를 철망으로 덮고 유광 페인트를 칠해 가스 흡수를 막고 그 위에 중탄산소다 용액을 적신 타월을 덮는 방법을 썼다. NCDL leaflet Air Raid Precautions for Dogs and Cats, nd [March 1940] MO TC79/1/A, Mass Observation.
24. Letter from Boulton and Paul 6 Sept 1939 to Thompson room 412 of ARP Home Dept in NARPAC HO 186/1418.
25. Advertisement for the Frank-Heaton Protective Enclosure against gas, splinters, and blast for small animals in Dogs in Wartime 1939–42 file in TC 79/1/A, Mass Observation.

26. NCDL leaflet Air Raid Precautions for Dogs and Cats, nd [March 1940] in TC79/1/A, Mass Observation.

27. Unnamed child in Westall, *Children of the Blitz*, 112–113.

28. Stansky, *First Day of the Blitz*, 61.

29. Bradshaw, *In Defence of Dogs*, 230.

30. Fudge, "What Was It Like To Be A Cow?," 4. 여기서 퍼지는 자기성찰적 의도성이 역사적 행위자성의 필요 조건이 아니라는 알란 이하일Alan Mikhail의 주장을 논하고 있다.

31. Brenda Watkinson, Article IDA2879526, contributed 30 July 2004, http://www.bbc.co.uk/history/ww2peopleswar/

32. Croucher, in Hostettler, *The Island at War*, 31.

33. Written account from Anne Reese, Swansea, to author 2009.

34. Broad and Fleming, *Nella Last's War*, entry 5 May 1941, 135.

35. Male Euston 45 D, Dogs in Wartime, TC1/B, Mass Observation.

36. 천연 동굴도 비슷한 용도로 사용되었다. 그중 한 예인 헤이스팅스의 동굴들은 현재 밀수자 동굴Smugglers' Caves로 통칭되고 있다.

37. Ellen Clark in Age Exchange Reminiscence Group, *Londoners Remember Living through the Blitz*, 42–44.

38. Wilbert, "What Is Doing the Killing?," 35; Steve Hinchliffe et al., "Urban Wild Things," 643. 자세한 논의는 Kean, "Traces"를 참조할 것.

39. Fudge, *Pets*, 20.

40. Taylor, *Humans, Animals, and Society*, 18.

41. Holman, diary, Thursday 19 September 1940.

42. Holman, diary, Friday 18 October 1940.

43. Letter to Partridge, *A Pacifist's War*, recorded in entry for 15 September 1940, 60.

44. Stansky, *First Day of the Blitz*, 46.

45. Hodgson, *Few Eggs and No Oranges*, entry for 9 March 1941, 137. 이 건물 뒤뜰에는 방공호가 없었고, 사무실 위층 거주자나 사무실 근무자가 건물 밖 공동 방공호에 갔다는 기록이 없었다. 그레이터월드 협회트러스트는 1934년 한 기독교 유심론파의 복지 사업체로 창설되었다. Hodgson, xxi–xxii.

46. Cooper, *Autobiography*, 552.

47. W 1893 b 1924 from Wirral, Animals and Humans directive, Mass Observation.

48. 2010년 5월 에이드리언 로셰Adrienne Roche에게 보낸 이메일에 쓰였고 그가 나에게 소개한 이 이야기를 인용하도록 허락해 준 피터 타운젠드Peter Townsend에게 감사한다.

49. F30 B Mill Hill 23 July 1941 1D, Dogs in Wartime, Mass Observation.

50. Eileen Blair to Norah Myles, New Year's Day 1938 from The Stores, Wallington, Herts in Orwell, *George Orwell: A Life in Letters*, 94–99. 이 자료를 제공해 준 오웰에 관한 관련 조사를 도와준 브라이언 에드워즈Brian Edwards에게 감사한다.

51. War-time diary, Orwell, *The Complete Works of George Orwell*, vol. 12, 262–263, 17 September 1940. 오웰 부부가 모로코에 가 있는 동안 조지 오웰의 누나 부부가 맑스를 돌보았다. 그들은 맑스가 나중에 "전혀 모르는 사람들"에게 넘겨졌으며 그들이 개를 죽였다고, 자신들이었다면 개를 끝까지 길렀을 것이라고 주장했다. 이 기록에 대한 확증은 없다. 232n1을 참조할 것.

52. Pierce, *Memories of the Civilian War*, 22–23.

53. Some dog questions, 1D, 23 July 1941 Dogs in Wartime, Mass Observation.

54. "Animals' Reactions to War," *Times*, 7 September 1940, 9. 저자의 이름은 익명이지만 런던동물원 원장 줄리언 헉슬리Julian Huxley가 쓴 것으로 짐작된다.

55. "Animals and Air Raids," *Times*, 14 October 1940, 5.

56. RSPCA, *Animals and Air Raids*, 3–4; CPL, *Cat*, September 1940, 138–139; NCDL, Air Raid Precautions, Dogs in Wartime 79/1/a, Mass Observation. Kean, "Nervous Dogs Need Admin, Son"도 참조할 것.

57. Martin, *How to Care for Your Dog and Cat in Wartime*, foreword, 2.

58. M40C 15 Neasden Js 27/8/1941 1E, Dogs in Wartime, Mass Observation.

59. Schmideberg, "Some Observations on Individual Reactions to Air Raids," 151.

60. RSPCA, *Animals and Air Raids*, 4.

61. Steward, "War Time Problems (3)," *Cat*, September 1940, 137–138. 한 수의사는 나에게 아스피린에 이런 효과가 있을 순 있지만 정확한 투여량을 알아내기가 극히 어렵기 때문에 요즘에는 사람용 약물을 동물에게 투여하는 것을 권하지 않는다고 설명했다.

62. Broad and Fleming, *Nella Last's War*, entry for 15 April 1941, 119.

63. Cox, diary entry, 26 September 1940. 이는 말 그대로 잠들었다는 뜻이지 안락사를 돌려 말한 것이 아니다.

64. Advertisement in *Tail Wagger* (October 1940): 233. 나치와 개에 관해서는 7장을 참조할 것.

65. 비타민 B 강장제인 메타톤Metatone도 고양이에게 투여되었다. 글래디스 콕스Gwladys Cox는 컨디션이 좋지 않은 바비에게 메타톤을 먹였다. 수의사는 식단에 고기가 부족해서 그렇다고 설명했다. Diary entry 2 September 1944.

66. Age Exchange, *Londoners Remember Living through the Blitz*, 17–18.

67. Babs Downes in Age Exchange, *Londoners Remember Living through the Blitz*, 40.

68. Cattermore, "Cats in the Blitz," *Mainly about Animals* (May 1944): 26.

69. 이 공격으로 스완 호텔Swan Hotel이 파괴되고 16명이 사망했다. 현재 올드 타운 하이 스트리트 사건을 기리는 기념공원이 있다. http://victoriaseymour.com/ww2/. Accessed 5 February 2015.

70. Handwritten and anonymous account of raid on Sunday 23 May 1943 in Cuttings on Second World War file (no number), Hastings local studies library.

71. Folkes, *Dogs, Goats, Bulbs and Bombs*, introduction, 17.

72. Folkes, *Dogs, Goats, Bulbs and Bombs*, entry for Friday 26 February 1943, 166.

73. Folkes, *Dogs, Goats, Bulbs and Bombs*, entry for 15 May 1942, 137.

74. Miss Cox 06/26/1 Imperial War Museum. 이 기록을 남긴 사람의 모친은 스펠더스트에서 피난 아동을 위한 의무실을 운영했다.

7장

1. Note of Minister (HIF) 4 August 1942 in MAF/61, National Archives.

2. 웸블리의회에서 지방세를 징수하던 조지 비어드모어George Beardmore에 따르면 "어느 집의 뒷문이 열려 있어 안으로 들어갔더니 '메리셀레스테(표류하는 배에서 사람만 사라진 19세기 영국의 미제 사건)' 상황이 벌어지고 있었다. 아침 식사 흔적이 그대로 있고, 반쯤 태운 담배가 찻잔에 담겨 꺼져 있으며, 그릇에 담긴 과일은 썩어 가고 있었다." Beardmore, *Civilians at War*, 45. 말못하는친구들동맹은 고양이들만 집 안에 갇혀 있다가 "거의 굶어죽기 직전에 구조되었다."고 보고했다. "Cats Left in Empty Houses," *Times*, 25 October 1939, 2.

3. Cox, diary entry, 21 October 1940. 나로서는 (다른 사람도 그럴 테지만) 이 역에서 촬영한 영화 〈밀회〉를 보며 이 이미지를 연상하지 않기가 어렵다.

4. Joan Herring in Age Exchange Reminiscence, *Londoners Remember Living through the Blitz*, 24–26.

5. Cox, diary entry, 19 November 1939.

6. http://www.winstonchurchill.org/resources/speeches/1940–the–finest–hour/we–shall–fight–on–the–beaches site visited 7 April 2015.

7. 당시 정보부 소속이었던 해럴드 니콜슨Harold Nicolson은 이때 아내에게 뷰익 차량에 기름을 가득 채우고 24시간 동안 먹을 음식을 챙기고 "당신의 보석류와 내 일기"를 가지고 켄트주 시싱허스트의 집을 떠나 피난할 준비를 하라고 알렸다. 나흘 후 니콜슨은 정부가 켄트와 서식스를 언제 소개할지 모르니 모든 것을 빠르게 끝낼 수 있게 의료계 친구들에게 알약을 얻어야겠다고 썼다. Letters from Harold Nicolson to Vita Sackille–West for 22 May and 26 May 1940 in Nicolson, *Diaries and Letters 1939–1945*, 84 and 86.

8. 가령 육군 원수 알랜 브룩Alan Brooke 남작은 1940년 9월 13일에 "당장 내일 템스강부터 플리머스까지 침략이 시작될 것만 같다."라고 썼다. 3주 후 일기에는 다시 이렇게 썼다. "아직 침략은 없었다! 이제 나는 독일군이 침략할 가능성이 전혀 없을지 모른다고 생각하기 시작했다. 하지만! 그(히틀러)가 또 우리의 허를 찌를 수도 있다는 끔찍한 생각도 든다." Entry for 3 October 1940. Alan Brooke, *War Diaries*, 107, 112–113.

9. Addison and Crang, *Listening to Britain*, 11 September 1940, 410.

10. Hylton, *Kent and Sussex 1940*, 139.

11. Burton, *Bexhill in World War Two*, 5.

12. Hylton, *Kent and Sussex 1940*, 39, 109, 132.

13. From typed memoir of Betty Morrell. 이 내용과 관련하여 캐롤린 모렐Caroline Morrell에게 감사한다.

14. Correspondence from Caroline Morrell.

15. Thornton, *Hastings: A Living History*, 55. 여기서 향토사학자는 1940년 9월 10-13일의 사건을 설명하고 있다. 평상시에 이스트번 비치 헤드에서 많은 개를 구조했던 현지의 영웅 테디 윈Teddie Winn 등 왕립동물학대방지협회 회원들은 사람들이 불발탄 때문에 임시적으로 거처를 옮기는 상황에서 유기한 동물들을 돌봤다. 가령 검은색 고양이 스멋Smut의 가족은 비상시를 위해 준비해 둔 자루에 고양이를 담아 안전하게 피신시켰다. 이 가족의 딸이 회상하기를 "불쌍한 스멋은 가족과 함께 피난한 유일한 애완동물이었지만 그다음 날 안락사당하고 말았다! 어머니는 '고양이에겐 안됐지만 이런 일이 또 일어날 수도 있어'라고 말했다." Letter from Jean E. Paul to author summer 2012 (via email and daughter Liz Paul). 이보다 밝은 사례로 테디 윈은 이스트번의 집이 파괴된 뒤 병원에 입원한 주민을 방문했을 때 그의 개가 안전하다는 소식으로 주인을 위로했다고 한다. Humphrey, *Eastbourne at War*, 38-39.

16. Appendix E to letter to the principal officers at Cambridge and Tunbridge Wells, from D. J. Lidbury, Ministry of Home Security, 20 June 1940, in Correspondence regarding evacuation HO 186/1419, National Archives.

17. Minutes of Emergency meeting of committee 23 August 1939 HO 186/1418; 동물위원회는 1939년에 발행한 전쟁 중 동물 처우에 관한 인쇄물에서 "상당히 많은 사람이 공습이 시작되면 정부 차원에서 모든 동물을 위험 지역 밖으로 피신시키는 공식적인 조치가 있을 거라고 생각하지만, 이는 결코 사실이 아닙니다."라고 단언했다. NARPAC, *Wartime Aids for All Animal Owners*, 5.

18. Correspondence 3 July 1940 to Snelling from Storey. HO 186/1419, National Archives.

19. Internal memorandum to Mr. Barrow 1 August 1940. HO 186/1419, National Archives.

20. At the time such large dogs were not permitted in carriages but had to travel in the separate guard's van. Letter from RSPCA 27 June 1940 to Snelling Ministry of Home Security, HO 186/1419, National Archives.

21. 큰 개는 객차에 들어갈 수 없었고 별도로 마련된 트럭으로 이동해야 했다. Letter from RSPCA 27 June 1940 to Snelling Ministry of Home Security, HO 186/1419, National Archives.

22. Porter, *Hastings in Peace and War*, 64.

23. File note from Snelling, 23 November 1941, HO 186/1419, National Archives.

24. Snelling to Sir Gordon Johnson, 12 October 1942 HO 186/1419, National Archives.

25. File note from Snelling of meeting with A. W. Moss of RSPCA, 22 November 1941; Note from Snelling to Sir Gordon Johnson, 12 October 1942, Correspondence regarding evacuation, HO 186/1419, National Archives.

26. M40 C 15 Neasden 27 August 1941, Dogs in Wartime TC 79/1E, Mass Observation.

27. M20 C Hendon 27 August 1941, Dogs in Wartime TC 79/1E, Mass Observation.

28. M60 C 14, JS 27 August 1941 Neasden 1E, Dogs in Wartime TC 79/1E, Mass Observation.

29. Typed analysis sheet 1D Dogs in Wartime (1941), Mass Observation.

30. B. C. Burt to the Minister St. John Bodinnar 20 February 1942 and B. C. Burt to Mr. Lundie 9 May 1942 in MAF 84/61 Feeding stuff for dogs. 1차 대전 때도 이와 유사한 논의가 있었다. 이 책의 2장을 참조할 것.

31. Minute 94 by B. C. Burt 29 July 1942 in MAF 84/61, National Archives.

32. Mr. Broadley response to Burt's proposals 4 August 1942 in MAF 84/61, National Archives.

33. Mr. Broadley response to Burt's proposals 4 August 1942 in MAF 84/61; Note of Minister (HIF) same day, National Archives.

34. As emphasized in the BBC broadcast of Christopher Stone HO 186/1417, NationalArchives.

35. Howell, *At Home and Astray*, 1.

36. (비단 나치뿐만 아니라) 독일인은 거의 태생적으로 동물에 적대적인 민족으로 묘사되었다. 1940년 8월 말에 방송된 라디오 프로그램 〈전시의 동물〉에서 방송작가 겸 사회자면서 과거에 여성 참정권 운동을 했던 이름난 페미니스트 시슬리 해밀턴Cicely Hamilton이 대표적이다. 그는 지난 1차 대전의 결과 독일에서 공작나비를 찾아보기 어려워졌다고 했다. 또 1차 대전이 끝나고 빈의 한 급식소에서 새끼 고양이를 만났는데 알고 보니 영양 부족 때문에 새끼 상태에서 발육이 멈춘 것이라고 했다. "급식소의 그 난쟁이가 내가 오스

트리아에 머무는 동안 마주친 유일한 고양이였습니다. … 마찬가지로 라인 지방에도 고양이가 드물었습니다." 그는 현재의 전쟁으로 시선을 돌리며 말을 이었다. "유럽의 식량 공급 상황에 대해 우리가 아는 것을 토대로 말하건대, 가정 내 고양이가 (그리고 개도) 독일군이 점령한 대륙의 여러 지역에서 다시 한 번 희귀해질 것임이 매우 분명합니다." 사실은 연합군의 해상 봉쇄로 리넨, 양모, 아마가 부족해져 공작나비 애벌레가 즐겨 먹는 쐐기풀의 섬유질이 그 대용품의 원료로 쓰였다(그러면서 쐐기풀이 상업적으로 매매되었다). Transcript of broadcast "Animals in Wartime" by Cicely Hamilton 20 August 1940, BBC Archives.

37. 이 책의 1장 22–25쪽을 참조할 것.

38. A correspondent to the *Times*, 29 August 1939.

39. 독일과 관계가 있는 종으로 셰퍼드, 복서, 로트와일러를 제시한 사람도 있다. Letters 4 September 1939, *Times*.

40. 빅토리아 여왕 가족의 닥스훈트로는 첼린Zerline, 보이Boy, 버기나Berghina 그리고 1872년 바덴에서 데려와 왕에게 특히 사랑받았던 월드먼 4세Waldman VI가 있다. Gordon, *Noble Hounds and Dear Companions*, 17, 19, 105.

41. Vivian, "The Dachshund," *Animal Pictorial* (May 1940): 203.

42. Carl Olsson, "How Germany Conscripts Her Dog Population," *Animals and Zoo* (May 1940). 이 자료의 사본을 제공해 준 미에케 로셔Mieke Roscher에게 감사한다.

43. "Our Dog," Story of Sue Hill and mother A5952567, http://www.bbc.co.uk/history/ww2peopleswar/

44. Carl Olsson, "How Germany Conscripts Her Dog Population," *Animals and Zoo* (May 1940).

45. 이 책의 5장을 참조할 것.

46. Bowker, "When the War Is Over," *Animals Defender* (March 1940): 89.

47. Transcript of oral account: Memories of the Jersey Animal Shelter during the Occupation, p. 4, Jersey Archive Ref L/D/25/A/2. 이 자료를 제공해 준 말라키 빌링슬리Malachy Billingsley에게 감사한다.

48. Joseph, *Cat's Company*, 81.

49. Shaffer and Barrows, *The Guernsey Literary and Potato Peel Pie Society*, 57. (고양이 머리통을 벽에 박살낸 뒤 머리통을 자르고 가죽을 벗겨 야영용 주전자에 삶은 이야기에 관해서는 128쪽을 참조할 것.) 물론 이 책은 픽션이지만 편지와 구두 증언을 바탕으로 쓰였다는 점도 일러둔다. 이 멋진 책을 소개해 준 웬디 로버트슨Wendy Robertson에게 감사한다.

50. Transcript of oral account: Memories of the Jersey Animal Shelter during the Occupation, p. 4, Jersey Archive Ref L/D/25/A/2. 식량을 아끼겠다는 생각에서 개를 한 마리만 기르는 사람들에 관해서도 많은 회의가 열렸다. 많은 회의가 열렸지만 그 때문에 안락사당한 동물은 한 마리도 없었다.

51. 독일의 미에케 로셔 등 동물학 연구자들은 이제 전쟁 중 가정 내 동물의 처우에 관한 연구를 시작했다. 최근까지도 동물자선단체의 기록 등 관련 기록에 접근하기가 불가능했다.

52. Garfield, *Notable Woman*, 206. Entry for 14 June 1940 등을 참조할 것.

53. James, "A Visit to the Leipzig Veterinary College and Public Abattoir," *Veterinary Journal*, May 1939, 174–177 등을 참조할 것.

54. Editorial, "Animals in Germany," *Veterinary Record*, 23 November 1940, 826. 이에 따르면 1912년에 독일인은 10톤의 개고기를 소비했다. (그 근거는 《타임즈》의 기사였는데 정확히 어느 기사인지는 나와 있지 않다.)

55. Coleridge, "Dog Murder in Germany," *Animals' Defender* 60, no. 3 (July 1940): 19.

56. "Dogs of War," *Animal Pictorial* 3, no. 5 (June /July1940): 266–271.

57. 이 논의는 적이 침략할 경우 잉글랜드 남해안을 강제 소개하는 문제와 관련하여 이루어졌다. Letter to Mr. Snelling from A. Johnston of the Home Office, 24 June 1940, HO 186 /1419, National Archives. 오늘날에도 독일에서는 반려동물의 사체를 땅에 묻지 않고 가연성 물질, 고기 등으로 재활용하는 일이 빈번하다. 이 정보를 제공한 얀–에리크 슈타인크루거Jan–Erik Steinkruger에게 감사한다. 그는 현재 현대 독일의 동물 추모에 대해 연구 중이다.

58. 특정 동물에게 일종의 시민 자격을 부여하는 것에 대한 논의는 Donaldson and Kymlicka, *Zoopolis*를 참조할 것.

59. 초반에는 이 방법으로 각각 1,000파운드와 1,500파운드를 모금하는 데 그쳤다. (2 April 1941 *Hansard*; NARPAC, *Now for Animals' ARP* 1, no. 1; December 1939–January 1940, Mass Observation.) 왕립동물학대방지협회는 현금 500파운드와 안락사 약제 3,500파운드어치를 제공한 반면에 아픈동물을위한진료소와 말못하는친구들동맹은 총합 현금 6,000파운드와 물품 1,500파운드어치를 지원했다

(MAF inquiry, 4, National Archives). 왕립동물학대방지협회는 1939년 8월 30일에 일찌감치 동물위원회에 참여했지만, 군대에서 일하는 동물을 위해 자금을 모금하는 권한을 독점하기 위해 육군성에 편지를 보냈다. 그리고 목적을 이룬 뒤 1차 대전 당시 그 목적으로 모금했던 기금에서 2만 파운드를 동물위원회에 기부했다(Minutes of RSPCA Council, 20 September 1939, RSPCA Archives, CM/46). 반면에 동물위원회에는 겨우 775파운드어치 장비가 제공되었다(Minutes of Emergency War [Executive] Committee, 25 January 1940, RSPCA Archives, CM/80). 미출간 기록에 들어 있는 이 정보를 인용하도록 허락해 준 왕립동물학대방지협회에 감사한다.

60. 이 자금의 일부로 목걸이형 인식표를 제작했지만 농림식품부는 2만 2,000파운드가 모금 활동 자체에 쓰였다고 계산했다. MAF 52/118. 동물보호단체가 주최하는 깃발 판매 모금 행사도 있었다. 예컨대 1944년 8월 19일에 왕립동물학대방지협회는 포크스턴에서만 65파운드를 모금했다. Scott, *The Real Dad's Army*, 19 August 1944, 296.

61. Report of inquiry into the affairs of NARPAC. MAF 52/118, 2, 7, National Archives. 의사록의 기록에 한정하면 왕립동물학대방지협회와 애완동물에 관한 이 비평은 정확했다. 협회의 전시 의사록에 개는 거의 언급되지 않았고 고양이는 전혀 언급되지 않았다.

62. Letter to Ross from Home Office 19 September 1939 in HO 144/21418, National Archives.

63. 왕립수의사협회는 1939년 1월 한 소위원회를 임명하여 전국수의학협회와 함께 아픈동물을위한진료소 대표와의 협상에 임했다. 디킨Dickin이 의장을 맡은 가운데 사전 합의가 이루어졌다. 그 내용은 아픈동물을위한진료소는 각 시설 인근의 모든 수의사를 아픈동물을위한진료소 진료에 참가시킨다, 병원 진료와 입원 환자 진료에 일정한 요금을 지급한다. 월급제로 수의사를 고용한다는 것이었다(*Veterinary Record*, 13 January 1939, 101). W. 해밀턴 커크W. Hamilton Kirk는 아픈동물을위한진료소에서 무자격 인력이 요금을 청구하고 그것을 직업으로 삼는 것을 여전히 문제시했지만(*Veterinary Record*, 18 March 1939, 368-369) 1년간의 시범적 도입을 제안했다. 이를 통해 이 해법이 동물에게 이롭고 국민에게도 인정받는 것으로 나타났다(*Veterinary Record*, 15 April 1939, 482-483). 전쟁 전 몇 달 동안에는 왕립수의사협회와 전국수의학협회는 그들의 위상(및 동물 진료 범위)을 보호할 방법을 논의하고 있었으며, 당시 진행 중인 협업에 "지나치게 깊이 관여하기를" 꺼렸다(Editorial, "The NVMA and the PDSA of the Poor," *Veterinary Record*, 15 April 1939, 482-483).
1940년 4월 27일 《수의학 기록》(p. 326) 사설에 따르면 "일각에서는 학계가 동물복지단체들과 지나치게 깊게 연관되는 것을 안타깝게 생각하고 있다." 그 이유 중 하나는 "이 위원회가 근본적으로 개와 고양이를 보호하는 기관이라는 잘못된 인상이 일각에서 퍼져 나갔기 때문"이었다.

64. Report on inquiry MAF 52/188, 7, National Archives.

65. 오늘날 영국에서는 반려동물을 잃어버렸을 경우 찾기 위해서 동물에게 마이크로칩을 삽입하는 경우가 많다. 이러한 사업은 국가가 아니라 이윤을 추구하는 사기업의 주도로 이루어진다. 그러나 2016년 4월 (실종된 개를 찾기 위해서라기보다 법적 고발을 용이하게 하기 위해) 모든 개는 주인이 비용을 부담하여 마이크로칩을 삽입해야 하는 의무가 법제화되었다.

66. 동물 등록 사업은 기대한 만큼의 자금원이 되지 못했다. 이에 아픈동물을위한진료소와 말못하는친구들동맹이 보증인으로 나서서 위원회가 은행과 당좌대월 계약을 맺는 것을 도왔다. 정부 조사는 아픈동물을위한진료소의 브리지스 웹Bridges Webb이라는 사람이 더없이 유능한 인물이며 "그가 수많은 일을 예견해 왔다는 데 의심의 여지가 없다."라고 묘사하면서, 그가 전국공습대비동물위원회의 사무를 도맡았으며 "일을 밀고 나아갈 위치, 거의 강제할 위치에서 등록 사업 등에 관여했다. 그가 배지의 등록 여부를 결정했는데, 전국공습대비동물위원회의 것이든 무엇이든 배지들이 블루크로스의 것과 거의 구별되지 않는다. 배지는 그의 이름으로 등록된다. … 수의학계는 그가 그렇게 함으로써 수익도 손실도 나지 않게 한 다음 전국공습대비동물위원회로 하여금 그 사업을 자신에게 넘기게 한 뒤 사업 이익을 완전히 착복하려 하는 것이라고 비난한다." MAF 52/118, 6, National Archives.

67. Suggested script, 10 October 1939, NARPAC, HO 186/1417, National Archives.

68. Tennyson Jesse, *London Front*, letter 5 March 1940, 259-260.

69. Rosman, *Nine Lives*, 11.

70. Rosman, *Nine Lives*, 153.

71. 정보를 갱신하는 일에 총 30명이 동원되었다. 근무자들은 애완동물 주인들의 문의에 응하느라 자정까지, 또 주말에도 일했다(NARPAC registration branch. Mr. Colthurst's report 14 May 1940: HO 186/1418, National Archives). 이 문제는 계속 해결되지 않았던 동시에 동물 주인들이 돈을 지불한 메달은 제작되지 않았던 듯하다(A letter to NARPAC from the RPSCA Acting Chief Secretary S. G. Pelhill of 13 May 1941). Minutes of Emergency War (Executive) Committee May 1941, RSPCA

Archives CM/76.

72. NARPAC, "National ARP for Animals Service: Reorganisation in Urban Areas," *Veterinary Record*, 9 August 1941, 466.

73. NVMA, "A.R.P. for Animals: N.A.R.P.A.C. Services in Action: A Review," *Veterinary Record*, 20 June 1942, 252. 후에 농림수산부는 가장 필요한 시설이 떠돌이 동물 및 한시적으로 피난한 사람들이 남기고 간 동물을 위한 우리와 임시 수용소 그리고 사체를 처분할 방법이었다고 기록했다(Report of the enquiry, 5).

74. 시간이 흐르면서 형태와 이름이 바뀐 이런저런 인식표가 지금도 발견되어 오픈마켓인 이베이에 대량으로 나오는 경우가 많다. 이를 보면 인식표가 제대로 배포되지 않고 있다는 우려는 정확했던 것으로 보인다.

75. Cox, diary entry, 30 December 1940.

76. Hodgson, *Few Eggs and No Oranges*, Friday 2 May 1941, 166.

77. Rosman, *Nine Lives*, 167.

78. NARPAC registration branch. Mr. Colthurst's report 14 May 1940: HO 186/1418, National Archives.

79. Kean, *Animal Rights*, 88.

80. Pamela Ashford, diary entry for 26 October 1940, in Garfield, *We Are at War*, 406.

81. Account of Mr. Jory, a journalist in Goodall, *Voices from the Home Front*, 290.

82. David Johnson, letter to author, 13 March 2009.

83. 이는 1940년 11월 12일의 일이다. Burton, *Bexhill in World War Two*, 53.

84. Kirby and Moss, *Animals Were There*, 139.

85. Nixon, *Raiders Overhead*. 1940년 10–11월의 일이다(p. 37).

86. Daisy Woodard in Hostettler, *The Island at War*, 33.

87. Rosman, *Nine Lives*, 161.

88. R. Calder, *Carry on London*, 95.

89. Harrisson, *Living through the Blitz*, 161.

90. Snelling to Philipson M I division HO 10 December 1943 and 5 January 1944, HO 186/1419, National Archives.

91. Copy of Letter from Herbert Morrison to Lt. Cdr. A. L. Tufnell MP 19 November 1942 in HO 186/1419, National Archives. 이 인용 내용은 여러 종류의 고양이에 대한 서로 다른 처우를 분명히 보여 준다.

92. 스토디 대령은 마구간, 우사를 비롯한 농가 시설을 충격과 파편으로부터 보호하기 위해 "목재 기둥에 철판으로 임시 벽이나 외장을 만들고 그 안을 모래, 흙, 백악, 석회 덩어리 등으로 채우는" 방법을 제안했다. Stordy, "Air Raid Protective Devices," *Veterinary Record*, 26 August 1939, 1059–1060.

93. "National ARP for Animals Committee: An Informative Bulletin," *Veterinary Record*, 5 July 1941, 388–390.

94. Scott, *The Real Dad's Army*, 10 July 1944, 288. 켄트주의 리드에서는 민병대 소속의 프랭크 페인Frank Paine과 조지 콜먼George Coleman이 소이탄을 맞은 우사에서 말들을 구조하여 안전한 곳으로 피신시켰다. 이들은 이 용감한 행동으로 왕립동물학대방지협회의 인증서를 받았다. Scott, *The Real Dad's Army*, 6 December 1941, 143.

95. Partridge, *A Pacifist's War*, 13 September 1940, 59–60.

96. Partridge, *A Pacifist's War*, 5 November 1940, 66. 전면전이라는 이 전쟁의 성격은 프랜시스 파트리지가 기르던 비둘기들이 '처형'당하는 결과로 이어졌다. 이 동물들이 적의 침략에 이용될 수 있다는 두려움 때문이었다. 이 애완 새들은 죽은 뒤 인간에게 먹혔는데 "눈처럼 흰색인 한 마리가 가까스로 도망친 뒤 이제 풀숲을 휘휘 날아다닌다. 우린 차마 저것까지 잡아 죽일 순 없을 것 같다." Partridge, *A Pacifist's War*, 7 June 7 1941, 95. 그런가 하면 남동부 해안에서는 벡스힐 자치구에 소속된 말인 콜로넬Colonel이 1940년 7월 이 도시의 첫 폭격 피해자가 되었다. 그는 파편에 귀를 맞았는데도 다음 날 평소처럼 일했다. Burton, *Bexhill in World War Two*, 49.

97. Rosman, *Nine Lives*, 126–127. 물론 모든 동물이 그랬던 것은 아니다. 로스먼Rosman은 한 동물 수용소에 머물던 겁먹은 줄무늬 고양이의 이야기를 들려준다. 한 이웃이 적기를 "사람들이 마지막으로 보았을 때는 (주인의) 무릎에 앉아 있었다. … 하지만 곧 뛰어내렸던 것이 틀림없다." 죽은 주인은 그 전날 동물 수용소에 돈을 기부하며 이렇게 부탁했다. "혹시라도 내게 무슨 일이 생기면 우리 고양이를 버려두지 말아 주세요." 이 줄무늬 고양이는 주인이 부탁한 대로 안락사했다. Rosman, *Nine Lives*, 206.

98. 이 사람은 전쟁이 끝나면 다른 개를 구할 수 있으리라고 믿었다고 한다. Willesden F 35c JS 24/7/ 41 in Dogs in Wartime 1/D, Mass Observation. 《픽처 포스트Picture Post》에 실린 다소 유머러스한 한 사진 기사는 사람들에게 그들의 동물이 잘 치료받을 것이라는 확신을 주고자 했다. 한 연출된 사진에서는 매우 큰 달마티안 잡종 개가 도로에 누워 있다. "아마 파편에 맞은 것 같다. 아마 충격에 쓰러진 것 같다. 아마 차에 치인 것 같다. 아마 그냥 쉬고 있는 것 같다." 이어지는 사진에서 이 개는 들것에 실려 가 동물병원에서 치료받는다. "할리 스트리트로 보내도록 하자!" "Animals A.R.P.," Picture Post, 7 December 1940, 22–23. 이 자료의 사본을 제공해 준 존 에드먼슨John Edmundson에게 감사한다.

99. PDSA, Christmas Appeal Leaflet, 1944. 이 자료의 사본을 제공한 조너선 피시번Jonathan Fishburn에게 감사한다. 동물에 대한 이러한 관심을 모두 좋게 생각한 것은 아니다. 조지 오웰은 예의 그 냉담한 태도로 동물위원회가 "고양이를 위한 소형 들것"을 제공하는 것을 비난했다. Orwell, The English People, 4. 테니슨 제시Tennyson Jesse는 더 동정적인 입장에서 "도로에 부상당한 인간이 있을 때 동물 앰뷸런스는 멈추어야 하는가 아니면 정해진 임무에 충실해야 하는가" 하는 윤리 문제를 제기했다. London Front, 260.

100. "Bombed Out," mother's story contributed anonymously. A4626092,30 July 2005. http://www.bbc.co.uk/history/ww2peopleswar/.

101. Lind af Hageby, Bombed Animals, 38.

102. Anon, Front Line, 128.

103. Lind af Hageby, Bombed Animals, 11.

104. "Animal Welfare in War-Time," Animal Pictorial 3, no. 3 (April 1940): 166–167 and 183.

105. Ziegler, London at War, 245. 이에 왕립동물학대방지협회는 지자체에 쥐를 독살할 때는 "집에서 동물을 기르는 사람들이 특별히 주의하여 동물들이 독을 먹지 않도록 그 사실을 공표할 것"을 권고하기로 했다. Minutes of RSPCA Council Meeting 25 May 1944. 이 사실의 인용을 허락해 준 왕립동물학대방지협회에 감사한다.

106. Fitzgibbon, The Blitz, 63, describing 7 September 1940.

107. Report of Inspector Miles forwarded by Sir Robert Gower, chair of the RSPCA, to Ellen Wilkinson MP on 19 June 1942 HO 186 /1417, National Archives. 국가기록보관소와 전국공습대비위원회 보고서에도 비슷한 기록이 있다. 아쉽게도 왕립동물학대방지협회 기록보관소에는 그 정도로 자세한 기록이 현재는 남아 있지 않다.

108. Hodgson, Few Eggs and No Oranges, 11 February 1943, 361.

109. Hodgson, Few Eggs and No Oranges, 29 May 1944, 477; 11 June 1944, 480.

110. Lilian Margaret Hart, "Our House Was Bombed," unpublished typewritten account, Tower Hamlets Archive, February 1941.

111. PDSA, "A Typical Rescue Case: Only One out of Many Thousands," nd [1941 /2]. 이 자료의 사본을 제공해 준 조너선 피시번Jonathan Fishburn에게 감사한다.

112. Zuckerman, From Apes to Warlords, 133–138. 공습에 대한 학문적 연구는 전쟁이 시작되고 1년이 지나서야 시작되었다(p. 138).

113. "War-Time Reactions of Cats," Cat, May 1941, 88–89.

114. Cat, November 1939, 16.

115. Letter from E. Bridges Webb, "controller" of NARPAC to Snelling at Ministry of Home Security 10 November 1943 HO 186/1417, National Archives.

116. Letter from Robert Gower to Herbert Morrison 14 March 1944 regarding the work of the RSPCA in London HO 186/1417, National Archives.

117. Nixon, Raiders Overhead, 118.

118. Bernard Regan in Hostettler, The Island at War, 52–55.

119. Demarne, The London Blitz, 66.

120. CPL, "Notes of the Month," Cat, January 1941.

121. Ellen Clark in Age Exchange Reminiscence, Londoners Remember Living through the Blitz, 42–44.

122. 그레이브젠드에서는 불발탄 때문에 사람들이 급히 피신하고 남겨진 동물들에게 먹이를 주러 두 남자와 한 여자가 돌아왔다. 이들은 이 행동으로 왕립동물학대방지협회의 은 훈장을 받았다. Animals' Defender 61, no. 3 (July 1941): 85. 1941년 1월에는 20명의 왕립동물학대방지협회 조사관이 "이런저런 종의 동물을 구조한" 일로 훈장을 받았다. Animals' Defender 60, no. 9 (January 1941): 61.

123. Warden's Post, Journal for ARP and All Civil Defence Services, District C Poplar 1, no. 1

(February 1940): 3.

124. Hodgson, *Few Eggs and No Oranges*, Sunday 27 February 1944, 455.

125. *Daily Mail*, 30 December 1940, Lind af Hageby, *Bombed Animals*, 3에서 재인용.

126. Kirby and Moss, *Animals Were There*, 41 and picture opposite 63.

127. Cox, diary entry, 19 February, 25 February, 1 March, 3 March 1944. 이러한 동물 구조 활동은 준 공식 문서에도 기록되었다. 가령 스테프니 구청장 프랭크 르위는 지역 동물 감독들의 활동을 언급하면 서 "뜨겁고 위험한 잔허를 돌아다니며 발광한 개를 수색하고 흥분한 고양이를 구조하는 일은 인간을 도 우러 다니는 것만큼, 아니 어쩌면 그보다 더 큰 용기가 필요한 일이다."라고 평가했다. Lewey, *Cockney Campaign*, 93. Demarne, *The London Blitz*, 65도 참조할 것.

128. 소설가 앨리스 그랜트 로스먼Alice Grant Rosman의 좀 더 감상적이면서 훈계하는 듯한 글에도 이런 면이 드 러난다. "분명 어떤 사람들은 본인의 비극적인 곤경 속에서 다친 동물을 잊었을 테지만, 대체로 지위가 가 장 낮은 사람들마저도 동물을 극진히 여기고 동물들이 안전한 곳을 찾을 때까지 마음을 놓지 않았다. '제 집이 폭격을 당했어요, 아가씨, 제 고양이가 두 마리가 그 안에 있어요.' '모든 걸 잃어버리셨군요.' '네. 하지 만 그게 문제가 아니고요. 고양이들이요. 저분들이 고양이를 꺼내 와 주실까요? 나는 못 들어간대요, 감 독들이 못 들어가게 해요.'" Rosman, *Nine Lives*, 165–166.

129. Lind af Hageby, *Bombed Animals*, 1941, 5.

130. Lees-Milne, *Prophesying Peace*, entry for 23 February 1944, 22. 이 일기작가의 글을 소개해 준 앤 마셜Anne Marshall에게 감사한다.

131. RSPCA, *118th Annual Report*, 1941, 13–14.

132. Lees-Milne, *Ancestral Voices*, 1942–1943, entry for 30 October 1943, 116. 그는 기분 전환을 위 해 부인이 가장 좋아하는 주제인 블렌하임 스패니얼 종에 대해 이야기하도록 했다. "그는 말로써 공작 부인 글래디스가 믿을 수 없이 까다로운 공작을 괴롭히려고 스패니얼 개들을 응접실에 들여놓곤 했던 일을 들려주었다. 공작은 개들이 얼룩을 만들지 않았는지 몇 시간이나 커튼을 꼼꼼히 들여다보았고, 얼 룩을 전혀 찾지 못하면 크게 실망했다." (여기에 리즈-밀른은 블렌하임 이야기가 모두 가짜라고 생각한 다고 덧붙인다!)

133. RSPCA, *122th Annual Report*, 1945, 147.

134. 이 기록이 코믹 시트콤 〈아빠의 군대Dad's Army〉의 원전이 아니었을까 싶은 생각이 든다.

135. Letter from Hon Sec Winifred Byles, Wanstead and Woodford NARPAC (volunteer) Animal Rescue Unit, to Captain Barge of Civil Defence department, 25 August 1942. Wanstead and Woodford Borough Council Civil Defence department 90/167:90 ARP for Animals 1/4 Corre-spondence from 1942.

136. Letter from Mrs. Byles 2 December 1941 to Wanstead Civil Defence and reply 17 December from Controller RHSF/DE; in Wanstead and Woodford Civil Defence Department 90/30/5 and 90/167: 96 ARP for Animals 1/4; Letter from H E Bywater to ARP Officer, Wanstead and Woodford BC, Wanstead and Woodford Borough Council Civil Defence Dept 90/30/1 and 90/167: 94 ARP for Animals 1/4.

137. 여기에서도 수의학계와 전국농민연합National Farmers' Union 간의 긴장이 있었다. 사고가 난 뒤 수의사가 도 착하기까지는 시간이 걸렸기 때문에 자원봉사 동물 활동가들이 농가를 돕게 되자 수의사의 역할이 덜 중 요해졌다. "Air Raid Precaution for Animals," *Veterinary Record*, 27 April 1940, 325–326.

138. File Note memorandum, 9 January 1941 MAF 52 /18. 응급처치 장비를 갖춘 동물 치료 기동대 가 꾸려져 가스로 피해를 입은 동물을 해독하거나 치명상을 입은 동물을 인도적으로 죽이는 활동을 했 다. "National ARP for Animals Committee: An Informative Bulletin," *Veterinary Record*, 5 July 1941, 388–389.

139. MAF 52/118, National Archives.

140. One Hundred & Twenty-Second Letter to Branch & Auxiliary Branch Hon. Secretaries, 22 May 1941, RSPCA Archives CM/80. 이 자료의 인용을 허락해 준 왕립동물학대방지협회에 감사한다.

141. Minutes of quarterly meeting of the RVC council,12 January 1939; 23 June 1939. 전쟁 전 몇 달 간 왕립수의대와 전국수의학협회는 동물의 위상(및 동물 진료 범위)을 보호할 방법을 논의하고 있었으며 당시 진행 중인 협업에 "지나치게 깊이 관여하기를" 꺼렸다. Editorial, "The NVMA and the PDSA of the Poor," *Veterinary Record*, 15 April 1939, 482–483. Gardiner, "'The Dangerous Women' of Animal Welfare"도 참조할 것.

142. Steele-Bodger, "Presidential Address," *Veterinary Record*, 11 October 1941, 589–590. 국토안보

부는 농림부와 식품부에 농촌 지역 사업을 맡아 달라고 요청했다. 이어 도시 사업에 관해서는 방침을 바꾸었으나 모든 부처가 "농가의 경제적 가치가 있는 동물에 관한 문제"에서 손을 떼고 전국공습대비동물위원회의 해산을 결정했다.

8장

1. M20 C Hendon 27 August 1941 TC 79/1 E, Mass Observation.
2. 필립 하월Philip Howell의 논평에 감사한다.
3. R. G. W. Kirk, "In Dogs We Trust?" 《데일리 미러》에 따르면 사냥개는 여우와 오소리가 너무 많아서 고민하는 사냥터지기에게도 필요했다. 그리고 테리어 종은 '쥐잡이'로 소질이 있는 경우 "농촌의 가장 끔찍한 해악"을 막는 데도 쓰일 수 있었다. Press cutting, "Wanted-Dogs," *Daily Mirror*, 29 June 1942, in MAF 84/61, National Archives.
4. R. G. W. Kirk, "In Dogs We Trust?," 7.
5. 이 '자발적인' 조치는 군역에 유용하지 않다고 판단된 개는 도살했다는 독일의 보고와 대조를 이루었다. Lind af Hageby, *Bombed Animals*, 36.
6. Battersea Dogs and Cats Home, *Report of the Committee for 1940*, 1.
7. RSPCA, *119th Annual Report*, 1942, 11.
8. Cummins, *Colonel Richardson's Airedales*, 165.
9. R. G. W. Kirk, "In Dogs We Trust?," 7.
10. 이와 대조적으로 미국의 훈련 철학은 처벌을 통한 조건화를 강조했다. Note on a visit to British war dog training center, 13 March 1945, p. 2, WO 205/1173 TNA as cited in R. G. W. Kirk, "In Dogs We Trust?," 7.
11. 이와 대조되는 사례를 현대 영국 공군의 관례에서 찾을 수 있다. 왕위 계승 서열 2위인 윌리엄 왕자가 웨일스 북부에서 탐색 및 구조 조종사로 경비견 벨지안셰퍼드 종 브루스Brus와 저먼셰퍼드 종 블레이드Blade와 함께 복무했다. 그런데 그가 퇴역한 후 즉시 도살당했다. Larisa Brown and Sara Smyth, "Two guard dogs that protected Prince William on RAF duty are destroyed days after he quits because they couldn't be redeployed or re-homed." http://www.dailymail.co.uk/news/article-2424123/Guard-dogs-protected-Prince-William-RAF-duty-destroyed-days-quits.html visited 27 April 2015. 베를린 장벽 경비견들이 겪은 일 그리고 그들이 난폭한 정도와 가정생활에 통합되는 능력의 정도에 관한 기록은 Schneider, *The German Comedy: Science of Life after the Wall*, 208-212를 참조할 것. 이 책을 소개해 준 메릴린 키넌Marilyn Kinnon에게 감사한다.
12. Eileen Woods in Schweitzer, *Goodnight Children Everywhere*, 246-247. 이 자료를 소개해 준 발 호스필드Val Horsfield에게 감사한다.
13. 나치의 홀로코스트에 관한 최근의 한 저작에서 저자가 붙인 "우울한 주석"에는 강제수용소의 경비견들이 "함께하는 인간에 대한 충성심과 아마도 애정 때문에" 유대인 수감자들을 공격했을 "가능성"이 있다는 주장이 나온다. Tindol, "The Best Friend of the Murderers," 119-120.
14. Press cutting, *Daily Mail*, 28 October 1944; cutting, *Star*, 11 October 1944, in HO 186/2671.
15. Press cutting, "a daily paper," 17 December 1944, in HO 186/2671. 제트가 묻힌 리버풀 칼더스턴스 파크 근처에는 그를 기리는 기념비도 있다.
16. HO 186/2572. 제트는 이때의 부상으로 잠시 부적격 판정을 받았다. 많은 개가 1945년 6월 민간방위대의 고별 행진에 참가하여 전쟁 영웅으로서 하이드파크에서 왕 부부를 알현했다. MEPO2/6489 Farewell parade in London for members of Civil Defence Services 10 June 1945, National Archives.
17. Memorandum W. B. Brown, The use of dogs to assist in the location of trapped casualties, 9 January 1945, HO 186/2671.
18. 고양이의 예리한 후각은 전시에도 달라지지 않았다. 예컨대 콕스의 고양이 밥은 상한 것 같은 생선은 절대로 먹지 않았다. 밥은 주인이 신선하지 않고 냄새나는 대구를 주자 먹기를 거부했고 떠돌이 고양이들도 마찬가지였다. 그 후 주인은 "먹을 만한 민어"를 밥에게 상으로 주기도 했다. (Cox, diary entry, 11 September 1942). 그러나 먹을 것이 풍족하지 않은 시기에는 이 능력이 인간에게도 이로울 수 있었다. 런던 북서부에서 소방관으로 활동한 시인 스티븐 스펜더Stephen Spender가 들려주는 이야기에 따르면, 페든Fadden이라는 동료 소방관이 운 좋게 곱상어를 구한 뒤 사람들에게 자랑하려고 그것을 냉장고에 이틀간 넣어두었다. 그러나 생선은 상하기 시작했고, 요리사도 고개를 저으며 "가서 고양이를 데려오세요. 고

양이들은 알죠. 맛이 간 생선에는 손도 대지 않거든요. 가서 니거를 데려와요."라고 말했다. 고양이가 왔다. "모두가 지켜보는 가운데 니거는 생선 냄새를 맡더니 몸을 돌려 버렸다. 패든은 화를 내며 생선을 바깥 쓰레기통에 버렸다. 다른 사람들은 고양이가 보여 준 신통력에 마음 깊이 본능적인 고양감을 느꼈다." Spender, *World within World*, 267.

19. Edward Heslop Smith, "For Members of the Wardens' Services Only," *Poplar Civil Defence Wardens' Organisation Bulletin* 67, Victory Issue, typescript, 10, Tower Hamlets Archive.

20. Photo file of Rip. Rip ARP dog and Post B 132 Southill St, Poplar, MOI photos 1–19. Tower Hamlets Archive.

21. PDSA, *Annual Report 1939 to 1945*, 26.

22. 하지만 립도 1945년에 용감한 행동을 한 공로로 디킨 훈장을 받았고 1948년에 죽을 때까지 훈장을 달고 다녔다. "Dogs Bravery Medal Fetches Top Price," *Veterinary History* 15, no. 2 (2010): 171. Rip's medal fetched £24,250.

23. Birke and Hockenhull, "Journeys Together," 82.

24. Birke and Hockenhull, "Journeys Together," 83.

25. Kipps, *Sold for a Farthing*, 19, 20, 25. 이 저서를 소개해 주고 죽은 친구에게서 받은 소중한 책을 빌려준 헬렌 티핀Helen Tiffin에게 감사한다.

26. Kipps, *Sold for a Farthing*, 18.

27. Kipps, *Sold for a Farthing*, 31–32.

28. Kipps, *Sold for a Farthing*, 30.

29. Kipps, *Sold for a Farthing*, 18.

30. Kipps, *Sold for a Farthing*, 43.

31. Kipps, *Sold for a Farthing*, foreword (unnumbered) and 57–58.

32. Kipps, *Sold for a Farthing*, 43.

33. 이 내용은 모두 같은 기사에서 인용했다. CPL, "War Workers," *Cat*, July 1940, 111–112.

34. CPL, "Secretary's Comments," *Cat*, September 1940, 143–144.

35. Lind af Hageby, *Bombed Animals*, 36. 또한 동물복지 활동가들은 야생동물을 포획하는 데 사냥용 덫을 사용하는 것을 "잔인하다는 이유로" 금지한 독일의 역설을 강조했다. "우리가 잔혹성과 압제에 맞서 싸우는 한편 무력하고 무고한 동물들이 사냥용 덫에 걸려 몇 시간이나 고통받게 하는 죄를 저지르고 있는 것은 하나의 역설이며 치욕이 아닐까?"라고 주장했다. Letter from K. Rams-bottom of UFAW to the *Times*, 13 November 1939, 2.

36. Partridge, *A Pacifist's War*, 13 March 1942, 128.

37. Matheson, "The Domestic Cat as a Factor in Urban Ecology," 131.

38. Letter Mr. Thomson Home Office re suggested script of Stone's broadcast 10 October 1939 HO 186/1417.

39. Matheson, "The Domestic Cat as a Factor in Urban Ecology," 130–131.

40. 야생 고양이는 별도의 범주/정의에 넣지 않았다. Matheson, "The Domestic Cat as a Factor in Urban Ecology," 132.

41. 이는 "식량 공급난" 때문에 평소보다 적은 수치라고 평가되었다. Matheson, "The Domestic Cat as a Factor in Urban Ecology," 131–132.

42. G. Cox-Ife, Editorial, *Cats and Kittens* (April 1944): 1.

43. Lind af Hageby, *Bombed Animals*, 38.

44. 의사인 피터 콘웨이Peter Conway는 이와 다른 방법으로 동물의 이미지를 사용했다. 그는 마치 19세기의 탐험가처럼 런던 방호선에서 본 사람들을 묘사했다. 예를 들어 "이 집단은 거의 인간으로 보이지 않았다. 나는 그들을 보며 원숭이 어미와 새끼를 떠올리지 않을 수 없었다. 이는 조금도 그들을 비하하려는 생각이 아니었다. 내가 보기에 그 가슴 아픈 모습은 준準인간성과 보호를 나타냈다." 전쟁 질환은 인간과 동물의 경계가 지워지고 취약성이 전파되기에 알맞은 맥락으로 여겨졌다. Conway, *Living Tapestry*, 15.

45. Letter to Mervyn from Bill 15 September 1940. Haisman and Snellgrove, *Dear Merv … Dear Bill*, 83.

46. Dame Joan Varley, Maev Kennedy, "Sex, Fear and Looting: Survivors Disclose Untold Stories of the Blitz," *Guardian*, 5 October 2006, 9에서 재인용.

47. 다이애나 쿠퍼Diana Cooper의 남편은 당시 정보부 직원이었던 더프 쿠퍼Duff Cooper였다.

48. Cooper, *Autobiography*, 569.

49. Vera Brittain, *England's Hour*, 267. 이와 비슷한 생각은 니콜슨Nicolson의 일기에서도 발견된다. 그는 시 싱허스트 집의 호수에서 멱 감은 일을 설명하면서 1939년 9월의 참사에 대한 자신의 감정을 드러냈다. "나는 저 백조들이 2차 독일 전쟁에 대해 진실로 무관심하다는 것을 도저히 믿을 수 없었다." Nicolson, *Diaries and Letters*, 4 September 1939, 25.

50. Jill Watts, Personal account written at request of the author, July 2009.

51. Cox, diary entry, Sunday 15 November 1942.

52. Broad and Fleming, *Nella Last's War*, Saturday 22 March 1944, 110–112.

53. Broad and Fleming, *Nella Last's War*, 23 July 1940, 58.

54. 이 내용의 기원은 클로드 레비스트로스의 "선택된 동물종은 '먹기에 좋아서'가 아니라 '가지고 생각하기에 좋아서' 선택되었다.(Les espèces sont choisies non commes bonnes à manger, mais comme bonnes à penser.)"라는 문장이다. (From *The Savage Mind*, 1962.)

55. Tennyson Jesse, *London Front*, Letter 5 March 1940, 287.

56. Tennyson Jesse, *London Front*, 287.

57. Cox, diary entry, 3 and 5 September 1939.

58. Cox, diary entry, 5 September 1939.

59. Woman Mill Hill F40C 11 July 1941 Dogs in Wartime Pilot Survey 1/B.

60. M45D Euston Pilot Survey 11–14 July 1941 Dogs in Wartime 1/B.

61. M40C Euston Pilot Survey 11–14 July 1941 Dogs in Wartime 1/B.

62. M40D Euston Pilot 11–14 July 1941 Dogs in Wartime 1/B.

63. M50D Euston Pilot 11–14 July 1941 Dogs in Wartime 1/B.

64. M20C Hendon 27 August 1941 TC 79/1 E, Mass Observation.

65. Hodgson, *Few Eggs and No Oranges*, 11 June 1944, 480.

66. Foreword to Cox, diary.

67. M45B no. 28, 27 August 1941, Survey of non-dog owners 1E. 이 사람은 인터뷰하기 3년 전까지 개 를 길렀다. Mass Observation.

68. Matt and Stearns, *Doing Emotions History*, 1.

69. 누스바움Nussbaum의 주장은 "특별한 연민을 토대로 특정 동물의 특수한 역량을 특별하게 인식하는 관찰 자가 쓴 그 동물의 감정에 관한 서술은 (동물의) 직접 서술한 것에 못지 않다."는 것이다. *Upheavals of Thought*, 92.

70. 베코프Bekoff는 《사이언스》에서 미호 나가사와Miho Nagasawa 연구진의 논문 "옥시토신–응시의 양적 피드백 과 인간–개 유대의 공진화"라는 제목을 소개하고 있다. http://www.huffingtonpost.com/marc-bekoff/ dogs-humans-and-the-oxyto_b_7081010.html visited 20 April 2015.

71. Bentham, *The Principles of Morals and Legislation*, chapter 18, section 1, Kean, *Animal Rights*, 22에서 재인용.

72. "동물의 감정 상태를 인정하거나 탐구하거나 최소한 추측이라도 하는 과학자는 극소수다." Masson and McCarthy, *When Elephants Weep*, 19–20.

73. Birke and Hockenhull, "Journeys Together," 96.

74. Broad and Fleming, *Nella Last's War*, 10 November 1942, 216–217. 위 인용 문단의 출처도 동일하다.

75. Bradshaw, *In Defence of Dogs*, 207.

76. Bradshaw, *In Defence of Dogs*, 223. 브래드쇼는 고양이와 개 모두 인간 주인과 "애정을 근본으로 한" 관계를 맺는다고 본다. Bradshaw, *Cat Sense*, 191. 베코프는 이 점에 있어 더 신중하다. "우리에게는 동물이 필요하지만, 많은 동물이 우리가 없어야 훨씬 더 잘사는 것이 틀림없다." Bekoff, *The Emotional Lives of Animals*, 19. 철학자들 또한 동물의 감정을 탐색하기 시작했다. 가령 마크 롤랜즈Mark Rowlands 는 동물이 도덕적 주체일 "수 있으며"(p. 33) "어떤 동물은 다른 존재의 행복과 행운에 관심을 가지고 있 는 것으로 보인다."고 주장한다. *Can Animals be Moral?*, 8.

77. Howell, "At Home and Astray," 83.

78. Lees-Milne, *Ancestral Voices*, 25 August 1942, 92. 이 일기 작가의 글을 소개해 준 앤 마셜Anne Marshall에게 감사한다.

79. Benson, "Animal Writes," 3.

80. Klemperer, *To the Bitter End*, entry for 15 May 1942, 64. 이 자료를 소개해 준 브렌다 커시Brenda Kirsch 에게 감사한다.

81. Klemperer, *To the Bitter End*, 16 March 1942, 3.

82. Klemperer, *To the Bitter End*, 15 May 1942, 63-64.

83. Klemperer, *To the Bitter End*, 18 May 1942, 66-68.

84. Klemperer, *To the Bitter End*, 19 May 1942, 67.

85. Klemperer, *To the Bitter End*, 19 May and 22 May 1942, 67.

86. 가령 체임벌린이 남기고 간 '재무부 빌Treasury Bill(후에 뮌헨 쥐잡이Munich Mouser로 개명한 것으로 알려졌다)'은 이 전쟁 중에도 정부 주요 부처의 사무실을 돌아다녔다. 처칠의 보좌관 존 마틴 경sir John Martin은 1943년 7월 이 고양이가 의문의 정황 속에서 외무부 건물에서 죽은 채 발견되었을 때, 이 자리를 잇겠다고 전국에서 검은 고양이가 몰려올까 봐 당분간 사망 사실을 공개하지 않았다고 썼다. S. J. Martin, *Downing Street*, 4-5, 32, 106. 처칠은 이 고양이를 쓰레기통에 처리한 줄 알고 자신이라면 10번가의 뒤뜰에 묻었을 것이라고 말하기도 했다. Eden, *The Reckoning*, 339, S. J. Martin, *Downing Street*, 107에서 재인용.

87. Dilks, *Churchill and Company*, 44-45. 이 자료를 소개해 준 로저 매카시Roger McCarthy에게 감사한다. 넬슨은 1940년 10월 처칠과 함께 런던 교외의 총리 관저인 체커스로 피신했다가 1943년 7월 런던으로 돌아왔다. 넬슨은 새벽 네 시에 "창가를 우당탕 걸으며" 한 시간 전에 겨우 잠든 처칠의 보좌관을 깨웠다. 놀랍지 않게도 보좌관은 "난 넬슨을 별로 안 좋아한다."고 밝혔다. S. J. Martin, *Downing Street*, 106.

88. Dilks, *Churchill and Company*, 44-45.

89. http://www.bbc.co.uk/schoolreport/25751787 visited 8 December 2015에서 확인할 수 있다.

9장

1. Email from the former RSPCA Information and Records Officer Chris Read to author 17 May 2007.

2. Script of Christopher Stone radio broadcast 19 November 1939, HO 186/1417.

3. 이 법에는 사전 예고 사항이 하나 있었다. 제도적 자격이 없이 동물 진료를 주요 생계 수단으로 살아가는 사람은 과거 10년 중에 7년 이상 진료한 경우 영업을 계속할 수 있다는 것이었다. Comben, *Dogs, Cats and People*, 222-223; http://trust.rcvs.org.uk /heritage-and-history/history-of-the-rcvs/.

4. Outside the home, research into more intensive forms of farming was given an impetus due to shortages in wartime food production: Artificial insemination was a key development. 대서양에서 호위함이 공격당한 뒤 국내 식량 생산의 필요성이 강조되면서 1942년 케임브리지에 최초의 인공수정 설비가 마련되었다. 그 전까지 정부는 도덕적인 이유로 반대하는 종교 단체와 상업적인 이유로 반대하는 황소 사육자 때문에 인공수정을 허가하지 않았다. 도입 후 10년이 지나지 않아 낙농업용 젖소 중 높은 비율이 인공수정으로 사육되었다. Polge, "The Work of the Animal Research Station, Cambridge"; Woods, "The Farm as Clinic."

5. 당시 전국수의학협회 회장이었던 레그 울리지Reg Woolridge는 1942년 수의학 교육 트러스트를 설립했고, 1947년에는 런던 남부의 개업의 S. F. J. 호지만Hodgman을 초대 소장으로 하여 뉴마켓 근처 케넷에 개보건센터를 열었는데 이것의 후신이 영국소동물수의사협회다. Jones, "A Short History of British Small Animal Practice," 123.

6. B1654 Male Widower 78, Summer directive 2009, Animals and Humans Directive, Mass Observation.

7. Bekoff, *The Emotional Lives of Animals*, 21.

8. Fudge, *Pets*, 39.

9. Montague, *Let the Good Work Go On*, 10.

10. Battersea Dogs Home, *Annual Report 87*, 1947, 11.

11. 이에 더해 '주인 있는' 개 약 2,500마리와 고양이 2,000마리가 안락사당했다. Battersea Dogs Home *Annual Report 87*, 1947. 이 보고서는 안락사의 이유를 구체적으로 분석하지는 않는다.

12. Minutes of Windsor, Uxbridge, Hillingdon RSPCA, 7 August 1946.

13. Arthur Frank, *The Wounded Storyteller* (University of Chicago Press, 1995), 22, Irvine, *My Dog Always Eats First*, 7에서 재인용.

14. 원래 하이드파크 코너 안에 부지를 얻으려 했으나 그곳은 임페리얼 메모리얼 게이츠Empire Memorial Gates에 주어졌다. Ward-Jackson, *Public Sculpture of Historic Westminster*, vol. 1, 187.

15. 그 전의 기념물, 가령 에든버러성에 있는 '스코틀랜드 국립 전쟁 기념비', 시드니의 하이드파크에 있는 전사자 기념물에는 말과 함께 죽어가거나 말과 함께 공동 임무를 수행하기 위해 집결한 인간 등 인간의 형상

이 들어 있다. Kean, "Britain at War"; "Animals and War Memorials"; "Commemorating Animals: Glorifying Humans?"를 참조할 것.

16. 사이먼Simon을 나타내는 것으로 추정되는 고양이도 한 마리 있다. 이 고양이는 1949년 양쯔강 사건 때 영해군의 애머시스트호에서 쥐잡이로 복무했으며 아픈동물을위한진료소 묘지에 묻혔다.

17. Animal Aid, *Animals: The Hidden Victims of War*.

18. Burt, "Reviews: The Animals' War Exhibition."

19. Kean, *Animal Rights*, 169-174; Leinon, "Finnish Narratives of the Horse in World War 11"; Litten, "Starving the Elephants"; I. J. Miller, *The Nature of the Beasts*.

20. 기념문은 기념비 뒤편에 있다.

21. 국립추모수목원에는 애머시스트호의 고양이 사이먼을 기리는 덤불도 있다. 이곳은 '제한된' 추모 장소가 아니라 기념비를 계속 더 세울 수 있는 곳임을 기억해야 한다.

22. Sarah Lowe et al., "The Impact of Pet Loss on the Perceived Social Support and Psychological Distress of Hurricane Survivors," *Journal of Traumatic Stress* 22, no. 3 (2009): 244-247, Potts and Gadenne, *Animals in Emergencies*, 236에서 재인용.

23. Potts and Gadenne, *Animals in Emergencies*, 240.

24. 여러 사례 중에서도 사후에 디킨 훈장을 수여한 테오Theo의 이야기를 참고할 것. 《가디언Guardian》까지도 평소의 태도와 달리 그런 이야기를 전하고 있다. Richard Norton-Taylor, "An Inseparable Pair: Dog Dies after Handler Is Killed," *Guardian*, 3 March 2011; "The Sun's Hero Dog Award," *Wag*, The Dogs Trust, summer 2011 (pages unnumbered).

25. 알렉스 머치Alex Mutch는 학대받던 데이브Dave를 조명탄 한 상자와 맞바꾸는 방법으로 구조되었다. 그는 이렇게 설명했다. "이 개는 우리가 그곳에 있는 동안 부대의 애완견으로 있을 예정이었지만, 내가 이 이야기를 전하자 나의 누나는 우리가 그곳을 떠날 때 총살당할 것이라며 개를 구조하기 위해 캠페인을 벌이기로 결정했다." Miranda Bryant, "Marine Saves Dog from Torture in Afghanistan," *Evening Standard*, 28 April 2011, 32-33. http://www.nowzad.com/about/our-mission-in-afghanistan/도 참조할 것.

26. Benjamin, "Theses on the Philosophy of History"를 참조할 것.

27. As Nella Last wrote on 31 August 1939; cited in File Report 621, 11. 이 자료를 제공해 준 제임스 힌턴James Hinton에게 감사한다.

28. Townsend, *The Family Life of Old People*, 253, 261.

29. Townsend, *The Family Life of Old People*, 12.

30. Email from the former Information and Records Officer Chris Read to author 17 May 2007. 크리스 리드Chris Read와 왕립동물학대방지협회의 활동가 리처드 라이더Richard Ryder는 열린 태도와 이 단체에 대한 지식으로 나에게 큰 도움을 주었다. 연구자에게는 쉽게 공개하지 않는 미출간 자료를 내가 이용할 수 있게 해 준 데 대해 다시 한 번 감사한다.

31. Kirby and Moss, *Animals Were There*, 18-19.

32. 이 글을 쓰는 현재(2015년 12월) 보수당 정부는 2004년 사냥법에서 금지하는 방식으로 여우를 사냥하는 사냥꾼 등을 대상으로 고발 절차를 진행할 수 있는 왕립동물학대방지협회의 법적 권리를 축소하려고 하고 있다.

문헌과 기사

Addison, Paul. "National Identity and the Battle of Britain." In *War and the Cultural Construction of Identities in Britain*, edited by Barbara Korte and Ralf Schneider, 225–240. Amsterdam: Rodopi, 2002.

Addison, Paul and Crang, Jeremy A., eds. *Listening to Britain: Home Intelligence Reports on Britain's Finest Hour May to September 1940*. London: Bodley Head, 2010.

Age Exchange Reminiscence Group. *Londoners Remember Living through the Blitz*. Edited by Pam Schweitzer. London: Age Exchange, 1991.

Alanbrooke. *War Diaries, 1939–1945: Field Marshal Lord Alanbrooke*. Edited by Alex Danchev and Daniel Todman. Berkeley: University of California Press, 2001.

Alger, Janet M. and Steven F. Alger. *Cat Culture: The Social World of a Cat Shelter*. Philadelphia: Temple University Press, 2003.

Allan, Roy and Clarissa Allan. *The Essential German Shepherd Dog*. Letchworth: Ringpress Books, 1994.

Andrews, Maggie and Janice Lomas, eds. *The Home Front in Britain: Images, Myths and Forgotten Experiences since 1914*. Basingstoke: Palgrave Macmillan, 2014.

Animal Aid. *Animals: The Hidden Victims of War*. Tonbridge: Animal Aid, 2006.

"Animals A.R.P." *Picture Post*, 7 December 1940, 22–23.

Animal Studies Group. *Killing Animals*. Chicago: University of Illinois Press, 2006.

Anon. *Front Line 1940–1941: The Official Story of the Civil Defence of Britain*. London: HMSO, 1941.

Anon. *A Woman in Berlin*. With an introduction by Antony Beevor. London: Virago, 2005.

Ash, Edward C.. *Puppies: Their Choice, Care and Training*. London: John Miles, 1936.

Ashton, Paul, and Hilda Kean. *Public History and Heritage: People and Their Pasts*. Basingstoke: Palgrave Macmillan, 2012.

Bachelard, Gaston T.. *The Poetics of Space*. Translated by Maria Jolas. Boston: Beacon Press, 1994.

Baker, Steve. *Artist / Animal*. Minneapolis: University of Minnesota Press, 2013.

Balshaw, June and Malin Lundin. *Memories of War: New Narratives and Untold Stories*. London: University of Greenwich, 2010.

Beardmore, George. *Civilians at War: Journals 1938–46*. Oxford: Oxford University Press, 1986.

Bekoff, Marc. *The Emotional Lives of Animals*. Novato, CA: New World Library, 2007.

Bell, Amy Helen. *London Was Ours: Diaries and Memoirs of the London Blitz*. London: I. B. Tauris, 2008.

Bell, Ernest. "British War Dogs." *Animals' Friend* 27, no. 3 (December 1920): 25–26.

Bell, Ernest and Harold Baillie Weaver. *Horses in Warfare*. London: Animals' Friend Society, 1912.

Benjamin, Walter. "Theses on the Philosophy of History." In *Illuminations*, edited by Hannah Arendt, 247–249. London: Fontana, 1992.

Benson, Etienne. "Animal Writes: Historiography, Disciplinarity, and the Animal Trace." In *Making Animal Meaning*, edited by Linda Kalof and Georgina F. Montgomery, 3–16. East Lansing: Michigan State University Press, 2011.

Best, Geoffrey. *Churchill: A Study in Greatness*. Oxford: Oxford University Press, 2003.

Bion, Wilfred R.. "The War of Nerves: Civilian Reaction, Morale, and Prophylaxis." In *The Neuroses in War*, edited by Emanuel Miller, 180–200. London: Macmillan, 1940.

Birke, Lynda and Joanna Hockenhull. "Journeys Together: Horses and Humans in Partnership." *Society and Animals* 23, no. 1 (2015): 81–100.

Bowker, G. H.. "When the War Is Over." *Animals' Defender* (March 1940): 89.

Bradshaw, John. *Cat Sense: The Feline Enigma Revealed*. London: Allen Lane, 2013.

_____, *In Defence of Dogs*. London: Allen Lane, 2011.

Brander, Michael. *Eve Balfour: The Founder of the Soil Association and Voice of the Organic Movement*. Haddington: Gleneil, 2003.

Brantz, Dorothee, ed. *Beastly Natures: Animals, Humans, and the Study of History*. Charlottesville: University of Virginia Press, 2010.

British Union for the Abolition of Vivisection (BUAV). *The National Health Service Act and Vivisection*. Bromley, Kent: BUAV, 1947.

Brittain, Vera. *England's Hour*. London: Macmillan, 1940.

Broad, R. and S. Fleming, eds. *Nella Last's War*. Bristol: Falling Wall Press, 1981.

Burlingham, Dorothy and Anna Freud. *Young Children in War–Time: A Year's Work in a Residential War Nursery*. London: G. Allen and Unwin, 1942.

Burney, Ian. "War on Fear: Solly Zuckerman and Civilian Nerve in the Second World War." *History of the Human Sciences* 25, no. 5 (2012): 49–72.

Burt, Jonathan. "Conflicts around Slaughter in Modernity." In *Killing Animals*, Animal Studies Group, 120–144. Chicago: University of Illinois Press, 2006.

_____, "The Illumination of the Animal Kingdom: The Role of Light and Electricity in Animal Representation." *Society and Animals* 9, no. 3 (2001): 203–228.

_____, "Invisible Histories: Primate Bodies and the Rise of Posthumanism in the Twentieth Century." In *Animal Encounters*, edited by Tom Tyler and Manuela Rossini, 159–172. Leiden: Brill, 2009.

_____, "Review of Cary Wolfe, *Zoontologies* and *Animal Rites*." *Society and Animals* 13, no. 2 (2005): 167–170.

_____, "Reviews: The Animals' War Exhibition." *History Today* (October 2006): 71.

Burton, David. *Bexhill in World War Two*. Bexhill–on–Sea: Bexhill Museum Association, 1998.

Calder, Angus. *The Myth of the Blitz*. London: Pimlico, 1992.

_____, *The People's War*. London: Cape, 1986.

Calder, Ritchie. *Carry on London*. London: English Universities Press, 1941.

Cato [Michael Foot, Frank Owen, and Peter Howard]. *Guilty Men*. London: Victor Gollancz, 1940.

Clabby, John. *A History of the Royal Army Veterinary Corps, 1919–61*. London: J. A. Allen, 1963.

Cockett, Olivia. *Love and War in London: A Woman's Diary 1939–1942*. Edited by Robert Malcolmson. Stroud: History Press, 2008.

Comben, Norman. *Dogs, Cats and People: A Vet's Eye View*. London: Thames and Hudson, 1955.

Conway, Peter. *Living Tapestry*. London: Staples Press, 1946.

Cooper, Diana. *Autobiography*. Salisbury: Michael Russell, 1979.

Cornish, F. J.. *Animals of To–day: Their Life and Conversation*. London: Sweeley, 1898.

Cousens, Frederick. *Dogs and Their Management*. 3rd ed. London: Routledge, 1934.

Cronin, J. Keri. "'Can't You Talk?' Voice and Visual Culture in Early Animal Welfare Campaigns." *Early Popular Visual Culture* 9, no. 3 (2011): 203–223.

Croxton–Smith, Arthur *British Dogs*. London: Collins, 1946.

_____, *Tailwaggers*. London: Country Life, 1931.

Croxton–Smith, Arthur and others. *Animals Home Doctor: Encyclopaedia of Domestic Pets*. London: Amalgamated, 1934.

Cummins, B. D.. *Colonel Richardson's Airedales: The Making of the British War Dog School 1900–1918*. Calgary, Alberta: Detselig, 2003.

Darnton, Robert. "The Workers Revolt: The Great Cat Massacre of the Rue Saint–Severin." In *The Great Cat Massacre and Other Episodes in French Cultural History*, 75–104. London: Penguin, 2001.

Dashper, Katherine. "The Elusiveness of 'Feel' in the Horse–Human Relationship: Communication, Harmony and Understanding." Paper presented at Cosmopolitan Animals, Institute of English Studies, University of London, UK, October 26–27, 2012.

_____, "Tools of the Trade or Part of the Family? Horses in Competitive Equestrian Sport." *Society and Animals* 22, no. 4 (2014): 352–371.

Demarne, Cyril. *The London Blitz: A Fireman's Tale*. London: Parents' Centre, 1980.

Dilks, David. *Churchill and Company: Allies and Rivals in War and Peace*. London: I. B. Tauris, 2012.

Dobson, Alan S.. *The War Effort of the Birds*. Leaflet no. 100. London: Royal Society for the Protection of Birds, n.d.

Donaldson, Sue and Will Kymlicka. *Zoopolis: A Political Theory of Animal Rights*. Oxford: Oxford University Press, 2011.

Douglas, Nina, Duchess of Hamilton and Brandon. *The Chronicles of Ferne*. London: Animal Defence Society, 1951.

Eley, Geoff. "Finding the People's War." *American Historical Review* 106 (2001): 818–838.

Field, Geoffrey. "Nights Underground in Darkest London: The Blitz 1940–1941." *International Labour and Working Class History* 62 (2002): 11–49.

Fielding, Steven. "The Good War: 1939–1945." In *From Blitz to Blair*, edited by Nick Tiratsoo, 25–52. London: Weidenfeld & Nicolson, 1997.

Finn, Frank. *The Budgerigar*. London: Feathered World, [1925?].

_____, *Pets and How to Keep Them*. London: Hutchinson, 1907.

Finney, Patrick. *Remembering the Road to World War Two: International History, National Identity, Collective Memory*. London: Routledge, 2011.

Fitzgibbon, Constantine. *The Blitz*. London: Corgi, 1974. First published 1957.

FitzGibbon, Theodora. *With Love*. London: Century, 1982.

Folkes, John, ed. *Dogs, Goats, Bulbs and Bombs: Esther Rowley's Wartime Diaries of Exmouth and Exeter*. Stroud: History, 2010.

Foster, Rodney. *The Real Dad's Army: The War Diaries of Col. Rodney Foster*. Edited by Ronnie Scott. London: Pension, 2011.

Fudge, Erica. "A Left–Handed Blow: Writing the History of Animals." In *Representing Animals*, edited by Nigel Rothfels, 3–18. Bloomington: Indiana University Press, 2002.

_____, *Pets*. Stocksfield: Acumen, 2008.

_____, "What Was It Like to Be a Cow? History and Animal Studies." In *The Oxford Handbook of Animal Studies*, edited by Linda Kalof, 1–14. doi:10.1093/oxfordhb/9780199927142.013.28.

Galsworthy, Ada. *The Dear Dogs*. London: William Heinemann, 1935.

Galvayne, Sydney. *War Horses Present and Future; or, Remount Life in South Africa*. London: R. A. Everett, 1902.

Gardiner, Andrew. "The 'Dangerous' Women of Animal Welfare: How British Veterinary Medicine Went to the Dogs." *Social History of Medicine* 27, no. 3 (2014): 466–487.

Gardner, George. *Cavies or Guinea Pigs*. London: L. Upcott Gill, 1913.

Garfield, Simon, ed. *We Are at War: The Remarkable Diaries of Five Ordinary People in Extraordinary Times*. London: Ebury, 2005.

Gilbert, Martin. *Second World War*. London: Phoenix, 2000.

Glover, Edward. "Notes on the Psychological Effects of War Conditions on the Civilian Population." *International Journal of Psycho–Analysis* 22 (1941): 132–146.

Goodall, Felicity. *Voices from the Home Front*. Newton Abbot: David & Charles, 2004.

Gordon, Sophie. *Noble Hounds and Dear Companions*. London: Royal Collections, 2007.

Gough, Paul. "'Garden of Gratitude': The National Memorial Arboretum and Strategic Remembering." In *Public History and Heritage: People and Their Pasts*, edited by Ashton and Kean, 95–112.

Gray, Ann and Erin Bell. *History on Television*. Abingdon: Routledge, 2013.

Greene, Graham. *Ways of Escape*. London: Bodley Head, 1980.

Griffin, Alice. *Lost Identity: Memoir of a World War II Evacuee*. Alice Griffin, 2008.

Guerrini, Anita. *Experimenting with Humans and Animals*. Baltimore: John Hopkins University Press,

2003.

Haisman, Mervyn and L. E. Snellgrove. *Dear Merv ··· Dear Bill*. Llandysul: Gomer, 1992.

Haldane, J. B. S.. *A.R.P.* Left Book Club ed. London: Victor Gollancz, 1938.

Hall, Libby. *These Were Our Dogs*. London: Bloomsbury, 2007.

Harcourt–Brown, Nigel and Chitty, John. *BSAVA Manual of Psittacine Birds*. 2nd ed. Gloucester: British Small Animal Veterinary Association, 2005.

Harrisson, Tom. *Living through the Blitz*. Harmondsworth: Penguin, 1979.

Hediger, Ryan, ed. *Animals and War: Studies of Europe and North America*. Leiden: Brill, 2013.

Henderson, Sir Nevile. *Hippy in Memoriam: The Story of a Dog*. London: Hodder and Stoughton, 1943.

Hennessy, Peter. *Never Again: Britain 1945–51*. London: Cape, 1992.

Hewison, Robert. *Under Siege: Literary Life in London 1939–1945*. London: Weidenfeld and Nicolson, 1977.

Hinchliffe, Steve, Matthew Kearnes, Monica Degen, and Sarah Whatmore. "Urban Wild Things: A Cosmopolitical Experiment." *Environment and Planning D: Society and Space* 23, no. 5 (2005): 643–658.

Hobday, Frederick. *Fifty Years a Veterinary Surgeon*. London: Hutchinson, 1938.

Hodder–Williams, John Edward. *Where's Master? By Caesar, the King's Dog*. London: Hodder & Stoughton, 1910.

Hodgson, Vere. *Few Eggs and No Oranges: A Diary Showing How Unimportant People in London and Birmingham Lived through the War Years 1940–45 Written in the Notting Hill Area of London*. Edited by Jenny Hartley. London: Persephone Books, 1999.

Hostettler, Eve. *The Island at War: Memories of Wartime Life on the Isle of Dogs, East London*. London: Island History Trust, 1990.

Howell, Philip. "The Dog Fancy at War: Breeds, Breeding and Britishness 1914–1918." *Society and Animals* 21, no. 6 (2013): 546–567.

_____, *At Home and Astray: The Domestic Dog in Victorian Britain*. Charlottesville: University of Virginia Press, 2015.

Hribal, Jason C.. "Animals, Agency, and Class: Writing the History of Animals from Below." *Human Ecology Review* 14, no.1 (2007): 101–112.

Hughes, Molly. *A London Family between the Wars*. Oxford: Oxford University Press, 1993.

Humphrey, George. *Eastbourne at War: Portrait of a Front Line Town*. Seaford: S. B., 1998.

Hunt, Karen. "A Heroine at Home: The Housewife on the First World War Home Front." In *The Home Front in Britain*, edited by Maggie Andrews and Janice Lomas, 73–91. Basingstoke: Pal–grave Macmillan, 2014.

Hylton, Stuart. *Kent and Sussex 1940: Britain's Front Line*. Barnsley: Pen and Sword, 2004.

Irvine, Leslie. *My Dog Always Eats First*. Boulder, CO: Lynne Rienner, 2013.

Isaacs, Susan, ed. *The Cambridge Evacuation Survey*. London: Methuen, 1941.

Jackson, Julian. *The Fall of France: The Nazi Invasion of 1940*. Oxford: Oxford University Press, 2003.

Jackson, Kevin. *Humphrey Jennings*. London: Picador, 2004.

Jacobs, Nancy J.. "The Great Bophuthatswana Donkey Massacre: Discourse on the Ass and the Politics of Class and Grass." *American Historical Review* 106, no. 2 (2001): 485–506.

James, Allan J.. "A Visit to the Leipzig Veterinary College and Public Abattoir." *Veterinary Journal* 95 (May 1939): 174–177.

Jones, Bruce V.. "A Short History of British Small Animal Practice." *Veterinary History* 15, no. 2 (2010): 93–135.

Jones, Bruce V. and Clare Boulton. "Robert Stordy 1873–1943." *Veterinary History* 16, no.4 (2013): 394–407.

Joseph, Michael. *Cat's Company*. 2nd ed. London: Michael Joseph,1946.

_____, *Charles: The Story of a Friendship*. London: Michael Joseph, 1943.

Kean, Hilda. *Animal Rights: Political and Social Change in Britain since 1800*. London: Reaktion,

2000.

_____, "Animals and War Memorials: Different Approaches to Commemorating the Human–Animal Relationship." In *Animals and War*, edited by Ryan Hediger, 237–262. Leiden: Brill, 2013.

_____, "Britain at War: Remembering and Forgetting the Animal Dead of the Second World War." In *Mourning Animals*, edited by Margo de Mello. East Lansing: Michigan State University Press, 2016.

_____. "Challenges for Historians Writing Animal–Human History: What Is Really Enough?" *Anthrozoos* 25, no. S1 (2012): 57–72.

_____. "Commemorating Animals: Glorifying Humans? Remembering and Forgetting Animals in War Memorials." In *Lest We Forget: Remembrance and Commemoration*, edited by Maggie Andrews, Charles Bagot–Jewitt, Nigel Hunt, 60–70. Stroud: History Press, 2011.

_____. "Continuity and Change: The Identity of the Political Reader." *Changing English* 3, no. 2 (1996): 209–218.

_____. "An Exploration of the Sculptures of Greyfriars Bobby, Edinburgh, Scotland and the Old Brown Dog in Battersea, South London, England." *Society and Animals Journal of Human–Animal Studies* 11, no. 4 (2003): 353–373.

_____. "The Home Front as a 'Moment' for Animals (and Humans): The Animal–Human Relationship in Contemporary Diaries and Personal Accounts." In *The Home Front in Britain*, edited by Maggie Andrews and Janice Lomas, 152–169. Basingstoke: Palgrave Macmillan, 2014.

_____. "Human and Animal Space in Historic 'Pet' Cemeteries in London, New York and Paris." In *Animal Death*, edited by Fiona Probyn–Rapsey and Jay Johnson, 21–42. Sydney: University of Sydney Press, 2013.

_____. "The Moment of Greyfriars Bobby: The Changing Cultural Position of Animals 1800–1920." In *A Cultural History of Animals in the Age of Empire 1800–1920*, Vol. 5, 25–46, edited by Kathleen Kete. Oxford: Berg, 2007.

_____. "Nervous Dogs Need Admin, Son." *Antennae* 23 (2012): 61–63.

_____. "The Smooth Cool Men of Science: The Feminist and Socialist Response to Vivisection." *History Workshop Journal* 40 (1995): 16–38.

_____. "Traces and Representations: Animal Pasts in London's Present." *London Journal* 36, no. 1 (2011): 54–71.

_____. "Vets and Pets: Tensions between the Veterinary Profession, the State and Animal Charities in World War 2." Lecture at Centre for Animal Welfare, Department of Veterinary Science, University of Cambridge, 5 March 2012.

Kean, Hilda and Paul Martin. *The Public History Reader*. Abingdon: Routledge, 2013.

Kete, Kathleen. *The Beast in the Boudoir: Petkeeping in Nineteenth–Century Paris*. Berkeley: University of California Press, 1994.

_____, ed. *A Cultural History of Animals in the Age of Empire 1800–1920*. Oxford: Berg, 2007.

King, Elspeth and Maggie Andrews. "Second World War Rationing: Creativity and Buying to Last." In *The Home Front in Britain*, edited by Maggie Andrews and Janice Lomas, 184–200. Basingstoke: Palgrave Macmillan, 2014.

Kinney, James and Ann Honeycutt. *How to Raise a Dog in the City and in the Suburbs*. London: Hamish Hamilton, 1939.

Kipps, Clare. *Sold for a Farthing*. London: Frederick Muller, 1956.

Kirby, Elizabeth and Arthur W. Moss. *Animals Were There: A Record of the RSPCA during the War of 1939–1945*. London: Hutchinson, n.d.

Kirk, Robert G. W.. "In Dogs We Trust? Intersubjectivity, Response–able Relations, and the Making of Mine Detector Dogs." *Journal of the History of the Behavioral Sciences* 50, no. 1 (2014): 1–36.

Kirk, William Hamilton. *The Diseases of the Cat*. London: Bailliere, Tindall & Cox, 1925.

_____. *Index of Diagnosis (Clinical and Radiological) for the Canine and Feline Surgeon*. London: Balliere, 1939.

Kirkham, Pat. "Beauty and Duty: Keeping Up the Home Front." In *War Culture: Social Change &Changing Experience in World War Two*, edited by Pat Kirkham and David Thoms, 13–28. London: Lawrence & Wishart, 1995.

Klemperer, Victor. *To the Bitter End: The Diaries of Victor Klemperer 1942–1945*. Translated by Martin Chalmers. London: Phoenix, 2000.

Lane, Charles Henry. *All About Dogs*. London: John Lane, 1900.

Langdon–Davies, John. *Air Raid: The Technique of Silent Approach: High Explosives: Panic*. London: George Routledge & Sons, 1938.

Lees–Milne, James. *Ancestral Voices: Diaries 1942–1943*. London: Faber, 1984.

_____. *Prophesying Peace, 1944–1945*. London: Chatto and Windus, 1977.

Leinon, Rutta–Marja. "Finnish Narratives of the Horse in World War II." In *Animals and War*, edited by Ryan Hediger, 123–250. Leiden: Brill, 2013.

Levine, Joshua. *Forgotten Voices of Dunkirk*. London: Ebury, 2010.

Lewey, Frank R.. *Cockney Campaign*. London: Stanley Paul, 1944.

Li, Chein Hui. "Mobilizing Christianity in the Anti–vivisection Movement in Victorian Britain." *Journal of Animal Ethics* 2, no. 2 (2012): 141–161.

Light, Alison. *Mrs. Woolf and the Servants*. London: Fig Tree, 2007.

Lind af Hageby, Louise. *Bombed Animals ··· Rescued Animals ··· Animals Saved from Destruction*. Animal Defence and Anti–Vivisection Society, 1941.

_____. *On Immortality: A Letter to a Dog*. 2nd ed. London: Lind af Hageby, 1916.

Linzey, Andrew. *Why Animal Suffering Matters: Philosophy, Theology, and Practical Ethics*. Oxford: Oxford University Press, 2009.

Litten, Freddy S.. "Starving the Elephants: The Slaughter of Animals in Wartime Tokyo's Ueno Zoo." *Asia–Pacific Journal: Japan Focus*, September 21, 2009.

Lloyd–Jones, Buster. *The Animals Came in One by One*. London: Secker and Warburg, 1986.

Lukacs, John. *Five Days in London, May 1940*. New Haven, CT: Yale Nota Bene, 2001.

MacDonogh, Katherine. *Reigning Cats and Dogs: A History of Pets at Court since the Renaissance*. London: Fourth Estate, 1999.

Mackay, Robert. *Half the Battle: Civilian Morale in Britain during the Second World War*. Manchester: Manchester University Press, 2002.

MacNeice, Louis. *Autumn Journal*. London: Faber, 1996.

_____. *The Strings Are False: An Unfinished Autobiography*. London: Faber and Faber, 2007.

MacNicol, John. "The Evacuation of Schoolchildren." In *War and Social Change in British Society in the Second World War*, edited by Harold L. Smith, 3–31. Manchester: Manchester University Press, 1986.

Madge, Charles and Tom Harrisson. *Britain by Mass Observation*. Harmondsworth: Penguin, 1939.

Martin, Bob. *Bob Martin on Dogs*. 3rd ed. Southport: Bob Martin, [1920s?].

_____. *How to Care for Your Dog and Cat in Wartime*. Southport: Bob Martin, [1939].

Martin, Sir John. *Downing Street: The War Years*. London: Bloomsbury, 1991.

Mason, James. *The Cats in Our Lives*. London: Michael Joseph, 1949.

Masson, Jeffrey and Susan McCarthy. *When Elephants Weep: The Emotional Lives of Animals*. London: Cape, 1994.

Matheson, Colin. "The Domestic Cat as a Factor in Urban Ecology." *Journal of Animal Ecology* 13, no. 2 (1944): 130–133.

Matt, Susan J. and Peter N. Stearns. *Doing Emotions History*. Chicago: University of Illinois Press, 2014.

Mayer, Jed. "Representing the Experimental Animal: Competing Voices in Victorian Culture." In *Animals and Agency*, edited by Sarah E. Macfarland and Ryan Hediger, 181–206. Leiden: Brill, 2009.

McPherson, Susan and Angela McPherson. *Mosley's Old Suffragette: A Biography of Norah Dacre Fox*. Angela MacPherson and Susan McPherson, 2010.

McShane, Clay and Joel A. Tarr. *The Horse in the City: Living Machines in the Nineteenth Century*.

Baltimore: Johns Hopkins University Press, 2007.

_____. "The Horse in the Nineteenth–Century American City." In *Beastly Natures: Animals, Humans and the Study of History*, edited by Dorothee Brantz, 227–245. Charlottesville: University of Virginia Press, 2010.

Miller, Emanuel, ed. *The Neuroses in War*. London: Macmillan, 1940.

Miller, Ian Jared. *The Nature of the Beasts: Empire and Exhibition at the Tokyo Imperial Zoo*. Berkeley: University of California Press, 2013.

Millgate, Helen D.. *Mr. Brown's War: A Diary of the Second World War*. Stroud: Sutton, 1998.

Montague, Frederick. *Let the Good Work Go On*. London: PDSA, 1947.

Murray, J. K., W. J. Browne, M. A. Roberts, A. Whitmarsh, and T. J. Gruffydd–Jones. "Number and Ownership Profiles of Cats and Dogs in the UK." *Veterinary Record* 166 (2010): 163–168.

Nagel, Thomas. "What Is It Like to Be a Bat?" *Philosophical Review* 83, no. 4 (1974): 435–450.

National Air Raid Precautions Animals' Committee (NARPAC; under the auspices of the Home Office). *Wartime Aids for All Animal Owners*. London: NARPAC, [1939].

Nesbo, Jo. "Guardian Book Club." *Guardian*, May 3, 2014, 6.

_____. *The Redbreast*. London: Harper Collins, 2012.

Newman, Jon and Nilu York. *What to Do When the Air Raid Siren Sounds: Life in Lambeth during World War Two*. [Lambeth]: Lambeth Archives, 2005.

Nicolson, Harold. *Diaries and Letters 1930–1939*. Edited by Nigel Nicolson. London: Fontana, 1969.

_____. *Diaries and Letters 1939–1945*. Edited by Nigel Nicolson. London: Fontana, 1970.

Nixon, Barbara. *Raiders Overhead*. London: Lindsay Drummond,1943.

Nussbaum, Martha C.. *Upheavals of Thought: The Intelligence of Emotions*. Cambridge: Cambridge University Press, 2001.

O'Brien, Terence Henry. *Civil Defence*. London: HMSO, 1955.

Orwell, George. *The Complete Works of George Orwell*. Vol. 11, *Facing Unpleasant Facts 1937–1939*. Edited by Peter Davison, assisted by Ian Angus and Sheila Davison. London: Secker and Warburg, 1998.

_____. *The Complete Works of George Orwell*. Vol. 12, *A Patriot After All 1940–1941*. Edited by Peter Davison, assisted by Ian Angus and Sheila Davison. London: Secker and Warburg, 1998.

_____. "The English People." In *Collected Essays, Journalism, and Letters*, Vol. 3, *As I Please*, edited by Sonia Orwell and Ian Angus. London: Secker and Warburg, 1968.

_____. *George Orwel: A Life in Letters*. Edited by Peter Davison. London: Harvill Secker, 2010.

Our Dumb Friends League (ODFL). *18th Annual Report*. London: ODFL, 1938.

Overy, Richard. *The Bombing War: Europe 1939–1945*. London: Allen Lane, 2013.

Padley, Richard and Margaret Cole. *Evacuation Survey: A Report to the Fabian Society*. London: Routledge, 1940.

Partridge, Frances. *A Pacifist's War: Diaries 1939–1945*. London: Phoenix, 1999.

Pegasus. *Horse Talks: A Vade–Mecum for Young Riders*. London: Collins, 1948.

Pemberton, Neil and Matthew Warboys. *Mad Dogs and Englishmen: Rabies in Britain, 1830–2000*. Basingstoke: Palgrave Macmillan, 2007.

Perry, Colin. *Boy in the Blitz: The 1940 Diary of Colin Perry*. London: Corgi, 1974.

Pierce, Doris. *Memories of the Civilian War 1939–1945*. London: Temple, 1996.

Polge, Chris. "The Work of the Animal Research Station, Cambridge." *Studies in the History and Philosophy of the Biological and Biomedical Sciences* 38, no. 2 (2007): 511–520.

Porter, Mary Haskell. *Hastings in Peace and War 1930–1945*. [England]: Ferndale, 2002.

Potts, Annie and Donelle Gadenne. *Animals in Emergencies: Learning from the Christchurch Earthquakes*. Christchurch, New Zealand: Canterbury University Press, 2014.

Pratt, Jean Lucey. *A Notable Woman: The Romantic Journals of Jean Lucey Pratt*. Edited by Simon Garfield. Edinburgh: Canongate, 2015.

Quester, George H.. "The Psychological Effects of Bombing on Civilian Populations: Wars of the Past." In *Psychological Dimensions of War*, edited by Betty Glad, 201–214. Newbury Park,

CA: Sage, 1990.

Radford, Mike. *Animal Welfare Law in Britain*. Oxford: Oxford University Press, 2001.

Reddy, William M. *The Navigation of Feeling: A Framework for the History of Emotions*. Cambridge: Cambridge University Press, 2001.

Richardson, Edwin Hautenville. *British War Dogs, Their Training and Psychology*. London: Skeffington & Son, [1920].

_____. *Forty Years with Dogs*. London: Hutchinson, 1929.

Ritvo, Harriet. *The Animal Estate: The English and Other Creatures in Victorian England*. Cambridge, MA: Harvard University Press, 1989.

Robertson, Ben. *I Saw England*. London: Jarrolds, 1941.

Robinson, Keith. "Cats and Legislation." *Animals in Politics* 17 (August 1938), ODFL.

_____. "Cats Must Be Taxed." *Animals in Politics* 18 (September 1938), article 16, ODFL.

[Robinson, Keith]. Editorial. *Animals in Politics* 20 (Spring 1939), article 12, ODFL.

Roodhouse, Mark. *Black Market Britain 1939–1955*. Oxford: Oxford University Press, 2013.

Rose, Nikolas. *Governing the Soul: The Shaping of the Private Self*. London: Routledge, 1990.

Rose, Sonya O.. *Which People's War? National Identity and Citizenship in Wartime Britain 1939–1945*. Oxford: Oxford University Press, 2003.

Rosenzweig, Roy and David Thelen. *The Presence of the Past: Popular Sites of History in American Life*. New York: Columbia University Press, 1998.

Rosman, Alice Grant. *Nine Lives: A Cat of London in Peace and War*. New York: G. P. Putnam's Sons, 1941.

Rothfels, Nigel. *Savages and Beasts: The Birth of the Modern Zoo*. Baltimore: John Hopkins University Press, 2008.

Rowlands, Mark. *Can Animals Be Moral?* Oxford: Oxford University Press, 2012.

Schmideberg, Melitta. "Some Observations on Individual Reactions to Air Raids." *International Journal of Psycho–analysis* 23 (1942): 146–176.

Schmideberg, Walter. "The Treatment of Panic." *Life and Letters To–Day* 23, no. 7 (1939): 162–169.

Schneider, Peter. *The German Comedy: Science of Life after the Wall*. London: I. B. Tauris, 1992.

Schweitzer, Pam, ed. *Goodnight Children Everywhere: Memories of Evacuation in World War II*. [London]: Age Exchange Theatre Trust, 1990.

Scott, Sir Harold. *Your Obedient Servant*. London: Andre Deutsch, 1959.

Sewell, Brian. *Outsider: Always Almost, Never Quite: An Autobiography*. London: Quartet, 2012.

Shaffer, Mary Ann and Annie Barrows. *The Guernsey Literary and Potato Peel Pie Society*. London: Bloomsbury, 2009.

Sheial, John. "Wartime Rodent–Control in England and Wales." In *The Front Line of Freedom: British Farming in the Second World War*, edited by Brian Short, Charles Watkins, and John Martin. Exeter: British Agricultural History Society, 2006.

Sherley, A. F.. *Sherley's Dog Book*. London: A. F. Sherley, 1930.

Shirer, William L. *Berlin Diary: The Journal of a Foreign Correspondent*. Abingdon: Taylor and Francis, 2002.

Smail, Daniel Lord. *On Deep History and the Brain*. Berkeley: University of California Press, 2008.

Smith, Carmen. *The Blue Cross at War*. Burford: Blue Cross, 1990.

Smith, Horace. *A Horseman through Six Reigns: Reminiscences of a Royal Riding Master*. London: Odhams, 1955.

Smith, Malcolm. *Britain and 1940: History, Myth and Popular Memory*. London: Routledge, 2000.

Sokoloff, Sally. "The Home Front in the Second World War and Local History." *Local Historian* 32, no.1 (February 2002): 22–40.

Spender, Stephen. *World within World*. London: Faber, 1977.

Spillane, J. P.. "A Survey of the Literature of Neuroses in War." In *The Neuroses in War*, edited by Emanuel Miller, 1–32. London: Macmillan, 1940.

Stallwood, Kim. *Growl*. New York: Lantern, 2014.

Stansky, Peter. *First Day of the Blitz*. New Haven: Yale University Press, 2007.

Steedman, Carolyn. *Dust.* Manchester: Manchester University Press, 2001.

Stonebridge, Lyndsey. "Anxiety at a Time of Crisis." *History Workshop Journal* 45 (Spring 1998): 171–181.

Swarbrick, Nancy. *Creature Comforts: New Zealanders and Their Pets.* Dunedin: Otago University Press, 2013.

Swart, Sandra. "Horses in the South African War c.1899–1902." *Society and Animals Journal of Human–Animal Studies* 18 (2010): 348–366.

_____. *Riding High: Horses, Humans and History in South Africa.* Johannesburg: Witwatersrand University Press, 2010.

The Tail–Waggers Club. *The Tail–Waggers Club.* London: The Tail–Waggers Club, [1931?].

_____. *A Dog Owner's Guide.* London: The Tail–Waggers Club, [1931?].

_____. *On to the Million.* London: The Tail–Waggers Club, [1931?].

Tansey, Elizabeth. "Protection against Dog Distemper and Dogs Protection Bills: The Medical Research Council and Anti–Vivisectionist Protest 1911–1933." *Medical History* 38 (1994): 1–26.

Taylor, Nik. *Humans, Animals, and Society: An Introduction to Human–Animal Studies.* New York: Lantern, 2013.

Tennyson Jesse, F. and H. M. Harwood. *London Front: Letters Written to America, August 1939–July 1940.* London: Constable, 1940.

Thomas, Donald. *An Underworld at War: Spivs, Deserters, Racketeers and Civilians in the Second World War.* London: John Murray, 2003.

Thompson, Edward P.. *The Making of the English Working–Class.* 2nd ed. Harmondsworth: Penguin, 1980.

Thompson, F. M. L.. *Victorian England: The Horse–Drawn Society.* Inaugural lecture, Bedford College, University of London, 1970.

Thomson, Mathew. *Psychological Subjects: Identity, Culture and Health in Twentieth–Century Britain.* Oxford: Oxford University Press, 2006.

Thornton, David William. *Hastings: A Living History.* Hastings: Hastings, 1987.

Tichelar, Michael. "Putting Animals into Politics: The Labour Party and Hunting in the First Half of the Twentieth Century." *Rural History* 17, no. 2 (2006): 213–234.

Tindol, Robert. "The Best Friend of the Murderers: Guard Dogs and the Nazi Holocaust." In *Animals and War,* edited by Ryan Hediger, 105–122. Leiden: Brill, 2013.

Titmuss, Richard. *Problems of Social Policy.* London: HMSO, 1950.

Townsend, Peter. *The Family Life of Old People: An Inquiry in East London.* London: Routledge & Kegan Paul, 1957.

Trotter, Wilfred. "Panic and Its Consequences." In *The Collected Papers of Wilfred Trotter,* edited by Wilfred Trotter, 191–194. Oxford: Oxford University Press, 1941.

Turner, Ernest Sackville. *All Heaven in a Rage.* Fontwell: Centaur Press, 1992.

_____. *The Phoney War on the Home Front.* London: Michael Joseph, 1961.

Vale, George. *Bethnal Green's Ordeal 1939–1945.* London: Borough of Bethnal Green Council, 1945.

Ward–Jackson, Philip. *Public Sculpture of Historic Westminster.* Vol. 1. Liverpool: Liverpool University Press, 2011.

Webb, Beatrice. *The Diaries of Beatrice Webb.* Edited by Norman Mackenzie and Jeanne Mackenzie. London: Virago, 2000.

Westall, Robert. *Children of the Blitz: Memories of Wartime Childhood.* London: Macmillan, 1995.

Wilbert, Chris. "What Is Doing the Killing? Animal Attacks, Man–Eaters, and Shifting Boundaries and Flows of Human–Animal Relations." In *Killing Animals,* Animal Studies Group, 30–49. Chicago: University of Illinois Press, 2006.

Williams, Mrs. Leslie. *Sidney Appleton's Handbooks for Animal Owners: The Cat: Its Care and Management.* London: Sidney Appleton, 1907.

Williams, Shirley. *Climbing the Bookshelves: The Autobiography.* London: Virago, 2009.

Wilson, David. "Racial Prejudice and the Performing Animals Controversy in Early Twentieth-Century Britain." *Society and Animals* 17, no. 2 (2009): 149–165.

Wolfe, Cary. *What Is Posthumanism?* Minneapolis: University of Minnesota Press, 2010.

Woods, Abigail. "The Farm as Clinic: Veterinary Expertise and the Transformation of Dairy Farming, 1930–1950." *Studies in History and Philosophy of Biological and Biomedical Sciences* 38 (2007): 462–487.

Woolf, Virginia. *The Diary of Virginia Woolf.* Vol. 5, *1936–41.* Edited by Anne Olivier Bell, assisted by Andrew McNeillie. Harmondsworth: Penguin, 1984.

Woon, Basil. *Hell Came to London.* London: Peter Davies, 1941.

Ziegler, Philip. *London at War 1939–1945.* London: Sinclair–Stevenson, 1995.

Zuckerman, Solly. *From Apes to Warlords: The Autobiography (1904–1946).* London: Hamilton, 1978.

기록 자료

Battersea Dogs and Cats Home, London

BBC Sound Archives, Caversham, Reading

Bishopsgate Institute, London

Blue Cross Archives, Burford, Oxfordshire: Ethel Bilbrough, diary

Cats Protection League (now Cats Protection)

Imperial War Museum Archives

London Borough of Camden Archives

London Borough of Havering Archives (covering the former Wanstead and Woodford Borough Council)

London Borough of Tower Hamlets Archives

Mass Observation Archive, University of Sussex

The National Archives, Kew

National Canine Defence League

Royal College of Veterinary Surgeons, London

RSPCA Hillingdon

RSPCA National Archive, Horsham

WW2 People's War. An archive of World War Two memories—written by the public, gathered by the BBC: http://www.bbc.co.uk/history/ww2peopleswar/

동물은 전쟁에 어떻게 사용되나?

전쟁은 인간만의 고통일까? 자살폭탄 테러범이 된 개 등 고대부터 현대 최첨단 무기까지, 우리가 몰랐던 동물 착취의 역사.

동물노동

인간이 농장동물, 실험동물 등 거의 모든 동물을 착취하면서 사는 세상에서 동물노동에 대해 묻는 책. 동물을 노동자로 인정하면 그들의 지위가 향상될까?

동물주의 선언

(환경부 선정 우수환경도서)

현재 가장 영향력 있는 정치철학자가 쓴 인간과 동물이 공존하는 사회로 가기 위한 철학적·실천적 지침서.

동물학대의 사회학

(학교도서관저널 올해의 책)

동물학대와 인간폭력 사이의 관계를 설명한다. 페미니즘 이론 등 여러 이론적 관점을 소개하면서 앞으로 동물학대 연구가 나아갈 방향을 제시한다.

인간과 동물, 유대와 배신의 탄생

(환경부 선정 우수환경도서)

미국 최대의 동물보호단체 휴메인소사이어티 대표가 쓴 21세기 동물해방의 새로운 지침서. 농장동물, 산업화된 반려동물 산업, 실험동물, 야생동물 복원에 대한 허위 등 현대의 모든 동물학대에 대해 다루고 있다.

동물들의 인간 심판

(환경정의 올해의 청소년 환경책)

동물을 학대하고, 학살하는 범죄를 저지른 인간이 동물 법정에 선다. 고양이, 돼지, 소 등은 인간의 범죄를 증언하고 개는 인간을 변호한다. 이 기묘한 재판의 결과는?

물범 사냥

(노르웨이국제문학협회 번역 지원 선정)

북극해로 떠나는 물범 사냥 어선에 감독관으로 승선한 마리는 낯선 남자들과 6주를 보내야 한다. 남성과 여성, 인간과 동물, 세상이 평등하다고 믿는 사람들에게 펼쳐 보이는 세상.

황금 털 늑대

(학교도서관저널 추천도서)

공장에 가두고 황금빛 털을 빼앗는 인간의 탐욕에 맞서 늑대들이 마침내 해방을 향해 달려간다. 생명을 숫자가 아니라 이름으로 부르라는 소중함을 알려주는 그림책.

후쿠시마에 남겨진 동물들

(미래창조과학부 선정 우수과학도서, 환경부 선정 우수환경도서, 환경정의 청소년 환경책 권장도서)

2011년 3월 11일, 대지진에 이은 원전 폭발로 사람들이 떠난 일본 후쿠시마. 다큐멘터리 사진작가가 담은 '죽음의 땅'에 남겨진 동물들의 슬픈 기록.

후쿠시마의 고양이

(한국어린이교육문화연구원 으뜸책)

2011년 동일본 대지진 이후 5년. 사람이 사라진 후쿠시마에서 살처분 명령이 내려진 동물들을 죽이지 않고 돌보고 있는 사람과 함께 사는 두 고양이의 모습을 담은 평화롭지만 슬픈 사진집.

동물을 위해 책을 읽습니다

(한국출판문화산업진흥원 출판 콘텐츠 창작자금지원 선정, 국립중앙도서관 사서 추천 도서)

우리는 동물이 인간을 위해 사용되기 위해서만 존재하는 것처럼 살고 있다. 우리는 우리가 사랑하고, 함께 입고 먹고 즐기는 동물과 어떤 관계를 맺어야 할까? 100여 편의 책 속에서 길을 찾는다.

동물을 만나고 좋은 사람이 되었다

(한국출판문화산업진흥원 출판 콘텐츠 창작자금지원 선정)

개, 고양이와 살게 되면서 반려인은 동물의 눈으로, 약자의 눈으로 세상을 보는 법을 배운다. 동물을 통해서 알게 된 세상 덕분에 조금 불편해졌지만 더 좋은 사람이 되어 가는 개·고양이에 포섭된 인간의 성장기.

다정한 사신

일러스트레이터 제니 진야가 그려낸 고통받은 동물들을 새로운 삶의 공간으로 안내하는 위로의 그래픽 노블.

적색목록

(한국만화영상진흥원의 2021년 다양성만화제작 지원사업과 2023년 독립출판만화 제작 지원사업 선정)

끝없이 멸종위기종으로 태어나 인간에게 죽임을 당하는 동물들을 그린 그래픽 노블. 인간은 홀로 살아남을 것인가?

동물에 대한 예의가 필요해

일러스트레이터인 저자가 지금 동물들이 어떤 고통을 받고 있는지, 우리는 그들과 어떤 관계를 맺어야 하는지 그림을 통해 이야기한다. 냅킨에 쓱쓱 그린 그림을 통해 동물들의 목소리를 들을 수 있다.

대단한 돼지 에스더

(환경부 선정 우수환경도서, 학교도서관저널 추천도서)

인간과 동물 사이의 사랑이 얼마나 많은 것을 변화시킬 수 있는지 알려주는 놀라운 이야기. 300킬로그램의 돼지 덕분에 파티를 좋아하던 두 남자가 채식을 하고, 동물보호 활동가가 되는 놀랍고도 행복한 이야기.

장애견 모리

(한국출판문화산업진흥원 중소출판사 우수콘텐츠 제작지원 선정, 학교도서관저널 이달의 책)

21살의 수의대생이 다리 셋인 장애견을 입양한 후 약자에 배려없는 세상을 마주한다.

실험 쥐 구름과 별

동물실험 후 안락사 직전의 실험 쥐 20마리가 구조되었다. 일반인에게 입양된 후 평범하고 행복한 시간을 보낸 그들의 삶을 기록했다.

수술 실습견 쿵쿵따

수술 경험이 필요한 수의사들을 위해 수술대에 올랐던 개 쿵쿵따. 8년을 수술 실습견으로, 10년을 행복한 반려견으로 산 이야기.

채식하는 사자 리틀타이크

(아침독서 추천도서, 교육방송 EBS <지식채널e> 방영)

육식동물인 사자 리틀타이크는 평생 피 냄새와 고기를 거부하고 채식 사자로 살며 개, 고양이, 양 등과 평화롭게 살았다. 종의 본능을 거부한 채식 사자의 9년간의 아름다운 삶의 기록.

똥으로 종이를 만드는 코끼리 아저씨

(환경부 선정 우수환경도서, 한국출판문화산업진흥원 청소년 권장도서, 서울시교육청 어린이도서관 여름방학 권장도서, 한국출판문화산업진흥원 청소년 북토큰 도서)

코끼리 똥으로 만든 재생종이 책. 코끼리 똥으로 종이와 책을 만들면서 사람과 코끼리가 평화롭게 살게 된 이야기를 코끼리 똥 종이에 그려냈다.

노견은 영원히 산다

퓰리처상을 수상한 글 작가와 사진 작가가 나이 든 개를 위해 만든 사진 에세이. 저마다 생애 최고의 마지막 나날을 보내는 노견들에게 보내는 찬사.

유기동물에 관한 슬픈 보고서

(환경부 선정 우수환경도서, 어린이도서연구회에서 뽑은 어린이·청소년 책, 한국간행물 윤리위원회 좋은 책, 어린이문화진흥회 좋은 어린이책)

동물보호소에서 안락사를 기다리는 유기견, 유기묘의 모습을 사진으로 담았다. 인간에게 버려져 죽임을 당하는 그들의 모습을 통해 인간이 애써 외면하는 불편한 진실을 고발한다.

버려진 개들의 언덕

인간에 의해 버려져서 동네 언덕에서 살게 된 개들의 이야기. 새끼를 낳아 키우고, 사람들에게 학대를 당하고, 유기견 추격대에 쫓기면서도 치열하게 살아가는 생명들의 2년간의 관찰기.

개·고양이 자연주의 육아백과

세계적인 홀리스틱 수의사 피케른의 개와 고양이를 위한 자연주의 육아백과. 40만 부 이상 팔린 베스트셀러로 반려인, 수의사의 필독서. 최상의 식단, 올바른 생활습관, 암, 신장염, 피부병 등 각종 병에 대한 대처법도 자세히 수록되어 있다.

개, 고양이 사료의 진실

미국에서 스테디셀러를 기록하고 있는 책으로 반려동물 사료에 대한 알려지지 않은 진실을 폭로한다. 2007년도 멜라민 사료 파동 취재까지 포함된 최신판이다.

유기견 입양 교과서

보호소에 입소한 유기견은 안락사와 입양이라는 생사의 갈림길 앞에 선다. 이들에게 입양이라는 선물을 주기 위해 활동가, 봉사자, 임보자가 어떻게 교육하고 어떤 노력을 해야 하는지 차근차근 알려준다.

임신하면 왜 개, 고양이를 버릴까?

임신, 출산으로 반려동물을 버리는 나라는 한국이 유일하다. 세대 간 문화충돌, 무책임한 언론 등 임신, 육아로 반려동물을 버리는 사회현상에 대한 분석과 안전하게 임신, 육아 기간을 보내는 생활법을 소개한다.

펫로스 반려동물의 죽음
(아마존닷컴 올해의 책)

동물 호스피스 활동가 리타 레이놀즈가 들려주는 반려동물의 죽음과 무지개다리 너머의 이야기. 펫로스(pet loss)란 반려동물을 잃은 반려인의 깊은 슬픔을 말한다.

강아지 천국

반려견과 이별한 이들을 위한 그림책. 들판을 뛰놀다가 맛있는 것을 먹고 잠들 수 있는 곳에서 행복하게 지내다가 천국의 문 앞에서 사람 가족이 오기를 기다리는 무지개다리 너머 반려견의 이야기.

고양이 천국
(어린이도서연구회에서 뽑은 어린이·청소년 책)

고양이와 이별한 이들을 위한 그림책. 실컷 놀고 먹고, 자고 싶은 곳에서 잘 수 있는 곳. 그러다가 함께 살던 가족이 그리울 때면 잠시 다녀가는 고양이 천국의 모습을 그려냈다.

깃털, 떠난 고양이에게 쓰는 편지

프랑스 작가 클로드 앙스가리가 먼저 떠난 고양이에게 보내는 편지. 한 마리 고양이의 삶과 죽음, 상실과 부재의 고통, 동물의 영혼에 대해서 써 내려간다.

고양이 그림일기
(한국출판문화산업진흥원 이달의 읽을 만한 책)

장군이와 흰둥이, 두 고양이와 그림 그리는 한 인간의 일 년 치 그림일기. 종이 다른 개체가 서로의 삶의 방법을 존중하며 사는 잔잔하고 소소한 이야기.

고양이 임보일기

《고양이 그림일기》의 이새벽 작가가 새끼 고양이 다섯 마리를 구조해서 입양 보내기까지의 시끌벅적한 임보 이야기를 그림으로 그려냈다.

우주식당에서 만나
(한국어린이교육문화연구원 으뜸책)

2010년 볼로냐 어린이도서전에서 올해의 일러스트레이터로 선정되었던 신현아 작가가 반려동물과 함께 사는 이야기를 네 편의 작품으로 묶었다.

고양이는 언제나 고양이였다

고양이를 사랑하는 나라 터키의, 고양이를 사랑하는 글 작가와 그림 작가가 고양이에게 보내는 러브레터. 고양이를 통해 세상을 보는 사람들을 위한 아름다운 고양이 그림책이다.

고양이 안전사고 예방 안내서

고양이는 여러 안전사고에 노출되며 이물질 섭취도 많다. 고양이의 생명을 위협하는 식품, 식물, 물건을 총정리했다.

고양이 질병의 모든 것

40년간 3번의 개정판을 낸 고양이 질병 책의 바이블. 고양이가 건강할 때, 이상 증상을 보일 때, 아플 때 등 모든 순간에 곁에 두고 봐야 할 책이다. 질병의 예방과 관리, 증상과 징후, 치료법에 대한 모든 해답을 완벽하게 찾을 수 있다.

우리 아이가 아파요!
개·고양이 필수 건강 백과

새로운 예방접종 스케줄부터 우리나라 사정에 맞는 나이대별 흔한 질병의 증상·예방·치료·관리법, 나이 든 개, 고양이 돌보기까지 반려동물을 건강하게 키울 수 있는 필수 건강백서.

개 피부병의 모든 것

홀리스틱 수의사인 저자는 상업사료의 열악한 영양과 과도한 약물사용을 피부병 증가의 원인으로 꼽는다. 제대로 된 피부병 예방법과 치료법을 제시한다.

순종 개, 품종 고양이가 좋아요?

사람들은 예쁘고 귀여운 외모의 품종 개, 고양이를 좋아하지만 많은 품종 동물이 질병에 시달리다가 일찍 죽는다. 동물복지 수의사가 반려동물과 함께 건강하게 사는 법을 알려준다.

동물과 이야기하는 여자

SBS <TV 동물농장>에 출연해 화제가 되었던 애니멀 커뮤니케이터 리디아 히비가 20년간 동물들과 나눈 감동의 이야기. 병으로 고통받는 개, 안락사를 원하는 고양이 등과 대화를 통해 문제를 해결한다.

개에게 인간은 친구일까?

인간에 의해 버려지고 착취당하고 고통받는 우리가 몰랐던 개 이야기. 다양한 방법으로 개를 구조하고 보살피는 사람들의 이야기가 그려진다.

인간과 개, 고양이의 관계심리학

함께 살면 개, 고양이와 반려인은 닮을까? 동물학대는 인간학대로 이어질까? 248가지 심리실험을 통해 알아보는 인간과 동물이 서로에게 미치는 영향에 관한 심리 해설서.

개가 행복해지는 긍정교육

개의 심리와 행동학을 바탕으로 한 긍정교육법으로 50만 부 이상 판매된 반려인의 필독서. 짖기, 물기, 대소변 가리기, 분리불안 등의 문제를 평화롭게 해결한다.

치료견 치로리
(어린이문화진흥회 좋은 어린이책)

비 오는 날 쓰레기장에 버려진 잡종개 치로리. 죽음 직전 구조된 치로리는 치료견이 되어 전신마비 환자를 일으키고, 은둔형 외톨이 소년을 치료하는 등 기적을 일으킨다.

용산 개 방실이
(어린이도서연구회에서 뽑은 어린이·청소년 책, 평화박물관 평화책)

용산에도 반려견을 키우며 일상을 살아가던 이웃이 살고 있었다. 용산 참사로 갑자기 아빠가 떠난 뒤 24일간 음식을 거부하고 스스로 아빠를 따라간 반려견 방실이 이야기.

사람을 돕는 개
(한국어린이교육문화연구원 으뜸책, 학교도서관저널 추천도서)

안내견, 청각장애인 도우미견 등 장애인을 돕는 도우미견과 인명구조견, 흰개미탐지견, 검역견 등 사람과 함께 맡은 역할을 해내는 특수견을 만나본다.

나비가 없는 세상
(어린이도서연구회에서 뽑은 어린이·청소년 책)

고양이 만화가 김은희 작가가 그려내는 한국 최고의 고양이 만화. 신디, 페르캉, 추새. 개성 강한 세 마리 고양이와 만화가의 달콤쌉싸래한 동거 이야기.

개.똥.승. (세종도서 문학나눔 도서)

어린이집의 교사이면서 백구 세 마리와 사는 스님이 지구에서 다른 생명체와 더불어 좋은 삶을 사는 방법, 모든 생명이 똑같이 소중하다는 진리를 유쾌하게 들려준다.

암 전문 수의사는 어떻게 암을 이겼나?

암에 걸린 암 수술 전문 수의사가 동물 환자들을 통해 배운 질병과 삶의 기쁨에 관한 이야기가 유쾌하고 따뜻하게 펼쳐진다.

고통 받은 동물들의 평생 안식처 동물보호구역
(환경부 선정 우수환경도서, 환경정의 올해의 어린이 환경책, 한국어린이교육문화연구원 으뜸책)

고통 받다가 구조되었지만 오갈 데 없었던 야생동물들의 평생 보금자리. 저자와 함께 전 세계 동물보호구역을 다니면서 행복 하게 살고 있는 동물들을 만난다.

동물원 동물은 행복할까?
(환경부 선정 우수환경도서, 학교도서관저널 추천도서)

동물원 북극곰은 야생에서 필요한 공간보다 100만 배, 코끼리는 1,000배 작은 공간에 갇혀서 살고 있다. 야생동물보호운동 활동가인 저자가 기록한 동물원에 갇힌 야생동물의 참혹한 삶.

동물 쇼의 웃음 쇼 동물의 눈물
(한국출판문화산업진흥원 청소년 권장도서, 한국출판문화산업진흥원 청소년 북토큰 도서)

동물 서커스와 전시, TV와 영화 속 동물 연기자, 투우, 투견, 경마 등 동물을 이용해서 돈을 버는 오락산업 속 고통받는 동물들의 숨겨진 진실을 밝힌다.

고등학생의 국내 동물원 평가 보고서
(환경부 선정 우수환경도서)

인간이 만든 '도시의 야생동물 서식지' 동물원에서는 무슨 일이 일어나고 있나? 국내 9개 주요 동물원이 종보전, 동물복지 등 현대 동물원의 역할을 제대로 하고 있는지 평가했다.

야생동물병원 24시
(어린이도서연구회에서 뽑은 어린이 청소년 책, 한국출판문화산업진흥원 청소년 북토큰 도서)
로드킬 당한 삵, 밀렵꾼의 총에 맞은 독수리, 건강을 되찾아 자연으로 돌아가는 너구리 등 대한민국 야생동물이 사람과 부대끼며 살아가는 슬프고도 아름다운 이야기.

숲에서 태어나 길 위에 서다
(환경부 환경도서 출판 지원사업 선정)
한 해에 로드킬로 죽는 야생동물은 200만 마리다. 인간과 야생동물이 공존할 수 있는 방법을 찾는 현장 과학자의 야생동물 로드킬에 대한 기록.

동물복지 수의사의 동물 따라 세계 여행
(학교도서관저널 청소년 추천도서, 한국출판문화산업진흥원 중소출판사 우수콘텐츠 제작 지원 선정)
동물원에서 일하던 수의사가 동물원을 나와 세계 19개국 178곳의 동물원, 동물보호구역을 다니며 동물원의 존재 이유에 대해 묻는다. 동물에게 윤리적인 여행이란 어떤 것일까?

사향고양이의 눈물을 마시다
(한국출판문화산업진흥원 우수출판 콘텐츠 제작지원 선정, 환경부 선정 우수환경도서, 학교도서관저널 추천도서, 국립중앙도서관 사서가 추천하는 휴가철에 읽기 좋은 책, 환경정의 올해의 환경책)
내가 마신 커피 때문에 인도네시아 사향고양이가 고통받는다고? 나의 선택이 세계 동물에게 미치는 영향, 동물을 죽이는 것이 아니라 살리는 선택에 대해 알아본다.

묻다
(환경부 선정 우수환경도서, 환경정의 올해의 환경책)
구제역, 조류독감으로 거의 매년 동물의 살처분이 이뤄진다. 저자는 4,800곳의 매몰지 중 100여 곳을 수년에 걸쳐 찾아다니며 기록한 유일한 사람이다. 그가 우리에게 묻는다. 우리는 동물을 죽일 권한이 있는가.

햄스터
햄스터를 사랑한 수의사가 쓴 햄스터 행복·건강 교과서. 습성, 건강관리, 건강식단 등 햄스터 돌보기 완벽 가이드.

어쩌다 햄스터
사랑스러운 햄스터와 초보 집사가 펼치는 좌충우돌 동물 만화. 햄스터를 건강하게 오래 키울 수 있는 특급 노하우가 가득하다.

토끼
토끼를 건강하고 행복하게 오래 키울 수 있도록 돕는 육아 지침서. 습성·식단·행동·감정·놀이·질병 등 모든 것을 담았다.

토끼 질병의 모든 것
토끼의 건강과 질병에 관한 모든 것, 질병의 예방과 관리, 증상, 치료법, 홈 케어까지 완벽한 해답을 담았다.

동물권리선언 시리즈 20

전쟁과 개 고양이 대학살
인간의 전쟁에서 지워진 동물 학살의 역사, 재구성하다

초판 1쇄 2025년 1월 18일

지은이	힐다 킨
옮긴이	오윤성

편집	남궁경, 김보경
교정	김수미

디자인	나디하 스튜디오(khj9490@naver.com)
인쇄	정원문화인쇄

펴낸이	김보경
펴낸곳	책공장더불어

책공장더불어

주소	서울시 종로구 혜화로16길 40
대표전화	(02)766-8406
이메일	animalbook@naver.com
블로그	http://blog.naver.com/animalbook
페이스북	@animalbook4
인스타그램	@animalbook.modoo

ISBN 978-89-97137-93-0 (03900)

*잘못된 책은 바꾸어 드립니다.
*값은 뒤표지에 있습니다.

펀딩 참여자

Alex HJ, Bonybee, hibi, LeeMiru, soogi, Yuriel, zrabbit, 가을, 검페로, 국봉자, 금미향, 김남희, 김남희, 김미선, 김사랑, 김선영, 김성수, 김세중, 김수민, 김수진, 김영선, 김영희, 김영희, 김요다, 김인화, 김정수, 김조랭, 김종규, 金珍浩 雅蘭 藝麟, 김채현, 김태윤, 김파니, 김효민, 김희민, 나예성, 노성훈, 레이라, 마리와 소피, 메이지, 몰리, 문석, 미남 도도 제제, 미남미동쥰젠메, 尾上右近, 박세빈, 박소영, 박수희, 박윤정, 박은지(듀릿체리), 박진서, 박태신, 박하연, 박하윤, 배선미, 배하정, 백동현, 뽀탄엄마, 서울동물학대방지연합, 서지환, 성민서, 송현진, 수호자나나옹, 시드니 집사 유지인, 시소시유, 신소원, 신수정, 안나리, 안자영, 안지혜, 양산퀸캣 찡찡이, 언저리, 에스텔, 오드리언니 홍윤화, 오리님, 오승주, 윤도현, 이강호, 이미애, 이상헌, 이석범, 이수빈, 이율리, 이은미, 이은수, 이응제, 이준일, 이지우, 이현, 이현아, 임재연, 장미여신, 장순주, 장주영, 장지은(꿍이), 전주영, 정미경, 조민희, 조부희, 조인보, 조제이미, 조지연, 조한길, 진소희, 최금예, 최수빈, 최지영, 치토스누나, 캣펄슨, 키르케, 키키언니, 토란토미꿀벌호프네, 토토멍멍, 파이루프, 프린스동, 하상희, 하하호호, 한세영, 허혜림, 호람겨울, 홍마냥, 홍초롱